建筑业“营改增”实务权威问答

上海建领城达律师事务所
周吉高　主编
范升强　李瑞婷　副主编

中国建筑工业出版社

图书在版编目（CIP）数据

建筑业“营改增”实务权威问答 / 周吉高主编 . —北京：中国建筑工业出版社，2016.8
ISBN 978-7-112-19603-6

I. ①建… II. ①周… III. ①建筑企业—增值税—税收管理—中国—问题解答 IV. ①F812.423-44

中国版本图书馆CIP数据核字（2016）第157619号

本书对各省、市营改增口径中的问题进行精选、归类，整理出200多个营改增相关问题。全书共分为两篇，包括“营改增”的一般性问答以及“营改增”有关建筑业的问答，内容涵盖纳税人与扣缴义务人，征税范围，税率与征收率，应纳税额的计算，纳税义务、缴扣义务发生时间和纳税地点，税收减免的处理，征收管理，建筑业“营改增”基础知识，建筑业计税方法的选择，跨县（市、区）提供建筑服务，甲供工程及清包工，建筑业差额征收，建筑业新、老项目的认定，建筑业涉营业税问题，建筑业发票管理问题，建筑业的特殊销售行为，建筑业增值税征收管理，建筑业应纳税额的计算以及建筑业“营改增”的其他问题，全面翔实，具有较强的指导性。

本书广泛适用于全国各类施工企业管理人员，包括但不限于企业财务人员、工程造价人员、采购人员、合约管理人员、法务管理人员以及公司高层领导。本书亦可供房地产企业等建设单位各类管理人员参考。

责任编辑：岳建光　范业庶　王砾瑶　王华月
书籍设计：京点制版
责任校对：刘　钰　姜小莲

建筑业“营改增”实务权威问答
上海建领城达律师事务所
周吉高　主编
范升强　李瑞婷　副主编
*
中国建筑工业出版社出版、发行（北京西郊百万庄）
各地新华书店、建筑书店经销
北京京点图文设计有限公司制版
北京建筑工业印刷厂印刷
*
开本：787×1092毫米　1/16　印张：21　字数：519千字
2016年8月第一版　2016年8月第一次印刷
定价：59.00元
ISBN 978-7-112-19603-6
（29118）

前 言

2016年3月23日，财政部和国家税务总局联合发布《关于全面推开营业税改征增值税试点的通知》，明确从5月1日起，“营改增”试点范围扩大到建筑业、房地产业、金融业和生活服务业，并将所有企业新增不动产所含增值税纳入抵扣范围。

在本次“营改增”中，建筑业在四个行业中所占比重非常大。全国数万家施工企业的生产经营管理以及税负将受到重大影响。为便于施工企业积极应对“营改增”所带来的变化，上海建领城达律师事务所专门成立了建筑业“营改增”法律服务团队，并已于第一时间整理出版了《建筑业“营改增”政策法规汇编》。

在前书的基础上，考虑到建筑业“营改增”牵涉范围广，各地口径不断更新，且在一般规定之外涉及建筑业的许多具体问题，上海建领城达律师事务所“营改增”法律服务团队进一步收集各地国税局的操作口径、指引、问答，整理、编辑了本书。本书共分为两部分 各地对“营改增”的一般性问答和“营改增”有关建筑业的问答。

关于“营改增”的一般性问答，在编排上按照《营业税改征增值税试点实施办法》的篇章结构，分为七章，依次为纳税人与扣缴义务人、征税范围、税率与征收率、应纳税额的计算、纳税义务、扣缴义务发生时间和纳税地点、税收减免的处理和征收管理。“营改增”有关建筑业的问答则针对建筑业的特殊问题进行整理说明，分为建筑业营改增基础知识、计税方法的选择、跨县（市、区）提供建筑服务、甲供工程及清包工、建筑业差额征收、建筑业新老项目认定、建筑业涉营业税问题、建筑业发票管理问题、建筑业的特殊销售行为、建筑业增值税征收管理、建筑业应纳税额的计算等。

编者在收集、整理的基础上，还对不同地方对同一问题的解答进行了对比，并撰写了有关说明。全书始终围绕建筑业在“营改增”下的各种问题，范围全面且不失具体。本书收录了至2016年6月14日各地国税局的文件，详细文件列表可见附录。

本书广泛适用于全国各类施工企业管理人员，包括但不限于企业财务人员、工程造价人员、采购人员、合约管理人员、法务管理人员以及公司高层领导。本书亦可供房地产企业等建设单位各类管理人员参考。

由于时间仓促，本书若有疏漏或不足，还请读者指正。

2016年6月

目录

第一篇 “营改增”的一般性问答

第二篇 “营改增”有关建筑业的问答

第一篇

“营改增”的一般性问答

第一章　纳税人与扣缴义务人

增值税纳税人

1. 增值税纳税人的范围是什么？

陕西省国税局：营改增试点答疑（一）

8. 什么是营改增试点的增值税纳税人？

答：营改增试点的增值税纳税人是指在中华人民共和国境内销售服务、无形资产或者不动产的单位和个人。

山西省国税局：营改增系列知识问答（二）营改增纳税人

一、本次营改增后，营改增试点纳税人包括哪些？

答：在中华人民共和国境内销售服务、无形资产或者不动产（以下称应税行为）的单位和个人，为增值税纳税人，应当缴纳增值税，不缴纳营业税。

单位，是指企业、行政单位、事业单位、军事单位、社会团体及其他单位。个人，是指个体工商户和其他个人。

说明：

陕西、山西对营改增纳税人范围规定一致，是对《财政部 国家税务总局关于全面推开营业税改征增值税试点的通知》（财税［2016］36号）附件1《营业税改征增值税试点实施办法》第一条的落实。

2. 增值税纳税人是怎么分类的？

浙江省国税局：营改增执行口径

3. 增值税纳税人分为哪几类？具体是怎么划分的？

答：根据《营业税改征增值税试点实施办法》第三条规定，纳税人分为一般纳税人和小规模纳税人。应税行为的年应征增值税销售额（以下称应税销售额）超过财政部和国家税务总局规定标准的纳税人为一般纳税人，未超过规定标准的纳税人为小规模纳税人。年应税销售额超过规定标准的其他个人不属于一般纳税人。年应税销售额超过规定标准但不经常发生应税行为的单位和个体工商户可选择按照小规模纳税人纳税。

浙江省国税局：营改增执行口径

9. 按照年应税销售额是否超过财政部和国家税务总局规定标准，增值税纳税人分为哪两类？

答：增值税纳税人分为一般纳税人和小规模纳税人。应税行为的年应税销售额超过财政部和国家税务总局规定标准的纳税人为一般纳税人，未超过规定标准的纳税人为小规模纳税人。

年应税销售额超过规定标准的其他个人不属于一般纳税人。年应税销售额超过规定标准但不经常发生应税行为的单位和个体工商户可选择按照小规模纳税人纳税。

四川省国税局：营改增执行口径（网络资源）

1. 增值税试点纳税人分为哪几类？具体是怎么划分的？

答：根据《营业税改征增值税试点实施办法》第三条规定，试点纳税人分为一般纳税人和小规模纳税人。应税行为的年应征增值税销售额（以下称应税销售额）超过财政部和国家税务总局规定标准的纳税人为一般纳税人，未超过规定标准的纳税人为小规模纳税人。年应税销售额超过规定标准的其他个人不属于一般纳税人。年应税销售额超过规定标准但不经常发生应税行为的单位和个体工商户可选择按照小规模纳税人纳税。

四川省国税局：纳税人咨询的营改增十个热点问题（4月25日）

3. 增值税纳税人分为哪几类？具体是怎么划分的？

答：根据《营业税改征增值税试点实施办法》第三条规定，纳税人分为一般纳税人和小规模纳税人。应税行为的年应征增值税销售额（以下称应税销售额）超过财政部和国家税务总局规定标准的纳税人为一般纳税人，未超过规定标准的纳税人为小规模纳税人。年应税销售额超过规定标准的其他个人不属于一般纳税人。年应税销售额超过规定标准但不经常发生应税行为的单位和个体工商户可选择按照小规模纳税人纳税。

山西省国税局：营改增政策指南之一般规定

三、分类管理规定

纳税人分为一般纳税人和小规模纳税人。

应税行为的年应征增值税销售额（以下称应税销售额）超过500万元（含）的为一般纳税人，未超过500万元（含）的为小规模纳税人。

年应税销售额超过500万元（含）的其他个人不属于一般纳税人。年应税销售额超过规定标准但不经常发生应税行为的单位和个体工商户可选择按照小规模纳税人纳税。

说明：

浙江、四川、山西对纳税人的分类规定一致，是对《财政部 国家税务总局关于全面推开营业税改征增值税试点的通知》（财税［2016］36号）附件1《营业税改征增值税试点实施办法》第三条的落实。

3. 两个增值税纳税人能否合并纳税？

浙江省国税局：营改增执行口径

7. 两个纳税人能否合并纳税？

答：根据《营业税改征增值税试点实施办法》第七条规定，两个或者两个以上的纳税人，经财政部和国家税务总局批准可以视为一个纳税人合并纳税。具体办法由财政部和国家税务总局另行制定。

四川省国税局：纳税人咨询的营改增十个热点问题

8. 两个纳税人能否合并纳税？

答：根据《营业税改征增值税试点实施办法》第七条规定，两个或者两个以上的纳税人，经财政部和国家税务总局批准可以视为一个纳税人合并纳税。具体办法由财政部和国家税务总局另行制定。

说明：

浙江、四川对纳税人合并纳税的回答一致，是对《财政部 国家税务总局关于全面推开营业税改征增值税试点的通知》（财税［2016］36号）附件1《营业税改征增值税试点实施办法》第七条的落实。

4. 一般纳税人资格登记的标准是什么？

陕西省国税局：营改增试点答疑（四）

59. 哪些试点纳税人应办理一般纳税人资格登记？

答：根据《财政部 国家税务总局关于全面推开营业税改征增值税试点的通知》（财税［2016］36号）所附《营业税改征增值税试点实施办法》的规定，试点纳税人的应税行为年应税销售额超过500万元（含本数）且试点实施前未登记一般纳税人资格的试点纳税人，应办理一般纳税人资格登记手续。对试点实施前已取得一般纳税人资格并兼有新纳入营改增试点业务的纳税人，不需重新登记。

四川省国税局：纳税人咨询的营改增十个热点问题（4月29日）

6. 营改增企业销售额符合什么条件需要登记为一般纳税人？

答：根据《财政部 国家税务总局关于全面推开营业税改征增值税试点的通知》（财税［2016］36号）和国家税务总局公告2016年第23号规定，营改增试点的纳税人应税行为年应税销售额（连续不超过12个月应税行为销售额，下同）超过500万元的，应当向主管国税机关办理增值税一般纳税人资格登记手续。

营改增试点的纳税人应税行为年应税销售额未超过500万元的，会计核算健全，能提供准确税务资料的，可向主管国税机关办理一般纳税人资格登记。

广西壮族自治区国税局：营改增执行口径——2016年营改增一次性业务办税指引（适用于一般纳税人）

二、增值税一般纳税人资格登记

1. 试点纳税人应税行为年应征增值税销售额超过500万元（含本数）标准的（除另有规定外），应当登记为增值税一般纳税人；

2. 年应税销售额未超过规定标准以及新开业的纳税人，符合条件的，也可向各主管税务机关登记一般纳税人资格。

广西壮族自治区国税局：营改增执行口径——2016年营改增一次性业务办税指引（适用于小规模纳税人）

二、增值税一般纳税人资格登记

1. 试点纳税人应税行为年应征增值税销售额超过500万元（含本数）标准的（除另有规定外），应当登记为增值税一般纳税人；

2. 年应税销售额未超过规定标准以及新开业的纳税人，符合条件的，也可向各主管税务机关登记一般纳税人资格。

福建省国税局：营改增执行口径——12366营改增热点问题（3月29日）

3. 本次营改增纳税人，销售额超过多少标准需要登记为一般纳税人？

答：营改增应税行为的年应征增值税销售额超过500万元（含本数）的纳税人需要登记为一般纳税人。年应税销售额超过500万元的其他个人不属于一般纳税人。年应税销售额超过规定标准但不经常发生应税行为的单位和个体工商户可选择按照小规模纳税人纳税。

安徽省国税局：营改增执行口径——营改增税收征管事项相关问答

四、营改增试点实施前销售服务、无形资产或者不动产的年应税销售额达到什么标准的试点纳税人，应向主管国税机关办理增值税一般纳税人资格登记手续？

答：营改增试点实施前年应税销售额超过500万元的试点纳税人，应办理增值税一般纳税人资格登记手续。

应税行为年应税销售额 = 连续不超过12个月应税行为营业额合计 ÷（1+3%）（即连续12个月营业额达到515万元）

按照现行营业税规定差额征收营业税的试点纳税人，其应税行为营业额按未扣除之前的营业额计算。试点实施前，试点纳税人偶然发生的转让不动产的营业额，不计入应税行为年应税销售额。

四川省国税局：纳税人咨询的营改增十个热点问题（4月29日）

二、增值税一般纳税人资格登记

（一）2015年应税销售额超过500万元的试点纳税人，应于2016年4月28日前向主管国税机关申请办理一般纳税人资格登记手续或申请办理选择按小规模纳税人纳税登记手续。

（二）2015年应税销售额未超过500万元的试点纳税人，会计核算健全，能够提供准确税务资料的，可以于2016年4月28日前向主管国税机关申请办理试点一般纳税人登记手续。

（三）以上所称的2015年应税销售额=2015年全年营业额合计 ÷（1+3%）。

按照现行营业税规定差额征收营业税的试点纳税人，其2015年应税销售额按未扣除之前的营业额计算。

山东省国税局：山东全面推开营改增试点政策指引（五）

一、关于一般纳税人资格登记问题

一是落实总局要求。总局23号公告中，对增值税一般纳税人资格登记问题进行了明确，营改增试点实施前销售服务、无形资产或者不动产的年应税销售额超过500万元的试点纳税人，应向主管国税机关办理增值税一般纳税人资格登记手续。

江苏省国税局：营改增执行口径——江苏国税12366营改增热点问题解答（一）

十四、哪些营改增纳税人应办理一般纳税人资格登记？

答：纳税人所属期2015年1月至2015年12月销售服务、无形资产或者不动产营业收入（含免税及差额扣除部分）超过515万元的，按政策规定必须办理增值税一般纳税人资格登记；未超过515万元但会计核算健全，能准确提供税务资料的纳税人，也可办理增值税一般纳税人资格登记。

北京市国税局：营改增执行口径——北京国税局营改增执行口径（更新到5月13日）

15.营改增企业销售额符合什么条件需要登记为一般纳税人？

答：对于2015年（属期）应税服务营业额合计大于等于515万元的企业，我局已直接为其办理增值税一般纳税人登记手续。

对于2015年（属期）应税服务营业额合计小于515万元的企业，如符合相关规定条件，纳税人可向主管税务机关申请增值税一般纳税人资格登记。

浙江省国税局：营改增执行口径

3.我公司营改增前营业税的年营业收入刚好超过500万元，是否就已经超过了一般纳税人标准需到税务机关办理登记手续？

答：原营业税的销售额是价内税，而增值税是价外税，需要将原营业税的销售收入换算成不含税价再进行判断是否超过500万元的标准。按照《国家税务总局关于全面推开营业税改征增值税试点有关税收征收管理事项的公告》（国家税务总局公告2016年第23号）第三条规定，换算公式为：应税行为年应税销售额=连续不超过12个月应税行为营业额合计 ÷（1+3%）。需要注意的是按照现行营业税规定差额征收营业税的试点纳税人，其应税行为营业额按未扣除之前的营业额计算。

海南省全面推开营改增政策指引——重点关注问题解答（三）

一、一般纳税人认定部分政策适用

一是试点实施前，已经取得增值税一般纳税人资格的并且兼有试点应税行为的试点纳税人，不需要重新办理增值税一般纳税人资格登记手续，由主管国税机关制作并送达《税务事项通知书》，告知纳税人。

二是非兼营纳税人，试点实施前应税行为的年应税销售额超过500万元的试点纳税人，应向主管国税机关办理增值税一般纳税人登记。年应税销售额等于连续不超过12个月应税行为营业额合计 ÷（1+3%）。

需要注意两个问题：其一，差额征收营业税的，应按差额前的营业额计算；

其二，偶然发生的转让不动产的营业额，不计入年应税销售额参与计算。若试点实施前应税行为年应税销售额未超过500万元的试点纳税人，会计核算健全，能够提供准确税务资料的，也可以向主管国税机关办理一般纳税人资格登记。试点纳税人在国税机关办理税务登记后，即可向主管国税机关领用发票并进行纳税申报。

说明：

1. 陕西、四川、广西壮族自治区、福建、安徽、山东、海南对一般纳税人资格登记标准规定一致，是对《财政部 国家税务总局关于全面推开营业税改征增值税试点的通知》（财税［2016］36号）附件1《营业税改征增值税试点实施办法》第三条和《国家税务总局关于全面推开营业税改征增值税试点有关税收征收管理事项的公告》（国家税务总局公告2016年第23号）第二条第（二）项的落实。

2. 江苏、北京对一般纳税人资格登记标准中2015年营业额的规定一致，依据是《营业税改征增值税试点实施办法》第三条和《国家税务总局关于全面推开营业税改征增值税试点有关税收征收管理事项的公告》（国家税务总局公告2016年第23号）第二条第（二）项。

5. 未超过销售额标准的纳税人可以成为一般纳税人吗？

四川省国税局：营改增执行口径（网络资源）

2. 年应税销售额未超过标准的试点纳税人，可以成为一般纳税人吗？

答：根据《营业税改征增值税试点实施办法》第四条规定，年应税销售额未超过规定标准的试点纳税人，会计核算健全，能够提供准确税务资料的，可以向主管税务机关办理一般纳税人资格登记，成为一般纳税人。会计核算健全，是指能够按照国家统一的会计制度规定设置账簿，根据合法、有效凭证核算。

四川省国税局：纳税人咨询的营改增十个热点问题（5月3日）

9. 年应税销售额未超过标准的纳税人，可以成为一般纳税人吗？

答：根据《营业税改征增值税试点实施办法》第四条规定，年应税销售额未超过规定标准的纳税人，会计核算健全，能够提供准确税务资料的，可以向主管税务机关办理一般纳税人资格登记，成为一般纳税人。会计核算健全，是指能够按照国家统一的会计制度规定设置账簿，根据合法、有效凭证核算。

安徽省国税局：营改增执行口径——营改增税收征管事项相关问答

六、年应税销售额未超过500万元的试点纳税人，是否可以登记为一般纳税人?

答：试点实施前应税行为年应税销售额未超过500万元的试点纳税人，会计核算健全，能够提供准确税务资料的，也可以向主管国税机关办理增值税一般纳税人资格登记。

浙江省国税局：营改增执行口径

4.年应税销售额未超过标准的纳税人，可以成为一般纳税人吗?

答：根据《营业税改征增值税试点实施办法》第四条规定，年应税销售额未超过规定标准的纳税人，会计核算健全，能够提供准确税务资料的，可以向主管税务机关办理一般纳税人资格登记，成为一般纳税人。会计核算健全，是指能够按照国家统一的会计制度规定设置账簿，根据合法、有效凭证核算。

陕西省国税局：营改增试点答疑（四）

60.年应税销售额未超过规定标准的试点纳税人能否登记为一般纳税人?

答：根据《财政部 国家税务总局关于全面推开营业税改征增值税试点的通知》（财税［2016］36号）所附《营业税改征增值税试点实施办法》（财税［2016］36号）的规定，年应税销售额未超过规定标准的纳税人，会计核算健全，能够提供准确税务资料的，可以向主管税务机关办理一般纳税人资格登记，成为一般纳税人。

会计核算健全，是指能够按照国家统一的会计制度规定设置账簿，根据合法、有效凭证核算。

河南省国税局：营改增问题快速处理机制专期六

问题一 缴纳营业税时，营业额未达一般纳税人标准，加上五月份销售额后达到了一般纳税人标准，是否需要登记为一般纳税人?

答：根据财税［2016］36号文件规定，试点纳税人应税行为的年应税销售额超过500万（含本数）的纳税人为一般纳税人。符合一般纳税人条件的纳税人应当向主管税务机关办理一般纳税人资格登记。

因此，虽然缴纳营业税时营业额未达一般纳税人标准，但如果加上营改增后的销售额，连续12个月的应税销售额超过500万元（含本数）的，也应当登记为一般纳税人，销售额计算公式为：年应税销售额=营业税应税销售额+增值税应税销售额，营业税应税销售额可按照总局2016年第23号公告规定的公式进行换算，即：营业税应税销售额=应税行为营业额÷（1+3%）。

举例：假设营改增前，2015年5月~2016年4月，某纳税人连续12个月的应税行为营业额为480万元（未达到一般纳税人标准），其中2015年6月~2016年4月，连续11个月的应税行为营业额为450万元，营改增后2016年5月的应税销售额为64万，综上，截至2016年5月，该纳税人年应税销售额=450÷（1+3%）+64=500.89（万元），那么，该纳税人将于2016年5月达到一般纳税人标准，并应于下月（6月）申报期结束后40个工作日内到主管税务机关办理一般纳税人资格登记。

说明：

1. 四川、安徽、浙江、陕西对纳税人销售额未达标准是否可以成为一般纳税人的规定一致，是对《财政部 国家税务总局关于全面推开营业税改征增值税试点的通知》(财税［2016］36号）附件1《营业税改征增值税试点实施办法》第四条的落实。

2. 河南对之前未达标准但加上五月销售额达到一般纳税人标准的问题作出了回答，依据是《财政部 国家税务总局关于全面推开营业税改征增值税试点的通知》（财税［2016］36号）附件1《营业税改征增值税试点实施办法》第三条和附件2《营业税改征增值税试点有关事项的规定》第一条第（五）项。

6. 混业经营的一般纳税人的登记标准是什么？

甘肃省国税局：营改增执行口径——全面推开营改增试点一般规定12366热点问题解答

1. 我公司原来是销售货物的小规模纳税人，还有本次营改增的应税服务，一般纳税人资格登记标准应如何判断？

答：试点纳税人兼有销售货物、提供加工修理修配劳务以及销售服务、不动产、无形资产的，货物及劳务销售额与服务、不动产、无形资产销售额应分别计算，分别适用增值税一般纳税人资格登记标准。

因此，混业经营的营改增试点纳税人只要有一项（销售货物、提供加工修理修配劳务或销售服务、不动产和无形资产）达到登记标准，就应该登记为一般纳税人。

吉林省国税局：营改增一般口径——12366营改增热点问题答复口径

1. 我公司原来是销售货物的小规模纳税人，还有本次营改增的应税服务，一般纳税人资格登记标准应如何判断？

答：试点纳税人兼有销售货物、提供加工修理修配劳务以及销售服务、不动产、无形资产的，货物及劳务销售额与服务、不动产、无形资产销售额应分别计算，分别适用增值税一般纳税人资格登记标准。因此，混业经营的营改增试点纳税人只要有一项（销售货物、提供加工修理修配劳务或销售服务、不动产和无形资产）达到登记标准，就应该登记为一般纳税人。

北京市国税局：营改增执行口径——北京国税局营改增执行口径（更新到5月13日）

16. 我公司原来是销售货物的小规模纳税人，还有本次营改增的应税服务，一般纳税人资格登记标准应如何判断？

答：试点纳税人兼有销售货物、提供加工修理修配劳务以及销售服务、不动产、无形资产的，货物及劳务销售额与服务、不动产、无形资产销售额应分别计算，分别适用增值税一般纳税人资格登记标准。

因此，混业经营的营改增试点纳税人只要有一项（销售货物、提供加工修理修配劳务或销售服务、不动产和无形资产）达到登记标准，就应该登记为一般纳税人。

安徽省国税局：营改增执行口径——营改增税收征管事项相关问答（2016 年 4 月 22 日）

七、试点纳税人兼有销售货物、提供加工修理修配劳务和应税行为的。怎么判断一般纳税人登记标准？

答：试点纳税人兼有销售货物、提供加工修理修配劳务和应税行为的，应税货物及劳务销售额与应税行为销售额分别计算，分别适用增值税一般纳税人资格登记标准。应税货物及劳务销售额适用 50 万或 80 万标准，应税行为销售额适用 500 万标准，有一项销售额达到标准即需登记为一般纳税人。

浙江省国税局：营改增执行口径

152. 混业经营的营改增试点纳税人在登记为增值税一般纳税人时销售额标准应如何确认？

答：试点纳税人兼有销售货物、提供加工修理修配劳务以及销售服务、不动产、无形资产的，货物及劳务销售额与服务、不动产、无形资产销售额应分别计算，分别适用增值税一般纳税人资格登记标准。因此，混业经营的营改增试点纳税人只要有一项（销售货物、提供加工修理修配劳务或销售服务、不动产和无形资产）达到登记标准，就应该登记为一般纳税人。

四川省国税局：纳税人咨询的营改增十个热点问题（5 月 3 日）

8. 企业原来是销售货物的小规模纳税人，还有本次营改增的应税服务，一般纳税人资格登记标准应如何判断？

答：试点纳税人兼有销售货物、提供加工修理修配劳务以及销售服务、不动产、无形资产的，货物及劳务销售额与服务、不动产、无形资产销售额应分别计算，分别适用增值税一般纳税人资格登记标准。

因此，混业经营的营改增试点纳税人只要有一项（销售货物、提供加工修理修配劳务或销售服务、不动产和无形资产）达到登记标准，就应该登记为一般纳税人。

四川省国税局：纳税人咨询的营改增十个热点问题（4 月 28 日）

8. 企业原来是销售货物的小规模纳税人，还有本次营改增的应税服务，一般纳税人资格登记标准应如何判断？

答：试点纳税人兼有销售货物、提供加工修理修配劳务以及销售服务、不动产、无形资产的，货物及劳务销售额与服务、不动产、无形资产销售额应分别计算，分别适用增值税一般纳税人资格登记标准。

因此，混业经营的营改增试点纳税人只要有一项（销售货物、提供加工修理修配劳务或销售服务、不动产和无形资产）达到登记标准，就应该登记为一般纳税人。

海南省国税局：全面推开营改增试点问答（十六）（2016 年 6 月 7 日）

152. 混业经营的营改增试点纳税人在登记为增值税一般纳税人时销售额标准应如何确认？

答：试点纳税人兼有销售货物、提供加工修理修配劳务以及销售服务、不动产、无形资产的，货物及劳务销售额与服务、不动产、无形资产销售额应分别计算，分别适用增值税一般纳税人资格登记标准。因此，混业经营的营改增试点纳税人只要有一项（销售货物、提供加工修理修配劳务或销售服务、不动产和无形资产）达到登记标准，就应该登记为一般纳税人。

宁夏回族自治区国税局：营改增热点难点问题专题（5 月 30 日）

2. 有兼营业务的营改增试点纳税人在登记为增值税一般纳税人时销售额标准应如何确认？

答：试点纳税人兼有销售货物、提供加工修理修配劳务以及销售服务、不动产、无形资产的，货物及劳务销售额与服务、不动产、无形资产销售额应分别计算，分别适用增值税一般纳税人资格登记标准。因此，混业经营的营改增试点纳税人只要有一项（销售货物、提供加工修理修配劳务或销售服务、不动产和无形资产）达到登记标准，就应该登记为一般纳税人。

说明：

甘肃、北京、吉林、安徽、浙江、四川、海南、宁夏回族自治区对混业经营的纳税人登记为一般纳税人的标准的回答一致，是对《国家税务总局关于全面推开营业税改征增值税试点有关税收征收管理事项的公告》（国家税务总局公告 2016 年第 23 号）第二条第（七）项的落实。

7. 实行辅导期管理的增值税一般纳税人有哪些？

浙江省国税局：营改增执行口径

62. 实行辅导期管理的增值税一般纳税人有哪些？

答：根据《增值税一般纳税人资格认定管理办法》（国家税务总局令第 22 号）的规定，对下列一般纳税人实行纳税辅导期管理：

一、按照本办法第四条的规定新认定为一般纳税人的小型商贸批发企业；

二、国家税务总局规定的其他一般纳税人。

小型商贸批发企业，是指注册资金在 80 万元（含 80 万元）以下、职工人数在 10 人（含 10 人）以下的批发企业。只从事出口贸易，不需要使用增值税专用发票的企业除外。

批发企业按照国家统计局颁发的《国民经济行业分类》（GB/T 4754—2011）中有关批发业的行业划分方法界定。

其他一般纳税人，是指具有下列情形之一的一般纳税人：

一、增值税偷税数额占应纳税额的 10% 以上并且偷税数额在 10 万元以上的；

二、骗取出口退税的；

三、虚开增值税扣税凭证的；

四、国家税务总局规定的其他情形。

说明：

浙江对辅导期一般纳税人做出了回答，依据是《增值税一般纳税人资格认定管理办法》（国家税务总局令2010年第22号）第十三条的落实。

8. 已经是一般纳税人的纳税人是否还需重新确认？

安徽省国税局：营改增执行口径——营改增税收征管事项相关问答

五、试点实施前已取得增值税一般纳税人资格并兼有应税行为的试点纳税人，是否需要重新登记一般纳税人？

答：不需要重新办理增值税一般纳税人资格登记手续，由主管国税机关制作、送达《税务事项通知书》，告知纳税人。

福建省国税局：营改增执行口径——12366营改增热点咨询（3月30日）

2. 已经是一般纳税人，营改增确认是否还需要确认一般纳税人？

答：已登记为一般纳税人的试点纳税人无需重新一般纳税人登记。

说明：

安徽、福建对已经是一般纳税人的是否在营改增后还需确认的规定一致，是对《营改增试点纳税人业务操作指南（二）》第二部分第二章第一条第（三）项的落实。

9. 不申请或不登记为一般纳税人的情形有哪些？

福建省国税局：营改增执行口径——12366营改增热点咨询（4月5日）

2. 超过标准的营改增户可以不申请一般纳税人么？

答：符合《增值税一般纳税人资格认定管理办法》（国家税务总局令第22号）第五条规定的可以不申请一般纳税人。

河南省国税局：营改增问题快速处理机制专期一

问题三　营改增之后，达到一般纳税人标准的纳税人可以不办理一般纳税人登记吗？

答：《增值税暂行条例实施细则》规定：年应税销售额超过小规模纳税人标准的其他个人按小规模纳税人纳税，非企业性单位、不经常发生应税行为的企业可选择按小规模纳税人纳税。财税［2016］36号文件规定：年应税销售额超过规定标准但不经常发生应税行为的单位和个体工商户可选择按照小规模纳税人纳税。国家税务总局2015年第18号公告规定：纳税人年应税销售额超过财政部、国家税务总局规定标准，且符合有关政策规定，选择按小规模纳税人纳税的，应当向主管税务机关提交书面说明。个体工商户以外的其他个人年应税销售额超过规定标准的，不需要向主管税务机关提交书面说明。

四川省国税局：纳税人咨询的营改增十个热点问题（4月25日）

1. 营改增之后，达到一般纳税人标准的试点纳税人可以不办理一般纳税人登记吗？

答：根据财税［2016］36号文规定：年应税销售额超过规定标准但不经常发生应税行为的单位和个体工商户可以选择按照小规模纳税人纳税。

说明：

1. 福建、河南、四川对达到一般纳税人标准的纳税人可以不办理登记的情形规定不一致。

2. 福建依据《增值税一般纳税人资格认定管理办法》（国家税务总局令2010年第22号）第五条，“下列纳税人不办理一般纳税人资格认定：（一）个体工商户以外的其他个人；（二）选择按照小规模纳税人纳税的非企业性单位；（三）选择按照小规模纳税人纳税的不经常发生应税行为的企业。”

四川规定的情形是年应税销售额超过规定标准但不经常发生应税行为的单位和个体工商户，依据是《财政部 国家税务总局关于全面推开营业税改征增值税试点的通知》（财税［2016］36号）附件1《营业税改征增值税试点实施办法》第三条。

河南则规定非企业性单位、不经常发生应税行为的企业可选择按小规模纳税人纳税；年应税销售额超过规定标准但不经常发生应税行为的单位和个体工商户可选择按照小规模纳税人纳税情形，依据是《中华人民共和国增值税暂行条例实施细则》第二十九条和《营业税改征增值税试点实施办法》第三条。

10. 应当办理一般纳税人登记的未登记该如何处理？

青海省国税局：营改增执行口径——营改增纳税人办税指南之一房地产篇政策组发言材料（4月20日）

第七，还有个别地区提出有纳税人达到500万但拒不办理一般纳税人登记的，对于这种情况，一是税务机关要做好政策宣传和纳税服务，让企业了解政策，打消认定为一般纳税人税负会增加的顾虑，另一方面，如果有纳税人就是拒不办登记的，我们必须严格按照文件执行，对此类纳税人，全额征税，不能抵进项，也不能用专票。

山东省国税局：全面推开营改增试点政策指引（五）

一、关于一般纳税人资格登记问题

四是加强宣传辅导。对于应办理而未办理一般纳税人资格登记的营改增试点纳税人，主管税务机关要告知纳税人，如果不办理登记，将按照销售额和增值税税率计算应纳税额，不得抵扣进项税额，也不得使用增值税专用发票。同时，向纳税人宣传一般纳税人与小规模纳税人相比，存在的优势，引导纳税人办理资格登记。

浙江省国税局：营改增执行口径

153. 我企业为营改增企业，达到了一般纳税人资格登记的标准，属于应办理一般纳税人资格登记的企业范围，但是未在规定期限内向主管税务机关办理增值税一般纳税人资格登记，会有何种影响？

答：根据《财政部 国家税务总局关于全面推开营业税改征增值税试点的通知》（财税［2016］36号）附件1第三十三条规定："有下列情形之一者，应当按照销售额和增值税税率计算应纳税额，不得抵扣进项税额，也不得使用增值税专用发票：……（二）应当办理一般纳税人资格登记而未办理的。"

新疆维吾尔自治区国税局：营改增政策答疑（二）

4. 纳税人年营业额达到500万元以上的是否必须办理一般纳税人登记？若纳税人不登记如何处理？

答：根据《关于全面推开营业税改征增值税试点的通知》（财税［2016］36号）规定，应当办理一般纳税人资格登记而未办理的，应按照销售额和增值税税率计算应纳税额，不得抵扣进项税额，也不得使用增值税专用发票。

四川省国税局：营改增执行口径（网络资源）

136. 我企业为营改增企业，达到了一般纳税人资格登记的标准，属于应办理一般纳税人资格登记的企业范围，但是未在规定期限内向主管税务机关办理增值税一般纳税人资格登记，会有何种影响？

答：根据《财政部 国家税务总局关于全面推开营业税改征增值税试点的通知》（财税［2016］36号）附件1第三十三条规定："有下列情形之一者，应当按照销售额和增值税税率计算应纳税额，不得抵扣进项税额，也不得使用增值税专用发票。（二）应当办理一般纳税人资格登记而未办理的。"

陕西省国税局：陕西营改增试点答疑（七）

61. 年应税销售额超过规定标准，按规定期限应登记而未登记为一般纳税人的，如何管理？

答：一、根据《财政部 国家税务总局关于全面推开营业税改征增值税试点的通知》（财税［2016］36号）所附《营业税改征增值税试点实施办法》的规定，符合一般纳税人条件的纳税人应当向主管税务机关办理一般纳税人资格登记。

二、有下列情形之一者，应当按照销售额和增值税税率计算应纳税额，不得抵扣进项税额，也不得使用增值税专用发票：

（一）一般纳税人会计核算不健全，或者不能够提供准确税务资料的。

（二）应当办理一般纳税人资格登记而未办理的。

海南省国税局：全面推开营改增试点问答（十六）（2016年6月7日）

153. 我企业为营改增企业，达到了一般纳税人资格登记的标准，属于应办理一般纳税人资格登记的企业范围，但是未在规定期限内向主管税务机关办理增值税一般纳税人资格登记，会有何种影响？

答：根据《财政部、国家税务总局关于全面推开营业税改征增值税试点的通知》（财税［2016］36号）附件1第三十三条规定：“有下列情形之一者，应当按照销售额和增值税税率计算应纳税额，不得抵扣进项税额，也不得使用增值税专用发票：……（二）应当办理一般纳税人资格登记而未办理的。”

宁夏回族自治区国税局：营改增热点难点问题专题5月30日

3. 我企业为营改增企业，达到了一般纳税人资格登记的标准，属于应办理一般纳税人资格登记的企业范围，但是未在规定期限内向主管税务机关办理增值税一般纳税人资格登记，会有何种影响？

答：根据《财政部 国家税务总局关于全面推开营业税改征增值税试点的通知》（财税［2016］36号）附件1第三十三条规定：“有下列情形之一者，应当按照销售额和增值税税率计算应纳税额，不得抵扣进项税额，也不得使用增值税专用发票：……（二）应当办理一般纳税人资格登记而未办理的。”

说明：

青海、山东、浙江、新疆、四川、陕西、海南、宁夏回族自治区对应登记未登记的一般纳税人规定一致，是对《财政部 国家税务总局关于全面推开营业税改征增值税试点的通知》（财税［2016］36号）附件1《营业税改征增值税试点实施办法》第三十三条的落实。

11. 如何区分一般纳税人与小规模纳税人？

重庆市国税局：营改增执行口径——最新营改增政策热点问题解答（一）

五、本次营改增试点纳税人应如何区分一般纳税人和小规模纳税人？

答：根据《营业税改征增值税试点实施办法》第三条的规定，纳税人分为一般纳税人和小规模纳税人。应税行为的年应征增值税销售额（以下称应税销售额）超过财政部和国家税务总局规定标准的纳税人为一般纳税人，未超过规定标准的纳税人为小规模纳税人。其中：年应税销售额标准为500万元（含本数）。

根据《营业税改征增值税试点实施办法》第四条的规定，年应税销售额未超过规定标准的纳税人，会计核算健全，能够提供准确税务资料的，可以向主管税务机关办理一般纳税人资格登记，成为一般纳税人。会计核算健全，是指能够按照国家统一的会计制度规定设置账簿，根据合法、有效凭证核算。

浙江省国税局：营改增执行口径

155. 营改增试点纳税人，应如何区分一般纳税人和小规模纳税人？

答：根据《营业税改征增值税试点实施办法》第三条的规定，纳税人分为一般纳税人和小规模纳税人。应税行为的年应征增值税销售额（以下称应税销售额）超过财政部和国家税务总局规定标准的纳税人为一般纳税人，未超过规定标准的纳税人为小规模纳税人。根据《营业税改征增值税试点实施办法》第四条的规定，年应税销售额未超过规定标准的纳税人，会计核算健全，能够提供准确税务资料的，可以向主管税务机关办理一般纳税人资格登记，成为一般纳税人。会计核算健全，是指能够按照国家统一的会计制度规定设置账簿，根据合法、有效凭证核算。

江苏省国税局：江苏国税 12366 营改增热点问题解答（二）

根据应税销售额的大小，增值税纳税人分为一般纳税人和小规模纳税人，两类纳税人在税款计算、发票使用等方面的规定存在较大差异，现就相关热点问题解答如下：

一、营改增纳税人如何划分一般纳税人和小规模纳税人？

答：根据《营业税改征增值税试点实施办法》第三条的规定，纳税人分为一般纳税人和小规模纳税人。应税行为的年应征增值税销售额（以下称应税销售额）超过财政部和国家税务总局规定标准的纳税人为一般纳税人，未超过规定标准的纳税人为小规模纳税人。其中：年应税销售额标准为 500 万元（含本数，含税销售额为 515 万）。

根据《营业税改征增值税试点实施办法》第四条的规定，年应税销售额未超过规定标准的纳税人，会计核算健全，能够提供准确税务资料的，可以向主管税务机关办理一般纳税人资格登记，成为一般纳税人。会计核算健全，是指能够按照国家统一的会计制度规定设置账簿，根据合法、有效凭证核算。

上海市国税局：上海最新营改增政策热点问题解答（一）

五、本次营改增试点纳税人应如何区分一般纳税人和小规模纳税人？

答：根据《营业税改征增值税试点实施办法》第三条的规定，纳税人分为一般纳税人和小规模纳税人。应税行为的年应征增值税销售额（以下称应税销售额）超过财政部和国家税务总局规定标准的纳税人为一般纳税人，未超过规定标准的纳税人为小规模纳税人。其中：年应税销售额标准为 500 万元（含本数）。

根据《营业税改征增值税试点实施办法》第四条的规定，年应税销售额未超过规定标准的纳税人，会计核算健全，能够提供准确税务资料的，可以向主管税务机关办理一般纳税人资格登记，成为一般纳税人。会计核算健全，是指能够按照国家统一的会计制度规定设置账簿，根据合法、有效凭证核算。

山东省国税局：全面推开营改增试点政策指引（八）（2016 年 5 月 24 日）

155. 营改增试点纳税人，应如何区分一般纳税人和小规模纳税人？

答：根据《营业税改征增值税试点实施办法》第三条的规定，纳税人分为一般纳税人和小规模纳税人。应税行为的年应征增值税销售额（以下称应税销售额）超过财政部和国家税务总局规定标准的纳税人为一般纳税人，未超过规定标准的纳税人为小规模纳税人。根据《营业税改征增值税试点实施办法》第四条的规定，年应税销售额未超过规定标准的纳税人，会计核算健全，能够提供准确税务资料的，可以向主管税务机关办理一般纳税人资格登记，成为一般纳税人。会计核算健全，是指能够按照国家统一的会计制度规定设置账簿，根据合法、有效凭证核算。

江苏省国税局：江苏国税 12366 营改增热点问题解答（二）

根据应税销售额的大小，增值税纳税人分为一般纳税人和小规模纳税人，两类纳税人在税款计算、发票使用等方面的规定存在较大差异，现就相关热点问题解答如下：

二、营改增一般纳税人与小规模纳税人有何区别？

答：1. 销售额标准不同：根据《营业税改征增值税试点实施办法》应税行为的年应征增值税销售额（以下称应税销售额）超过财政部和国家税务总局规定标准的纳税人为一般纳税人，未超过规定标准，又未提出申请登记的纳税人为小规模纳税人。其中：年应税销售额标准为500万元（含本数）。

2. 计税方法不同：根据《营业税改征增值税试点实施办法》，一般纳税人发生应税行为适用一般计税办法（一般纳税人发生财政部和国家税务总局规定的特定应税行为，可以选择适用简易计税方法计税，但一经选择，36个月内不得变更）；小规模纳税人发生应税行为适用简易计税方法计税。

3. 税率与征收率不同：根据《营业税改征增值税试点实施办法》规定：营改增一般纳税人分不同行业适用不同税率，纳税人发生应税行为，除本条第（二）项、第（三）项、第（四）项规定外，税率为6%。（二）提供交通运输、邮政、基础电信、建筑、不动产租赁服务，销售不动产，转让土地使用权，税率为11%。（三）提供有形动产租赁服务，税率为17%。（四）境内单位和个人发生的跨境应税行为，税率为零。

具体范围由财政部和国家税务总局另行规定。

小规模纳税人：适用简易计税办法按征收率征税，增值税征收率为3%，财政部和国家税务总局另有规定的除外。

4. 增值税发票使用上的区别：增值税一般纳税人使用增值税发票管理新系统自行开具增值税专用发票和增值税普通发票；小规模纳税人现使用增值税发票管理新系统只能自行开具增值税普通发票，小规模纳税人需要开具增值税专用发票，暂可以向主管税务机关申请代开。

说明：

1. 重庆、浙江、江苏、上海、山东对如何区分一般纳税人和小规模纳税人规定一致，是对《财政部 国家税务总局关于全面推开营业税改征增值税试点的通知》(财税[2016]36号)附件1《营业税改征增值税试点实施办法》第三条和第四条的落实。

2. 江苏还对一般纳税人和小规模纳税人的区别进行了具体列举，依据是附件1《营业税改征增值税试点实施办法》第三条、第四条、第十五条、第十八条、第十九条和第五十四条。

12. 已经登记为一般纳税人的是否还能转为小规模纳税人？

北京市国税局：营改增执行口径——北京国税局营改增执行口径（更新到5月13日）

20. 企业若登记为一般纳税人，还能转为小规模纳税人吗？

答：根据《财政部 国家税务总局关于全面推开营业税改征增值税试点的通知》（财税［2016］36号）附件1第五条规定，除国家税务总局另有规定外，一经登记为一般纳税人后，不得转为小规模纳税人。

浙江省国税局：营改增执行口径

5. 纳税人一经登记为一般纳税人，还能转为小规模纳税人吗？

答：根据《营业税改征增值税试点实施办法》第五条规定，除国家税务总局另有规定外，一经登记为一般纳税人后，不得转为小规模纳税人。

江苏省国税局：江苏国税 12366 营改增热点问题解答（二）

根据应税销售额的大小，增值税纳税人分为一般纳税人和小规模纳税人，两类纳税人在税款计算、发票使用等方面的规定存在较大差异，现就相关热点问题解答如下：

四、纳税人一经登记为一般纳税人，还能转为小规模纳税人吗？

答：根据《营业税改征增值税试点实施办法》第五条规定，除国家税务总局另有规定外，一经登记为一般纳税人后，不得转为小规模纳税人。

四川省国税局：营改增执行口径（网络资源）

3. 试点纳税人一经登记为一般纳税人，还能转为小规模纳税人吗？

答：根据《营业税改征增值税试点实施办法》第五条规定，除国家税务总局另有规定外，一经登记为一般纳税人后，不得转为小规模纳税人。

四川省国税局：纳税人咨询的营改增十个热点问题（4 月 27 日）

6. 企业若登记为一般纳税人，还能转为小规模纳税人吗？

答：根据《财政部 国家税务总局关于全面推开营业税改征增值税试点的通知》（财税［2016］36 号）附件 1 第五条规定，除国家税务总局另有规定外，一经登记为一般纳税人后，不得转为小规模纳税人。

说明：

北京、浙江、江苏、四川对一般纳税人能否转为小规模纳税人的规定一致，是对《财政部 国家税务总局关于全面推开营业税改征增值税试点的通知》（财税［2016］36 号）附件 1《营业税改征增值税试点实施办法》第五条的落实。

13. 未达到一般纳税人标准的小规模纳税人是否能转为一般纳税人？

福建省国税局：营改增执行口径——12366 营改增热点问答（4 月 19 日）

15. 年应税销售额未超过小规模纳税人标准的营改增纳税人能否申请登记一般纳税人小规模纳税人转为一般纳税人？

答：能够按照国家统一的会计制度规定设置账簿，根据合法、有效凭证核算，能够提供准确税务资料的小规模纳税人可申请登记为一般纳税人。

说明：

福建对未达一般纳税人标准的小规模纳税人转为一般纳税人的情形作出了规定，是对《财政部 国家税务总局关于全面推开营业税改征增值税试点的通知》(财税[2016]36号）附件1《营业税改征增值税试点实施办法》第四条的落实。

14. 是否所有营业税纳税人都需要办理确认登记？

福建省国税局：营改增执行口径——12366营改增咨询热点（3月28日）

1. 所有营业税纳税人本次都需要进行营改增确认登记吗？

答：自2016年5月1日起，在全国范围内全面推开营业税改征增值税试点，建筑业、房地产业、金融业、生活服务业等全部营业税纳税人纳入试点范围，由缴纳营业税改为缴纳增值税。因此，原缴纳营业税但未办理增值税税种登记的纳税人现在都需要进行营改增确认登记。

2. 尚未收到税务机关下达的《营业税改征增值税纳税人确认通知》的纳税人是否需要办理营改增确认登记？

答：未接到确认通知书但属于试点范围的纳税人，应于2016年4月28日前到主管国税机关办理确认手续。逾期未确认的，主管国税机关依照《中华人民共和国税收征收管理法》的有关规定处理。

福建省国税局：12366营改增热点咨询（4月5日）

9. 营改增试点纳税人之前已经在国税办理了税务登记，还需要办理营改增确认手续吗？

答：需要。

说明：

福建对纳税人确认登记问题进行了规定，是《关于全面推开营业税改征增值税试点的通知》([2016] 36号）财税与《福建省国家税务局关于全面推开营业税改征增值税试点纳税人若干征收管理事项的公告》(2016年第7号）第2条内容的落实。

纳税人登记程序的相关规定

15. 办理营改增确认手续所需的资料有哪些？

福建省国税局：营改增执行口径——12366营改增热点咨询（3月30日）

1. 营改增试点纳税人接到主管国税机关下达的《营业税改征增值税纳税人确认通知》后办理确认手续，需要提供什么资料？

答：试点纳税人应向主管国税机关提交《确认回执》和《营业税改征增值税纳税人确认调查表》。

最新营改增政策热点问题解答（三）——上海（网络资源）

1. 营改增试点纳税人接到主管国税机关下达的《营业税改征增值税纳税人确认通知》后办理确认手续，需要提供什么资料？

答：试点纳税人应向主管国税机关提交《确认回执》和《营业税改征增值税纳税人确认调查表》。

说明：

福建、上海对营改增纳税人资格确认提交资料进行了规定，依据《福建省国家税务局关于全面推开营业税改征增值税试点纳税人若干征收管理事项的公告》（福建省国家税务局公告2016年第7号）第2条的规定。

16. 一般纳税人资格登记的程序和材料是如何规定的？

贵州省国税局：营改增执行口径

二、增值税一般纳税人资格登记

（一）试点纳税人应按照本公告规定办理增值税一般纳税人资格登记。

（二）除本公告第二条第（三）项规定的情形外，营改增试点实施前（以下简称试点实施前）销售服务、无形资产或者不动产（以下简称应税行为）的年应税销售额超过500万元的试点纳税人，应向主管国税机关办理增值税一般纳税人资格登记手续。

（三）试点实施前已取得增值税一般纳税人资格并兼有应税行为的试点纳税人，不需要重新办理增值税一般纳税人资格登记手续，由主管国税机关制作、送达《税务事项通知书》，告知纳税人。

（四）试点实施前应税行为年应税销售额未超过500万元的试点纳税人，会计核算健全，能够提供准确税务资料的，也可以向主管国税机关办理增值税一般纳税人资格登记。

（五）试点实施前，试点纳税人增值税一般纳税人资格登记可由主管国税机关按照本公告及相关规定进行预登记。

吉林省国税局：营改增相关业务问题（一）（2016年4月19日）

六、一般纳税人登记类四大行业营改增纳税人如何登记为一般纳税人？按什么标准进行登记呢？

答：1. 如果您在国税机关已经登记为一般纳税人，并兼有四大行业应税服务的，自2016年5月1日（税款所属时期）起，发生四大行业应税服务时应按照增值税一般纳税人的计税方法计算缴纳增值税，不再缴纳营业税。

2. 如果您在2015年3月至2016年2月应税服务年销售额超过500万元（以下简称“超标纳税人”），并属于以下三个类别的纳税人，主管税务机关将向您派发内容填写齐全的《税务事项通知书》、《增值税一般纳税人资格登记表》或《选择按小规模纳税人纳税的情况说明》,您只需确认相关信息,在规定期限内将签名确认并加盖公章的《登记表》或《情况说明》报送规定的主管税务机关即可。

（1）兼有四大行业应税服务的现有增值税小规模纳税人（国地税共管户中增值税小规模纳税人）。

（2）已在国税办理税务登记但未进行增值税税种登记的提供四大行业应税服务的小规模纳税人（国地税共管户中的非增值税纳税人）。

（3）新登记营改增试点纳税人（纯地税户）。

3. 如果您属于未超标及新开业的纳税人，符合一般纳税人资格登记表的条件，也可向主管税务机关受理窗口提交《增值税一般纳税人资格登记表》，登记为一般纳税人资格。

山东省国税局：全面推开营改增试点政策指引（五）

一、关于一般纳税人资格登记问题

三是明确登记程序。根据《国家税务总局关于调整增值税一般纳税人管理有关事项的公告》（国家税务总局公告 2015 年第 18 号）及相关规定，结合新旧税制衔接的实际，主管税务机关要在试点实施后 10 个工作日内制作《税务事项通知书》，告知纳税人应当在收到《税务事项通知书》后 10 个工作日内向主管税务机关办理相关手续。

四川省国税局：纳税人咨询的营改增十个热点问题（4 月 29 日）

二、增值税一般纳税人资格登记

（四）报送资料

1. 试点纳税人办理一般纳税人资格登记，需提交下列资料：

《增值税一般纳税人资格登记表》2 份

税务登记证件

2.2015 年应税销售额超过 500 万元的试点纳税人，符合有关规定，选择按照小规模纳税人纳税的，需提交下列资料：

《选择按小规模纳税人纳税的情况说明》2 份

说明：

1. 贵州、吉林、山东、四川对一般纳税人资格登记的程序及资料提供作出了规定，是对《营改增试点纳税人业务操作指南（二）》第 2 部分第 1 章第 1 节的落实。

2. 山东还对登记程序的工作期限进行了规定，《国家税务总局关于调整增值税一般纳税人管理有关事项的公告》(国家税务总局公告2015年第18号)第二条内容的落实。

四川对一般纳税人资格登记所需资料进行了规定，是《关于调整增值税一般纳税人管理有关事项的公告》（国家税务总局公告 2015 年第 18 号）内容的落实。

17. 一般纳税人的资格证明如何查询?

内蒙古自治区国税局：内蒙古自治区国家税务局全面推开营改增政策问题解答四（金融服务部分）

十一、营改增后新登记的一般纳税人企业，在索取增值税专用发票时，对方往往要求其提供一般纳税人资格证明。如何提供相应证明？

答：自治区国税局准备与相关部门协商在自治区国税局门户网站“办税服务”中的“涉税查询”模块开通一般纳税人资格查询等功能，纳税人可以登录选择对应功能进行查询。

说明：

内蒙古对一般纳税人如何提供资格证明给出了回答，是对《国家税务总局关于“三证合一”登记制度改革涉及增值税一般纳税人管理有关事项的公告》（国家税务总局公告 2015 年第 74 号）第一条的落实。

18. 办理税务登记的基本流程和资料是什么?

陕西省国税局：营改增试点答疑（八）

74. 营改增试点纳税人，如何办理国税税务登记？如何办理？

答：一、试点实施前，地税、国税部门完成试点纳税人名单移交接收工作后，经案头审核符合《财政部 国家税务总局关于全面推开营业税改征增值税试点的通知》（财税[2016]36 号）所附《营业税改征增值税试点实施办法》的纳税人，应在接到税务机关下达的《税务事项通知书》后，在移交接收工作的规定时限内，向主管国税机关办理税务登记、税种登记等基础信息确认。

广西壮族自治区国税局：营改增执行口径——2016 年营改增一次性业务办税指引（适用于一般纳税人）

一、税务登记

1.“三证合一、一照一码”纳税人：持加载统一社会信用代码的营业执照副本等资料（具体见办税指南），完成补充信息采集。

2. 非“三证合一、一照一码”纳税人：持《工商营业执照》、《组织机构代码证书》副本、法人代表身份证、原地税《税务登记证》等资料（具体见办税指南），完成补充信息采集。

3. 试点纳税人进行存款账户账号报告、税库银联网签约。

四川省国税局：营改增执行口径（网络资源）

145. 本次营改增试点纳税人发放税务登记证件的范围有哪些？

答：根据《四川省国家税务局关于做好“营改增”试点纳税人调查核实工作的通知》（川国税发［2016］28 号）有关要求，对于试点纳税人中未实行国地税联合办证的个体工商户、未实行国地税联合办证且未进行“三证合一”的企业，主管税务机关应按照《税务登记管理办法》为其发放税务登记证件。

说明：

1. 陕西对如何办理税务登记的问题进行了回答，是对《国家税务总局关于调整增值税一般纳税人管理有关事项的公告》（国家税务总局公告 2015 年第 18 号）第 4 条内容的落实。

2. 广西壮族自治区对纳税主体进行税务登记的操作办法进行了说明，是对《营改增试点纳税人业务操作指南（二）》第 2 部分第 1 章第 2 条规定的落实。

3. 四川对纳税人发放税务登记证件的范围的问题进行了说明，是对《四川省国家税务局关于做好“营改增”试点纳税人调查核实工作的通知》（川国税发［2016］28 号）内容的落实。

19. 税务登记确认时限是什么？

四川省国税局：营改增执行口径（网络资源）

143. 本次营改增试点纳税人税务登记信息核实确认时限有何要求？登记确认时限？

答：根据《四川省国家税务局关于做好“营改增”试点纳税人调查核实工作的通知》（川国税发［2016］28 号）及《四川省国家税务局四川省地方税务局关于开展营业税改征增值税试点纳税人税务登记信息核实确认工作的公告》（2016 年第 3 号）有关规定，各地国税机关应于 2016 年 3 月 15 日起开始受理营改增试点纳税人上门办税相关事宜。符合受理范围的试点纳税人，应于 2016 年 4 月 28 日前到主管国税机关办理税务登记信息核实确认。

说明：

四川对营改增纳税人税务登记时限进行了规定，是对《四川省国家税务局关于做好“营改增”试点纳税人调查核实工作的通知》（川国税发［2016］28 号）及《四川省国家税务局四川省地方税务局关于开展营业税改征增值税试点纳税人税务登记信息核实确认工作的公告》（2016 年第 3 号）内容的落实。

20. 税务登记需确认的信息有哪些？

四川省国税局：营改增执行口径（网络资源）

144. 本次营改增试点纳税人需要修改确认哪些税务登记信息？需确认的信息？

答：根据《四川省国家税务局关于做好“营改增”试点纳税人调查核实工作的通知》（川国税发［2016］28 号）有关规定，纳税人需对主管国税机关打印出的《税务登记表》、《存款账户、账号报告表》、《财务会计制度及核算软件备案报告书》（单位纳税人适用）进行修改确认，并在《税务登记表》首页空白处签字（章）。

吉林省国税局：营改增执行口径

根据《财政部 国家税务总局关于全面推开营业税改征增值税试点的通知》（财税［2016］36号），自2016年5月1日起，建筑业、房地产业、金融业、生活服务业等营业税纳税人（以下简称试点纳税人）由缴纳营业税改为缴纳增值税。为方便纳税人及时办理国税业务，现将有关事项指引如下：

一、税务登记信息确认登记信息确认

（一）属于地税局独管户的试点纳税人，请于2016年4月28日前携带以下资料，到主管国税机关进行税务登记信息确认。

①工商营业执照或其他核准执业证件复印件1份。

②税务登记证件副本复印件1份。

③法定代表人（负责人）居民身份证、护照或其他合法身份证件复印件1份。

④财务负责人及办税人员身份证复印件1份。

⑤银行开户许可证复印件1份。

⑥纳税人存款账户账号报告表1份。

⑦财务会计制度及核算软件备案报告书1份。

（二）属于国税、地税共管户的试点纳税人，请于2016年4月28日前携带税务登记证件副本，到主管国税机关进行税务登记信息确认。

（三）纳税人对国税机关打印的《税务登记表》信息进行修改、确认，确认无误签字、盖章。

说明：

1. 四川、吉林对税务登记信息确认内容进行了规定

2. 四川省的依据是《四川省国家税务局关于做好“营改增”试点纳税人调查核实工作的通知》（川国税发［2016］28号）。

3. 吉林省的依据是《财政部 国家税务总局关于全面推开营业税改征增值税试点的通知》（财税［2016］36号）。

21. 办理税务登记所要提供的资料有哪些？

陕西省国税局：营改增试点答疑（八）

74. 营改增试点纳税人，如何办理国税税务登记？

答：二、试点纳税人在确认税务登记、税种登记等基础信息时，应根据企业类型提供相应的资料。

（一）单位纳税人

2015年10月1日起，新设立企业、农民专业合作社（以下统称“企业”）领取由工商行政管理部门核发加载法人和其他组织统一社会信用代码（以下称统一代码）的营业执照后，无需再次进行税务登记，不再领取税务登记证。

（二）个体经营纳税人

需提供以下资料：

1.《税务登记表（适用个体经营）》（实行国税局、地税局联合办理税务登记证的，应提供2份）。

2. 工商营业执照或其他核准执业证件原件及复印件。

3. 业主居民身份证、护照或其他证明身份的合法证件原件及复印件。

4. 个体加油站及已办理组织机构代码证的个体工商户应提供组织机构代码证书副本原件及复印件。

说明：

陕西对营改增纳税人税务登记所需材料进行了规定，其内容是对《营改增试点纳税人业务操作指南（二）》第2部分第1章第2条内容的落实。

22. 可以不登记为一般纳税人的纳税人应提供的资料有哪些？

福建省国税局：营改增执行口径——12366营改增热点问题（3月29日）

4. 按规定可以不登记为一般纳税人的营改增纳税人，应提供什么资料？

答：应提供资料如下：1.《选择按小规模纳税人纳税的情况说明》；2. 证明符合不办理增值税一般纳税人登记条件的相关材料。

说明：

福建对不登记为一般纳税人的情况下提交材料的问题进行了说明，是对《营业税改征增值税试点实施办法》（财税［2016］36号附件1）第三条内容的落实。

扣缴义务人

23. 扣缴义务人的规定有哪些变化？

重庆市国税局：营改增执行口径——最新营改增政策热点问题解答（二）

二、本次营改增试点对境外单位或个人在境内发生应税行为增值税扣缴义务人的规定有何变化？

答：根据《营业税改征增值税试点实施办法》第六条的规定，中华人民共和国境外（以下称境外）单位或者个人在境内发生应税行为，在境内未设有经营机构的，以购买方为增值税扣缴义务人。财政部和国家税务总局另有规定的除外。

理解本条规定应从以下两个方面来把握：

（一）境外单位或者个人在境内发生应税行为，在境内未设有经营机构的，以购买方为增值税扣缴义务人。本次营改增试点取消了原政策中代理人扣缴增值税的规定。

（二）本条规定扣缴义务人的前提是境外单位或者个人在境内没有设立经营机构，如果设立了经营机构，应以其经营机构为增值税纳税人，就不存在扣缴义务人的问题。

说明：

重庆对营改增后对扣缴义务人规定的变化进行了阐释，是对《营业税改征增值税试点实施办法》（财税［2016］36号附件1）第六条内容的落实。

24. 如何判断扣缴义务人？

陕西省国税局：陕西营改增试点答疑（三）

30. 境外单位（个人）在境内发生应税行为，扣缴义务人是谁？扣缴义务人如何计算代扣代缴税额？

答：根据《财政部 国家税务总局关于全面推开营业税改征增值税试点的通知》（财税［2016］36号）所附《营业税改征增值税试点实施办法》的规定，中华人民共和国境外（以下称境外）单位或者个人在境内发生应税行为，在境内未设有经营机构的，以购买方为增值税扣缴义务人。财政部和国家税务总局另有规定的除外。

扣缴义务人按照下列公式计算应扣缴税额：

应扣缴税额＝购买方支付的价款 ÷（1＋税率）× 税率。

浙江省国税局：营改增执行口径

6. 境外单位在境内发生应税行为，是否需要缴税？如何缴？

答：根据《营业税改征增值税试点实施办法》第六条规定，中华人民共和国境外（以下称境外）单位或者个人在境内发生应税行为，在境内未设有经营机构的，以购买方为增值税扣缴义务人。财政部和国家税务总局另有规定的除外。

山西省国税局：营改增政策指南之一般规定

一、纳税人和扣缴义务人

在中国境内销售服务、无形资产或者不动产（以下称应税行为）的单位和个人，为增值税纳税人，应当缴纳增值税。

单位以承包、承租、挂靠方式经营的，承包人、承租人、挂靠人（以下统称承包人）以发包人、出租人、被挂靠人（以下统称发包人）名义对外经营并由发包人承担相关法律责任的，以该发包人为纳税人。否则，以承包人为纳税人。

中国境外单位或者个人在境内发生应税行为，在境内未设有经营机构的，以购买方为增值税扣缴义务人。

说明：

陕西、浙江、山西对扣缴义务人的认定进行了说明，陕西还对扣缴义务人应扣缴税额的计算公式进行了说明，是对《营业税改征增值税试点实施办法》（财税［2016］36号附件1）第六条内容的落实。

第二章　征税范围

25. 销售不动产的内容是什么？

陕西省国税局：营改增试点答疑（三）

25. 不动产包括哪些内容？

答：根据《财政部 国家税务总局关于全面推开营业税改征增值税试点的通知》（财税［2016］36号）所附《销售服务、无形资产、不动产注释》的规定，不动产，是指不能移动或者移动后会引起性质、形状改变的财产，包括建筑物、构筑物等。

山西省国税局：营改增系列知识问答（三）——营改增征税范围之一

四、不动产是指什么？

答：根据《财政部 国家税务总局关于全面推开营业税改征增值税试点的通知》（财税［2016］36号）规定，不动产，是指不能移动或者移动后会引起性质、形状改变的财产，包括建筑物、构筑物等。

建筑物，包括住宅、商业营业用房、办公楼等可供居住、工作或者进行其他活动的建造物。

构筑物，包括道路、桥梁、隧道、水坝等建造物。

浙江省国税局：营改增执行口径

78. 什么是不动产？

答：根据《财政部 国家税务总局关于全面推开营业税改征增值税试点的通知》（财税［2016］36号）规定，不动产，是指不能移动或者移动后会引起性质、形状改变的财产，包括建筑物、构筑物等。

建筑物，包括住宅、商业营业用房、办公楼等可供居住、工作或者进行其他活动的建造物。

构筑物，包括道路、桥梁、隧道、水坝等建造物。

说明：

陕西、山西及浙江对不动产的内容规定一致，是对《财政部 国家税务总局关于全面推开营业税改征增值税试点的通知》（财税［2016］36号）附件1《营业税改征增值税试点实施办法》所附《销售服务、无形资产、不动产注释》第三点的落实。

26. 销售无形资产的内容是什么?

浙江省国税局:营改增执行口径

77. 无形资产是什么?具体包括什么?

答:根据《财政部 国家税务总局关于全面推开营业税改征增值税试点的通知》(财税[2016]36号)规定,销售无形资产,是指转让无形资产所有权或者使用权的业务活动。无形资产,是指不具实物形态,但能带来经济利益的资产,包括技术、商标、著作权、商誉、自然资源使用权和其他权益性无形资产。

技术,包括专利技术和非专利技术。

自然资源使用权,包括土地使用权、海域使用权、探矿权、采矿权、取水权和其他自然资源使用权。

其他权益性无形资产,包括基础设施资产经营权、公共事业特许权、配额、经营权(包括特许经营权、连锁经营权、其他经营权)、经销权、分销权、代理权、会员权、席位权、网络游戏虚拟道具、域名、名称权、肖像权、冠名权、转会费等。

说明:

浙江对无形资产内容的规定是对《财政部 国家税务总局关于全面推开营业税改征增值税试点的通知》(财税[2016]36号)附件1《营业税改征增值税试点实施办法》所附《销售服务、无形资产、不动产注释》第二点的落实。

27. 销售服务的内容是什么?

山西省国税局:营改增系列知识问答(三)——营改增征税范围之一

二、服务是指哪些?

答:服务指交通运输服务、邮政服务、电信服务、建筑服务、金融服务、现代服务(包括研发和技术服务、信息技术服务、文化创意服务、物流辅助服务、租赁服务(含动产与不动产租赁)、鉴证咨询服务、广播影视服务、商务辅助服务和其他现代服务)、生活服务(旅游娱乐、餐饮住宿服务)等。

浙江省国税局:营改增执行口径

32. 营改增试点范围中的“销售服务”包括哪些?

答:按照《财政部 国家税务总局关于全面推开营业税改征增值税试点的通知》(财税[2016]36号)的规定,销售服务包括提供交通运输服务、邮政服务、电信服务、建筑服务、金融服务、现代服务、生活服务。

陕西省国税局:营改增系列知识问答(二)——营改增纳税人

10. 什么是销售服务?与原提供应税服务有什么区别?

答:根据《财政部 国家税务总局关于全面推开营业税改征增值税试点的通知》(财税

[2016] 36号）所附《销售服务、无形资产、不动产注释》的规定，销售服务，是指提供交通运输服务、邮政服务、电信服务、建筑服务、金融服务、现代服务、生活服务。与原提供应税服务相比，试点范围扩大，实现了行业的全覆盖。

青海省国税局：营改增执行口径——营改增纳税人办税指南之一房地产篇——政策组发言材料（4月20日）

第八个是关于销售货物时无偿赠送服务的，赠送的服务是不是还要核定一块收入征税。我举个简单例子，卖空调同时给免费安装的，交营业税时，也没有单独核定安装费让企业交税，改交增值税了，你也不能单独核定一块安装费让企业交税。

说明：

1. 山西、浙江、陕西对服务的内容规定一致，是对《财政部 国家税务总局关于全面推开营业税改征增值税试点的通知》（财税 [2016] 36 号）附件 1《营业税改征增值税试点实施办法》所附《销售服务、无形资产、不动产注释》第一点的落实。

2. 青海对销售货物同时赠送的服务不需要核定征税作出了解释，也是对《财政部 国家税务总局关于全面推开营业税改征增值税试点的通知》（财税 [2016] 36 号）附件 1《营业税改征增值税试点实施办法》所附《销售服务、无形资产、不动产注释》第一点的落实。

28. 如何界定销售行为？

山西省国税局：营改增系列知识问答（三）营改增征税范围之一（2016年4月3日）

一、什么是销售服务、无形资产、不动产？

答：销售服务、无形资产或者不动产，是指有偿提供服务、有偿转让无形资产或者不动产，但属于下列非经营活动的情形除外：

（一）行政单位收取的同时满足以下条件的政府性基金或者行政事业性收费。

1. 由国务院或者财政部批准设立的政府性基金，由国务院或者省级人民政府及其财政、价格主管部门批准设立的行政事业性收费；

2. 收取时开具省级以上（含省级）财政部门监（印）制的财政票据；

3. 所收款项全额上缴财政。

（二）单位或者个体工商户聘用的员工为本单位或者雇主提供取得工资的服务。

（三）单位或者个体工商户为聘用的员工提供服务。

（四）财政部和国家税务总局规定的其他情形。

说明：

山西对销售行为的内容和除外情形做出了规定，是对《财政部 国家税务总局关于全面推开营业税改征增值税试点的通知》（财税 [2016] 36 号）附件 1《营业税改征增值税试点实施办法》第十条的落实。

29. 如何界定视同销售？

陕西省国税局：营改增系列知识问答（二）——营改增纳税人

12. 视同销售服务、无形资产或者不动产包括哪些情形？

答：根据《财政部 国家税务总局关于全面推开营业税改征增值税试点的通知》（财税［2016］36号）所附《营业税改征增值税试点实施办法》的规定，下列情形视同销售服务、无形资产或者不动产：

一、单位或者个体工商户向其他单位或者个人无偿提供服务，但用于公益事业或者以社会公众为对象的除外；

二、单位或者个人向其他单位或者个人无偿转让无形资产或者不动产，但用于公益事业或者以社会公众为对象的除外；

三、财政部和国家税务总局规定的其他情形。

江西省国税局：明确营改增实务中的81个问题——全面推开营改增试点问题解答（一）

10. 用于实物佣金发放的是否需视同销售？宣传品是否作为视同销售缴税处理？不以销售为目的，跨市调拨固定资产是否需要视同销售？

答：采取以实物发放佣金、宣传品的按视同销售处理，计提销项税金。如属汇总缴纳下的分支机构跨市调拨不视同销售。

宁夏回族自治区国税局：全面推开营改增政策指引（二）

8. 实行增值税汇总缴纳的纳税人，总分支机构之间调拨资产，是否需要交纳增值税，如何开具发票？

答：增值税汇总缴纳的纳税人，总分支机构之间调拨资产，按内部调拨处理，不缴纳增值税，也不得开具增值税发票。

福建省国税局：营改增执行口径——12366营改增热点咨询（4月5日）

12. 租赁，合同约定第一年免收租金，是否需要征收增值税？

答：应视同销售服务，征收增值税。

说明：

1. 陕西对视同销售行为做出了规定，是对《财政部 国家税务总局关于全面推开营业税改征增值税试点的通知》（财税［2016］36号）附件1《营业税改征增值税试点实施办法》第十四条的落实。

2. 江西、宁夏回族自治区、福建对几种具体行为是否属于视同销售行为做出了认定，主要的依据为《中华人民共和国增值税暂行条例实施细则》第四条和《财政部 国家税务总局关于全面推开营业税改征增值税试点的通知》（财税［2016］36号）附件《营业税改征增值税试点实施办法》第十四条。

30. 如何界定有偿?

四川省国税局：营改增执行口径（网络资源）

9. 如何理解目前营改增政策文件中“有偿”的概念?

答：根据《营业税改征增值税试点实施办法》第十一条规定，有偿，是指取得货币、货物或者其他经济利益。

浙江省国税局：营改增执行口径

8. 如何理解目前营改增政策文件中“有偿”的概念?

答：根据《营业税改征增值税试点实施办法》第十一条规定，有偿，是指取得货币、货物或者其他经济利益。

说明：

四川、浙江对有偿的界定相同，是对《财政部 国家税务总局关于全面推开营业税改征增值税试点的通知》（财税 [2016] 36 号）附件 《营业税改征增值税试点实施办法》第十一条的落实。

31. 如何界定境内外?

重庆市国税局：营改增执行口径——最新营改增政策热点问题解答（二）

一、本次营改增试点如何规定销售服务、无形资产或者不动产发生在境内?

答：根据《营业税改征增值税试点实施办法》第十二条的规定，在境内销售服务、无形资产或者不动产，是指：

（一）服务（租赁不动产除外）或者无形资产（自然资源使用权除外）的销售方或者购买方在境内；

（二）所销售或者租赁的不动产在境内；

（三）所销售自然资源使用权的自然资源在境内；

（四）财政部和国家税务总局规定的其他情形。

同时，《营业税改征增值税试点实施办法》第十三条采取了排除法明确了不属于在境内销售服务或者无形资产的三种情形，即：

（一）境外单位或者个人向境内单位或者个人销售完全在境外发生的服务；

（二）境外单位或者个人向境内单位或者个人销售完全在境外使用的无形资产；

（三）境外单位或者个人向境内单位或者个人出租完全在境外使用的有形动产。

北京市国税局：营改增执行口径——北京国税局营改增执行口径（更新到 5 月 13 日）

13. 怎么判断某项增值税业务发生在境内还是境外?

答：根据《财政部 国家税务总局关于全面推开营业税改征增值税试点的通知》（财税［2016］36 号）附件 1 第十二条规定，在境内销售服务、无形资产或者不动产，是指：（一）

服务（租赁不动产除外）或者无形资产（自然资源使用权除外）的销售方或者购买方在境内;(二)所销售或者租赁的不动产在境内;(三)所销售自然资源使用权的自然资源在境内;(四)财政部和国家税务总局规定的其他情形。

第十三条规定，下列情形不属于在境内销售服务或者无形资产:(一)境外单位或者个人向境内单位或者个人销售完全在境外发生的服务。

(二)境外单位或者个人向境内单位或者个人销售完全在境外使用的无形资产。

(三)境外单位或者个人向境内单位或者个人出租完全在境外使用的有形动产。

(四)财政部和国家税务总局规定的其他情形。

陕西省国税局:营改增试点答疑(二)

11. 如何判断是否在境内销售服务、无形资产或者不动产?

答:根据《财政部 国家税务总局关于全面推开营业税改征增值税试点的通知》(财税[2016]36号)所附《营业税改征增值税试点实施办法》的规定，在境内销售服务、无形资产或者不动产，是指:

一、服务（租赁不动产除外）或者无形资产（自然资源使用权除外）的销售方或者购买方在境内;

二、所销售或者租赁的不动产在境内;

三、所销售自然资源使用权的自然资源在境内;

四、财政部和国家税务总局规定的其他情形。

说明:

1. 重庆、北京、陕西对属于在境内的增值税应税行为的规定一致，是对《财政部 国家税务总局关于全面推开营业税改征增值税试点的通知》(财税[2016]36号)附件1《营业税改征增值税试点实施办法》第十二条的落实。

2. 重庆和北京对不属于境内范围的销售行为作出的规定一致，是对《财政部 国家税务总局关于全面推开营业税改征增值税试点的通知》(财税[2016]36号)附件1《营业税改征增值税试点实施办法》第十三条的落实。

32. 本次营改增试点的新增行业有哪些?

北京市国税局:营改增执行口径——北京国税局营改增执行口径（更新到5月13日）

1. 本次营改增涉及哪些范围?

答:根据《财政部 国家税务总局关于全面推开营业税改征增值税试点的通知》(财税[2016]36号)规定，经国务院批准，自2016年5月1日起，在全国范围内全面推开营业税改征增值税试点，建筑业、房地产业、金融业、生活服务业等全部营业税纳税人，纳入试点范围，由缴纳营业税改为缴纳增值税。具体内容参考附件1附《销售服务、无形资产、不动产注释》的销售服务、无形资产、不动产的相关规定。

上海市国税局：上海最新营改增政策热点问题解答（一）

一、本次营改增试点涉及新增的行业有哪些？

答：经国务院批准，自2016年5月1日起，在全国范围内全面推开营业税改征增值税试点，建筑业、房地产业、金融业、生活服务业等全部营业税纳税人，纳入试点范围，由缴纳营业税改为缴纳增值税。自此，现行营业税纳税人全部改征增值税。

四川省国家税务局：纳税人咨询的营改增十个热点问题（4月29日）

1. 本次营改增涉及哪些范围？

答：根据《财政部 国家税务总局关于全面推开营业税改征增值税试点的通知》（财税［2016］36号）规定，经国务院批准，自2016年5月1日起，在全国范围内全面推开营业税改征增值税试点，建筑业、房地产业、金融业、生活服务业等全部营业税纳税人，纳入试点范围，由缴纳营业税改为缴纳增值税。具体内容参考附件1附《销售服务、无形资产、不动产注释》的销售服务、无形资产、不动产的相关规定。

四川省国税局：营改增执行口径（网络资源）

142. 本次营改增哪些试点纳税人需要进行税务登记信息核实确认？

答：根据《四川省国家税务局四川省地方税务局关于开展营业税改征增值税试点纳税人税务登记信息核实确认工作的公告》（2016年第3号）有关规定，试点纳税人税务登记信息核实确认范围为：从事建筑、房地产、金融、生活服务等行业，且在四川省各级地税机关理税务登记并缴纳营业税的全部纳税人。

山西省国税局：营改增系列知识问答（二）营改增纳税人

二、本次营改增试点涉及新增的行业有哪些？

答：本次营改增在前期交通运输业、铁路运输业、邮政业、电信业和部分现代服务业开展试点基础上，将建筑业、房地产业、金融业、生活服务业等全部营业税纳税人纳入试点范围，由缴纳营业税改为缴纳增值税。自此，现行营业税纳税人全部改征增值税。

说明：

北京、上海、四川、山西对本次营改增试点新增的行业范围规定相同，是对《财政部 国家税务总局关于全面推开营业税改征增值税试点的通知》（财税［2016］36号）第二段的落实。

33. 不征收增值税的范围是什么？

北京市国税局：营改增执行口径——热点问题（5月25日）

1. 不征收增值税项目包括哪些？

答：按照《财政部 国家税务总局关于全面推开营业税改征增值税试点的通知》（财税［2016］36号）附件2第一条第（二）项的规定，下列项目不征收增值税：

（1）根据国家指令无偿提供的铁路运输服务、航空运输服务，属于用于公益事业的服务。

（2）存款利息。

（3）被保险人获得的保险赔付。

（4）房地产主管部门或者其他指定机构、公积金管理中心、开发企业以及物业管理单位代收的住宅专项维修资金。

（5）在资产重组过程中，通过合并、分立、出售、置换等方式，将全部或者部分实物资产以及与其相关联的债权、负债和劳动力一并转让给其他单位和个人，其中涉及的不动产、土地使用权转让行为。

浙江省国税局：营改增执行口径

79. 不征收增值税项目包括什么？

答：根据《财政部 国家税务总局关于全面推开营业税改征增值税试点的通知》（财税［2016］36号）规定，下列项目不征收增值税：

（1）根据国家指令无偿提供的铁路运输服务、航空运输服务，属于用于公益事业的服务。

（2）存款利息。

（3）被保险人获得的保险赔付。

（4）房地产主管部门或者其指定机构、公积金管理中心、开发企业以及物业管理单位代收的住宅专项维修资金。

（5）在资产重组过程中，通过合并、分立、出售、置换等方式，将全部或者部分实物资产以及与其相关联的债权、负债和劳动力一并转让给其他单位和个人，其中涉及的不动产、土地使用权转让行为。

内蒙古自治区国税局：内蒙古自治区国家税务局全面推开营改增政策问题解答三（生活服务业部分）

十、不征收增值税项目具体范围

根据《财政部 国家税务总局关于全面推开营业税改征增值税试点的通知》（财税［2016］36号）规定，下列项目不征收增值税：

（一）根据国家指令无偿提供的铁路运输服务、航空运输服务，属于用于公益事业的服务。

（二）存款利息。

（三）被保险人获得的保险赔付。

（四）房地产主管部门或者其指定机构、公积金管理中心、开发企业以及物业管理单位代收的住宅专项维修资金。

（五）在资产重组过程中，通过合并、分立、出售、置换等方式，将全部或者部分实物资产以及与其相关联的债权、负债和劳动力一并转让给其他单位和个人，其中涉及的不动产、土地使用权转让行为。

增值税一般纳税人发生不征收增值税项目，其对应的进项税额不做转出处理。

山东省国税局：12366 营改增热点问题

4. 单位取得的银行存款利息，是否需要缴纳增值税？

答：根据《关于全面推开营业税改征增值税试点的通知》附件的规定，存款利息属于不征收增值税的项目。

说明：

1. 北京、浙江、内蒙古对不征收增值税项目的范围的规定一致，是对《财政部 国家税务总局关于全面推开营业税改征增值税试点的通知》（财税 [2016] 36 号）附件 2《营业税改征增值税试点有关事项的规定》第一条第（二）项的落实。

2. 山东认定存款利息属于不征收增值税的项目，依据是《营业税改征增值税试点有关事项的规定》第一条第（二）项。

34. 建材城主业是出租摊位，按何种类别征收增值税？

北京市国税局：营改增执行口径

82. 某企业为建材城，主要业务为出租摊位，该笔业务是按照出租不动产经营租赁征收还是按照生活服务业征收？

答：企业应按照不动产经营租赁缴纳增值税。

说明：

北京对企业具体涉及征收范围的问题作出了回答，是对《财政部 国家税务总局关于全面推开营业税改征增值税试点的通知》（财税 [2016] 36 号）附件 1《营业税改征增值税试点实施办法》所附《销售服务、无形资产、不动产注释》第一条的落实。

第三章　税率与征收率

35. 营改增新增行业的基本税率与征收率是多少？

上海市国税局：上海最新营改增政策热点问题解答（一）

三、本次营改增试点新增行业的适用税率是多少？

答：根据《营业税改征增值税试点实施办法》第十五条的规定，提供建筑、不动产租赁服务，销售不动产，转让土地使用权，税率为 11%；金融业和生活服务业，税率为 6%。

四川省国税局：营改增执行口径（网络资源）

4. 目前的营改增政策中对增值税税率是如何规定的？

答：根据《营业税改征增值税试点实施办法》第十五条规定，增值税税率：（一）纳税人发生应税行为，除本条第（二）项、第（三）项、第（四）项规定外，税率为 6%。（二）提供交通运输、邮政、基础电信、建筑、不动产租赁服务，销售不动产，转让土地使用权，税率为 11%。（三）提供有形动产租赁服务，税率为 17%。（四）境内单位和个人发生的跨境应税行为，税率为零。具体范围由财政部和国家税务总局另行规定。

重庆市国税局：营改增执行口径——最新营改增政策热点问题解答（一）

三、本次营改增试点新增行业的适用税率是多少？

答：根据《营业税改征增值税试点实施办法》第十五条的规定，提供建筑、不动产租赁服务，销售不动产，转让土地使用权，税率为 11%；金融业和生活服务业，税率为 6%。

重庆市国税局：营改增执行口径——最新营改增政策热点问题解答（一）

四、文件对增值税征收率是如何规定的？

答：纳税人按简易计税方法计税适用增值税征收率，《营业税改征增值税试点实施办法》第十六条规定，增值税征收率为 3%，财政部和国家税务总局另有规定的除外。

《营业税改征增值税试点实施办法》第三十四条规定，简易计税方法的应纳税额，是指按照销售额和增值税征收率计算的增值税额，不得抵扣进项税额。应纳税额计算公式：应纳税额 = 销售额 × 征收率。

按简易计税方法计税的两种情况：

1. 一般纳税人发生财政部和国家税务总局规定的特定应税行为，可以选择适用简易计税方法计税，但一经选择，36 个月内不得变更（附件 2《营业税改征增值税试点有关事项的规定》第一条第（六）、（七）、（八）、（九）、（十）款详细规定了一般纳税人可以选择适用简易计税方法计税的若干种应税行为）。

2. 小规模纳税人发生应税行为适用简易计税方法计税。

福建省国税局：营改增执行口径——12366 营改增咨询热点（3 月 28 日）

8. 本次营改增各项业务税率是如何规定的？

答：根据《财政部 国家税务总局关于全面推开营业税改征增值税试点的通知》（财税［2016］36 号）规定："第十五条增值税税率:（一）纳税人发生应税行为，除本条第（二）项、第（三）项、第（四）项规定外，税率为 6%。（二）提供交通运输、邮政、基础电信、建筑、不动产租赁服务，销售不动产，转让土地使用权，税率为 11%。（三）提供有形动产租赁服务，税率为 17%。（四）境内单位和个人发生的跨境应税行为，税率为零。具体范围由财政部和国家税务总局另行规定。第十六条增值税征收率为 3%，财政部和国家税务总局另有规定的除外。"

陕西省国税局：营改增试点答疑（三）

29. 增值税的征税范围包括哪些？适用税率分别是多少？

答：根据《中华人民共和国增值税暂行条例》（中华人民共和国国务院令第 538 号）、《财政部 国家税务总局关于全面推开营业税改征增值税试点的通知》（财税［2016］36 号）的规定，全面推开营改增试点后增值税的征收范围及适用税率分别是：

一、销售或进口货物（除第二项以外的货物），提供加工、修理修配劳务，提供有形动产租赁服务，税率 17%；

二、销售或者进口部分货物（粮食、食用植物油；自来水、暖气、冷气、热水、煤气、石油液化气、天然气、沼气、居民用煤炭制品；图书、报纸、杂志；饲料、农药、农机、农膜；国务院规定的其他货物），税率 13%；

三、提供交通运输、邮政、基础电信、建筑、不动产租赁服务，销售不动产，转让土地使用权，税率 11%；

四、提供其他服务（除第一项、第三项以外的服务），税率 6%；

五、除国务院另有规定外的出口货物，境内单位和个人发生的财政部和国家税务总局规定的境内的跨境应税行为，税率为零。

山西省国税局：营改增政策指南之一般规定

二、税率和征收率

（一）纳税人发生应税行为，除本条第（二）项、第（三）项、第（四）项规定外，税率为 6%。

（二）提供交通运输、邮政、基础电信、建筑、不动产租赁服务，销售不动产，转让土地使用权，税率为 11%。

（三）提供有形动产租赁服务，税率为 17%。

（四）境内单位和个人发生的跨境应税行为，税率为零。具体范围由财政部和国家税务总局另行规定。

增值税征收率为 3%，财政部和国家税务总局另有规定的除外。

说明：

上海、四川、重庆、福建、陕西、山西对基本税率和征收率的规定一致，是对《财政部 国家税务总局关于全面推开营业税改征增值税试点的通知》（财税［2016］36号）附件1《营业税改征增值税试点实施办法》第十五条和第十六条的落实。

零税率

36. 适用零税率的情形有哪些？

陕西省国税局：营改增执行口径——营改增试点答疑（四）

32. 试点纳税人适用增值税零税率的情形有哪些？

答：根据《财政部 国家税务总局关于全面推开营业税改征增值税试点的通知》（财税［2016］36号）所附《跨境应税行为适用增值税零税率和免税政策的规定》的规定，中华人民共和国境内的单位和个人销售的下列服务和无形资产，适用增值税零税率：

一、国际运输服务；

二、航天运输服务；

三、向境外单位提供的完全在境外消费的研发服务；合同能源管理服务；设计服务；广播影视节目（作品）的制作和发行服务；软件服务；电路设计及测试服务；信息系统服务；业务流程管理服务；离岸服务外包业务和转让技术；

四、财政部和国家税务总局规定的其他服务。

海南省国税局：——全面推开营改增试点问答（十五）

142. 境内的单位和个人向境外单位提供的完全在境外消费的哪些服务，是否可以适用增值税零税率政策？

答：根据《财政部、国家税务总局关于全面推开营业税改征增值税试点的通知》（财税［2016］36号）附件4《跨境应税行为适用增值税零税率和免税政策的规定》第一条规定，完全在境外消费的下列服务，适用增值税零税率政策：1. 研发服务；2. 合同能源管理服务；3. 设计服务；4. 广播影视节目（作品）的制作和发行服务；5. 软件服务；6. 电路设计及测试服务；7. 信息系统服务；8. 业务流程管理服务；9. 离岸服务外包业务；10. 转让技术。

说明：

陕西、海南对适用零税率的情形做出的规定一致，是对《财政部 国家税务总局关于全面推开营业税改征增值税试点的通知》（财税［2016］36号）附件4《跨境应税行为适用增值税零税率和免税政策的规定》第一条的落实。

37. 零税率的应税服务如何进行会计处理？

陕西省国税局：营改增试点答疑（八）

72. 一般纳税人向境外单位提供适用零税率的应税服务，应如何进行会计处理？

答：根据《营业税改征增值税试点有关企业会计处理规定》（财会［2012］13号）的规定，一般纳税人向境外单位提供适用零税率的应税服务，不计算应税服务销售额应缴纳的增值税。凭有关单证向税务机关申报办理该项出口服务的免抵退税。

一、按税务机关批准的免抵税额借记“应交税费——应交增值税（出口抵减内销应纳税额）”，按应退税额借记“其他应收款——应收退税款（增值税出口退税）”等科目，按免抵退税额贷记“应交税费——应交增值税（出口退税）”科目。

二、收到退回的税款时，借记“银行存款”科目，贷记“其他应收款——应收退税款（增值税出口退税）”科目。

三、办理退税后发生服务中止补交已退回税款的，用红字或负数登记。

说明：

陕西对向境外提供服务适用零税率的会计处理作出了操作指导，是对《营业税改征增值税试点有关企业会计处理规定》（财会［2012］13号）第一条的落实。

38. 是否可以放弃适用零税率政策？

四川省国税局：营改增执行口径（网络资源）

191. 是否可以放弃适用增值税零税率政策？

答：可以。纳税人放弃适用零税率的，可以选择免税或按规定缴纳增值税。放弃后，36个月内不得再申请适用增值税零税率。

说明：

四川规定零税率可以放弃但放弃后36个月内不得再申请适用，是对《财政部 国家税务总局关于全面推开营业税改征增值税试点的通知》（财税［2016］36号）附件1《营业税改征增值税试点实施办法》第四十八条的落实。

其他问题

39. 本次营改增后部分行业的税负如何变化？

海南省国税局：全面推开营改增政策指引——重点关注问题解答（三）

五、关于部分行业税负变化的有关解释

部分纳税人提出车辆停放服务营改增后税负可能增加。现有文件已经明确，老停车场收的停车费可以选择按 5% 的征收率交税，这与原来营业税对停车费按 5% 征税相比，增值税是价外征收而营业税是价内征收，因此，5% 的增值税税率按营业税口径返算，相当于 4.76% 的营业税税负水平，税负会有略微下降。

部分纳税人提出保理行业利息支出不能作进项抵扣、税负可能上升问题。保理行业在交营业税时，也是按利息全额 5% 交税，支出的利息不能差额扣除。改征增值税后，利息收入全额 6% 计销项，支出的利息也不能作进项，但企业的房租、水电费、办公用品等支出都可以抵进项。算下来，保理行业的税负应该不会增加。

部分纳税人提出餐饮业税负有所提高。餐饮企业原来按 5% 交营业税，现在餐饮企业最高按 6% 的税率交增值税，但相应的其可以抵扣的进项很多。根据现行文件规定，餐饮行业中的一般纳税人购进农业生产者自产的农产品，可以使用农产品收购发票计算抵扣进项税额。另外，所支付的房租、水电燃气费、锅碗瓢盆，只要取得合法凭证，都可以抵进项。据测算，抵完之后行业税负并不会增加。小餐饮企业没达到 500 万的销售额，还可以按照 3% 征收率交税，比起 5% 的营业税，税负会直接下降约 40%。

除上述行业外，其他类似的生活服务行业基本都是这种情况，500 万以上的企业，有点进项税负就不会增加，文化体育服务可以选择简易征收，税负也不会增加；500 万以下的，税负会大幅减少，这都是营改增带来的好处，也就是总理常说的“改革红利”。

说明：

海南对某些具体行业对税率和征收率变化的疑问作出了详细回答，是对《财政部 国家税务总局关于全面推开营业税改征增值税试点的通知》（财税［2016］36 号）附件 1《营业税改征增值税试点实施办法》第十五条和所附《销售服务、无形资产、不动产注释》第一条第（七）项的落实。

40. 工程设计的税率是多少？

福建省国税局：营改增执行口径——12366 营改增热点咨询（4 月 5 日）

14. 营改增后工程设计是交哪个税种，税率是多少？

答：提供工程设计服务属于文化创意服务设计服务，税率为 6%。

41. 装饰装修服务的税率是多少？

福建省国税局：营改增执行口径——12366 营改增热点咨询（3 月 31 日）

4. 装饰装修服务属于生活服务业还是建筑业税率多少？

答：装修装饰为建筑服务，适用 11% 税率。

说明：

福建对工程设计和装饰装修适用税率问题给出了回答，是对《财政部 国家税务总局关于全面推开营业税改征增值税试点的通知》（财税 [2016] 36 号）附件 1《营业税改征增值税试点实施办法》第十五条和所附《销售服务、无形资产、不动产注释》第一条第（四）项和第（六）项的落实。

第四章　应纳税额的计算

混合销售与兼营

42. 混合销售如何界定？如何缴纳增值税？

上海市国税局：上海最新营改增政策热点问题解答（二）

十一、本次营改增试点如何定义混合销售？

答：根据《营业税改征增值税试点实施办法》第四十条的规定，一项销售行为如果既涉及服务又涉及货物，为混合销售。从事货物的生产、批发或者零售的单位和个体工商户的混合销售行为，按照销售货物缴纳增值税；其他单位和个体工商户的混合销售行为，按照销售服务缴纳增值税。

根据上述规定，混合销售行为成立的行为标准有两点：一是其销售行为必须是一项；二是该项行为必须既涉及服务又涉及货物，其"货物"是指增值税税法中规定的有形动产，包括电力、热力和气体；服务是指属于改征范围的交通运输服务、建筑服务、金融保险服务、邮政服务、电信服务、现代服务、生活服务等。

因此，在确定混合销售是否成立时，其行为标准中的上述两点必须同时存在，如果一项销售行为只涉及销售服务，不涉及货物，这种行为就不是混合销售行为；反之，如果涉及销售服务和涉及货物的行为，不是存在于同一项销售行为之中，这种行为也不是混合销售行为。

例如：生产货物的单位，在销售货物的同时附带运输，其销售货物及提供运输的行为属于混合销售行为，所收取的货物款项及运输费用应一律按销售货物计算缴纳增值税。

四川省国税局：营改增执行口径（网络资源）

10. 什么是混合销售？混合销售行为如何缴纳增值税？

答：根据《营业税改征增值税试点实施办法》第四十条规定，一项销售行为如果既涉及服务又涉及货物，为混合销售。从事货物的生产、批发或者零售的单位和个体工商户的混合销售行为，按照销售货物缴纳增值税；其他单位和个体工商户的混合销售行为，按照销售服务缴纳增值税。本条所称从事货物的生产、批发或者零售的单位和个体工商户，包括以从事货物的生产、批发或者零售为主，并兼营销售服务的单位和个体工商户在内。

四川省国税局：纳税人咨询的营改增十个热点问题（5月6日）

10. 什么是混合销售？混合销售行为如何缴纳增值税？

答：根据《财政部 国家税务总局关于全面推开营业税改征增值税试点的通知》（财税［2016］36号）附件1第四十条规定，一项销售行为如果既涉及服务又涉及货物，为混合销售。从事货物的生产、批发或者零售的单位和个体工商户的混合销售行为，按照销售货物缴纳增值税；其他单位和个体工商户的混合销售行为，按照销售服务缴纳增值税。

本条所称从事货物的生产、批发或者零售的单位和个体工商户，包括以从事货物的生产、批发或者零售为主，并兼营销售服务的单位和个体工商户在内。

河北省国家税务局：关于全面推开营改增有关政策问题的解答（之一）

十五、关于混合销售界定的问题

一项销售行为如果既涉及服务又涉及货物，为混合销售。对于混合销售，按以下方法确定如何计税：

（一）该销售行为必须是一项行为，这是与兼营行为相区别的标志。

（二）按企业经营的主业确定。若企业在账务上已经分开核算，以企业核算为准。

（三）企业不能分别核算的，按如下原则：从事货物的生产、批发或者零售的单位和个体工商户的混合销售行为，按照销售货物缴纳增值税；其他单位和个体工商户的混合销售行为，按照销售服务缴纳增值税。

重庆市国税局：营改增执行口径——最新营改增政策热点问题解答（二）

十一、本次营改增试点如何定义混合销售？

答：根据《营业税改征增值税试点实施办法》第四十条的规定，一项销售行为如果既涉及服务又涉及货物，为混合销售。从事货物的生产、批发或者零售的单位和个体工商户的混合销售行为，按照销售货物缴纳增值税；其他单位和个体工商户的混合销售行为，按照销售服务缴纳增值税。

根据上述规定，混合销售行为成立的行为标准有两点：一是其销售行为必须是一项；二是该项行为必须既涉及服务又涉及货物，其“货物”是指增值税税法中规定的有形动产，包括电力、热力和气体；服务是指属于改征范围的交通运输服务、建筑服务、金融保险服务、邮政服务、电信服务、现代服务、生活服务等。

因此，在确定混合销售是否成立时，其行为标准中的上述两点必须同时存在，如果一项销售行为只涉及销售服务，不涉及货物，这种行为就不是混合销售行为；反之，如果涉及销售服务和涉及货物的行为，不是存在同一项销售行为之中，这种行为也不是混合销售行为。

例如：生产货物的单位，在销售货物的同时附带运输，其销售货物及提供运输的行为属于混合销售行为，所收取的货物款项及运输费用应一律按销售货物计算缴纳增值税。

陕西省国税局：营改增试点答疑（二）

13. 什么是混合销售？混合销售如何缴纳增值税？

答：根据《财政部 国家税务总局关于全面推开营业税改征增值税试点的通知》（财税

［2016］36 号）所附《营业税改征增值税试点实施办法》的规定，一项销售行为如果既涉及服务又涉及货物，为混合销售。从事货物的生产、批发或者零售的单位和个体工商户的混合销售行为，按照销售货物缴纳增值税；其他单位和个体工商户的混合销售行为，按照销售服务缴纳增值税。

陕西省国税局：营改增试点答疑（二）

14. 某市政道路施工企业，对外道路施工时使用自己生产的沥青混凝土，是否属于混合销售行为？营改增之后如何缴纳增值税？

答：根据《财政部 国家税务总局关于全面推开营业税改征增值税试点的通知》（财税［2016］36 号）所附《营业税改征增值税试点实施办法》的规定，该行为属于混合销售行为，应当按照销售服务一并缴纳增值税，适用税率 11%。

河南省国税局：营改增问题快速处理机制专期二

问题三 一项销售行为如果既涉及服务又涉及货物，如何缴纳增值税？

答：《财政部 国家税务总局关于全面推开营业税改征增值税试点的通知》（财税［2016］36 号）文件规定：一项销售行为如果既涉及服务又涉及货物，为混合销售。从事货物的生产、批发或者零售的单位和个体工商户的混合销售行为，按照销售货物缴纳增值税；其他单位和个体工商户的混合销售行为，按照销售服务缴纳增值税。从事货物的生产、批发或者零售的单位和个体工商户，包括以从事货物的生产、批发或者零售为主，并兼营销售服务的单位和个体工商户在内。

内蒙古自治区国税局：内蒙古自治区国家税务局全面推开营改增政策问题解答三（生活服务业部分）

十一、关于混合销售界定的问题

一项销售行为如果既涉及服务又涉及货物，为混合销售。对于混合销售，按以下方法确定如何计税：

（一）该销售行为必须是一项行为，这是与兼营行为相区别的标志。

（二）从事货物的生产、批发或者零售的单位和个体工商户的混合销售行为，按照销售货物缴纳增值税；其他单位和个体工商户的混合销售行为，按照销售服务缴纳增值税。

湖北省国税局：营改增政策执行口径第一辑

第一部分 综合问题

1. 关于混合销售界定的问题

一项销售行为如果既涉及服务又涉及货物，为混合销售。对于混合销售，按以下方法确定如何计税：

（1）该销售行为必须是一项行为，这是与兼营行为相区别的标志。

（2）按企业经营的主业确定。

若企业在账务上已经分开核算，以企业核算为准。

说明：

1. 上海、四川、河北、重庆、陕西、湖北、内蒙古对混合销售的基本定义规定一致，是对《财政部 国家税务总局关于全面推开营业税改征增值税试点的通知》(财税 [2016] 36 号）附件 1《营业税改征增值税试点实施办法》第四十条的落实。

2. 关于混合销售如何纳税：

上海、四川、河北、重庆、陕西、内蒙古、湖北对混合销售如何纳税规定不一致。

上海、四川、重庆、陕西、内蒙古的规定一致，即从事货物的生产、批发或者零售的单位和个体工商户的混合销售行为，按照销售货物缴纳增值税；其他单位和个体工商户的混合销售行为，按照销售服务缴纳增值税。是对《财政部 国家税务总局关于全面推开营业税改征增值税试点的通知》（财税 [2016] 36 号）附件 1《营业税改征增值税试点实施办法》第四十条的落实。

河北、湖北规定按企业主业来确定纳税，如果企业在账务上已经分开核算的，以企业核算为准。河北还规定如不能分别核算的才按《营业税改征增值税试点实施办法》第四十条的规定，即"从事货物的生产、批发或者零售的单位和个体工商户的混合销售行为，按照销售货物缴纳增值税；其他单位和个体工商户的混合销售行为，按照销售服务缴纳增值税"进行缴纳。

43. 兼营如何界定？如何缴纳增值税？

江苏省国税局：江苏国税 12366 营改增热点问题解答二

十六、本次营改增试点纳税人兼营销售货物、劳务、服务、无形资产或者不动产的应按何种方法适用税率及征收率？

答：根据《营业税改征增值税试点实施办法》第三十九条的规定，纳税人兼营销售货物、劳务、服务、无形资产或者不动产，适用不同税率或者征收率的，应当分别核算适用不同税率或者征收率的销售额；未分别核算的，从高适用税率。根据《营业税改征增值税试点有关事项的规定》第一条第（一）项的规定，试点纳税人销售货物、加工修理修配劳务、服务、无形资产或者不动产适用不同税率或者征收率的，应当分别核算适用不同税率或者征收率的销售额；未分别核算销售额的，按照以下方法适用税率或者征收率：

1. 兼有不同税率的销售货物、加工修理修配劳务、服务、无形资产或者不动产，从高适用税率。

2. 兼有不同征收率的销售货物、加工修理修配劳务、服务、无形资产或者不动产，从高适用征收率。

3. 兼有不同税率和征收率的销售货物、加工修理修配劳务、服务、无形资产或者不动产，从高适用税率。

上海市国税局：上海最新营改增政策热点问题解答（二）

十、本次营改增试点纳税人兼营销售货物、劳务、服务、无形资产或者不动产的应按何种方法适用税率及征收率？

答：根据《营业税改征增值税试点实施办法》第三十九条的规定，纳税人兼营销售货物、劳务、服务、无形资产或者不动产，适用不同税率或者征收率的，应当分别核算适用不同税率或者征收率的销售额；未分别核算的，从高适用税率。

根据《营业税改征增值税试点有关事项的规定》第一条第（一）项的规定，试点纳税人销售货物、加工修理修配劳务、服务、无形资产或者不动产适用不同税率或者征收率的，应当分别核算适用不同税率或者征收率的销售额，未分别核算销售额的，按照以下方法适用税率或者征收率：

1. 兼有不同税率的销售货物、加工修理修配劳务、服务、无形资产或者不动产，从高适用税率。

2. 兼有不同征收率的销售货物、加工修理修配劳务、服务、无形资产或者不动产，从高适用征收率。

3. 兼有不同税率和征收率的销售货物、加工修理修配劳务、服务、无形资产或者不动产，从高适用税率。

重庆市国税局：营改增执行口径——最新营改增政策热点问题解答（二）

十、本次营改增试点纳税人兼营销售货物、劳务、服务、无形资产或者不动产的应按何种方法适用税率及征收率？

答：根据《营业税改征增值税试点实施办法》第三十九条的规定，纳税人兼营销售货物、劳务、服务、无形资产或者不动产，适用不同税率或者征收率的，应当分别核算适用不同税率或者征收率的销售额；未分别核算的，从高适用税率。

根据《营业税改征增值税试点有关事项的规定》第一条第（一）项的规定，试点纳税人销售货物、加工修理修配劳务、服务、无形资产或者不动产适用不同税率或者征收率的，应当分别核算适用不同税率或者征收率的销售额，未分别核算销售额的，按照以下方法适用税率或者征收率：

1. 兼有不同税率的销售货物、加工修理修配劳务、服务、无形资产或者不动产，从高适用税率。

2. 兼有不同征收率的销售货物、加工修理修配劳务、服务、无形资产或者不动产，从高适用征收率。

3. 兼有不同税率和征收率的销售货物、加工修理修配劳务、服务、无形资产或者不动产，从高适用税率。

重庆市国税局：你问我答营改增之一

4. 一般纳税人兼营不同税率按要求分开核算，那该如何分开核算呢？具体分录？举个例子呀！

答：根据财税［2016］36号第三十九条规定：纳税人兼营销售货物、劳务、服务、无形资产或者不动产，适用不同税率或者征收率的，应当分别核算适用不同税率或者征收率的销售额；未分别核算的，从高适用税率。

具体分录及账务处理，请遵照《小企业会计准则》、《小企业会计准则》执行。

例如：某餐饮企业（一般纳税人）在提供餐饮服务的同时，也在售卖自己生产的礼盒产品，应对两项业务分别核算。提供餐饮服务按照 6% 税率计算应纳税额，售卖礼盒产品应按照销售货物适用 17% 的税率计算应纳税额。

山东省国税局：2016 年 5 月 30 日 12366 营改增热点问题

4. 营改增纳税人咨询，公司经营多种项目，适用多个增值税税率，应该如何计算缴纳增值税？

答：根据《财政部 国家税务总局关于全面推开营业税改征增值税试点的通知》（财税［2016］36 号）附件 2《营业税改征增值税试点有关事项的规定》规定，试点纳税人销售货物、加工修理修配劳务、服务、无形资产或者不动产适用不同税率或者征收率的，应当分别核算适用不同税率或者征收率的销售额；未分别核算销售额的，按照以下方法适用税率或者征收率：

（一）兼有不同税率的销售货物、加工修理修配劳务、服务、无形资产或者不动产，从高适用税率。

（二）兼有不同征收率的销售货物、加工修理修配劳务、服务、无形资产或者不动产，从高适用征收率。

（三）兼有不同税率和征收率的销售货物、加工修理修配劳务、服务、无形资产或者不动产，从高适用税率。

北京市国税局：营改增执行口径（更新到 5 月 13 日）

30. 企业既有租赁收入，又有销售货物收入和其他服务收入，应如何计算增值税应纳税额？

答：如企业为一般纳税人，根据《财政部 国家税务总局关于全面推开营业税改征增值税试点的通知》（财税［2016］36 号）附件 1 第三十九条的规定，纳税人兼营销售货物、劳务、服务、无形资产或者不动产，适用不同税率或者征收率的，应当分别核算适用不同税率或者征收率的销售额；未分别核算的，从高适用税率。

如企业为小规模纳税人，发生应税行为适用简易计税方法计税。简易计税方法的应纳税额，是指按照销售额和增值税征收率计算的增值税额。小规模纳税人适用增值税征收率为 3%。

江西省国税局：明确营改增实务中的 81 个问题——全面推开营改增试点问题解答（一）

14. 自来水公司已经登记为增值税一般纳税人适用简易计税方法，其兼营的建筑安装业务达不到营改增一般纳税人标准，其兼营的建筑安装业务是否自动登记为一般纳税人，是否按一般计税方法计算增值税？

答：试点纳税人兼有销售货物和劳务、营改增应税行为，销售货物、劳务、营改增应税行为的销售额应分别计算，分别适用增值税一般纳税人资格认定标准。自来水公司已登记为一般纳税人，其兼营的建筑安装业务也适用一般纳税人相关规定。

说明：

1. 江苏、上海、重庆、北京、江西、山东对兼营行为如何缴纳增值税的规定一致，是对《财政部 国家税务总局关于全面推开营业税改征增值税试点的通知》(财税[2016]36号）附件1《营业税改征增值税试点实施办法》第三十九条和附件二《营业税改征增值税试点有关事项的规定》第一条第（一）项的落实。

2. 北京、江西在具体问题上回答了兼营行为的纳税问题，也是对附件1《营业税改征增值税试点实施办法》第三十九条的落实。

44. 兼营和混合销售有什么区别?

河南省国税局：营改增问题快速处理机制专期三

问题四 营改增纳税人兼营和混合销售有什么区别?

答：《关于全面推开营业税改征增值税试点的通知》（财税［2016］36号）文件规定：纳税人兼营销售货物、劳务、服务、无形资产或者不动产，适用不同税率或者征收率的，应当分别核算适用不同税率或者征收率的销售额；未分别核算的，从高适用税率。一项销售行为如果既涉及货物又涉及服务，为混合销售。

两者的区别在于：兼营是指纳税人经营的业务中，有两项或多项销售行为，但是这两项或多项销售行为没有直接的关联和从属关系，业务的发生互相独立。如纳税人即有销售货物业务，又有不动产出租的业务，还有销售金融服务的业务；而混合销售是一项销售行为，虽然既涉及货物又涉及服务，但两者之间有直接关联或互为从属关系。如商场销售空调的同时提供送货上门、安装服务。

内蒙古自治区国税局：国家税务局全面推开营改增政策问题解答三（生活服务业部分）

十四、关于企业涉及多项经营业务情况，税率如何确定?

答：纳税人涉及多项经营业务的，需要区分兼营或者是混合销售。兼营是发生两项应税行为，混合销售是发生一项应税行为。

纳税人兼营销售货物、劳务、服务、无形资产或者不动产，适用不同税率或者征收率的，应当分别核算适用不同税率或者征收率的销售额；未分别核算的，从高适用税率。

一项销售行为如果既涉及服务又涉及货物，为混合销售。从事货物的生产、批发或者零售的单位和个体工商户的混合销售行为，按照销售货物缴纳增值税；其他单位和个体工商户的混合销售行为，按照销售服务缴纳增值税。

青海省国税局：营改增执行口径——营改增纳税人办税指南之一房地产篇——政策组发言材料（4月20日）

第四个是部分地区反映分不清兼营和混合销售。这其实在文件中已有明确规定，兼营是同时有两项或多项销售行为，混合销售是一项销售行为。各地要在总局培训的基础上，进一步做好对下的业务培训和辅导，要让我们的基层税务干部掌握好政策，这样才能对纳税人正确解释和宣传政策。

说明：

1. 河南、内蒙古、青海对兼营和混合销售行为的定义区别相同，是对《财政部 国家税务总局关于全面推开营业税改征增值税试点的通知》（财税［2016］36号）附件1《营业税改征增值税试点实施办法》第三十九条和第四十条的落实。

2. 河南还指出混合销售中涉及的货物和服务之间有直接或从属关系，而兼营中互相独立。

45. 如何界定价外费用？

江苏省国税局：江苏国税12366营改增热点问题解答（二）

十二、本次营改增试点对价外费用的规定有何变化？

答：根据《营业税改征增值税试点实施办法》第三十七条第二款的规定，价外费用，是指价外收取的各种性质的收费，但不包括以下项目：

（一）代为收取并符合本办法第十条规定的政府性基金或者行政事业性收费。

（二）以委托方名义开具发票代委托方收取的款项。

本次营改增试点明确了以委托方名义开具发票代委托方收取的款项不属于价外费用。

上海市国税局：上海最新营改增政策热点问题解答（二）

九、本次营改增试点对价外费用的规定有何变化？

答：根据《营业税改征增值税试点实施办法》第三十七条第二款的规定，价外费用，是指价外收取的各种性质的收费，但不包括以下项目：

（一）代为收取并符合本办法第十条规定的政府性基金或者行政事业性收费。

（二）以委托方名义开具发票代委托方收取的款项。

本次营改增试点明确了以委托方名义开具发票代委托方收取的款项不属于价外费用。

重庆市国税局：营改增执行口径——最新营改增政策热点问题解答（二）

九、本次营改增试点对价外费用的规定有何变化？

答：根据《营业税改征增值税试点实施办法》第三十七条第二款的规定，价外费用，是指价外收取的各种性质的收费，但不包括以下项目：

（一）代为收取并符合本办法第十条规定的政府性基金或者行政事业性收费。

（二）以委托方名义开具发票代委托方收取的款项。

本次营改增试点明确了以委托方名义开具发票代委托方收取的款项不属于价外费用。

说明：

江苏、上海、重庆对价外费用的规定相同，是对《财政部 国家税务总局关于全面推开营业税改征增值税试点的通知》（财税［2016］36号）附件1《营业税改征增值税试点实施办法》第三十七条的落实。

46. 销项税额是什么？如何计算？

陕西省国税局：营改增试点答疑（四）

48. 销项税额如何计算？

答：根据《财政部 国家税务总局关于全面推开营业税改征增值税试点的通知》（财税［2016］36号）所附《营业税改征增值税试点实施办法》的规定，销项税额，是指纳税人发生应税行为按照销售额和增值税税率计算并收取的增值税额。销项税额计算公式：销项税额＝销售额 × 税率。

一般计税方法的销售额不包括销项税额，纳税人采用销售额和销项税额合并定价方法的，按照下列公式计算销售额：销售额＝含税销售额 ÷（1 ＋税率）。

江苏省国税局：江苏国税12366营改增热点问题解答（二）

六、本次营改增试点一般纳税人应如何计算销项税额？

答：根据《营业税改征增值税试点实施办法》第二十二条的规定，销项税额，是指纳税人发生应税行为按照销售额和增值税税率计算并收取的增值税额。销项税额计算公式：销项税额＝销售额 × 税率。根据《营业税改征增值税试点实施办法》第二十三条的规定，一般计税方法的销售额不包括销项税额，纳税人采用销售额和销项税额合并定价方法的，按照下列公式计算销售额：销售额＝含税销售额 ÷（1+税率）。一般纳税人在确定销售服务、无形资产或者不动产的销售额时，可能会遇到一般纳税人由于销售对象的不同、开具发票种类的不同而将销售额和销项税额合并定价的情况。对此，一般纳税人应按照上述公式计算不含税销售额。

上海市国税局：上海最新营改增政策热点问题解答（二）

五、本次营改增试点一般纳税人应如何计算销项税额？

答：根据《营业税改征增值税试点实施办法》第二十二条的规定，销项税额，是指纳税人发生应税行为按照销售额和增值税税率计算并收取的增值税额。销项税额计算公式：

销项税额＝销售额 × 税率

根据《营业税改征增值税试点实施办法》第二十三条的规定，一般计税方法的销售额不包括销项税额，纳税人采用销售额和销项税额合并定价方法的，按照下列公式计算销售额：

销售额＝含税销售额 ÷（1+税率）

一般纳税人在确定销售服务、无形资产或者不动产的销售额时，可能会遇到一般纳税人由于销售对象的不同、开具发票种类的不同而将销售额和销项税额合并定价的情况。对此，一般纳税人应按照上述公式计算不含税销售额。

重庆市国税局：营改增执行口径——最新营改增政策热点问题解答（二）

五、本次营改增试点一般纳税人应如何计算销项税额？

答：根据《营业税改征增值税试点实施办法》第二十二条的规定，销项税额，是指纳税人发生应税行为按照销售额和增值税税率计算并收取的增值税额。销项税额计算公式：

销项税额 = 销售额 × 税率

根据《营业税改征增值税试点实施办法》第二十三条的规定，一段计税方法的销售额不包括销项税额，纳税人采用销售额和销项税额合并定价方法的，按照下列公式计算销售额：

销售额 = 含税销售额 ÷（1+ 税率）

一般纳税人在确定销售服务、无形资产或者不动产的销售额时，可能会遇到一般纳税人由于销售对象的不同、开具发票种类的不同而将销售额和销项税额合并定价的情况。对此，一般纳税人应按照上述公式计算不含税销售额。

说明：

陕西、江苏、上海、重庆对销项税额的定义及计算的规定相同，是对《财政部 国家税务总局关于全面推开营业税改征增值税试点的通知》（财税［2016］36 号）附件 1《营业税改征增值税试点实施办法》第二十二条和第二十三条的落实。

进项税额

47. 进项税额是什么？

江苏省国税局：江苏国税 12366 营改增热点问题解答（二）

八、本次营改增对进项税额如何定义？

答：根据《营业税改征增值税试点实施办法》第二十四条的规定，进项税额，是指纳税人购进货物、加工修理修配劳务、服务、无形资产或者不动产，支付或者负担的增值税额。

重庆市国税局：营改增执行口径——最新营改增政策热点问题解答（一）

根据《营业税改征增值税试点实施办法》第二十四条的规定，进项税额，是指纳税人购进货物、加工修理修配劳务、服务、无形资产或者不动产，支付或者负担的增值税额。

上海市国税局：上海最新营改增政策热点问题解答（一）

根据《营业税改征增值税试点实施办法》第二十四条的规定，进项税额，是指纳税人购进货物、加工修理修配劳务、服务、无形资产或者不动产，支付或者负担的增值税额。

说明：

江苏、重庆、上海对进项税额的定义相同，是对《财政部 国家税务总局关于全面推开营业税改征增值税试点的通知》（财税［2016］36 号）附件 1《营业税改征增值税试点实施办法》第二十四条的落实。

48. 不得抵扣的进项税额有哪些?

上海市国税局：上海最新营改增政策热点问题解答（一）

八、文件对不得抵扣进项税额的规定有何规定?

答:《营业税改征增值税试点实施办法》第二十七规定，下列项目的进项税额不得从销项税额中抵扣：

（一）用于简易计税方法计税项目、免征增值税项目、集体福利或者个人消费的购进货物、加工修理修配劳务、服务、无形资产和不动产。其中涉及的固定资产、无形资产、不动产，仅指专用于上述项目的固定资产、无形资产（不包括其他权益性无形资产）、不动产。

纳税人的交际应酬消费属于个人消费。

（二）非正常损失的购进货物，以及相关的加工修理修配劳务和交通运输服务。

（三）非正常损失的在产品、产成品所耗用的购进货物（不包括固定资产）、加工修理修配劳务和交通运输服务。

（四）非正常损失的不动产，以及该不动产所耗用的购进货物、设计服务和建筑服务。

（五）非正常损失的不动产在建工程所耗用的购进货物、设计服务和建筑服务。

纳税人新建、改建、扩建、修缮、装饰不动产，均属于不动产在建工程。

（六）购进的旅客运输服务、贷款服务、餐饮服务、居民日常服务和娱乐服务。

（七）财政部和国家税务总局规定的其他情形。

本条第（四）项、第（五）项所称货物，是指构成不动产实体的材料和设备，包括建筑装饰材料和给水排水、采暖、卫生、通风、照明、通信、煤气、消防、中央空调、电梯、电气、智能化楼宇设备及配套设施。

新文件增加了进项税额不得抵扣项目（四）、（五）、（六）中的贷款服务、餐饮服务、居民日常服务和娱乐服务；明确了（四）、（五）所称的货物的定义。

陕西省国税局：营改增试点答疑（四）

39. 不得抵扣的进项税额有哪些?

答：根据《财政部 国家税务总局关于全面推开营业税改征增值税试点的通知》（财税[2016]36号）所附《营业税改征增值税试点实施办法》的规定，下列项目的进项税额不得从销项税额中抵扣：

（1）用于简易计税方法计税项目、免征增值税项目、集体福利或者个人消费的购进货物、加工修理修配劳务、服务、无形资产和不动产。其中涉及的固定资产、无形资产、不动产，仅指专用于上述项目的固定资产、无形资产（不包括其他权益性无形资产）、不动产。

纳税人的交际应酬消费属于个人消费。

（2）非正常损失的购进货物，以及相关的加工修理修配劳务和交通运输服务。

（3）非正常损失的在产品、产成品所耗用的购进货物（不包括固定资产）、加工修理修配劳务和交通运输服务。

（4）非正常损失的不动产，以及该不动产所耗用的购进货物、设计服务和建筑服务。

（5）非正常损失的不动产在建工程所耗用的购进货物、设计服务和建筑服务。

（6）购进的旅客运输服务、贷款服务、餐饮服务、居民日常服务和娱乐服务。

（7）财政部和国家税务总局规定的其他情形。

江苏省国税局：江苏国税 12366 营改增热点问题解答（二）

十、文件对不得抵扣进项税额的规定有何规定？

答：《营业税改征增值税试点实施办法》第二十七规定，下列项目的进项税额不得从销项税额中抵扣：（一）用于简易计税方法计税项目、免征增值税项目、集体福利或者个人消费的购进货物、加工修理修配劳务、服务、无形资产和不动产。其中涉及的固定资产、无形资产、不动产，仅指专用于上述项目的固定资产、无形资产（不包括其他权益性无形资产）、不动产。纳税人的交际应酬消费属于个人消费。（二）非正常损失的购进货物，以及相关的加工修理修配劳务和交通运输服务。（三）非正常损失的在产品、产成品所耗用的购进货物（不包括固定资产）、加工修理修配劳务和交通运输服务。（四）非正常损失的不动产，以及该不动产所耗用的购进货物、设计服务和建筑服务。（五）非正常损失的不动产在建工程所耗用的购进货物、设计服务和建筑服务。纳税人新建、改建、扩建、修缮、装饰不动产，均属于不动产在建工程。（六）购进的旅客运输服务、贷款服务、餐饮服务、居民日常服务和娱乐服务。（七）财政部和国家税务总局规定的其他情形。本条第（四）项、第（五）项所称货物，是指构成不动产实体的材料和设备，包括建筑装饰材料和给水排水、采暖、卫生、通风、照明、通信、煤气、消防、中央空调、电梯、电气、智能化楼宇设备及配套设施。

重庆市国税局：营改增执行口径——最新营改增政策热点问题解答（一）

八、文件对不得抵扣进项税额的规定有何规定？

答：《营业税改征增值税试点实施办法》第二十七规定，下列项目的进项税额不得从销项税额中抵扣：

（一）用于简易计税方法计税项目、免征增值税项目、集体福利或者个人消费的购进货物、加工修理修配劳务、服务、无形资产和不动产。其中涉及的固定资产、无形资产、不动产，仅指专用于上述项目的固定资产、无形资产（不包括其他权益性无形资产）、不动产。

纳税人的交际应酬消费属于个人消费。

（二）非正常损失的购进货物，以及相关的加工修理修配劳务和交通运输服务。

（三）非正常损失的在产品、产成品所耗用的购进货物（不包括固定资产）、加工修理修配劳务和交通运输服务。

（四）非正常损失的不动产，以及该不动产所耗用的购进货物、设计服务和建筑服务。

（五）非正常损失的不动产在建工程所耗用的购进货物、设计服务和建筑服务。

纳税人新建、改建、扩建、修缮、装饰不动产，均属于不动产在建工程。

（六）购进的旅客运输服务、贷款服务、餐饮服务、居民日常服务和娱乐服务。

（七）财政部和国家税务总局规定的其他情形。

本条第（四）项、第（五）项所称货物，是指构成不动产实体的材料和设备，包括建筑装饰材料和给水排水、采暖、卫生、通风、照明、通信、煤气、消防、中央空调、电梯、电气、智能化楼宇设备及配套设施。

新文件增加了进项税额不得抵扣项目（四）、（五）、（六）中的贷款服务、餐饮服务、居民日常服务和娱乐服务；明确了（四）、（五）所称的货物的定义。

说明：

上海、陕西、江苏、重庆对不得抵扣的进项税额的内容规定相同，是对《财政部 国家税务总局关于全面推开营业税改征增值税试点的通知》（财税［2016］36号）附件1《营业税改征增值税试点实施办法》第二十七条的落实。

49. 营改增后，取得的5月1日前的应税行为发票的可否抵扣进项税额？

北京市国税局：营改增执行口径（更新到5月13日）

58. 试点纳税人5月1日之前发生的购进货物业务，在5月1日之后取得进项税发票，是否可按规定认证抵扣？

答：不可以。

吉林省国税局：吉林省营改增一般口径——12366营改增热点问题答复口径

4. 试点纳税人5月1日之前发生的购进货物业务，在5月1日之后取得进项税发票，是否可按规定认证抵扣？

答：不可以。

甘肃省国税局：营改增执行口径——全面推开营改增试点一般规定12366热点问题解答

4. 试点纳税人5月1日之前发生的购进货物业务，在5月1日之后取得进项税发票，是否可按规定认证抵扣？

答：不可以。

新疆维吾尔自治区国税局：5月28日再次明确营改增实务中的29个问题——营改增政策答疑（十一）

八、试点纳税人5月1日之前发生的购进服务，在5月1日之后取得增值税专用发票，是否可以按规定认证抵扣？例如：试点纳税人缴纳4月份话费，如取得增值税专用发票是否可以进行抵扣？

答：根据《关于全面推开营业税改征增值税试点的通知》（财税［2016］36号）规定，一般计税方法的应纳税额，是指当期销项税额抵扣当期进项税额后的余额。由于试点纳税人5月1日之前发生的购进服务不属于当期进项税额，即使在5月1日之后从销售方取得了增值税专用发票，也不能作进项税额抵扣。

说明：

北京、吉林、甘肃、新疆对于5月1日前发生购进业务在5月1日之后取得发票是否可抵扣进项税问题规定相同，是对《财政部 国家税务总局关于全面推开营业税改征增值税试点的通知》(财税 [2016] 36号) 附件1《营业税改征增值税试点实施办法》第二十一条的落实。

50. 可抵扣的进项税额有哪些？

江苏省国税局：江苏国税12366营改增热点问题解答（二）

九、本次营改增试点一般纳税人哪些进项税额可以抵扣？

答：根据《营业税改征增值税试点实施办法》第二十五条的规定，下列进项税额准予从销项税额中抵扣：

（一）从销售方取得的增值税专用发票（含税控机动车销售统一发票，下同）上注明的增值税额。

（二）从海关取得的海关进口增值税专用缴款书上注明的增值税额。

（三）购进农产品，除取得增值税专用发票或者海关进口增值税专用缴款书外，按照农产品收购发票或者销售发票上注明的农产品买价和13%的扣除率计算的进项税额。计算公式为：进项税额 = 买价 × 扣除率。买价，是指纳税人购进农产品在农产品收购发票或者销售发票上注明的价款和按照规定缴纳的烟叶税。购进农产品，按照《农产品增值税进项税额核定扣除试点实施办法》抵扣进项税额的除外。

（四）从境外单位或者个人购进服务、无形资产或者不动产，自税务机关或者扣缴义务人取得的解缴税款的完税凭证上注明的增值税额。

上海市国税局：上海最新营改增政策热点问题解答（二）

六、本次营改增试点一般纳税人应如何抵扣进项税额？

答：根据《营业税改征增值税试点实施办法》第二十五条的规定，下列进项税额准予从销项税额中抵扣：

（一）从销售方取得的增值税专用发票（含税控机动车销售统一发票，下同）上注明的增值税额。

（二）从海关取得的海关进口增值税专用缴款书上注明的增值税额。

（三）购进农产品，除取得增值税专用发票或者海关进口增值税专用缴款书外，按照农产品收购发票或者销售发票上注明的农产品买价和13%的扣除率计算的进项税额。计算公式为：进项税额 = 买价 × 扣除率。

买价，是指纳税人购进农产品在农产品收购发票或者销售发票上注明的价款和按照规定缴纳的烟叶税。

购进农产品，按照《农产品增值税进项税额核定扣除试点实施办法》抵扣进项税额的除外。

（四）从境外单位或者个人购进服务、无形资产或者不动产，自税务机关或者扣缴义务人取得的解缴税款的完税凭证上注明的增值税额。

本条对纳税人可抵扣增值税进项税额的情况进行了列示，需要注意的是，上述规定第（三）项中，一般纳税人购进农产品抵扣进项税额存在如下五种情况：

（一）从一般纳税人购进农产品，按照取得的增值税专用发票上注明的增值税额。

（二）进口农产品，按照取得的海关进口增值税专用缴款书上注明的增值税额。

（三）自农业生产者购进自产农产品以及自小规模纳税人购入农产品（不含享受批发零售环节免税政策的鲜活肉蛋产品和蔬菜），按照取得的销售农产品的增值税普通发票上注明的农产品买价和13%的扣除率计算的进项税额。

（四）向农业生产者个人收购其自产农产品，按照收购单位自行开具农产品收购发票上注明的农产品买价和13%的扣除率计算的进项税额。

（五）按照《财政部国家税务总局关于在部分行业试行农产品增值税进项税额核定扣除办法的通知》（财税［2012］38号）规定，生产销售液体乳及乳制品、酒及酒精、植物油实行核定扣除。

重庆市国税局：营改增执行口径——最新营改增政策热点问题解答（二）

六、本次营改增试点一般纳税人应如何抵扣进项税额?

答：根据《营业税改征增值税试点实施办法》第二十五条的规定，下列进项税额准予从销项税额中抵扣：

（一）从销售方取得的增值税专用发票（含税控机动车销售统一发票，下同）上注明的增值税额。

（二）从海关取得的海关进口增值税专用缴款书上注明的增值税额。

（三）购进农产品，除取得增值税专用发票或者海关进口增值税专用缴款书外，按照农产品收购发票或者销售发票上注明的农产品买价和13%的扣除率计算的进项税额。计算公式为：进项税额＝买价 × 扣除率。

买价，是指纳税人购进农产品在农产品收购发票或者销售发票上注明的价款和按照规定缴纳的烟叶税。

购进农产品，按照《农产品增值税进项税额核定扣除试点实施办法》抵扣进项税额的除外。

（四）从境外单位或者个人购进服务、无形资产或者不动产，自税务机关或者扣缴义务人取得的解缴税款的完税凭证上注明的增值税额。

本条对纳税人可抵扣增值税进项税额的情况进行了列示，需要注意的是，上述规定第（三）项中，一般纳税人购进农产品抵扣进项税额存在如下五种情况：

（一）从一般纳税人购进农产品，按照取得的增值税专用发票上注明的增值税额。

（二）进口农产品，按照取得的海关进口增值税专用缴款书上注明的增值税额。

（三）自农业生产者购进自产农产品以及自小规模纳税人购入农产品（不含享受批发零售环节免税政策的鲜活肉蛋产品和蔬菜），按照取得的销售农产品的增值税普通发票上注明的农产品买价和13%的扣除率计算的进项税额。

（四）向农业生产者个人收购其自产农产品，按照收购单位自行开具农产品收购发票上注明的农产品买价和13%的扣除率计算的进项税额。

（五）按照《财政部国家税务总局关于在部分行业试行农产品增值税进项税额核定扣除办法的通知》（财税［2012］38 号）规定，生产销售液体乳及乳制品、酒及酒精、植物油实行核定扣除。

北京市国税局：营改增执行口径（更新到 5 月 13 日）

87. 营改增后，企业取得劳保用品进项发票，能否按规定抵扣进项税额？

答：企业取得劳保用品进项发票，可以按规定抵扣进项税额。

新疆维吾尔自治区国税局：5 月 28 日再次明确营改增实务中的 29 个问题——营改增政策答疑（十二）

八、企业给高危行业职工购买的意外保险取得的增值税专用发票能否作为进项税额抵扣？

答：企业给高危行业职工购买的意外保险，取得符合规定的增值税专用发票，可以作为进项税额抵扣。

说明：

1. 江苏、上海、重庆对可抵扣的进项税额做出了规定，是对《财政部 国家税务总局关于全面推开营业税改征增值税试点的通知》（财税［2016］36 号）附件 1《营业税改征增值税试点实施办法》第二十五条的落实。上海、重庆还对农产品抵扣情况做了列举。

2. 北京、新疆对劳保费用取得发票能否抵扣进项税额作出了回答，主要依据是《中华人民共和国增值税暂行条例》（2008 年修订）第十条，《国家税务总局关于修订〈增值税专用发票使用规定〉的通知》（国税发［2016］156 号）第十条和附件 1《营业税改征增值税试点实施办法》第二十五条。

51. 不得抵扣的固定资产用途改变的，是否可以继续抵扣？

江苏省国税局：江苏国税 12366 营改增热点问题解答（六）——分行业热点问题

十七、按照规定不得抵扣进项税额的不动产，发生用途改变，用于允许抵扣进项税额项目的，可以继续抵扣进项税吗？

答：根据《国家税务总局关于发布〈纳税人转让不动产增值税征收管理暂行办法〉的公告》（国家税务总局公告 2016 年第 15 号）规定第九条，按照规定不得抵扣进项税额的不动产，发生用途改变，用于允许抵扣进项税额项目的，按照下列公式在改变用途的次月计算可抵扣进项税额。

可抵扣进项税额 = 增值税扣税凭证注明或计算的进项税额 × 不动产净值率，依照本条规定计算的可抵扣进项税额，应取得 2016 年 5 月 1 日后开具的合法有效的增值税扣税凭证。

按照本条规定计算的可抵扣进项税额，60% 的部分于改变用途的次月从销项税额中抵扣，40% 的部分为待抵扣进项税额，于改变用途的次月起第 13 个月从销项税额中抵扣。

四川省国税局：纳税人咨询的营改增十个热点问题（5月11日）

56. 不得抵扣的固定资产发生用途改变用于允许抵扣进项税额的应税项目，如何抵扣进项税额？

答：根据《财政部 国家税务总局关于全面推开营业税改征增值税试点的通知》（财税[2016]36号）规定，按照《试点实施办法》第二十七条第（一）项规定不得抵扣且未抵扣进项税额的固定资产、无形资产、不动产，发生用途改变，用于允许抵扣进项税额的应税项目，可在用途改变的次月按照下列公式计算可以抵扣的进项税额：可以抵扣的进项税额＝固定资产、无形资产、不动产净值/（1+适用税率）×适用税率，上述可以抵扣的进项税额应取得合法有效的增值税扣税凭证。

浙江省国税局：营改增执行口径

66. 不得抵扣的固定资产发生用途改变用于允许抵扣进项税额的应税项目，如何抵扣进项税额？

答：根据《财政部 国家税务总局关于全面推开营业税改征增值税试点的通知》（财税[2016]36号）规定，按照《试点实施办法》第二十七条第（一）项规定不得抵扣且未抵扣进项税额的固定资产、无形资产、不动产，发生用途改变，用于允许抵扣进项税额的应税项目，可在用途改变的次月按照下列公式计算可以抵扣的进项税额：

可以抵扣的进项税额＝固定资产、无形资产、不动产净值/（1+适用税率）×适用税率

上述可以抵扣的进项税额应取得合法有效的增值税扣税凭证。

内蒙古自治区国税局：全面推开营改增政策问题解答三（生活服务业部分）

九、不得抵扣的固定资产发生用途改变用于允许抵扣进项税额的应税项目，如何抵扣进项税额？

答：《营业税改征增值税试点实施办法》第二十七条第（一）项规定：

不得抵扣且未抵扣进项税额的固定资产、无形资产、不动产，发生用途改变，用于允许抵扣进项税额的应税项目，可在用途改变的次月按照下列公式计算可以抵扣的进项税额：

可以抵扣的进项税额＝固定资产、无形资产、不动产净值/（1+适用税率）×适用税率

上述可以抵扣的进项税额应取得合法有效的增值税扣税凭证。

说明：

江苏、四川、浙江、内蒙古对不得抵扣的固定资产用途改变用于允许抵扣项目如何抵扣进项税的规定一致，是对《不动产进项税额分期抵扣暂行办法的公告》（国家税务总局公告2016年第15号）第九条和《财政部 国家税务总局关于全面推开营业税改征增值税试点的通知》（财税[2016]36号）附件1《营业税改征增值税试点实施办法》第二十七条的落实。

52. 购置税控系统设备是否可以抵扣?

陕西省国税局：营改增试点答疑（十）

92. 企业购置增值税防伪税控系统专用设备和通用设备发生的费用，能否抵减增值税应纳税额?

答：一、根据《国家税务总局关于推行增值税防伪税控系统若干问题的通知》（国税发［2000］183号）的规定，自2000年1月1日起，企业购置增值税防伪税控系统专用设备和通用设备发生的费用，准予在当期计算缴纳所得税前一次性列支；同时可凭购货所取得的专用发票所注明的税额从增值税销项税额中抵扣。

增值税防伪税控专用设备包括税控金税卡、税控IC卡和读卡器；通用设备包括用于防伪税控系统开具专用发票的计算机和打印机。

二、根据《财政部 国家税务总局关于增值税税控系统专用设备和技术维护费用抵减增值税税额有关政策的通知》（财税［2012］15号）的规定，增值税纳税人2011年12月1日（含,下同）以后初次购买增值税税控系统专用设备（包括分开票机）支付的费用，可凭购买增值税税控系统专用设备取得的增值税专用发票，在增值税应纳税额中全额抵减（抵减额为价税合计额），不足抵减的可结转下期继续抵减。增值税纳税人非初次购买增值税税控系统专用设备支付的费用，由其自行负担，不得在增值税应纳税额中抵减。

增值税税控系统包括：增值税防伪税控系统、货物运输业增值税专用发票税控系统、机动车销售统一发票税控系统和公路、内河货物运输业发票税控系统。

陕西省国税局：营改增试点答疑（十）

93. 增值税纳税人首次购置增值税税控系统专用设备全额抵减增值税，如何办理?

答：根据《国家税务总局关于发布〈税收减免管理办法〉的公告》（国家税务总局公告2015年第43号）的规定，要求纳税人在首次享受减免税的申报阶段在纳税申报表中附列或附送材料进行备案，也可以要求纳税人在申报征期后的其他规定期限内提交报备资料进行备案。

根据《全国税务机关纳税服务规范（2.3版）》，纳税人应携带以下资料到主管税务机关备案：《纳税人减免税备案登记表》，减免税依据的相关法律、法规、规章和规范性文件要求报送的资料。纳税人在申报表对应栏填写抵减金额进行抵减。

说明：

陕西对增值税税控系统设备费用抵扣问题给出了回答，是对《国家税务总局关于推行增值税防伪税控系统若干问题的通知》（国税发［2000］183号）第二条、《财政部　国家税务总局关于增值税税控系统专用设备和技术维护费用抵减增值税税额有关政策的通知》（财税［2012］15号）第一条和《国家税务总局关于发布〈税收减免管理办法〉的公告》（国家税务总局公告2015年第43号）第十四条的落实。

53. 贷款利息能否抵扣？

福建省国税局：营改增执行口径——12366 营改增热点问答（4 月 12 日）

5. 我公司向其他企业借款 100 万，需要支付利息，该利息能抵扣进项吗？

答：将资金贷与他人使用而取得利息收入的业务活动为贷款服务，购买贷款服务的进项税额不得从销项税额中抵扣。

福建省国税局：营改增执行口径——12366 营改增热点问题（3 月 29 日）

5. 贷款利息能否进行进项抵扣？

答：纳税人所支付的贷款利息所含进项税额不得抵扣。

说明：

福建对利息能否抵扣给出了回答，是对《财政部 国家税务总局关于全面推开营业税改征增值税试点的通知》（财税［2016］36 号）附件 2《营业税改征增值税试点有关事项的规定》第四条的落实。

54. 营改增前购进机器设备已经抵扣的进项税金，5 月 1 日之后，转为固定资产做出租业务，对应的已抵扣进项是否要转出？

北京市国税局：营改增执行口径（更新到 5 月 13 日）

116. 一般纳税人企业营改增前购进机器设备待售，相应的进项税金已按规定抵扣，5 月 1 日之后，因滞销转为固定资产做出租业务，该机器设备的已抵扣进项是否需要做转出处理？

答：不需转出。

说明：

北京对已抵扣的购入设备用途改变进项税额是否需要转出作出了回答，是对《中华人民共和国增值税暂行条例实施细则》第二十二条和《中华人民共和国增值税暂行条例》（2008 年修订）第十条的落实。

55. 原一般纳税人的留抵进项税是否可以抵扣营改增后的其他业务产生的销项税？

江西省国税局：明确营改增实务中的 81 个问题——全面推开营改增试点问题解答（一）

15. 原一般纳税人的留抵进项税是否可以抵扣营改增后的其他业务产生的销项税？

答：原增值税一般纳税人兼有销售服务、无形资产或者不动产的，截至纳入营改增试点之日前的增值税期末留抵税额，不得从销售服务、无形资产或者不动产的销项税额中抵扣。

说明：

江西对原留抵进项税能否抵扣之后的其他业务做出了回答，是对《财政部 国家税务总局关于全面推开营业税改征增值税试点的通知》（财税［2016］36号）附件2《营业税改征增值税试点有关事项的规定》第四条的落实。

56. 购买生活服务取得的进项税额是否可以全部抵扣？

山东省国税局：12366营改增热点问题

7. 购买生活服务取得的进项税额是不是全部可以抵扣呢？

答：不是。纳税人用于简易计税方法计税项目、免征增值税项目、集体福利或者个人消费的生活服务的进项税额不得从销项税额中抵扣。

纳税人购进的生活服务中的餐饮服务、居民日常服务和娱乐服务的进项税额不得从销项税额中抵扣。

说明：

山东对生活服务取得的进项税额能否全部抵扣做出了回答，是对《财政部 国家税务总局关于全面推开营业税改征增值税试点的通知》（财税［2016］36号）附件1《营业税改征增值税试点实施办法》第二十七条的落实。

增值税扣税凭证

57. 增值税扣税凭证有哪些？

陕西省国税局：营改增试点答疑（二）

34. 增值税扣税凭证包括哪些类型？

答：根据《财政部 国家税务总局关于全面推开营业税改征增值税试点的通知》（财税［2016］36号）所附《营业税改征增值税试点实施办法》的规定，增值税扣税凭证是指增值税专用发票、海关进口增值税专用缴款书、农产品收购发票、农产品销售发票和完税凭证。

江苏省国税局：江苏国税12366营改增热点问题解答三

十五、增值税扣税凭证有哪些？

答：根据《财政部 国家税务总局关于全面推开营业税改征增值税试点的通知》（财税［2016］36号）规定：

增值税扣税凭证，是指增值税专用发票、海关进口增值税专用缴款书、农产品收购发票、农产品销售发票和完税凭证。

纳税人凭完税凭证抵扣进项税额的，应当具备书面合同、付款证明和境外单位的对账单或者发票。资料不全的，其进项税额不得从销项税额中抵扣。

新疆维吾尔自治区国税局：营改增政策答疑（四）

五、纳税人按规定从取得的全部价款和价外费用中扣除不动产购置原价或者取得不动产时的作价的，应当取得符合法律、行政法规和国家税务总局规定的合法有效凭证。否则，不得扣除。合法有效凭证有哪些？

答：合法有效凭证包括：一是税务部门监制的发票。二是法院判决书、裁定书、调解书，以及仲裁裁决书、公证债权文书。三是国家税务总局规定的其他凭证。

四川省国税局：营改增执行口径（网络资源）

6. 增值税扣税凭证包括哪些？

答：根据《营业税改征增值税试点实施办法》第二十六规定，增值税扣税凭证，是指增值税专用发票、海关进口增值税专用缴款书、农产品收购发票、农产品销售发票和完税凭证。

四川省国税局：纳税人咨询的营改增十个热点问题（4 月 27 日）

1. 增值税扣税凭证包括哪些？

答：根据《营业税改征增值税试点实施办法》第二十六规定，增值税扣税凭证，是指增值税专用发票、海关进口增值税专用缴款书、农产品收购发票、农产品销售发票和完税凭证。

北京市国税局：营改增执行口径（更新到 5 月 13 日）

31. 全面营改增后，增值税扣税凭证有哪些？

答：根据《财政部 国家税务总局关于全面推开营业税改征增值税试点的通知》（财税[2016] 36 号）附件 1 的规定，增值税扣税凭证，是指增值税专用发票、海关进口增值税专用缴款书、农产品收购发票、农产品销售发票和完税凭证。

福建省国税局：营改增执行口径 12366 营改增热点问答（4 月 19 日）

11. 营改增后，增值税扣税凭证包括哪些？

答：增值税专用发票、海关进口增值税专用缴款书、农产品收购发票、农产品销售发票和完税凭证。

浙江省国税局：营改增执行口径

12. 增值税扣税凭证包括哪些？

答：根据《营业税改征增值税试点实施办法》第二十六规定，增值税扣税凭证，是指增值税专用发票、海关进口增值税专用缴款书、农产品收购发票、农产品销售发票和完税凭证。

湖北省国税局：湖北营改增政策执行口径第一辑（2016年4月25日）

第一部分　综合问题

14. 增值税扣税凭证有哪些？

答：增值税扣税凭证包括增值税专用发票、海关进口增值税专用缴款书、农产品收购发票、农产品销售发票和完税凭证。

上述完税凭证是纳税人从境外单位或者个人购进服务、无形资产或者不动产，自税务机关或者扣缴义务人取得的解缴税款的完税凭证。

说明：

1. 陕西、江苏、北京、福建、浙江、湖北对增值税扣税凭证的种类的规定相同，是对《财政部 国家税务总局关于全面推开营业税改征增值税试点的通知》(财税[2016]36号) 附件1《营业税改征增值税试点实施办法》第二十五条的落实。

2. 新疆对不动产抵扣规定合法有效凭证包括：一是税务部门监制的发票，二是法院判决书、裁定书、调解书，以及仲裁裁决书、公证债权文书，三是国家税务总局规定的其他凭证，进行了拓展，是对《国家税务总局关于发布〈纳税人转让不动产增值税征收管理暂行办法〉的公告》(国家税务总局公告2016年第14号) 第八条的落实。

58. 增值税扣税凭证的抵扣期限是什么？

重庆市国税局：营改增执行口径最新营改增政策热点问题解答（二）

七、营改增试点纳税人取得的增值税扣税凭证的抵扣期限有何具体规定？

答：纳税人取得的符合规定的增值税扣税凭证应按以下规定抵扣进项税额：

（一）增值税专用发票

增值税一般纳税人取得的增值税专用发票（包括：《增值税专用发票》、税控《机动车销售统一发票》)，应在开具之日起180日内办理认证，并在认证通过的次月申报期内，向主管税务机关申报抵扣进项税额，即：当月认证当月抵扣。

自2016年3月1日起，对纳税信用A级增值税一般纳税人取消增值税专用发票扫描认证，通过增值税发票查询平台，查询、选择用于申报抵扣或者出口退税的增值税发票信息。

自2016年5月1日起，本次新纳入试点的增值税一般纳税人，认证事宜暂参照上述执行。

（二）海关进口增值税专用缴款书

自2013年7月1日起，增值税一般纳税人进口货物取得的属于增值税扣税范围的海关缴款书，需经税务机关稽核比对相符后，其增值税额方能作为进项税额在销项税额中抵扣。增纳税人进口货物取得的属于增值税扣税范围的海关缴款书，应自开具之日起180天内向主管税务机关报送《海关完税凭证抵扣清单》（电子数据），申请稽核比对。

江苏省国税局：江苏国税12366营改增热点问题解答三

十六、增值税专用发票认证抵扣有无时限要求？

答：增值税专用发票（包括税控系统开具的机动车销售统一发票）应是自开票之日起180日内进行认证，并在认证通过的次月申报期内申报抵扣进项税额。

按照《国家税务总局关于纳税信用A级纳税人取消增值税发票认证有关问题的公告》（国家税务总局公告2016年第7号）的规定：对纳税信用A级增值税一般纳税人取消增值税发票认证，A级纳税人取得销售方使用增值税发票管理新系统开具的增值税专用发票可以不再进行扫描认证，通过增值税发票税控开票软件登录本省增值税发票查询平台，查询、选择用于申报抵扣或者出口退税的增值税发票信息。抵扣时限是，按月申报纳税人为本月1日的前180日，按季度申报纳税人为本季度首月1日的前180日。

陕西省国税局：营改增试点答疑（四）

35. 认证通过后的扣税凭证应在什么时间内申报抵扣？

答：根据《国家税务总局关于调整增值税扣税凭证抵扣期限有关问题的通知》（国税函［2009］617号）的规定，增值税一般纳税人取得2010年1月1日以后开具的增值税专用发票、公路内河货物运输业统一发票和机动车销售统一发票，应在开具之日起180日内到税务机关办理认证，并在认证通过的次月申报期内，向主管税务机关申报抵扣进项税额。

未在规定期限内到税务机关办理认证、申报抵扣或者申请稽核比对的，不得作为合法的增值税扣税凭证，不得计算进项税额抵扣（国家税务总局另有规定的除外）。

上海市国税局：上海最新营改增政策热点问题解答（二）

七、营改增试点纳税人取得的增值税扣税凭证的抵扣期限有何具体规定？

答：纳税人取得的符合规定的增值税扣税凭证应按以下规定抵扣进项税额：

（一）增值税专用发票

增值税一般纳税人取得的增值税专用发票（包括：《增值税专用发票》、税控《机动车销售统一发票》），应在开具之日起180日内办理认证，并在认证通过的次月申报期内，向主管税务机关申报抵扣进项税额，即：当月认证当月抵扣。

自2016年3月1日起，对纳税信用A级增值税一般纳税人取消增值税专用发票扫描认证，通过增值税发票查询平台，查询、选择用于申报抵扣或者出口退税的增值税发票信息。

自2016年5月1日起，本次新纳入试点的增值税一般纳税人，认证事宜暂参照上述执行。

（二）海关进口增值税专用缴款书

自2013年7月1日起，增值税一般纳税人进口货物取得的属于增值税扣税范围的海关缴款书，需经税务机关稽核比对相符后，其增值税额方能作为进项税额在销项税额中抵扣。增纳税人进口货物取得的属于增值税扣税范围的海关缴款书，应自开具之日起180天内向主管税务机关报送《海关完税凭证抵扣清单》（电子数据），申请稽核比对。

湖北省国税局：湖北营改增政策执行口径第一辑（2016年4月25日）

第一部分 综合问题

15. 增值税专用发票抵扣有无时限要求？

答：适用取消认证的纳税人，增值税发票抵扣时限是，按月申报纳税人为本月1日的前 180 日，按季度申报纳税人为本季度首月 1 日的前 180 日。增值税发票查询平台未查询到发票信息的，可以选择扫描认证。

增值税专用发票（包括税控系统开具的机动车销售统一发票）应在自开票之日起 180 日内进行认证，并在认证通过的次月申报期内申报抵扣进项税额。

说明：

重庆、陕西、上海、江苏、湖北对增值税扣税凭证认证抵扣期限规定一致，是对《国家税务总局关于调整增值税扣税凭证抵扣期限有关问题的通知》（国税函 [2009]617 号）第一条和第二条的落实。

59. 逾期未认证的增值税扣税凭证是否可以抵扣进项税额？

陕西省国税局：营改增试点答疑（四）

37. 纳税人取得的增值税扣税凭证未按期认证或者稽核比对的，能否抵扣进项税额？

答：根据《国家税务总局关于逾期增值税扣税凭证抵扣问题的公告》（国家税务总局公告 2011 年第 50 号）的规定，对增值税一般纳税人发生真实交易但由于客观原因造成增值税扣税凭证逾期的，经主管税务机关审核、逐级上报，由国家税务总局认证、稽核比对后，对比对相符的增值税扣税凭证，允许纳税人继续抵扣其进项税额。

客观原因包括如下类型：（1）因自然灾害、社会突发事件等不可抗力因素造成增值税扣税凭证逾期；（2）增值税扣税凭证被盗、抢，或者因邮寄丢失、误递导致逾期；（3）有关司法、行政机关在办理业务或者检查中，扣押增值税扣税凭证，纳税人不能正常履行申报义务，或者税务机关信息系统、网络故障，未能及时处理纳税人网上认证数据等导致增值税扣税凭证逾期；（4）买卖双方因经济纠纷，未能及时传递增值税扣税凭证，或者纳税人变更纳税地点，注销旧户和重新办理税务登记的时间过长，导致增值税扣税凭证逾期；（5）由于企业办税人员伤亡、突发危重疾病或者擅自离职，未能办理交接手续，导致增值税扣税凭证逾期；（6）国家税务总局规定的其他情形。

江苏省国税局：江苏国税 12366 营改增热点问题解答三（发票）

十七、逾期未认证的发票是否可以抵扣？

答：根据《财政部 国家税务总局关于全面推开营业税改征增值税试点的通知》（财税［2016］36 号）规定：

"增值税一般纳税人取得的增值税专用发票（包括税控系统开具的机动车销售统一发票）以及海关缴款书，未在规定期限内到税务机关办理认证、申请稽核比对或者申报抵扣的，不得作为合法的增值税扣税凭证，不得计算进项税额抵扣。"

根据《国家税务总局关于逾期增值税扣税凭证抵扣问题的公告》（国家税务总局公告 2011 年第 50 号）：

"对增值税一般纳税人发生真实交易但由于客观原因造成增值税扣税凭证逾期的，经主管税务机关审核、逐级上报，由国家税务总局认证、稽核比对后，对比对相符的增值税扣税凭证，允许纳税人继续抵扣其进项税额。”

湖北省营改增政策执行口径第一辑（2016 年 4 月 25 日）

第一部分　综合问题

17. 逾期未认证的发票是否可以抵扣?

答：对增值税一般纳税人发生真实交易但由于客观原因造成增值税扣税凭证逾期的，经主管税务机关审核、逐级上报，由国家税务总局认证、稽核比对后，对比对相符的增值税扣税凭证，允许纳税人继续抵扣其进项税额。

重庆市国税局：营改增执行口径——最新营改增政策热点问题解答（二）

（三）未在规定期限内认证或者申报抵扣的情况

增值税一般纳税人取得的增值税专用发票（包括：《增值税专用发票》、税控《机动车销售统一发票》）以及海关缴款书，未在规定期限内到税务机关办理认证或者申报抵扣的，不得作为合法的增值税扣税凭证，不得计算进项税额抵扣。国家税务总局另有规定的除外。

说明：

1. 陕西、江苏、重庆对增值税扣税凭证逾期未认证能否抵扣进项税额的问题的规定相同，原则上均不得抵扣。是对《国家税务总局关于逾期增值税扣税凭证抵扣问题的公告》（国家税务总局公告 2011 年第 50 号）第二条和《财政部 国家税务总局关于全面推开营业税改征增值税试点的通知》（财税 [2016] 36 号）附件 1《营业税改征增值税试点实施办法》第二十五条的落实。

2. 陕西、江苏、湖北列明可抵扣的情形，是对《国家税务总局关于逾期增值税扣税凭证抵扣问题的公告》（国家税务总局公告 2011 年第 50 号）第二条的落实。

重庆未做具体阐述。

简易计税方法

60. 适用简易计税方法的情形有哪些?

陕西省国税局：营改增试点答疑（四）

40. 试点纳税人哪些项目适用于简易计税办法?

答：根据《财政部 国家税务总局关于全面推开营业税改征增值税试点的通知》（财税［2016］36 号）所附《营业税改征增值税试点有关事项的规定》的规定，可以选择适用简易计税方法的营改增项目有：

（1）公共交通运输服务。

（2）经认定的动漫企业为开发动漫产品提供的动漫脚本编撰、形象设计、背景设计、动画设计、分镜、动画制作、摄制、描线、上色、画面合成、配音、配乐、音效合成、剪辑、字幕制作、压缩转码（面向网络动漫、手机动漫格式适配）服务，以及在境内转让动漫版权（包括动漫品牌、形象或者内容的授权及再授权）。

（3）电影放映服务、仓储服务、装卸搬运服务、收派服务和文化体育服务。

（4）以纳入营改增试点之日前取得的有形动产为标的物提供的经营租赁服务。

（5）在纳入营改增试点之日前签订的尚未执行完毕的有形动产租赁合同。

（6）一般纳税人以清包工方式提供的建筑服务。

（7）一般纳税人为甲供工程提供的建筑服务。

（8）一般纳税人为建筑工程老项目提供的建筑服务。

（9）一般纳税人销售其 2016 年 4 月 30 日前取得（不含自建）的不动产。

（10）一般纳税人销售其 2016 年 4 月 30 日前自建的不动产。

（11）房地产开发企业中的一般纳税人，销售自行开发的房地产老项目。

（12）一般纳税人出租其 2016 年 4 月 30 日前取得的不动产。

（13）公路经营企业中的一般纳税人收取试点前开工的高速公路的车辆通行费。

新疆维吾尔自治区国税局：营改增政策答疑（二）

5. 营改增后一般纳税人发生哪些应税行为可以选择简易计税方法缴纳增值税，纳税人选择简易计税方法是否需要到主管税务机关进行备案？

答：根据《关于全面推开营业税改征增值税试点的通知》（财税［2016］36 号）规定，一般纳税人发生下列应税行为可以选择适用简易计税方法计税：

（1）公共交通运输服务；

（2）经认定的动漫企业为开发动漫产品提供的动漫脚本编撰、形象设计、背景设计、动画设计、分镜、动画制作、摄制、描线、上色、画面合成、配音、配乐、音效合成、剪辑、字幕制作、压缩转码（面向网络动漫、手机动漫格式适配）服务，以及在境内转让动漫版权（包括动漫品牌、形象或者内容的授权及再授权）；

（3）电影放映服务、仓储服务、装卸搬运服务、收派服务和文化体育服务；

（4）以纳入营改增试点之日前取得的有形动产为标的物提供的经营租赁服务；

（5）在纳入营改增试点之日前签订的尚未执行完毕的有形动产租赁合同；

（6）以清包工方式提供的建筑服务；

（7）为甲供工程提供的建筑服务；

（8）为建筑工程老项目提供的建筑服务；

（9）销售其 2016 年 4 月 30 日前取得的不动产；

（10）销售自行开发的房地产老项目；

（11）出租其 2016 年 4 月 30 日前取得的不动产；

（12）公路经营企业中的一般纳税人收取试点前开工的高速公路的车辆通行费；

（13）财政部和国家税务总局规定的其他情形。

一般纳税人选择适用简易计税方法计税，需要到主管国税机关备案。

新疆维吾尔自治区国税局：“营改增”难点问题解答汇编（二）

五、其他

3. 营改增后一般纳税人发生哪些应税行为可以选择简易计税方法缴纳增值税，纳税人选择简易计税方法是否需要到主管税务机关进行备案？

答：根据《关于全面推开营业税改征增值税试点的通知》（财税［2016］36号）规定，一般纳税人发生下列应税行为可以选择适用简易计税方法计税：

（1）公共交通运输服务；

（2）经认定的动漫企业为开发动漫产品提供的动漫脚本编撰、形象设计、背景设计、动画设计、分镜、动画制作、摄制、描线、上色、画面合成、配音、配乐、音效合成、剪辑、字幕制作、压缩转码（面向网络动漫、手机动漫格式适配）服务，以及在境内转让动漫版权（包括动漫品牌、形象或者内容的授权及再授权）；

（3）电影放映服务、仓储服务、装卸搬运服务、收派服务和文化体育服务；

（4）以纳入营改增试点之日前取得的有形动产为标的物提供的经营租赁服务；

（5）在纳入营改增试点之日前签订的尚未执行完毕的有形动产租赁合同；

（6）以清包工方式提供的建筑服务；

（7）为甲供工程提供的建筑服务；

（8）为建筑工程老项目提供的建筑服务；

（9）销售其2016年4月30日前取得的不动产；

（10）销售自行开发的房地产老项目；

（11）出租其2016年4月30日前取得的不动产；

（12）公路经营企业中的一般纳税人收取试点前开工的高速公路的车辆通行费。

江西省国税局：营改增执行口径——江西省国税局明确营改增实务中的81个问题——营改增问题解答（四）

4. 一般纳税人销售其2016年4月30日前取得的不动产，能否选择简易计税方法？

答：根据《财政部 国家税务总局关于全面推开营业税改征增值税试点的通知》（财税［2016］36号）规定，一般纳税人销售其2016年4月30日前取得（不含自建）的不动产，可以选择适用简易计税方法，以取得的全部价款和价外费用减去该项不动产购置原价或者取得不动产时的作价后的余额为销售额，按照5%的征收率计算应纳税额。纳税人应按照上述计税方法在不动产所在地预缴税款后，向机构所在地主管税务机关进行纳税申报。

天津市国税局：营改增执行口径（5月13日）

14. 问：选择简易征收法，需要什么时候到国税办理备案？需要带哪些资料？

答：根据《全国税收征管规范（1.1版）》规定，一般纳税人可以选择适用简易办法计算缴纳增值税，一经选择，36个月内不得变更；申请简易征收需携带如下资料：1.《增值税一般纳税人简易征收备案表》2份。2. 一般纳税人选择简易办法征收备案事项说明。3. 选择简易征收的产品、服务符合条件的证明材料，或者企业符合条件的证明材料。

河北省国税局：河北省国家税务局关于全面推开营改增有关政策问题的解答（之六）（2016年6月2日）

一、营改增试点纳税人符合政策规定选择简易计税方法备案问题

根据全国征管规范以及纳税服务规范的相关规定，增值税一般纳税人生产销售特定的货物或提供应税服务，向税务机关申请采用简易办法计算缴纳增值税的，应在选择简易计税办法的首个申报期申报时，提供相关资料履行备案手续。申请时应提供如下资料：

（1）《增值税一般纳税人简易征收备案表》两份。

（2）一般纳税人选择简易办法征收备案事项说明。

（3）选择简易征收的产品、服务符合条件的证明材料，或者企业符合条件的证明材料。

说明：

1. 陕西、新疆对适用简易计税方法的项目规定一致，是对《财政部 国家税务总局关于全面推开营业税改征增值税试点的通知》（财税［2016］36号）附件2《营业税改征增值税试点有关事项的规定》第一条第（六）项的落实。

2. 江西规定销售2016年4月30日前取得的不动产可选择简易计税方法，是对《财政部 国家税务总局关于全面推开营业税改征增值税试点的通知》（财税［2016］36号）附件2《营业税改征增值税试点有关事项的规定》第八条的落实。

3. 天津、河北对选择简易计税方法时的备案时间和所需资料做出了规定，是对《全国税收征管规范（1.1版）》的落实。

61. 适用简易计税方法是否可以开具增值税专用发票？

北京市国税局：营改增执行口径（更新到5月13日）

19. 企业选择简易计税办法时是否可以开具增值税专用发票？

答：除另有规定外的，选择简易计税办法可以开具增值税专用发票。

吉林省国税局：营改增一般口径——12366营改增热点问题答复口径

9. 企业选择简易计税办法时是否可以开具增值税专用发票？

答：除规定不得开具增值税专用发票的情形外，选择简易计税办法可以开具增值税专用发票。

天津市国税局：开发区国税局营改增热点问题解答（第一期）（2016年4月25日）

四、财税［2016］36号文规定了很多可以适用简易计税的项目，选择按照简易计税方法的项目可否开具增值税专用发票问题？

答：一般纳税人选择按照简易计税方法申报纳税，如不属于明文规定不许开具增值税专用发票的情形，则可以开具增值税专用发票。

甘肃省国税局：营改增执行口径——全面推开营改增试点一般规定 12366 热点问题解答

9. 企业选择简易计税办法时是否可以开具增值税专用发票？

答：除规定不得开具增值税专用发票的情形外，选择简易计税办法可以开具增值税专用发票。

湖北省营改增政策执行口径第一辑（2016 年 4 月 25 日）

10. 一般纳税人适用简易办法计税的，能否开具增值税专用发票？

答：除以下情形之外，按简易办法征税的都可以开具专票：

（1）属于增值税一般纳税人的单采血浆站销售非临床用人体血液，可以按照简易办法依照 3% 征收率计算应纳税额，但不得对外开具增值税专用发票；

（2）纳税人销售旧货，应开具普通发票，不得自行开具或者由税务机关代开增值税专用发票。

（3）销售自己使用过的固定资产，减按 2% 征税的。

福建省国税局：12366 营改增热点问答（4 月 19 日）

9. 营改增以后，一般纳税人适用简易计税可以开具增值税专用发票吗？

答：除了特别规定不得开具增值税专用发票情形的，可以开具。

宁夏回族自治区国税局：营改增热点难点问题专题 5 月 26 日

三、企业选择简易计税办法时是否可以开具增值税专用发票？

答：除规定不得开具增值税专用发票的情形外，选择简易计税办法可以开具增值税专用发票。

上述回复仅供参考。有关具体办理程序方面的事宜请直接向您的主管或所在地税务机关咨询。

说明：

1. 北京、吉林、天津、甘肃、福建、宁夏回族自治区、湖北对适用简易计税是否可以开具增值税专用发票的规定相同，是对《国家税务总局关于修订〈增值税专用发票使用规定〉的通知》（国税发 [2016] 156 号）第十条的落实。

2. 湖北还对其中的除外情形作出了规定。依据是《国家税务总局关于增值税简易征收政策有关管理问题的通知》（国税函 [2009] 90 号）第一条和第二条，《国家税务总局关于供应非临床用血增值税政策问题的批复》（国税函 [2009] 456 号）第二条和《国家税务总局关于简并增值税征收率有关问题的公告》（国家税务总局公告 2014 年第 36 号）第四条。

一般计税方法

62. 一般计税方法如何计算应纳税额?

陕西省国税局：营改增试点答疑（四）

47. 采取一般计税方法的纳税人如何计算应纳税额?

答：根据《财政部 国家税务总局关于全面推开营业税改征增值税试点的通知》（财税［2016］36号）所附《营业税改征增值税试点实施办法》的规定，一般计税方法的应纳税额，是指当期销项税额抵扣当期进项税额后的余额。应纳税额计算公式：应纳税额 = 当期销项税额 - 当期进项税额

当期销项税额小于当期进项税额不足抵扣时，其不足部分可以结转下期继续抵扣。

说明：

陕西对采取一般计税方法计算应纳税额做出了规定，是对《财政部 国家税务总局关于全面推开营业税改征增值税试点的通知》（财税［2016］36号）附件1《营业税改征增值税试点实施办法》第十八条的落实。

63. 是否可以在36个月内变更计税方法?

青海省国税局：营改增执行口径——营改增纳税人办税指南之一房地产篇——政策组发言材料（二）

第三，有的地区反映，个别商品混凝土企业曾经选择按简易计税方法，未满36个月，能否变更为一般计税方法计税?

这是个普遍性问题，也有普遍性规定，任何企业，如果按规定可以选择简易计税方法，36个月内不能变更，维持征管相对的持续与稳定，这个原则不能突破。

四川省国家税务局：纳税人咨询的营改增十个热点问题（5月11日）

7. 营改增试点纳税人是否允许一般计税方法和简易计税方法同时存在?

答：根据《财政部 国家税务总局关于全面推开营业税改征增值税试点的通知》（财税［2016］36号）规定：一般纳税人发生财政部和国家税务总局规定的特定应税行为，可以选择适用简易计税方法计税，但一经选择，36个月内不得变更。

说明：

青海、四川对未满36个月是否可以变更选择的简易计税方法的规定一致，是对《财政部 国家税务总局关于全面推开营业税改征增值税试点的通知》（财税［2016］36号）附件1《营业税改征增值税试点实施办法》第十八条的落实。

64. 简易计税方法与一般计税方法是否可以并存?

四川省国家税务局：纳税人咨询的营改增十个热点问题（5 月 11 日）

7. 营改增试点纳税人是否允许一般计税方法和简易计税方法同时存在?

答：根据《财政部 国家税务总局关于全面推开营业税改征增值税试点的通知》（财税［2016］36 号）规定：一般纳税人发生财政部和国家税务总局规定的特定应税行为，可以选择适用简易计税方法计税，但一经选择，36 个月内不得变更。

因此，符合条件的营改增试点纳税人可以分不同情况同时选择一般计税方法和简易计税方法。

河北省国家税务局：关于全面推开营改增有关政策问题的解答（之一）

十六、营改增试点纳税人是否允许一般计税方法和简易计税方法同时存在?

答：《关于全面推开营业税改征增值税试点的通知》（财税［2016］36 号）中规定，一般纳税人可就相关应税行为选择一般计税方法和简易计税方法，因试点纳税人可能发生多个应税行为，所以营改增试点一般纳税人可就不同应税行为选择不同的计税方法，就会出现一般计税方法和简易计税方法同时存在的情况，是符合政策规定的。

说明：

四川、河北对简易计税和一般计税方法能否并存的规定相同，是对《财政部 国家税务总局关于全面推开营业税改征增值税试点的通知》（财税［2016］36 号）附件 1《营业税改征增值税试点实施办法》第十八条的落实。

差额征税

65. 差额征税的适用范围是什么?

河南省国税局：营改增问题快速处理机制专期六

问题三 哪些应税行为可以适用差额征税办法缴纳增值税?

答：根据财税［2016］36 号文件规定，下列应税行为可以适用差额征税办法计算增值税销售额

1. 经纪代理服务，以取得的全部价款和价外费用，扣除向委托方收取并代为支付的政府性基金或者行政事业性收费后的余额为销售额。向委托方收取的政府性基金或者行政事业性收费，不得开具增值税专用发票。

2. 融资租赁和融资性售后回租业务。（1）经人民银行、银监会或者商务部批准从事融资租赁业务的试点纳税人，提供融资租赁服务，以取得的全部价款和价外费用，扣除支付的借款利息（包括外汇借款和人民币借款利息）、发行债券利息和车辆购置税后的余额为销售额。

（2）经人民银行、银监会或者商务部批准从事融资租赁业务的试点纳税人，提供融资性售后回租服务，以取得的全部价款和价外费用（不含本金），扣除对外支付的借款利息（包括外汇借款和人民币借款利息）、发行债券利息后的余额作为销售额。（3）试点纳税人根据2016年4月30日前签订的有形动产融资性售后回租合同，在合同到期前提供的有形动产融资性售后回租服务，可继续按照有形动产融资租赁服务缴纳增值税。继续按照有形动产融资租赁服务缴纳增值税的试点纳税人，经人民银行、银监会或者商务部批准从事融资租赁业务的，根据2016年4月30日前签订的有形动产融资性售后回租合同，在合同到期前提供的有形动产融资性售后回租服务，可以选择以下方法之一计算销售额：①以向承租方收取的全部价款和价外费用，扣除向承租方收取的价款本金，以及对外支付的借款利息（包括外汇借款和人民币借款利息）、发行债券利息后的余额为销售额。②以向承租方收取的全部价款和价外费用，扣除支付的借款利息（包括外汇借款和人民币借款利息）、发行债券利息后的余额为销售额。（4）经商务部授权的省级商务主管部门和国家经济技术开发区批准的从事融资租赁业务的试点纳税人，2016年5月1日后实收资本达到1.7亿元的，从达到标准的当月起按照上述第（1）、（2）、（3）点规定执行；2016年5月1日后实收资本未达到1.7亿元但注册资本达到1.7亿元的，在2016年7月31日前仍可按照上述第（1）、（2）、（3）点规定执行，2016年8月1日后开展的融资租赁业务和融资性售后回租业务不得按照上述第（1）、（2）、（3）点规定执行。

3. 航空运输企业的销售额，不包括代收的机场建设费和代售其他航空运输企业客票而代收转付的价款。

4. 试点纳税人中的一般纳税人（以下称一般纳税人）提供客运场站服务，以其取得的全部价款和价外费用，扣除支付给承运方运费后的余额为销售额。

5. 试点纳税人提供旅游服务，可以选择以取得的全部价款和价外费用，扣除向旅游服务购买方收取并支付给其他单位或者个人的住宿费、餐饮费、交通费、签证费、门票费和支付给其他接团旅游企业的旅游费用后的余额为销售额。选择上述办法计算销售额的试点纳税人，向旅游服务购买方收取并支付的上述费用，不得开具增值税专用发票，可以开具普通发票。

6. 试点纳税人提供建筑服务适用简易计税方法的，以取得的全部价款和价外费用扣除支付的分包款后的余额为销售额。

7. 房地产开发企业中的一般纳税人销售其开发的房地产项目（选择简易计税方法的房地产老项目除外），以取得的全部价款和价外费用，扣除受让土地时向政府部门支付的土地价款后的余额为销售额。房地产老项目，是指《建筑工程施工许可证》注明的合同开工日期在2016年4月30日前的房地产项目。

根据财税［2016］47号文件规定，提供劳务派遣服务，可以选择差额纳税，以取得的全部价款和价外费用，扣除代用工单位支付给劳务派遣员工的工资、福利和为其办理社会保险及住房公积金后的余额为销售额，按照简易计税方法依5%的征收率计算缴纳增值税。

湖北省营改增政策执行口径第一辑（2016年4月25日）

第一部分　综合问题

2. 关于差额征税项目的范围、销售额的确定及发票开具问题

（1）金融商品转让。

销售额 = 卖出价 – 买入价

不得开具增值税专用发票（以下简称专票），可以开具增值税普通发票（以下简称普票）。

（2）经纪代理服务

销售额 = 取得的全部价款和价外费用 – 向委托方收取并代为支付的政府性基金或者行政事业性收费

作为差额扣除的部分（即向委托方收取的政府性基金或者行政事业性收费），不得开具专票，可以开具普票。其余部分可以开具专票。

其他各行业发生的代为收取的符合规定条件的政府性基金或者行政事业性收费，以及以委托方名义开具发票代委托方收取的款项，不计入价外费用范畴。

（3）融资租赁业务

销售额 = 取得的全部价款和价外费用 – 支付的借款利息（包括外汇借款和人民币借款利息）、发行债券利息和车辆购置税

可全额开具专票。

（4）融资性售后回租服务

销售额 = 取得的全部价款和价外费用（不含本金）– 对外支付的借款利息（包括外汇借款和人民币借款利息）、发行债券利息

可就取得的全部价款和价外费用（不含本金）开具专票。但 2016 年 5 月 1 日以后，融资性售后回租属于贷款服务，纳税人接受的贷款服务，其进项税额不得抵扣。

（5）原有形动产融资性售后回租服务

根据 2016 年 4 月 30 日前签订的有形动产融资性售后回租合同，在合同到期前提供的有形动产融资性售后回租服务，可以选择以下方法之一计算销售额：

①销售额 = 收取的全部价款和价外费用 – 向承租方收取的价款本金及对外支付的借款利息（包括外汇借款和人民币借款利息）、发行债券利息

向承租方收取的有形动产价款本金，不得开具专票，可以开具普票。其余部分可以开具专票。

②销售额 = 收取的全部价款和价外费用 – 支付的借款利息（包括外汇借款和人民币借款利息）、发行债券利息

（6）航空运输企业

销售额 = 收取的全部价款和价外费用 – 代收的机场建设费和代售其他航空运输企业客票而代收转付的价款

纳税人接受旅客运输服务，其进项税额不得抵扣。

（7）客运场站服务

销售额 = 收取的全部价款和价外费用 – 支付给承运方运费

纳税人接受旅客运输服务，其进项税额不得抵扣。

（8）旅游服务

销售额 = 收取的全部价款和价外费用 – 向旅游服务购买方收取并支付给其他单位或者个人的住宿费、餐饮费、交通费、签证费、门票费和支付给其他接团旅游企业的旅游费用

选择上述办法计算销售额的试点纳税人，差额扣除部分（即向旅游服务购买方收取并

支付的上述费用），不得开具专票，可以开具普票。其余部分可以开具专票。

提供旅游服务未选择差额征税的，可以就取得的全部价款和价外费用开具专票，其进项税额凭合法扣税凭证扣除。

（9）适用简易计税方法的建筑服务

销售额＝收取的全部价款和价外费用－支付的分包款

可以全额开具专票。

（10）房地产开发企业中的一般纳税人销售其开发的房地产项目适用一般计税方法的

销售额＝收取的全部价款和价外费用－受让土地时向政府部门支付的土地价款

可以全额开具专票。

（11）适用简易计税方法的二手房销售服务（包括一般纳税人、小规模纳税人、自然人）

销售额＝收取的全部价款和价外费用－该项不动产购置原价或者取得不动产时的作价

可以全额开具专票。

（12）电信企业为公益性机构接受捐款

销售额＝收取的全部价款和价外费用－支付给公益性机构的捐款

其差额扣除部分（即接受的捐款），不得开具专票，可以开具普票。其余部分可以开具专票。

纳税人符合差额征税条件的，应在 2016 年 5 月 1 日后、第一次申报差额计税前向主管国税机关申请备案。

北京市国税局：营改增执行口径（更新到 5 月 13 日）

25. 营改增后，纳税人提供代理服务，是否还有差额征税的规定？

答：有。根据《财政部 国家税务总局关于全面推开营业税改征增值税试点的通知》（财税［2016］36 号）附件 2 的规定，经纪代理服务，以取得的全部价款和价外费用，扣除向委托方收取并代为支付的政府性基金或者行政事业性收费后的余额为销售额。向委托方收取的政府性基金或者行政事业性收费，不得开具增值税专用发票。

说明：

河南、湖北、北京对差额征税的适用范围的规定是对《财政部 国家税务总局关于全面推开营业税改征增值税试点的通知》（财税［2016］36 号）附件 2《营业税改征增值税试点有关事项的规定》第三条的落实。

河南、湖北列明了适用差额征税的具体情形，北京仅就经纪代理服务是否适用差额征税做出回答。

66. 劳务派遣是否可以差额征税？

北京市国税局：营改增执行口径（更新到 5 月 13 日）

134. 劳务派遣服务是否可以差额征税？

答：根据《财政部国家税务总局关于进一步明确全面推开营改增试点有关劳务派遣服

务、收费公路通行费抵扣等政策的通知》（财税［2016］47 号）规定：一般纳税人提供劳务派遣服务，可以按照《财政部 国家税务总局关于全面推开营业税改征增值税试点的通知》（财税［2016］36 号）的有关规定，以取得的全部价款和价外费用为销售额，按照一般计税方法计算缴纳增值税；也可以选择差额纳税，以取得的全部价款和价外费用，扣除代用工单位支付给劳务派遣员工的工资、福利和为其办理社会保险及住房公积金后的余额为销售额，按照简易计税方法依 5% 的征收率计算缴纳增值税。

小规模纳税人提供劳务派遣服务，可以按照《财政部 国家税务总局关于全面推开营业税改征增值税试点的通知》（财税［2016］36 号）的有关规定，以取得的全部价款和价外费用为销售额，按照简易计税方法依 3% 的征收率计算缴纳增值税；也可以选择差额纳税，以取得的全部价款和价外费用，扣除代用工单位支付给劳务派遣员工的工资、福利和为其办理社会保险及住房公积金后的余额为销售额，按照简易计税方法依 5% 的征收率计算缴纳增值税。

选择差额纳税的纳税人，向用工单位收取用于支付给劳务派遣员工工资、福利和为其办理社会保险及住房公积金的费用，不得开具增值税专用发票，可以开具普通发票。

劳务派遣服务，是指劳务派遣公司为了满足用工单位对于各类灵活用工的需求，将员工派遣至用工单位，接受用工单位管理并为其工作的服务。

江西省国税局：营改增执行口径——江西省国税局明确营改增实务中的 81 个问题——营改增问题解答（五）

二十一、人力派遣能否差额征税？

答：财税［2016］47 号第一条劳务派遣服务政策规定：

一般纳税人提供劳务派遣服务，可以按照《财政部 国家税务总局关于全面推开营业税改征增值税试点的通知》（财税［2016］36 号）的有关规定，以取得的全部价款和价外费用为销售额，按照一般计税方法计算缴纳增值税；也可以选择差额纳税，以取得的全部价款和价外费用，扣除代用工单位支付给劳务派遣员工的工资、福利和为其办理社会保险及住房公积金后的余额为销售额，按照简易计税方法依 5% 的征收率计算缴纳增值税。

小规模纳税人提供劳务派遣服务，可以按照《财政部 国家税务总局关于全面推开营业税改征增值税试点的通知》（财税［2016］36 号）的有关规定，以取得的全部价款和价外费用为销售额，按照简易计税方法依 3% 的征收率计算缴纳增值税；也可以选择差额纳税，以取得的全部价款和价外费用，扣除代用工单位支付给劳务派遣员工的工资、福利和为其办理社会保险及住房公积金后的余额为销售额，按照简易计税方法依 5% 的征收率计算缴纳增值税。

选择差额纳税的纳税人，向用工单位收取用于支付给劳务派遣员工工资、福利和为其办理社会保险及住房公积金的费用，不得开具增值税专用发票，可以开具普通发票。

劳务派遣服务，是指劳务派遣公司为了满足用工单位对于各类灵活用工的需求，将员工派遣至用工单位，接受用工单位管理并为其工作的服务。

说明：

北京、江西对劳务派遣是否可以适用差额征税的规定相同，是对《财政部国家税务总局关于进一步明确全面推开营改增试点有关劳务派遣服务、收费公路通行费抵扣等政策的通知》（财税［2016］47号）第一条的落实。

67. 差额征税开具发票的要求是什么？

海南省国税局：全面推开营改增政策指引——重点关注问题解答（二）

七、纳税人差额征税开具增值税发票注意事项

纳税人部分服务以差额作为销售额计算应纳税额，通过新系统中差额征税开票功能，录入含税销售额（或含税评估额）和扣除额，系统自动计算税额和不含税金额，备注栏自动打印“差额征税”字样，发票开具不应与其他应税行为混开。

江苏省国税局：江苏国税 12366 营改增热点问题解答（十三）——征管类热点问题

11. 全面营改增后，对适用差额征税的纳税人开具发票有何要求？

答：根据《国家税务总局关于全面推开营业税改征增值税试点有关税收征收管理事项的公告》（国家税务总局公告 2016 年第 23 号）规定：“四、增值税发票开具（二）按照现行政策规定适用差额征税办法缴纳增值税，且不得全额开具增值税发票的（财政部、税务总局另有规定的除外），纳税人自行开具或者税务机关代开增值税发票时，通过新系统中差额征税开票功能，录入含税销售额（或含税评估额）和扣除额，系统自动计算税额和不含税金额，备注栏自动打印“差额征税”字样，发票开具不应与其他应税行为混开。”

江苏省国税局：江苏国税 12366 营改增热点问题第四期

四、增值税发票开具

（二）按照现行政策规定适用差额征税办法缴纳增值税，且不得全额开具增值税发票的（财政部、税务总局另有规定的除外），纳税人自行开具或者税务机关代开增值税发票时，通过新系统中差额征税开票功能，录入含税销售额（或含税评估额）和扣除额，系统自动计算税额和不含税金额，备注栏自动打印“差额征税”字样，发票开具不应与其他应税行为混开。

河南省国税局：营改增问题快速处理机制专期六

问题四　适用差额征税办法缴纳增值税，且不得全额开具增值税发票的，如何开具发票？

答：根据总局 2016 年第 23 号公告要求，按照现行政策规定适用差额征税办法缴纳增值税，且不得全额开具增值税发票的（财政部、国家税务总局另有规定的除外），纳税人自行开具或者税务机关代开增值税发票时，通过新系统中差额征税开票功能，录入含税销售额（或含税评估额）和扣除额，系统自动计算税额和不含税金额，备注栏自动打印 " 差额征税 " 字样，发票开具不应与其他应税行为混开。

内蒙古自治区国税局：内蒙古自治区国家税务局营改增期间——增值税发票相关问题解答

七、营改增差额征税及开票规定

按照现行政策规定适用差额征税办法缴纳增值税，且不得全额开具增值税发票的（财政部、税务总局另有规定的除外），在总局没有进一步规定之前，纳税人自行开具或者税务机关代开增值税发票时，均可通过新系统的差额征税开票功能开具，差额征税开票功能开具的发票不应与其他应税行为混开。

例如：试点纳税人选择差额计税方法纳税，当期提供旅游服务取得全部价款和价外费用 212 万元，向旅游服务购买方收取并支付给其他单位的住宿费、餐饮费、门票费和其他接团旅游企业的旅游费用 106 万元。按相关规定扣除部分不得开具增值税专用发票，可以开具普通发票。可以理解为扣除部分的税款不得开具增值税专用发票，通过新系统的差额征税开票功能开具的发票税额为差额后计算的税款，对受票方的税前扣除及进项税抵扣均不影响。此例中选择差额征税开票功能开具发票时，票面税额为（212−106）÷（1+6%）×6%=6 万元，金额为 212−6=206 万元，价税合计金额为 6+206=212 万元。

说明：

海南、江苏、河南、内蒙古对差额征税开具增值税专用发票的规定相同，是对《国家税务总局关于全面推开营业税改征增值税试点有关税收征收管理事项的公告》（国家税务总局公告 2016 年第 23 号）第四条的落实。

68. 差额征税如何进行会计处理？

内蒙古自治区国税局：内蒙古自治区国家税务局全面推开营改增政策问题解答三（生活服务业部分）

十五、差额征税如何进行会计处理

1. 一般纳税人按照一般计税方法的差额征税会计处理

财政部关于印发《营业税改征增值税试点有关企业会计处理规定》的通知（财会［2012］13 号）规定：

企业接受应税服务时，按规定允许扣减销售额而减少的销项税额，借记“应交税费——应交增值税（营改增抵减的销项税额）”科目，按实际支付或应付的金额与上述增值税额的差额，借记“主营业务成本”等科目，按实际支付或应付的金额，贷记“银行存款”、“应付账款”等科目。

2. 一般纳税人按照简易计税方法的差额征税会计处理

企业接受应税服务时，按规定允许扣减销售额而减少的销项税额，借记“应交税费——未交增值税”科目，按实际支付或应付的金额与上述增值税额的差额，借记“主营业务成本”等科目，按实际支付或应付的金额，贷记“银行存款”、“应付账款”等科目。

特别提醒：因一般纳税人按照简易计税方法差额纳税，简易计税方法的应纳税额对应的科目是“应交税费——未交增值税”，其抵减的销项税额不能抵减一般计税方法的销项税额，所以没有按照财会［2012］13号规定的，在“应交税费——应交增值税”增设“营改增抵减的销项税额”科目下核算，在“应交税费——未交增值税”科目下核算“按规定允许扣减销售额而减少的应交增值税”。

【例】:

（1）确认收入时会计处理

借：银行存款　1,000,000.00

贷：营业收入　952,380.95

　　应交税费——未交增值税　47,619.05

（2）支付给劳务派遣员工工资、福利和为其办理社会保险及住房公积金会计处理

借：应交税费——未交增值税　38,095.24

　　营业成本　761,904.76

贷：银行存款　800,000.00

3. 小规模纳税人差额征税会计处理

财政部关于印发《营业税改征增值税试点有关企业会计处理规定》的通知（财会［2012］13号）规定：企业接受应税服务时，按规定允许扣减销售额而减少的应交增值税，借记“应交税费——应交增值税”科目，按实际支付或应付的金额与上述增值税额的差额，借记“主营业务成本”等科目，按实际支付或应付的金额，贷记“银行存款”、“应付账款”等科目。

对于期末一次性进行账务处理的企业，期末，按规定当期允许扣减销售额而减少的应交增值税，借记“应交税费——应交增值税”科目，贷记“主营业务成本”等科目。

【例】:

如果小规模提供劳务派遣服务选择差额征税，含税销售额80，000.00元，支付给劳务派遣员工工资、福利和为其办理社会保险及住房公积金的费用6万元时，按规定允许扣减销售额而减少的应交增值税60，000.00/（1+5%）×5%=2，857.14元，则：

（1）确认收入时会计处理

借：银行存款　80,000.00

贷：营业收入　76,190.48

　　应交税费——应交增值税　3,809.52

（2）支付给劳务派遣员工工资、福利和为其办理社会保险及住房公积金会计处理

借：应交税费——应交增值税　2,857.14

　　主营业务成本　57,142.86

贷：银行存款　60,000.00

说明：

内蒙古对差额征税的会计处理作出了回答，依据是《营业税改征增值税试点有关企业会计处理规定》的通知（财会［2012］13号）第一条。

一般纳税人纳税

69. 一般纳税人如何计算应纳税额?

上海市国税局：上海最新营改增政策热点问题解答（二）

四、本次营改增试点一般纳税人应如何计算应纳税额？

答：根据《营业税改征增值税试点实施办法》第十八条的规定，一般纳税人发生应税行为适用一般计税方法计税。

根据《营业税改征增值税试点实施办法》第二十一条的规定，一般计税方法的应纳税额，是指当期销项税额抵扣当期进项税额后的余额。应纳税额计算公式：

应纳税额 = 当期销项税额 - 当期进项税额

当期销项税额小于当期进项税额不足抵扣时，其不足部分可以结转下期继续抵扣。

江苏省国税局：江苏国税 12366 营改增热点问题解答（二）

五、本次营改增试点一般纳税人应如何计算应纳税额？

答：根据《营业税改征增值税试点实施办法》第十八条的规定，一般纳税人发生应税行为适用一般计税方法计税。

根据《营业税改征增值税试点实施办法》第二十一条的规定，一般计税方法的应纳税额，是指当期销项税额抵扣当期进项税额后的余额。应纳税额计算公式：应纳税额 = 当期销项税额 - 当期进项税额。当期销项税额小于当期进项税额不足抵扣时，其不足部分可以结转下期继续抵扣。

重庆市国税局：营改增执行口径——最新营改增政策热点问题解答（二）

四、本次营改增试点一般纳税人应如何计算应纳税额？

答：根据《营业税改征增值税试点实施办法》第十八条的规定，一般纳税人发生应税行为适用一般计税方法计税。

根据《营业税改征增值税试点实施办法》第二十一条的规定，一般计税方法的应纳税额，是指当期销项税额抵扣当期进项税额后的余额。应纳税额计算公式：

应纳税额 = 当期销项税额 - 当期进项税额

当期销项税额小于当期进项税额不足抵扣时，其不足部分可以结转下期继续抵扣。

山西省国税局：营改增政策指南之一般规定

四、一般纳税人规定

一般纳税人发生应税行为适用一般计税方法计税。特殊情况也可选择适用简易计税方法计税。

（一）一般计税方法计税

一般计税方法的应纳税额，是指当期销项税额抵扣当期进项税额后的余额。应纳税额计算公式：

应纳税额 = 当期销项税额 – 当期进项税额

销项税额，是指纳税人发生应税行为按照销售额和增值税税率计算并收取的增值税额。销项税额计算公式：

销项税额 = 销售额 × 税率

进项税额，是指纳税人购进货物、加工修理修配劳务、服务、无形资产或者不动产，支付或者负担的增值税额。

（二）一般纳税人增值税扣税凭证

增值税扣税凭证，是指增值税专用发票、海关进口增值税专用缴款书、农产品收购发票、农产品销售发票和完税凭证。

（三）一般纳税人不得抵扣项目

用于简易计税项目、免税项目、集体福利、个人消费、非正常损失、旅客运输服务、贷款服务、餐饮服务、居民日常服务和娱乐服务等。

说明：

上海、重庆、江苏、山西对一般纳税人如何计算应纳税额的规定一致，是对《财政部 国家税务总局关于全面推开营业税改征增值税试点的通知》（财税［2016］36 号）附件 1《营业税改征增值税试点实施办法》第十八条、第二十一条、第二十二条的落实。

70. 一般纳税人应当如何开具发票？

北京市国税局：营改增执行口径（更新到 5 月 13 日）

63. 营改增北京一般纳税人可申请使用什么发票？份数和限额有什么要求？

答：一般纳税人销售货物、提供应税劳务和应税服务开具增值税专用发票、增值税普通发票、机动车销售统一发票。

根据《北京市国家税务局关于普通发票申领有关事项的公告》（北京市国家税务局公告 2015 年第 12 号）规定：税务机关根据增值税纳税人的申请，核定其使用增值税发票系统开具的增值税专用发票、增值税普通发票及机动车销售统一发票的票种、数量。

税务机关根据增值税一般纳税人的申请，审批（包含初次和变更）其开具增值税专用发票最高限额。

1. 增值税普通发票：单份发票最高开票限额十万元，最高持票数量 50 份。

2. 机动车销售统一发票：单份发票最高开票限额依纳税人申请确定，最高持票数量 50 份。

安徽省国税局：营改增执行口径——营改增税收征管事项相关问答

九、增值税一般纳税人可以开具哪些发票？

答：增值税一般纳税人销售货物、提供加工修理修配劳务和应税行为，使用增值税发票管理新系统（以下简称新系统）开具增值税专用发票、增值税普通发票、机动车销售统一发票、增值税电子普通发票。

说明：

1. 一般纳税人可开具的发票种类中，安徽比北京多了增值税电子普通发票。北京是对《国家税务总局关于全面推行增值税发票系统升级版有关问题的公告》（2015 年第 19 号）第二条的落实。安徽是对《国家税务总局关于推行通过增值税电子发票系统开具的增值税电子普通发票有关问题的公告》（2015 年第 84 号）第三条的落实。

2. 北京还对开具增值税普通发票、机动车销售统一发票的限额作出了规定，是对《国家税务总局关于全面推行增值税发票系统升级版工作有关问题的通知》（税总发［2015］42 号）第四条的落实。

小规模纳税人纳税

71. 小规模纳税人如何计算应纳税额?

江苏省国税局：江苏国税 12366 营改增热点问题解答（二）

十三、本次营改增试点小规模纳税人应如何计算应纳税额？

根据《营业税改征增值税试点实施办法》第十九条规定：小规模纳税人发生应税行为适用简易计税方法计税。

根据第三十四条规定：简易计税方法的应纳税额，是指按照销售额和增值税征收率计算的增值税额，不得抵扣进项税额。应纳税额计算公式：

应纳税额 = 销售额 × 征收率

根据第三十五条规定：简易计税方法的销售额不包括其应纳税额，纳税人采用销售额和应纳税额合并定价方法的，按照下列公式计算销售额：

销售额 = 含税销售额 ÷（1 + 征收率）

山西省国税局：营改增政策指南之一般规定

五、小规模纳税人规定

小规模纳税人发生应税行为适用简易计税方法计税。

（一）简易计税方法

简易计税方法的应纳税额，是指按照销售额和增值税征收率计算的增值税额，不得抵扣进项税额。应纳税额计算公式：

应纳税额 = 销售额 × 征收率

（二）简易计税方法的销售额不包括其应纳税额，纳税人采用销售额和应纳税额合并定价方法的，按照下列公式计算销售额：

销售额 = 含税销售额 ÷（1 + 征收率）

说明：

江苏、山西对小规模纳税人如何计税的规定一致，是对《财政部 国家税务总局关于全面推开营业税改征增值税试点的通知》（财税 [2016] 36 号）附件 1《营业税改征增值税试点实施办法》第十九条和第三十四条的落实。

72. 小规模纳税人是否可以开具增值税专用发票？

上海市国税局：上海最新营改增政策热点问题解答（二）

十三、本次营改增试点小规模纳税人能否开具增值税专用发票？

答：根据《营业税改征增值税试点实施办法》第五十四条的规定，小规模纳税人发生应税行为，购买方索取增值税专用发票的，可以向主管税务机关申请代开。

根据上述规定，由于增值税小规模纳税人不能自行开具增值税专用发票，其销售服务、无形资产或者不动产，如果购买方索取增值税专用发票的，可以向主管税务机关申请代开增值税专用发票。但是，对小规模纳税人向消费者个人销售服务、无形资产或者不动产以及应税行为适用免征增值税规定的，不得申请代开增值税专用发票。

江苏省国税局：江苏国税 12366 营改增热点问题解答三（发票）

十二、小规模纳税人可否开具专用发票？

答：根据《财政部 国家税务总局关于全面推开营业税改征增值税试点的通知》（财税［2016］36 号）规定“小规模纳税人发生应税行为，购买方索取增值税专用发票的，可以向主管税务机关申请代开。”

四川省国税局：营改增执行口径（网络资源）

7. 小规模纳税人发生应税行为，如何开具增值税专用发票？

答：根据《营业税改征增值税试点实施办法》第五十四条规定，小规模纳税人发生应税行为，购买方索取增值税专用发票的，可以向主管税务机关申请代开。

四川省国税局：纳税人咨询的营改增十个热点问题（4 月 29 日）

10. 小规模纳税人发生应税行为，如何开具增值税专用发票？

答：根据《营业税改征增值税试点实施办法》第五十四条规定，小规模纳税人发生应税行为，购买方索取增值税专用发票的，可以向主管税务机关申请代开。

宁夏回族自治区国税局：全面推开营改增政策指引（二）

9. 本辖区小规模纳税人，发生超出税务登记经营范围的业务，可以向税务机关代开增值税发票（含增值税专用发票）吗？

答：小规模纳税人中固定业户应当自行领用开具发票，需要开具增值税专用发票的，可以向主管税务机关申请代开专用发票；小规模纳税人中临时业户可以向主管税务机关申请代开普通发票。

说明：

1. 江苏、四川对小规模纳税人发生应税行为，购买方索取增值税专用发票的，可以向主管税务机关申请代开的规定一致，是对《财政部 国家税务总局关于全面推开营业税改征增值税试点的通知》（财税［2016］36号）附件1《营业税改征增值税试点实施办法》第五十四条的落实。

2. 上海基于江苏、四川的规定，另外明确了小规模纳税人向消费者个人销售服务、无形资产或者不动产以及应税行为适用免征增值税规定的，不得申请代开增值税专用发票。

3. 宁夏回族自治区明确小规模纳税人超出登记经营范围中的固定业户可以向主管机关申请代开专用发票，临时业户只能申请代开普票。

营业税相关问题

73. 未缴纳的营业税该如何处理？

北京市国税局：营改增执行口径（更新到5月13日）

126.5月1日前发生的营业税业务，应缴纳营业税但未缴纳，5月1日之后，税款如何处理？

答：试点纳税人纳入营改增试点之日前发生的应税行为，因税收检查等原因需要补交税款，应按照营业税政策补缴营业税。

浙江省国税局：营改增执行口径

62. 试点纳税人纳入营改增试点之日前发生的应税行为，因税收检查等原因需要补缴税款的，应如何补缴？

答：根据《财政部 国家税务总局关于全面推开营业税改征增值税试点的通知》（财税［2016］36号）规定，试点纳税人纳入营改增试点之日前发生的应税行为，因税收检查等原因需要补缴税款的，应按照营业税政策规定补缴营业税。

四川省国税局：营改增执行口径（网络资源）

52. 试点纳税人纳入营改增试点之日前发生的应税行为，因税收检查等原因需要补缴税款的，应如何补缴？

答：根据《财政部 国家税务总局关于全面推开营业税改征增值税试点的通知》（财税［2016］36号）规定，试点纳税人纳入营改增试点之日前发生的应税行为，因税收检查等原因需要补缴税款的，应按照营业税政策规定补缴营业税。

山东省国税局：12366 营改增热点问题

7. 营改增试点之日前发生的应税行为，因税收检查等原因需要补缴税款的，补缴增值税还是营业税？

答：试点纳税人纳入营改增试点之日前发生的应税行为，因税收检查等原因需要补缴税款的，应按照营业税政策规定补缴营业税。

新疆维吾尔自治区国税局：营改增政策答疑（六）

四、未缴的营业税，"营改增"后能"一笔勾销"么？如何征缴？

答：根据《财政部 国家税务总局关于全面推开营业税改征增值税试点的通知》（财税［2016］36 号）规定：

1. 试点纳税人发生应税行为，按照国家有关营业税政策规定差额征收营业税的，因取得的全部价款和价外费用不足以抵减允许扣除项目金额，截至纳入营改增试点之日前尚未扣除的部分，不得在计算试点纳税人增值税应税销售额时抵减，应当向原主管地税机关申请退还营业税。

2. 试点纳税人发生应税行为，在纳入营改增试点之日前已缴纳营业税，营改增试点后因发生退款减除营业额的，应当向原主管地税机关申请退还已缴纳的营业税。

3. 试点纳税人纳入营改增试点之日前发生的应税行为，因税收检查等原因需要补缴税款的，应按照营业税政策规定补缴营业税。

说明：

北京、浙江、四川、山东、新疆对营改增之前的应税行为补交营业税如何处理的规定相同，是对《财政部 国家税务总局关于全面推开营业税改征增值税试点的通知》（财税［2016］36 号）附件 2《营业税改征增值税试点有关事项的规定》第一条第（十三）项的落实。

74. 营改增后退款减除的营业税如何退回？

北京市国税局：营改增执行口径（更新到 5 月 13 日）

18. 企业发生应税行为，在营改增试点之日前已缴纳营业税，营改增试点后因发生退款减除营业额的，应当如何申请退还？

答：根据《财政部 国家税务总局关于全面推开营业税改征增值税试点的通知》（财税［2016］36 号）附件 2 规定，试点纳税人发生应税行为，在纳入营改增试点之日前已缴纳营业税，营改增试点后因发生退款减除营业额的，应当向原主管地税机关申请退还已缴纳的营业税。

浙江省国税局：营改增执行口径

63. 试点纳税人发生应税行为，在纳入营改增试点之日前已缴纳营业税，营改增试点后因发生退款减除营业额的，应当如何申请退还？

答：根据《财政部 国家税务总局关于全面推开营业税改征增值税试点的通知》（财税［2016］36号）规定，试点纳税人发生应税行为，在纳入营改增试点之日前已缴纳营业税，营改增试点后因发生退款减除营业额的，应当向原主管地税机关申请退还已缴纳的营业税。

新疆维吾尔自治区国税局：营改增政策答疑（三）

8. 试点纳税人发生应税行为，在纳入营改增试点之日前已缴纳营业税，营改增试点后因发生退款减除营业额的，怎么办理退税手续？

答：根据《财政部、国家税务总局关于全面推开营业税改征增值税试点的通知》（财税［2016］36号）附件2《营业税改征增值税试点有关事项的规定》，试点纳税人发生应税行为，在纳入营改增试点之日前已缴纳营业税，营改增试点后因发生退款减除营业额的，应当向原主管地税机关申请退还已缴纳的营业税。

四川省国税局：营改增执行口径（网络资源）

53. 试点纳税人发生应税行为，在纳入营改增试点之日前已缴纳营业税，营改增试点后因发生退款减除营业额的，应当如何申请退还？

答：根据《财政部 国家税务总局关于全面推开营业税改征增值税试点的通知》（财税［2016］36号）规定，试点纳税人发生应税行为，在纳入营改增试点之日前已缴纳营业税，营改增试点后因发生退款减除营业额的，应当向原主管地税机关申请退还已缴纳的营业税。

四川省国家税务局：纳税人咨询的营改增十个热点问题（4月29日）

7. 企业发生应税行为，在营改增试点之日前已缴纳营业税，营改增试点后因发生退款减除营业额的，应当如何申请退还？

答：根据《财政部 国家税务总局关于全面推开营业税改征增值税试点的通知》（财税［2016］36号）附件2规定，试点纳税人发生应税行为，在纳入营改增试点之日前已缴纳营业税，营改增试点后因发生退款减除营业额的，应当向原主管地税机关申请退还已缴纳的营业税。

吉林省国税局：营改增一般口径——12366营改增热点问题答复口径

7. 企业发生应税行为，在营改增试点之日前已缴纳营业税，营改增试点后因发生退款减除营业额的，应当怎样处理？

答：根据《财政部 国家税务总局关于全面推开营业税改征增值税试点的通知》（财税［2016］36号）附件2规定，试点纳税人发生应税行为，在纳入营改增试点之日前已缴纳营业税，营改增试点后因发生退款减除营业额的，应当向原主管地税机关申请退还已缴纳的营业税。

甘肃省国税局：营改增执行口径——全面推开营改增试点一般规定12366热点问题解答

7. 企业发生应税行为，在营改增试点之日前已缴纳营业税，营改增试点后因发生退款减除营业额的，应当怎样处理?

答：根据《财政部 国家税务总局关于全面推开营业税改征增值税试点的通知》(财税[2016]36号)附件2规定，试点纳税人发生应税行为，在纳入营改增试点之日前已缴纳营业税，营改增试点后因发生退款减除营业额的，应当向原主管地税机关申请退还已缴纳的营业税。

江西省国税局：营改增执行口径——江西省国税局明确营改增实务中的81个问题——全面推开营改增试点问题解答(一)

12. 企业在“营改增”之前签了一笔业务，缴纳了营业税，但改革之后这笔业务最终未能实现涉及的退税应向哪里申请？

答：试点纳税人发生应税行为，在纳入营改增试点之日前已缴纳营业税，营改增试点后因发生退款减除营业额的，应当向原主管地税机关申请退还已缴纳的营业税。

内蒙古自治区国税局：内蒙古自治区国家税务局全面推开营改增政策问题解答三(生活服务业部分)

十七、企业发生应税行为，在营改增试点之日前已缴纳营业税，营改增试点后因发生退款减除营业额的，应当如何申请退还?

答：根据《财政部 国家税务总局关于全面推开营业税改征增值税试点的通知》(财税[2016]36号)附件2规定，试点纳税人发生应税行为，在纳入营改增试点之日前已缴纳营业税，营改增试点后因发生退款减除营业额的，应当向原主管地税机关申请退还已缴纳的营业税。

宁夏回族自治区国税局：营改增热点难点问题专题(5月26日)

一、企业发生应税行为，在营改增试点之日前已缴纳营业税，营改增试点后因发生退款减除营业额的，应当怎样处理?

答：根据《财政部 国家税务总局关于全面推开营业税改征增值税试点的通知》(财税[2016]36号)附件2规定，试点纳税人发生应税行为，在纳入营改增试点之日前已缴纳营业税，营改增试点后因发生退款减除营业额的，应当向原主管地税机关申请退还已缴纳的营业税。

北京市国税局：营改增执行口径(更新到5月13日)

74. 单位在地税享受差额征收营业税政策，允许扣除项目金额尚有未扣除完的金额，请问如何处理?

答：根据《财政部 国家税务总局关于全面推开营业税改征增值税试点的通知》(财税[2016]36号)附件2的规定，试点纳税人发生应税行为，按照国家有关营业税政策规定差额征收营业税的，因取得的全部价款和价外费用不足以抵减允许扣除项目金额，截至纳入营改增试点之日前尚未扣除的部分，不得在计算试点纳税人增值税应税销售额时抵减，应当向原主管地税机关申请退还营业税。

内蒙古自治区国税局：内蒙古自治区国家税务局全面推开营改增政策问题解答三（生活服务业部分）

十六、单位在地税享受差额征收营业税政策，允许扣除项目金额尚有未扣除完的金额如何处理？

答：根据《财政部 国家税务总局关于全面推开营业税改征增值税试点的通知》（财税［2016］36号）附件2的规定，试点纳税人发生应税行为，按照国家有关营业税政策规定差额征收营业税的，因取得的全部价款和价外费用不足以抵减允许扣除项目金额，截至纳入营改增试点之日前尚未扣除的部分，不得在计算试点纳税人增值税应税销售额时抵减，应当向原主管地税机关申请退还营业税。

说明：

1. 北京、浙江、新疆、四川、吉林、甘肃、江西、内蒙古、宁夏回族自治区对在营改增之前已缴的营业税如何退回的规定相同，是对《财政部 国家税务总局关于全面推开营业税改征增值税试点的通知》（财税［2016］36号）附件2《营业税改征增值税试点有关事项的规定》第一条第（十三）项的落实。

2. 北京、内蒙古还对尚未扣除的部分应当申请退还营业税做出了回答，依据是《财政部 国家税务总局关于全面推开营业税改征增值税试点的通知》（财税［2016］36号）附件2《营业税改征增值税试点有关事项的规定》第一条第（十三）项。

折扣销售、销售折让、中止、退回

75. 折扣销售的销售额如何确定？

陕西省国税局：营改增试点答疑（八）

80. 试点纳税人发生折扣销售的，如何确定应税销售额？

答：根据《财政部 国家税务总局关于全面推开营业税改征增值税试点的通知》（财税［2016］36号）所附《营业税改征增值税试点实施办法》的规定，纳税人发生应税行为，将价款和折扣额在同一张发票上分别注明的，以折扣后的价款为销售额；未在同一张发票上分别注明的，以价款为销售额，不得扣减折扣额。

江苏省国税局：江苏国税12366营改增热点问题解答三（发票）

十一、销售折扣开票有何规定？

答：根据《财政部 国家税务总局关于全面推开营业税改征增值税试点的通知》（财税［2016］36号）规定：

纳税人发生应税行为，将价款和折扣额在同一张发票上分别注明的，以折扣后的价款为销售额；未在同一张发票上分别注明的，以价款为销售额，不得扣减折扣额。

说明：

陕西、江苏对折扣销售开票时销售额如何确定的回答相同，是对《财政部 国家税务总局关于全面推开营业税改征增值税试点的通知》（财税［2016］36号）附件1《营业税改征增值税试点实施办法》第四十三条的落实。

76. 发生销售折让、中止或者退回应如何处理？

上海市国税局：上海最新营改增政策热点问题解答（二）

八、本次营改增试点适用一般计税方法计税的纳税人发生销售折让、中止或者退回应如何操作？

答：根据《营业税改征增值税试点实施办法》第三十二条的规定，纳税人适用一般计税方法计税的，因销售折让、中止或者退回而退还给购买方的增值税额，应当从当期的销项税额中扣减；因销售折让、中止或者退回而收回的增值税额，应当从当期的进项税额中扣减。

纳税人已开具增值税专用发票的销售行为，如发生销货退回、开票有误、应税行为中止以及发票抵扣联、发票联均无法认证等情形但不符合作废条件，或者因销货部分退回及发生销售折让，需要根据国家税务总局公告2015年第19号的有关规定开具红字专用发票。

陕西省国税局：营改增试点答疑（九）

82. 纳税人发生开票有误或者销售折让、中止、退回的，如何处理？

答：根据《财政部 国家税务总局关于全面推开营业税改征增值税试点的通知》（财税［2016］36号）所附《营业税改征增值税试点实施办法》的规定，纳税人发生应税行为，开具增值税专用发票后，发生开票有误或者销售折让、中止、退回等情形的，应当按照国家税务总局的规定开具红字增值税专用发票；未按照规定开具红字增值税专用发票的，不得按照本办法第三十二条和第三十六条的规定扣减销项税额或者销售额。

江苏省国税局：江苏国税12366营改增热点问题解答（二）

十一、本次营改增试点适用一般计税方法计税的纳税人发生销售折让、中止或者退回应如何操作？

答：根据《营业税改征增值税试点实施办法》第三十二条的规定，纳税人适用一般计税方法计税的，因销售折让、中止或者退回而退还给购买方的增值税额，应当从当期的销项税额中扣减；因销售折让、中止或者退回而收回的增值税额，应当从当期的进项税额中扣减。纳税人已开具增值税专用发票的销售行为，如发生销货退回、开票有误、应税行为中止以及发票抵扣联、发票联均无法认证等情形但不符合作废条件，或者因销货部分退回及发生销售折让，需要根据国家税务总局公告2015年第19号的有关规定开具红字专用发票。

重庆市国税局：营改增执行口径——最新营改增政策热点问题解答（二）

八、本次营改增试点适用一般计税方法计税的纳税人发生销售折让、中止或者退回应如何操作？

答：根据《营业税改征增值税试点实施办法》第三十二条的规定，纳税人适用一般计税方法计税的，因销售折让、中止或者退回而退还给购买方的增值税额，应当从当期的销项税额中扣减；因销售折让、中止或者退回而收回的增值税额，应当从当期的进项税额中扣减。

纳税人已开具增值税专用发票的销售行为，如发生销货退回、开票有误、应税行为中止以及发票抵扣联、发票联均无法认证等情形但不符合作废条件，或者因销货部分退回及发生销售折让，需要根据国家税务总局公告 2015 年第 19 号的有关规定开具红字专用发票。

说明：

上海、陕西、江苏、重庆对销售折让、中止、退回如何开票的规定相同，是对《财政部 国家税务总局关于全面推开营业税改征增值税试点的通知》（财税［2016］36 号）附件 1《营业税改征增值税试点实施办法》第三十二条的落实。

其他问题

77. 取得境外单位的返利是否需要转出进项税额？

河南省国税局：营改增问题快速处理机制专期五

问题四境内单位进口货物取得境外单位的返利是否需要进项税额转出？如果不需要进行进项税额转出，是否需要进行其他处理？

答：《国家税务总局关于平销行为征收增值税问题的通知》（国税发［1997］167 号）规定，自 1997 年 1 月 1 日起，凡增值税一般纳税人，无论是否有平销行为，因购买货物而从销售方取得的各种形式的返还资金，均应依所购货物的增值税税率计算应冲减的进项税金，并从其取得返还资金当期的进项税金中予以冲减。应冲减的进项税金计算公式如下：当期应冲减进项税金 = 当期取得的返还资金 × 所购货物适用的增值税税率。

因此，即使境外单位的返利也需要作进项税额转出。

说明：

河南对境外单位的返利的税务处理进行了规定，是对《国家税务总局关于平销行为征收增值税问题的通知》（国税发［1997］167 号）第二条的落实。

78. 在境内未设有经营机构的境外单位或者个人在境内发生应税行为应如何计算应扣缴税额?

重庆市国税局：营改增执行口径——最新营改增政策热点问题解答（二）

三、在境内未设有经营机构的境外单位或者个人在境内发生应税行为应如何计算应扣缴税额?

答：根据《营业税改征增值税试点实施办法》第二十条的规定，境外单位或者个人在境内发生应税行为，在境内未设有经营机构的，扣缴义务人按照下列公式计算应扣缴税额：应扣缴税额 = 购买方支付的价款 ÷（1+ 税率）× 税率

在计算应扣缴税额时，应将应税行为购买方支付的含税价款，换算为不含税价款，再乘以应税行为的增值税适用税率（不适用增值税征收率），计算出应扣缴的增值税税额。

例如：境外公司为某纳税人提供咨询服务，合同价款 106 万元，且该境外公司没有在境内设立经营机构，应以服务购买方为增值税扣缴义务人，则购买方应当扣缴的税额计算如下：

应扣缴增值税 =106 万 ÷（1+6%）× 6%=6 万元

说明：

重庆对在境内未设有经营机构的境外单位或者个人在境内发生应税行为应如何计算应扣缴税额进行了规定，是对《财政部 国家税务总局关于全面推开营业税改征增值税试点的通知》（财税［2016］36 号）附件 1《营业税改征增值税试点实施办法》第二十条的落实。

第五章　纳税义务、缴扣义务发生时间和纳税地点

79. 什么是报税？

陕西省国税局：营改增试点答疑（七）

63. 什么是报税？

答：根据《国家税务总局关于修订〈增值税专用发票使用规定〉的通知》（国税发［2016］156号）的规定，一般纳税人开具专用发票应在增值税纳税申报期内向主管税务机关报税，在申报所属月份内可分次向主管税务机关报税。

本规定所称报税，是纳税人持IC卡或者IC卡和软盘向税务机关报送开票数据电文。

陕西省国税局：营改增试点答疑（八）

70. 没有取得经营收入是否还要申报？

答：根据《中华人民共和国税收征收管理法实施细则》（国务院令［2002］362号）的规定，纳税人在纳税期内没有应纳税款的，也应当按照规定办理纳税申报。纳税人享受减税、免税待遇的，在减税、免税期间应当按照规定办理纳税申报。

江苏省国税局：12366营改增热点问题解答三（发票）

十四、什么是报税？

答：根据国家税务总局关于修订《增值税专用发票使用规定》的通知（国税发［2016］156号）：

"一般纳税人开具专用发票应在增值税纳税申报期内向主管税务机关报税，在申报所属月份内可分次向主管税务机关报税。本规定所称报税，是纳税人持IC卡或者IC卡和软盘向税务机关报送开票数据电文（蓝字部分现已改为金税盘或税控盘）。"

说明：

1. 陕西、江苏针对报税行为回答的内容一致，是对《国家税务总局关于修订〈增值税专用发票使用规定〉的通知》（国税发［2016］156号）第二十一条的落实。

2. 陕西省还特别针对没有营业收入的情况，依照《中华人民共和国税收征收管理法实施细则》（国务院令［2002］362号）第三十二条的规定，明确该种情况下同样要求纳税人进行纳税申报。

80. 纳税义务、扣缴义务的发生时间如何确定?

陕西省国税局：营改增试点答疑（七）

64. 增值税纳税义务、扣缴义务发生时间是如何规定的?

答：根据《财政部 国家税务总局关于全面推开营业税改征增值税试点的通知》（财税［2016］36号）所附《营业税改征增值税试点实施办法》的规定，增值税纳税义务、扣缴义务发生时间为：

一、纳税人发生应税行为并收讫销售款项或者取得索取销售款项凭据的当天；先开具发票的，为开具发票的当天。

二、纳税人提供建筑服务、租赁服务采取预收款方式的，其纳税义务发生时间为收到预收款的当天。

三、纳税人从事金融商品转让的，为金融商品所有权转移的当天。

四、纳税人发生视同销售服务、无形资产或者不动产的，其纳税义务发生时间为服务、无形资产转让完成的当天或者不动产权属变更的当天。

五、增值税扣缴义务发生时间为纳税人增值税纳税义务发生的当天。

山西省国税局：营改增政策指南之一般规定

七、纳税义务、扣缴义务发生时间和纳税地点

（一）增值税纳税义务、扣缴义务发生时间为：

1. 纳税人发生应税行为并收讫销售款项或者取得索取销售款项凭据的当天；先开具发票的，为开具发票的当天。

收讫销售款项，是指纳税人销售服务、无形资产、不动产过程中或者完成后收到款项。

取得索取销售款项凭据的当天，是指书面合同确定的付款日期；未签订书面合同或者书面合同未确定付款日期的，为服务、无形资产转让完成的当天或者不动产权属变更的当天。

2. 纳税人提供建筑服务、租赁服务采取预收款方式的，其纳税义务发生时间为收到预收款的当天。

3. 纳税人从事金融商品转让的，为金融商品所有权转移的当天。

4. 纳税人发生本办法第十四条规定情形的，其纳税义务发生时间为服务、无形资产转让完成的当天或者不动产权属变更的当天。

5. 增值税扣缴义务发生时间为纳税人增值税纳税义务发生的当天。

河北省国税局：关于全面推开营改增有关政策问题的解答（之一）

八、营改增试点纳税人增值税纳税义务发生时间是如何规定的?

按照《财政部 国家税务总局关于全面推开营业税改征增值税试点的通知》（财税［2016］36号）第四十五条的规定，纳税义务发生时间如下：

（一）纳税人发生应税行为并收讫销售款项或者取得索取销售款项凭据的当天；先开具发票的，为开具发票的当天。

收讫销售款项，是指纳税人销售服务、无形资产、不动产过程中或者完成后收到款项。

取得索取销售款项凭据的当天，是指书面合同确定的付款日期；未签订书面合同或者书面合同未确定付款日期的，为服务、无形资产转让完成的当天或者不动产权属变更的当天。

（二）纳税人提供建筑服务、租赁服务采取预收款方式的，其纳税义务发生时间为收到预收款的当天。

（三）纳税人从事金融商品转让的，为金融商品所有权转移的当天。

（四）纳税人发生视同销售服务、无形资产或者不动产的，其纳税义务发生时间为服务、无形资产转让完成的当天或者不动产权属变更的当天。

北京市国税局：营改增执行口径（更新到5月13日）

37. 纳税人提供业务管理服务，与客户签订的合同是按季收费，6月末收取二季度管理费时应如何开票？全额开具国税发票还是按比例划分后分别开具地税和国税票？

答：应全额开具国税发票。根据《财政部 国家税务总局关于全面推开营业税改征增值税试点的通知》（财税［2016］36号）附件1第四十五条的规定，增值税纳税义务、扣缴义务发生时间为：（一）纳税人发生应税行为并收讫销售款项或者取得索取销售款项凭据的当天；先开具发票的，为开具发票的当天。

收讫销售款项，是指纳税人销售服务、无形资产、不动产过程中或者完成后收到款项。

取得索取销售款项凭据的当天，是指书面合同确定的付款日期；未签订书面合同或者书面合同未确定付款日期的，为服务、无形资产转让完成的当天或者不动产权属变更的当天。

天津市国税局：天津国税局营改增执行口径（2016年3月31日）

5. 问：营改增纳税人纳税义务发生时间是什么时候？

答：您好：您在我们网站上提交的纳税咨询问题收悉，现针对您所提供的信息简要回复如下：

（1）纳税人发生应税行为并收讫销售款项或者取得索取销售款项凭据的当天；先开具发票的，为开具发票的当天。

（2）纳税人提供建筑服务、租赁服务采取预收款方式的，其纳税义务发生时间为收到预收款的当天。

（3）纳税人从事金融商品转让的，为金融商品所有权转移的当天。

（4）纳税人发生本办法第十四条规定情形的，其纳税义务发生时间为服务、无形资产转让完成的当天或者不动产权属变更的当天。

（5）增值税扣缴义务发生时间为纳税人增值税纳税义务发生的当天。

上海市国税局：建筑业营改增单篇解读（2016年4月18日）

十一、纳税义务发生时间

1. 纳税人发生应税行为并收讫销售款项或者取得索取销售款项凭据的当天；先开具发票的，为开具发票的当天。

收讫销售款项，是指纳税人销售服务、无形资产、不动产过程中或者完成后收到款项。

取得索取销售款项凭据的当天，是指书面合同确定的付款日期；未签订书面合同或者书面合同未确定付款日期的，为服务、无形资产转让完成的当天或者不动产权属变更的当天。

2. 纳税人提供建筑服务采取预收款方式的，其纳税义务发生时间为收到预收款的当天。

3. 纳税人跨县（市、区）提供建筑服务预缴税款时间，按照上述规定的纳税义务发生时间执行。

说明：

1. 陕西、山西、河北、北京、天津、上海在增值税纳税义务的产生时间方面规定相同，是对《财政部 国家税务总局关于全面推开营业税改征增值税试点的通知》（财税 [2016] 36 号）文件第四十五条规定的落实。

2. 就增值税扣缴义务发生时间，陕西、山西有了明确说明，而且内容相同，皆为与纳税义务同时发生；而河北省则在该回答中未明确说明。

81. 纳税期限是如何规定的?

浙江省国税局：浙江省国税局营改增执行口径

25. 营改增试点纳税人的纳税期限有哪些?

答：按照《财政部 国家税务总局关于全面推开营业税改征增值税试点的通知》（财税［2016］36 号）的规定，增值税的纳税期限分别为 1 日、3 日、5 日、10 日、15 日、1 个月或者 1 个季度。

陕西省国税局：营改增试点答疑（七）

67. 增值税的纳税期限是如何规定的?

答：根据《财政部 国家税务总局关于全面推开营业税改征增值税试点的通知》（财税［2016］36 号）所附《营业税改征增值税试点实施办法》的规定，增值税的纳税期限分别为 1 日、3 日、5 日、10 日、15 日、1 个月或者 1 个季度。纳税人的具体纳税期限，由主管税务机关根据纳税人应纳税额的大小分别核定。以 1 个季度为纳税期限的规定适用于小规模纳税人、银行、财务公司、信托投资公司、信用社，以及财政部和国家税务总局规定的其他纳税人。不能按照固定期限纳税的，可以按次纳税。

纳税人以 1 个月或者 1 个季度为 1 个纳税期的，自期满之日起 15 日内申报纳税；以 1 日、3 日、5 日、10 日或者 15 日为 1 个纳税期的，自期满之日起 5 日内预缴税款，于次月 1 日起 15 日内申报纳税并结清上月应纳税款。

扣缴义务人解缴税款的期限，按照前两款规定执行。

山西省国税局：营改增政策指南之一般规定

七、纳税义务、扣缴义务发生时间和纳税地点

（三）纳税期限

增值税的纳税期限分别为 1 日、3 日、5 日、10 日、15 日、1 个月或者 1 个季度。纳

税人的具体纳税期限，由主管税务机关根据纳税人应纳税额的大小分别核定。以 1 个季度为纳税期限的规定适用于小规模纳税人、银行、财务公司、信托投资公司、信用社，以及财政部和国家税务总局规定的其他纳税人。不能按照固定期限纳税的，可以按次纳税。

纳税人以 1 个月或者 1 个季度为 1 个纳税期的，自期满之日起 15 日内申报纳税；以 1 日、3 日、5 日、10 日或者 15 日为 1 个纳税期的，自期满之日起 5 日内预缴税款，于次月 1 日起 15 日内申报纳税并结清上月应纳税款。

扣缴义务人解缴税款的期限，按照前两款规定执行。

江苏省国税局：国税 12366 营改增热点问题解答（十二）——申报类问题

12. 增值税的纳税期限是如何规定的？

答：增值税的纳税期限分别为 1 日、3 日、5 日、10 日、15 日、1 个月或者 1 个季度。纳税人的具体纳税期限，由主管税务机关根据纳税人应纳税额的大小分别核定。以 1 个季度为纳税期限的规定适用于小规模纳税人、银行、财务公司、信托投资公司、信用社，以及财政部和国家税务总局规定的其他纳税人。不能按照固定期限纳税的，可以按次纳税。

纳税人以 1 个月或者 1 个季度为 1 个纳税期的，自期满之日起 15 日内申报纳税；以 1 日、3 日、5 日、10 日或者 15 日为 1 个纳税期的，自期满之日起 5 日内预缴税款，于次月 1 日起 15 日内申报纳税并结清上月应纳税款。

扣缴义务人解缴税款的期限，按照前两款规定执行。

四川省国税局：营改增执行口径

21. 营改增试点纳税人的纳税期限有哪些？

答：按照《财政部 国家税务总局关于全面推开营业税改征增值税试点的通知》（财税［2016］36 号）的规定，增值税的纳税期限分别为 1 日、3 日、5 日、10 日、15 日、1 个月或者 1 个季度。

天津市国税局：营改增执行口径（2016 年 3 月 31 日）

3. 问：营改增纳税人的纳税期限是如何规定的？

答：您好：您在我们网站上提交的纳税咨询问题收悉，现针对您所提供的信息简要回复如下：

（1）增值税的纳税期限主要为 1 个月或者 1 个季度。

（2）以 1 个季度为纳税期限的规定适用于小规模纳税人、银行、财务公司、信托投资公司、信用社，以及财政部和国家税务总局规定的其他纳税人。

（3）纳税人以 1 个月或者 1 个季度为 1 个纳税期的，自期满之日起 15 日内申报纳税。

上海市国税局：建筑业营改增单篇解读（2016 年 4 月 18 日）

十二、纳税期限

1. 一般纳税人以 1 个月为纳税期限。

2. 小规模纳税人以 1 个季度为纳税期限。

纳税人跨县（市、区）提供建筑服务预缴税款时间，按照上述规定的纳税期限执行。

说明：

1. 整体上看，浙江、陕西、山西、江苏、四川、天津、上海有关纳税期限的一般规定是对《营业税改征增值税试点实施办法》（财税 [2016] 36 号附件 1）第四十七条内容的具体落实，五省对此回答的内容基本统一。

2. 另外，陕西、山西、江苏三省还同时对适用按季度缴纳税款的对象进行了说明，内容一致，其回答也是对《营业税改征增值税试点实施办法》（财税 [2016] 36 号附件 1）第四十七条的具体落实。

82. 按季申报是如何规定的？

重庆市国税局：最新营改增政策热点问题解答（二）

十二、本次营改增试点哪些纳税人适用按季申报的规定？

答：根据《营业税改征增值税试点实施办法》第四十七条的规定，以 1 个季度为纳税期限的规定适用于小规模纳税人、银行、财务公司、信托投资公司、信用社，以及财政部和国家税务总局规定的其他纳税人。

河南省国税局：营改增问题快速处理机制专题一

问题九：哪些纳税人可以适用 1 个季度的纳税期限？

答：财税［2016］36 号文件规定：以 1 个季度为纳税期限的规定适用于小规模纳税人、银行、财务公司、信托投资公司、信用社，以及财政部和国家税务总局规定的其他纳税人。

河北省国税局：关于全面推开营改增有关政策问题的解答（之一）

九、哪些营改增试点纳税人可以适用 1 个季度的纳税期限？

答：按照《财政部 国家税务总局关于全面推开营业税改征增值税试点的通知》（财税［2016］36 号）的规定，以 1 个季度为纳税期限的规定适用于小规模纳税人、银行、财务公司、信托投资公司、信用社，以及财政部和国家税务总局规定的其他纳税人。

江苏省国税局：国税 12366 营改增热点问题解答（二）

十五、本次营改增试点哪些纳税人适用按季申报的规定？

答：根据《营业税改征增值税试点实施办法》第四十七条的规定，以 1 个季度为纳税期限的规定适用于小规模纳税人、银行、财务公司、信托投资公司、信用社，以及财政部和国家税务总局规定的其他纳税人。

上海市国税局：最新营改增政策热点问题解答（二）

十二、本次营改增试点哪些纳税人适用按季申报的规定？

答：根据《营业税改征增值税试点实施办法》第四十七条的规定，以 1 个季度为纳税期限的规定适用于小规模纳税人、银行、财务公司、信托投资公司、信用社，以及财政部和国家税务总局规定的其他纳税人。

四川省国税局：纳税人咨询的营改增十个热点问题（4 月 28 日）

5. 营改增后哪些纳税人可以使用 1 个季度的纳税期限？

答：根据《财政部 国家税务总局关于全面推开营业税改征增值税试点的通知》（财税［2016］36 号）规定：以一个季度为纳税期限的规定适用于小规模纳税人、银行、财务公司、信托投资公司、信用社，以及财政部和国家税务总局规定的其他纳税人。

22. 哪些营改增试点纳税人可以适用 1 个季度的纳税期限？

答：按照《财政部 国家税务总局关于全面推开营业税改征增值税试点的通知》（财税［2016］36 号）的规定，以 1 个季度为纳税期限的规定适用于小规模纳税人、银行、财务公司、信托投资公司、信用社，以及财政部和国家税务总局规定的其他纳税人。

江苏省国税局：国税 12366 营改增热点问题解答（十二）——申报类问题

8. 原来在地税是按季申报的，营改增后变成一般纳税人，还可以按季申报吗？

答：一般纳税人应按月申报，不可以选择按季申报。银行、财务公司、信托投资公司、信用社以及财政部和国家税务总局规定的其他纳税人除外。

福建省国税局：12366 营改增热点咨询（4 月 5 日）

7. 原来在地税是按季征收的，营改增后变成一般纳税人，还可以按季征收吗？

答：一般纳税人不可以按季征收。

广西壮族自治区国税局：2016 年营改增一次性业务办税指引（适用于小规模纳税人）（2016 年 4 月 21 日）

八、增值税纳税申报

依据《国家税务总局关于合理简并纳税人申报缴税次数的公告》（国家税务总局公告 2016 年第 6 号）规定：1. 增值税小规模纳税人缴纳增值税原则上实行按季申报。纳税人要求不实行按季申报的，由主管税务机关根据其应纳税额大小核定纳税期限。

2. 对于采取简易申报方式的定期定额户，在规定期限内通过财税库银电子缴税系统批量扣税或委托银行扣缴核定税款的，当期可不办理申报手续，实行以缴代报。

小规模申报期限变动：按季申报。

北京市国税局：热点问题（5 月 6 日）

120. 5 月征期内，营改增小规模纳税人进入申报系统没有找到申报表，是什么原因？

答：根据《北京市国税局关于增值税小规模纳税人按季申报缴纳增值税消费税和文化事业建设费的公告》（北京市国税局公告 2016 年第 5 号）的规定，自税款所属期 2016 年 4 月 1 日起，北京市增值税小规模纳税人缴纳增值税、消费税、文化事业建设费的期限由 1 个月调整为 1 个季度。

因此，属于增值税小规模纳税人简并申报，由按月申报改为按季申报情形的，应于 7 月征期申报 4 ~ 6 月增值税，本月征期不需申报增值税。

125. 小规模纳税人实行按季申报后，代征一税两费的申报表是否也按季填报？

答：是的。

135. 按季申报的营改增小规模纳税人发生代开增值税专用发票的情况是否需要按月申报？

答：不需要。

说明：

1. 就可以适用按季度缴纳增值税的纳税人范围，重庆、广西壮族自治区、河南、河北、江苏、上海、四川七个省市的口径一致，均是对《财政部 国家税务总局关于全面推开营业税改征增值税试点的通知》（财税［2016］36号）第四十七条规定的落实。

2. 其中，江苏、福建两省对于“原来在地税是按季申报的，营改增后变成一般纳税人”，认为应“按月征收”或“不可以按季征收”。

3. 对纳税人不要求实行按季申报的，广西还特别指出“由主管税务机关根据其应纳税额大小核定纳税期限”。

4. 北京市对小规模纳税人转变为按季缴纳增值税的问题进行了规定，是对《北京市国税局关于增值税小规模纳税人按季申报缴纳增值税消费税和文化事业建设费的公告》（北京市国税局公告2016年第5号）内容的落实。

83. 按月申报是如何规定的？

广西壮族自治区国税局：2016年营改增一次性业务办税指引（适用于一般纳税人）

九、增值税纳税申报

试点一般纳税人（除银行、财务公司、信托投资公司、信用社，以及财政部和国家税务总局规定的其他纳税人以外）所属期5月份及以后的增值税，应实行按月申报。首期申报期限是2016年6月1日至6月25日。

说明：

广西壮族自治区针对一般纳税人，规定自2016年5月之后，按月申报增值税，是对《财政部 国家税务总局关于全面推开营业税改征增值税试点的通知》（财税［2016］36号）第四十七条规定的落实。

84. 纳税地点如何确定？

山西省国税局：营改增政策指南之一般规定

七、纳税义务、扣缴义务发生时间和纳税地点

（二）增值税纳税地点为：

1. 固定业户应当向其机构所在地或者居住地主管税务机关申报纳税。总机构和分支机

构不在同一县（市）的，应当分别向各自所在地的主管税务机关申报纳税；经财政部和国家税务总局或者其授权的财政和税务机关批准，可以由总机构汇总向总机构所在地的主管税务机关申报纳税。

2. 非固定业户应当向应税行为发生地主管税务机关申报纳税；未申报纳税的，由其机构所在地或者居住地主管税务机关补征税款。

3. 其他个人提供建筑服务，销售或者租赁不动产，转让自然资源使用权，应向建筑服务发生地、不动产所在地、自然资源所在地主管税务机关申报纳税。

4. 扣缴义务人应当向其机构所在地或者居住地主管税务机关申报缴纳扣缴的税款。

江苏省国税局：江苏国税 12366 营改增热点问题解答（十二）——申报类问题

11. 增值税纳税地点是如何规定的？

答：（一）固定业户应当向其机构所在地或者居住地主管税务机关申报纳税。总机构和分支机构不在同一县（市）的，应当分别向各自所在地的主管税务机关申报纳税；经财政部和国家税务总局或者其授权的财政和税务机关批准，可以由总机构汇总向总机构所在地的主管税务机关申报纳税。

（二）非固定业户应当向应税行为发生地主管税务机关申报纳税；未申报纳税的，由其机构所在地或者居住地主管税务机关补征税款。

（三）其他个人提供建筑服务，销售或者租赁不动产，转让自然资源使用权，应向建筑服务发生地、不动产所在地、自然资源所在地主管税务机关申报纳税。

（四）扣缴义务人应当向其机构所在地或者居住地主管税务机关申报缴纳扣缴的税款。

浙江省国税局：浙江省国税局营改增执行口径

20. 营改增试点纳税人中的固定业户的增值税纳税地点如何确定？

答：按照《财政部 国家税务总局关于全面推开营业税改征增值税试点的通知》（财税［2016］36 号）的规定，固定业户应当向其机构所在地或者居住地主管税务机关申报纳税。总机构和分支机构不在同一县（市）的，应当分别向各自所在地的主管税务机关申报纳税；经财政部和国家税务总局或者其授权的财政和税务机关批准，可以由总机构汇总向总机构所在地的主管税务机关申报纳税。

21. 营改增试点纳税人中的非固定业户的增值税纳税地点如何确定？

答：按照《财政部 国家税务总局关于全面推开营业税改征增值税试点的通知》（财税［2016］36 号）的规定，非固定业户应当向应税行为发生地主管税务机关申报纳税；未申报纳税的，由其机构所在地或者居住地主管税务机关补征税款。

四川省国税局：纳税人咨询的营改增十个热点问题（4 月 28 日）

10. 营改增试点纳税人中的非固定业户的增值税纳税地点如何确定？

答：按照《财政部 国家税务总局关于全面推开营业税改征增值税试点的通知》（财税［2016］36 号）的规定，非固定业户应当向应税行为发生地主管税务机关申报纳税；未申报纳税的，由其机构所在地或者居住地主管税务机关补征税款。

四川省国税局：纳税人咨询的营改增十个热点问题（4 月 27 日）

2. 营改增试点纳税人中的非固定业户的增值税纳税地点如何确定？

答：按照《财政部 国家税务总局关于全面推开营业税改征增值税试点的通知》（财税［2016］36 号）的规定，非固定业户应当向应税行为发生地主管税务机关申报纳税；未申报纳税的，由其机构所在地或者居住地主管税务机关补征税款。

四川省国税局：全面推开营改增试点问题答疑（第三期）（2016 年 4 月 19 日）

16. 营改增试点纳税人中的固定业户的增值税纳税地点如何确定？

答：按照《财政部 国家税务总局关于全面推开营业税改征增值税试点的通知》（财税［2016］36 号）的规定，固定业户应当向其机构所在地或者居住地主管税务机关申报纳税。总机构和分支机构不在同一县（市）的，应当分别向各自所在地的主管税务机关申报纳税；经财政部和国家税务总局或者其授权的财政和税务机关批准，可以由总机构汇总向总机构所在地的主管税务机关申报纳税。

17. 营改增试点纳税人中的非固定业户的增值税纳税地点如何确定？

答：按照《财政部 国家税务总局关于全面推开营业税改征增值税试点的通知》（财税［2016］36 号）的规定，非固定业户应当向应税行为发生地主管税务机关申报纳税；未申报纳税的，由其机构所在地或者居住地主管税务机关补征税款。

18. 营改增试点纳税人中其他个人提供建筑服务的增值税纳税地点如何确定？

答：按照《财政部 国家税务总局关于全面推开营业税改征增值税试点的通知》（财税［2016］36 号）的规定，其他个人提供建筑服务，应向建筑服务发生地主管税务机关申报纳税。

陕西省国税局：营改增试点答疑（七）

66. 总、分支机构不在同一县（市）的，可以合并申报纳税吗？

答：经批准后可以合并申报纳税。根据《财政部 国家税务总局关于全面推开营业税改征增值税试点的通知》（财税［2016］36 号）所附《营业税改征增值税试点实施办法》规定，增值税纳税地点为：（一）固定业户应当向其机构所在地或者居住地主管税务机关申报纳税。总机构和分支机构不在同一县（市）的，应当分别向各自所在地的主管税务机关申报纳税；经财政部和国家税务总局或者其授权的财政和税务机关批准，可以由总机构合并向总机构所在地的主管税务机关申报纳税。

吉林省国税局：吉林国税局营改增执行口径

八、征收管理

营改增后，纳税人的增值税实行属地管理，地税独管试点纳税人由原地税主管机关对应的各区县国税机关负责征管；国税地税共管试点纳税人仍由原主管国税机关负责管理。

吉林省国税局：营改增热点问题

四、某公司为异地非独立核算分支机构，是否需要办理营改增手续？

答：不适用跨地区汇总纳税人的企业，分支机构应按规定办理营改增手续

天津市国税局：津国税局营改增执行口径（2016 年 3 月 30 日）

4. 问：营改增纳税人的纳税地点如何确定？

答：您好：您在我们网站上提交的纳税咨询问题收悉，现针对您所提供的信息简要回复如下：

（1）固定业户应当向其机构所在地或者居住地主管税务机关申报纳税。总机构和分支机构不在同一县（市）的，应当分别向各自所在地的主管税务机关申报纳税；经财政部和国家税务总局或者其授权的财政和税务机关批准，可以由总机构汇总向总机构所在地的主管税务机关申报纳税。

（2）非固定业户应当向应税行为发生地主管税务机关申报纳税；未申报纳税的，由其机构所在地或者居住地主管税务机关补征税款。

（3）其他个人提供建筑服务，销售或者租赁不动产，转让自然资源使用权，应向建筑服务发生地、不动产所在地、自然资源所在地税务机关申报纳税。

（4）扣缴义务人应当向其机构所在地或者居住地主管税务机关申报缴纳扣缴的税款。

山东省国税局：全面推开营改增试点政策指引（九）（2016 年 6 月 3 日）

二、关于县（县级市、区、旗）范围界定的问题

《关于进一步明确全面推开营改增试点金融业有关政策的通知》（财税［2016］46 号）第三条中规定：关于县（县级市、区、旗），不包括直辖市和地级市所辖城区。

这里所指的城区暂按地级市市政府所在区把握。

山东省国税局：2016 年 5 月 18 日 12366 营改增热点问题（2016 年 5 月 18 日）

4. 开具《外出经营活动税收管理证明》需携带哪些资料？

答：根据《全国税务机关纳税服务规范》规定，纳税人开具《外出经营活动税收管理证明》需携带以下资料：

（一）《税务登记证副本》，已三证合一的携带营业执照副本。

（二）外出经营活动情况说明。

（三）建筑安装行业的纳税人还应提供外出经营合同原件及复印件。

说明：

1. 就固定业户和非固定业户的纳税地点，浙江、山西、四川、江苏、陕西、天津的口径一致，符合《财政部 国家税务总局关于全面推开营业税改征增值税试点的通知》（财税［2016］36 号）第四十六条第一款和第二款的规定。

2. 吉林省以属地管辖为原则，由国税局进行征收。

3. 就“其他个人提供建筑服务，销售或者租赁不动产，转让自然资源使用权”的，山西、江苏、四川、天津的口径也同时做出了明确答复，同样符合《财政部 国家税务总局关于全面推开营业税改征增值税试点的通知》（财税［2016］36 号）第四十六条第三款的规定。

4. 山东针对县（县级市、区、旗）范围界定的问题进行了规定，并对开具《外出经营活动税收管理证明》需要提供的资料进行了说明。

85. 如何汇总申报与纳税？

福建省国税局：12366 营改增热点咨询（4 月 7 日）

5. 营改增纳税人能否申请增值税汇总申报？

答：符合（闽财税［2016］4 号）文件规定的纳税人可申请增值税汇总申报。

浙江省国税局：浙江省国税局营改增执行口径

61. 营改增试点纳税人能否汇总纳税？

答：根据《财政部 国家税务总局关于全面推开营业税改征增值税试点的通知》（财税［2016］36 号）规定，属于固定业户的试点纳税人，总分支机构不在同一县（市），但在同一省（自治区、直辖市、计划单列市）范围内的，经省（自治区、直辖市、计划单列市）财政厅（局）和国税局批准，可以由总机构汇总向总机构所在地的主管税务机关申报缴纳增值税。

四川省国税局：纳税人咨询的营改增十个热点问题

7. 营改增试点纳税人能否汇总纳税？

答：根据《财政部 国家税务总局关于全面推开营业税改征增值税试点的通知》（财税［2016］36 号）规定，属于固定业户的试点纳税人，总分支机构不在同一县（市），但在同一省（自治区、直辖市、计划单列市）范围内的，经省（自治区、直辖市、计划单列市）财政厅（局）和国税局批准，可以由总机构汇总向总机构所在地的主管税务机关申报缴纳增值税。

青海省国税局：营改增执行口径——营改增纳税人办税指南之一房地产篇——政策组发言材料（4 月 20 日）

第一个问题是关于总分支机构汇总纳税的，有地方提出可能出现预征高了、进销项倒挂的情况，对于这种情况，各地可以采取调整预征率或暂时停止预征的方式解决，不能出现让纳税人一边预缴税款、一边长期倒挂的情况。

内蒙古自治区国税局：内蒙古自治区国家税务局营改增期间增值税发票相关问题解答

三、关于汇总缴纳增值税的企业合同签订、发票开具、资金收付主体不一致的问题

在总局没有具体规定之前，对于区局批准汇总缴纳增值税的企业，发生合同签订、发票开具、资金收付主体在总分支机构之间不一致现象时，本着实质重于形式的原则，允许其取得的进项抵扣凭证抵扣进项税额，但总、分支机构应附与该笔业务对应的合同或协议、总分机构隶属关系、资金流转或核算等相关证明资料。

北京市国税局：营改增执行口径（更新到 5 月 13 日）

109. 我公司为异地在京非独立核算分支机构，是否需要办理营改增手续？

答：不适用跨地区汇总纳税人的企业，分支机构应按规定办理营改增手续。

湖北省国税局：营改增政策执行口径第一辑（2016年4月25日）

第一部分 综合问题

3. 关于总分机构如何缴纳增值税、如何开票、如何申报的问题

答：（1）汇总纳税的申请。实行总分机构模式管理的营改增企业，可以进行汇总申报纳税。需要汇总申报的，省内跨市州的向省局提出申请；市州内跨县（市、区）的，可向所在市州局提出申请，也可直接向省局提出申请，由省局决定。

（2）汇总纳税的税款计算

目前汇总纳税的税款计算方式主要有按率预征和按销售占比分配两种。

原则上按销售占比的方式分配税款。即各分支机构的销售额、销项税额、进项税额，先汇总上传至省公司，计算全省总的应纳税额。再按各分支机构销售额占全省的比例，计算分配增值税。（原则上，数据上传、应纳税额计算都通过增值税传递表系统完成。）

增值税传递表系统是航信公司开发的总分机构传递、计算的小软件，各县区公司、国税人员都有一个用户名，用于录入数据信息。

（3）汇总纳税的申报

由省公司全口径申报。分支机构按分配税款进行申报。

（4）汇总纳税的税款缴纳

原则上按原营业税缴纳层级缴纳。

同一县（市、区）有多个分支机构的，由省公司指定一个为纳税人，其他分支机构的应纳税额由指定纳税人缴纳。

（5）税控设备的发行

A. 原则上税控设备的发行层级，按照开具发票的层级确定；开具发票的层级，由企业自定。

B. 一台服务器可下设20个纳税识别号，一个识别号可下设200个分开票点。

C. 如只发行到市州级，只能以市州公司名义开具发票。

D. 发行到县（市、区）级的，如该县（市、区）内有多个分支机构，各分支机构都以省公司指定为纳税人的分支机构的名义开具发票。

E. 如下级机构未办理一般纳税人资格登记，应以已办理一般纳税人登记的上级机构的名义取得专票。

F. 服务单位的问题。目前全省服务单位有两家：航天信息和百旺金赋，所有办税服务厅都进行了划分。如纳税人集团统一提供税控设备，应按集团公司统一选择的服务单位，不受划分服务单位的限制。

（6）发票的领用

A. 直接到国税机关领用发票的，只能到纳税人主管国税机关领用发票。

B. 通过网络领用发票的，可跨县（市、区）领取发票。

（7）电子发票

A. 提供两个开票平台：一是公共平台，由服务单位提供，纳税人随时可接入，电子发票试点期间免费使用。二是自建平台，需纳税人开发软件，由服务单位提供免费接口。

B. 电子发票相当于增加一个票种，应到主管国税机关进行核定。

说明：

1. 有关汇总纳税，浙江、四川的规定一致，是《营业税改征增值税试点实施办法》（财税［2016］36号）第四十六条内容的落实。

2. 福建省有关汇总纳税的规定依据是（闽财税［2016］4号）文件规定。

3. 内蒙古对于总公司抵扣分公司开具的发票问题进行了说明。

4. 北京对不适用汇总纳税的企业要求其分支机构办理营改增手续。

5. 青海对预缴税额过大的调整方式进行了说明。

6. 湖北对汇总申报纳税问题做出了相比其他省份不同的说明，在汇总申报的基础上，采取机构所在地缴纳的方式，并对关汇总纳税的申请、汇总纳税的税款计算、汇总纳税的申报、汇总纳税的税款缴纳、税控设备的发行、发票的领用、电子发票的问题进行了较为详细的叙述。

86. 发票领用是如何规定的？

陕西省国税局：营改增试点答疑（八）

76. 如何领用增值税发票？

答：根据《全国税务机关纳税服务规范（2.3版）》的规定，试点纳税人在办理税务登记后，可向主管国税机关申请领用发票，提供以下资料：

一、《纳税人领用发票票种核定表》

二、税务登记证件

三、经办人身份证明原件及复印件

四、发票专用章印模

其中，增值税专用发票申领时需办理最高开票限额审批，需提供以下资料：

一、《税务行政许可申请表》

二、《增值税专用发票最高开票限额申请单》

试点纳税人完成票种核定、最高开票限额审批（专用发票）及税控设备发行后，向主管国税机关申请领用发票时，应提供以下资料：

一、税务登记证件或加载统一社会信用代码的营业执照。

二、经办人身份证明（经办人变更的提供复印件）。

三、《发票领用簿》。

四、领用增值税专用发票、机动车销售统一发票和增值税普通发票的，应提供金税盘或税控盘。

77. 试点纳税人领用的发票什么时候可以开始开具？

答：试点纳税人在国税机关领用的发票，自试点实施之日起启用，不得提前开具。

江苏省国税局：国税12366营改增热点问题解答三（发票）

三、增值税专用发票的初次领票的程序是怎样的？

答：（一）一般程序：

增值税一般纳税人在办理完毕一般纳税人认定手续后，应按照一定的程序领用专用发票。其基本程序如下：

（1）最高开票限额行政许可。所需资料:《税务行政许可申请表》和《增值税专用发票最高开票限额申请单》;

（2）供票资格核定。所需资料：税务登记证件或工商营业执照副本（三证合一户）、经办人身份证明原件及复印件和发票专用章印模、《纳税人领用发票票种核定表》;

（3）税控系统专用设备发行。凭增值税税控系统最高开票限额《准予税务行政许可决定书》和《增值税税控系统安装使用告知书》，持增值税税控系统专用设备到办税服务厅办理发行事宜;

（4）核发《发票领用簿》。主管税务机关经审核通过后，核发《发票领用簿》,《发票领用簿》上载有核定的发票种类、数量以及领票方式;

（5）领用发票。凭税务登记证件和经办人身份证明（经办人变更的提供复印件）持《发票领用簿》和增值税税控系统专用设备向主管税务机关领用专用发票。

（二）本次营改增企业通过核实表确认程序：

为方便营改增纳税人高效便捷办税，我省营改增纳税人在前期已通过填写《营改增纳税人调查核实确认表》确认相关一般纳税人资格及发票供票资格信息，由税务机关后台统一导入，省去了纳税人办理一般纳税人备案及发票供票资格申请环节的相关工作。纳税人可按照税务机关通知直接办理税控专用设备发行手续，领取《发票领用簿》。

吉林省国税局：吉林国税局营改增执行口径

三、发票申领

（一）试点纳税人需要使用增值税发票（包括增值税专用发票、增值税普通发票和增值税电子普通发票）的，按以下流程办理。

1. 增值税发票核定纳税人根据自身实际经营需求，向主管国税机关提出增值税发票票种、单次（月）领用量及最高开票限额申请。

①办理一般纳税人资格登记的，可申请增值税专用发票、增值税普通发票和增值税电子普通发票；申请增值税专用发票的，需同时提交最高开票限额行政许可申请。

②未办理一般纳税人资格登记的，可申请增值税普通发票和增值税电子普通发票。

纳税人需提交下列资料：

《纳税人领用发票票种核定表》2 份

《税务行政许可申请表》（仅申请增值税专用发票时提交）1 份

《增值税专用发票最高开票限额申请单》（仅申请增值税专用发票时提交）2 份

税务登记证件

经办人身份证明原件及复印件 1 份

发票专用章印模 1 份

2. 纳税人办理增值税发票管理新系统税控专用设备的领取、发行，增值税发票领用

①纳税人需提交下列资料：

加盖企业公章的《新增营业税改征增值税纳税人自愿使用增值税发票管理新系统告知书》（主管国税机关制发并提前送达）1 份

经办人身份证

发票专用章

国税机关发放的发票领用簿

②办理流程

第一环节：审核签到。国税机关审核纳税人携带资料。

第二环节：设备领取。纳税人凭《新增营业税改征增值税纳税人自愿使用增值税发票管理新系统告知书》购买增值税税控专用设备。初始使用增值税发票管理新系统的纳税人，支付的加载税务数字证书的专用设备（金税盘或税控盘）价款和技术维护费按照《财政部 国家税务总局关于增值税税控系统专用设备和技术维护费用抵减增值税税额有关政策的通知》（财税［2012］15号）规定，可在增值税应纳税额中全额抵减。

第三环节：设备发行。国税机关办理税控专用设备发行。

第四环节：发票领取。纳税人需要领用发票的，可在税控专用设备发行后，办理发票领取。

3. 税控专用设备开票

培训纳税人在临时办税服务厅办理完毕相关业务后，参加由服务商免费提供的税控专用设备开票操作培训。具体培训地点由服务商在发放税控专用设备时告知纳税人。

4. 税控专用设备安装使用

纳税人参加操作培训后，请自行安装税控专用设备的开票系统。对相关操作存在问题的，可联系服务商提供技术支持。

5. 增值税发票开具

试点纳税人初始使用增值税发票管理新系统的，在2016年5月1日前可办理税控专用设备发行、增值税发票领取，在5月1日后办理增值税发票读入开票系统、开具和报税。

（三）2015年度享受营业税小微企业优惠政策的纳税人（含起征点以下个体工商户）经营活动需要使用发票的，可领用通用机打发票A版、通用定额发票、通用手工发票（以下统称普通发票），按以下流程办理。

1. 普通发票核定

试点纳税人根据自身实际经营需求，向主管国税机关提出普通发票票种、单（次）月领用量和开票限额的申请。纳税人需提交下列资料：

《纳税人领用发票票种核定表》1份

税务登记证件

经办人身份证明原件及复印件1份

发票专用章印模1份

2. 试点纳税人开具通用机打发票

3. 普通发票领用

纳税人可以按国税机关核定的发票种类和数量领用发票。纳税人需提交下列资料：

《发票领用簿》

税务登记证件

经办人身份证明纳税人领取发票后，可自2016年5月1日起开始使用，2016年5月1日前不得开具。

（四）试点纳税人使用印有本单位名发票，按以下流程办理。

纳税人应书面向国税主管机关要求使用印有本单位名称的发票，国税机关依据《中华人民共和国发票管理办法》的规定，确认印有该单位名称发票的种类和数量。纳税人需提交下列资料：

《印有本单位名称发票印制表》1 份

税务登记证件

经办人身份证明原件及复印件 1 份

发票专用章印模纳税人领取发票后，可自 2016 年 5 月 1 日起开始使用，2016 年 5 月 1 日前不得开具。

四川省国税局：全面推开营改增试点问题答疑（第十一期）（2016 年 4 月 28 日）

140. 营改增试点纳税人如何领取普通发票？什么时候领取？

答：根据《中华人民共和国税收征收管理法》、《中华人民共和国发票管理办法》以及《中华人民共和国发票管理办法实施细则》规定和《财政部国家税务总局关于做好全面推开营业税改征增值税试点准备工作的通知》（财税［2016］32 号）、《国家税务总局关于扎实做好全面推开营业税改征增值税改革试点工作的通知》（税总发［2016］32 号）有关要求：

2016 年 5 月 1 日起，营改增试点纳税人发生增值税应税项目，应开具国税监制发票（设置过渡期的除外）。符合使用普通发票条件的营改增试点纳税人，应在主管国税机关办理登记后，申请领取《发票统一领购簿》和普通发票。领取普通发票时，未实施“三证合一”登记制度改革的纳税人应当持税务登记证副本、《发票统一领购簿》及主管国税机关要求的其他资料，向主管国税机关办理普通发票领取手续。初次到主管国税机关领购国税监制普通发票时，应同时提供按照《国家税务总局关于发票专用章式样有关问题的公告》（2011 年第 7 号）要求刻制的发票专用章印模（1 份），《纳税人领购发票票种核定申请表》（1 份）和经办人身份证明复印件（1 份）等资料。

为满足纳税人生产经营需要，试点纳税人从 2016 年 4 月 20 日起可以到主管国税机关办税服务厅领取国税监制的普通发票，但须在 5 月 1 日后开具使用。

四川省国税局：@ 营改增纳税人：你必须要知晓的 14 个增值税发票问题

一、如何申请增值税发票？

答：纳税人需要领用增值税发票的，应当持税务登记证件、经办人身份证明、按照国务院税务主管部门规定式样制作的发票专用章印模，到主管国税机关领填《纳税人领用发票票种核定表》，办理发票领用手续。主管国税机关根据领用单位和个人的经营范围和规模，确认领用发票的种类、数量以及领用方式。

经办人身份证明是指经办人的居民身份证、护照或者其他能证明经办人身份的证件。

发票专用章是指用票单位和个人在其开具发票时加盖的有其名称、纳税人识别号（统一社会信用代码）、发票专用章字样的印章。首次申请发票票种核定的纳税人需要报送发票专用章印模。

二、增值税发票不够用了怎么办？

答：纳税人申请重新核定其使用的发票种类、单次（月）领用数量的，持税务登记证件、经办人身份证明，到主管国税机关领填《纳税人领用发票票种核定表》，办理发票领用手续。

增值税一般纳税人需要重新核定其使用的增值税专用发票最高开票限额的，到主管国税机关领填《税务行政许可申请表》、《增值税专用发票最高开票限额申请单》，申请重新核定最高开票限额。主管国税机关受理纳税人申请后，根据需要进行实地查验，在20个工作日内办结。

说明：

1. 陕西、江苏、吉林对增值税发票领用的程序进行了规定，是对《全国税务机关纳税服务规范（2.3版）》3.1.1—057、058，067，3.1.11—067规定的落实。

2. 四川针对普通发票的申领进行了一般性的阐述，并对申请重新核定增值税发票领用量的问题进行了说明。

87. 申报方式和所需材料是如何规定的？

陕西省国税局：营改增试点答疑（七）

68. 增值税一般纳税人进行纳税申报时，需要报送什么资料？

答：根据《全国税务机关纳税服务规范（2.3版）》的规定，增值税一般纳税人在进行纳税申报时，需要报送以下资料：

纳税申报表及其附列资料：

（1）《增值税纳税申报表（一般纳税人适用）》及附列资料。

纳税申报其他资料：

（2）符合抵扣条件且在本期申报抵扣的防伪税控“增值税专用发票”、税控“机动车销售统一发票”的抵扣联。

（3）符合抵扣条件且在本期申报抵扣的《海关进口增值税专用缴款书》、购进农产品取得的普通发票的复印件。

（4）增值税一般纳税人进口货物取得属于增值税扣税范围的海关缴款书时应报送《海关稽核结果通知书》。

（5）部分行业试行农产品增值税进项税额核定扣除办法的一般纳税人应报送《农产品核定扣除增值税进项税额计算表（汇总表）》、《投入产出法核定农产品增值税进项税额计算表》、《成本法核定农产品增值税进项税额计算表》、《购进农产品直接销售核定农产品增值税进项税额计算表》、《购进农产品用于生产经营且不构成货物实体核定农产品增值税进项税额计算表》。

（6）符合抵扣条件且在本期申报抵扣的完税凭证及清单，书面合同、付款证明和境外单位的对账单或者发票。

（7）已开具的农产品收购凭证存根联或报查联。

（8）纳税人发生应税行为，在确定应税行为销售额时，按照有关规定从取得的全部价款和价外费用中扣除价款的合法凭证及清单。

（9）从事成品油销售业务的一般纳税人应报送《成品油购销存情况明细表》、加油

IC 卡、《成品油购销存数量明细表》。

（10）辅导期一般纳税人应报送《稽核结果比对通知书》。

（11）从事机动车生产的一般纳税人应报送《机动车辆生产企业销售明细表》《机动车辆销售统一发票清单》及电子信息；每年第一个增值税纳税申报期，应报送上一年度《机动车辆生产企业销售情况统计表》。

（12）从事机动车销售的一般纳税人应报送《机动车辆经销企业销售明细表》《机动车辆销售统一发票清单》及电子信息。

（13）采用预缴方式缴纳增值税的发、供电企业应报送《电力企业增值税销项税额和进项税额传递单》。

（14）各类汇总纳税企业应报送分支机构增值税汇总纳税信息传递单。

（15）从事轮胎、酒精、摩托车等产品生产的一般纳税人应报送《部分产品销售统计表》。

（16）跨境应税服务免征增值税应报送《跨境应税服务免税备案表》。

（17）跨境应税服务免征增值税应报送《跨境应税服务免税备案表》，同时报送以下资料：

——跨境服务合同原件及复印件；——工程、矿产资源在境外的工程勘察勘探服务、会议展览地点在境外的会议展览服务、存储地点在境外的仓储服务、标的物在境外使用的有形动产租赁服务、在境外提供的广播影视节目（作品）发行、播映服务、广告投放地在境外的广告服务，以上服务提交服务地点在境外的证明材料原件及复印件；

——跨境服务中国际或者港澳台运输服务，应提交实际发生相关业务的证明材料；

——向境外单位提供跨境服务，应提交服务接受方机构所在地在境外的证明材料；

——各省、自治区、直辖市和计划单列市国税局要求的其他资料。

（18）《增值税减免税申报明细表》由享受增值税减免税优惠政策的增值税一般纳税人在办理增值税纳税申报时填报。

（19）省税务机关规定的其他资料。

69. 办理纳税申报的方式有哪些？

答：根据《中华人民共和国税收征收管理法》（中华人民共和国主席令第四十九号）的规定，纳税人、扣缴义务人可以直接到税务机关办理纳税申报或者报送代扣代缴、代收代缴税款报告表，也可以按照规定采取邮寄、数据电文或者其他方式办理上述申报、报送事项。

根据《中华人民共和国税收征收管理法实施细则》（中华人民共和国国务院令第 362 号）的规定，税务机关应当建立、健全纳税人自行申报纳税制度。纳税人、扣缴义务人可以采取邮寄、数据电文方式办理纳税申报或者报送代扣代缴、代收代缴税款报告表。

数据电文方式，是指税务机关确定的电话语音、电子数据交换和网络传输等电子方式。

纳税人采取邮寄方式办理纳税申报的，应当使用统一的纳税申报专用信封，并以邮政部门收据作为申报凭据。邮寄申报以寄出的邮戳日期为实际申报日期。

纳税人采取电子方式办理纳税申报的，应当按照税务机关规定的期限和要求保存有关资料，并定期书面报送主管税务机关。

江苏省国税局：国税 12366 营改增热点问题解答（十二）——申报类问题

1.《国家税务总局关于全面推开营业税改征增值税试点后增值税纳税申报有关事项的

公告》中的各项申报表何时启用？

答：自 2016 年 6 月申报期起，中华人民共和国境内增值税纳税人均应按照本公告的规定进行增值税纳税申报。

2. 增值税一般纳税人纳税申报表及其附列资料具体包括哪些？

答：具体包括：《增值税纳税申报表（一般纳税人适用）》；《增值税纳税申报表附列资料（一）》（本期销售情况明细）；《增值税纳税申报表附列资料（二）》（本期进项税额明细）；《增值税纳税申报表附列资料（三）》（服务、不动产和无形资产扣除项目明细）；《增值税纳税申报表附列资料（四）》（税额抵减情况表）；《增值税纳税申报表附列资料（五）》（不动产分期抵扣计算表）；《固定资产（不含不动产）进项税额抵扣情况表》；《本期抵扣进项税额结构明细表》；《增值税减免税申报明细表》。

另根据国家税务总局《关于营业税改征增值税部分试点纳税人增值税纳税申报有关事项调整的公告》（国家税务总局公告 2016 年第 30 号）："在增值税纳税申报其他资料中增加《营改增税负分析测算明细表》，由从事建筑、房地产、金融或生活服务等经营业务的增值税一般纳税人在办理增值税纳税申报时填报，具体名单由主管税务机关确定。"

3. 增值税小规模纳税人纳税申报表及其附列资料具体包括哪些？

答：具体包括：《增值税纳税申报表（小规模纳税人适用）》；《增值税纳税申报表（小规模纳税人适用）附列资料》；《增值税减免税申报明细表》。小规模纳税人不再填报《增值税纳税申报表附列资料（四）》（税额抵减情况表）。

4. 增值税纳税申报其他资料具体包括哪些？

答：具体包括：已开具的税控机动车销售统一发票和普通发票的存根联；符合抵扣条件且在本期申报抵扣的增值税专用发票（含税控机动车销售统一发票）的抵扣联；符合抵扣条件且在本期申报抵扣的海关进口增值税专用缴款书、购进农产品取得的普通发票的复印件；符合抵扣条件且在本期申报抵扣的代扣代缴增值税税收完税凭证及其清单，书面合同、付款证明和境外单位的对账单或者发票；已开具的农产品收购凭证的存根联或报查联；服务、不动产和无形资产扣除项目的合法凭证及其清单；主管税务机关规定的其他资料。

5. 哪些应税行为需填报《增值税预缴税款表》？

答：纳税人跨县（市）提供建筑服务、房地产开发企业预售自行开发的房地产项目、纳税人出租与机构所在地不在同一县（市）的不动产，按规定需要在项目所在地或不动产所在地主管国税机关预缴税款的，需填写《增值税预缴税款表》。

6. 何种情况需填报《增值税纳税申报表附列资料（三）》？

答：一般纳税人销售服务、不动产和无形资产，在确定服务、不动产和无形资产销售额时，按照有关规定可以从取得的全部价款和价外费用中扣除价款的，需填报《增值税纳税申报表附列资料（三）》。其他情况不填写该附列资料。

7. 何种情况需填报《增值税纳税申报表（小规模纳税人适用）附列资料》？

答：小规模纳税人销售服务，在确定服务销售额时，按照有关规定可以从取得的全部价款和价外费用中扣除价款的，需填报《增值税纳税申报表（小规模纳税人适用）附列资料》。其他情况不填写该附列资料。

说明：

陕西、江苏根据《全国税务机关纳税服务规范（2.3版）》，《中华人民共和国税收征收管理法》，《中华人民共和国税收征收管理法实施细则》，《国家税务总局关于全面推开营业税改征增值税试点后增值税纳税申报有关事项的公告》等规定，制定了详细的增值税申报程序。

88. 发票丢失如何处理？

陕西省国税局：营改增试点答疑（四）

38. 已开具的专用发票丢失，销售方和购买方如何处理？

答：根据《国家税务总局关于简化增值税发票领用和使用程序有关问题的公告》（国家税务总局公告2014年第19号）的规定，一般纳税人丢失已开具专用发票的发票联和抵扣联，如果丢失前已认证相符的，购买方可凭销售方提供的相应专用发票记账联复印件及销售方主管税务机关出具的《丢失增值税专用发票已报税证明单》或《丢失货物运输业增值税专用发票已报税证明单》，作为增值税进项税额的抵扣凭证；如果丢失前未认证的，购买方凭销售方提供的相应专用发票记账联复印件进行认证，认证相符的可凭专用发票记账联复印件及销售方主管税务机关出具的《丢失增值税专用发票已报税证明单》或《丢失货物运输业增值税专用发票已报税证明单》，作为增值税进项税额的抵扣凭证。专用发票记账联复印件和《丢失增值税专用发票已报税证明单》或《丢失货物运输业增值税专用发票已报税证明单》留存备查。

根据《国家税务总局关于调整增值税扣税凭证抵扣期限有关问题的通知》（国税函[2009]617号）的规定，增值税一般纳税人取得2010年1月1日以后开具的增值税专用发票、公路内河货物运输业统一发票和机动车销售统一发票，应在开具之日起180日内到税务机关办理认证，并在认证通过的次月申报期内，向主管税务机关申报抵扣进项税额。

说明：

就丢失了已开具的增值税专用发票的情形，陕西省的口径符合《国家税务总局关于简化增值税发票领用和使用程序有关问题的公告》（国家税务总局公告2014年第19号）第四条第一款的规定。

第六章　税收减免的处理

89. 小微企业如何享受增值税优惠政策？

陕西省国税局：营改增试点答疑（四）

58. 小微企业的增值税优惠政策有哪些？

答：根据《财政部 国家税务总局关于全面推开营业税改征增值税试点的通知》（财税［2016］36号）所附《营业税改征增值税试点实施办法》的规定，对增值税小规模纳税人中月销售额未达到2万元的企业或非企业性单位，免征增值税。2017年12月31日前，对月销售额2万元（含本数）至3万元的增值税小规模纳税人，免征增值税。

山西省国税局：营改增政策指南之一般规定

八、减免规定

（五）对增值税小规模纳税人中月销售额未达到2万元的企业或非企业性单位，免征增值税。2017年12月31日前，对月销售额2万元（含本数）至3万元的增值税小规模纳税人，免征增值税。

江苏省国税局：江苏国税12366营改增热点问题解答（十三）——征管类热点问题

16. 全面营改增后，按季申报增值税的纳税人，实际经营不足一个季度的如何享受小微企业税收优惠政策？

答：根据《国家税务总局关于全面推开营业税改征增值税试点有关税收征收管理事项的公告》（国家税务总局公告2016年第23号）规定：

"六、其他纳税事项（三）按季纳税申报的增值税小规模纳税人，实际经营期不足一个季度的，以实际经营月份计算当期可享受小微企业免征增值税政策的销售额度。

按照本公告第一条第（三）项规定，按季纳税的试点增值税小规模纳税人，2016年7月纳税申报时，申报的2016年5月、6月增值税应税销售额中，销售货物，提供加工、修理修配劳务的销售额不超过6万元，销售服务、无形资产的销售额不超过6万元的，可分别享受小微企业暂免征收增值税优惠政策。"

贵州省国税局：全面推开营改增试点一般规定12366热点问题解（2016年4月28日）

六、其他纳税事项

（三）按季纳税申报的增值税小规模纳税人，实际经营期不足一个季度的，以实际经营月份计算当期可享受小微企业免征增值税政策的销售额度。

按照本公告第一条第（二）项规定，按季纳税的试点增值税小规模纳税人，2016年

7月纳税申报时，申报的2016年5月、6月增值税应税销售额中，销售货物，提供加工、修理修配劳务的销售额不超过6万元，销售服务、无形资产的销售额不超过6万元的，可分别享受小微企业暂免征收增值税优惠政策。

安徽省国税局：营改增政策问答（2016年4月22日）

十八、按季纳税申报的试点增值税小规模纳税人，实际经营期不足一个季度的，如何享受小微企业优惠政策？

答：按季纳税申报的增值税小规模纳税人，实际经营期不足一个季度的，以实际经营月份计算当期可享受小微企业免征增值税政策的销售额度。按季纳税的试点增值税小规模纳税人，2016年7月纳税申报时，申报的2016年5月、6月增值税应税销售额中，销售货物，提供加工、修理修配劳务的销售额不超过6万元，销售服务、无形资产的销售额不超过6万元的，可分别享受小微企业暂免征收增值税优惠政策。

十九、其他个人采取预收款形式出租不动产，如何享受小微企业优惠政策？

答：其他个人采取预收款形式出租不动产取得的预收租金收入，可在预收款对应的租赁期内平均分摊，分摊后的月租金收入不超过3万元的，可享受小微企业免征增值税优惠政策。

浙江省国税局：浙江省国税局营改增执行口径

7. 请问营改增后旅游公司（小规模纳税人）扣除差额后月销售额低于3万元是否可以享受小微企业免征增值税优惠政策？

答：如扣除差额前的销售额确定低于3万元（含）免征增值税政策。

《国家税务总局关于明确营改增试点若干征管问题的公告》（国家税务总局公告2016年第26号）第三条规定，适用增值税差额征收政策的增值税小规模纳税人，以差额前的销售额确定是否可以享受3万元（按季纳税9万元）以下免征增值税政策。

青海省国税局：政策组发言材料（4月26日）

第三个问题是关于小微企业3万元以下免税政策的。

营改增后，部分行业适用差额征税的增值税政策，这些行业的小规模纳税人在适用小微企业免税政策时，应该按差额之前的销售额来确定是否可以享受3万元以下免税的政策。

北京市国税局：营改增执行口径（更新到5月13日）

117. 适用差额征收政策的增值税小规模纳税人，如何判断是否适用小微企业免征增值税政策？

答：根据《国家税务总局关于明确营改增试点若干征管问题的公告》（国家税务总局公告2016年第26号）第三条的规定，适用增值税差额征收政策的增值税小规模纳税人，以差额前的销售额确定是否可以享受3万元（按季纳税9万元）以下免征增值税政策。

辽宁省国税局：辽宁省问答汇总（2016年4月26日）

问：全面营改增后，按季申报增值税的纳税人，实际经营不足一个季度的如何享受小微企业税收优惠政策？

答：根据《国家税务总局关于全面推开营业税改征增值税试点有关税收征收管理事项的公告》（国家税务总局公告 2016 年第 23 号）规定："六、其他纳税事项（三）按季纳税申报的增值税小规模纳税人，实际经营期不足一个季度的，以实际经营月份计算当期可享受小微企业免征增值税政策的销售额度。按照本公告第一条第（三）项规定，按季纳税的试点增值税小规模纳税人，2016 年 7 月纳税申报时，申报的 2016 年 5 月、6 月增值税应税销售额中，销售货物，提供加工、修理修配劳务的销售额不超过 6 万元，销售服务、无形资产的销售额不超过 6 万元的，可分别享受小微企业暂免征收增值税优惠政策。"

说明：

1. 山西、江苏、安徽、福建、陕西对小微企业享受免征增值税政策进行了说明，皆是对《营业税改征增值税试点实施办法》（财税 [2016] 36 号附件 1）第五十条规定的落实。

2. 浙江、青海、北京对适用差额征收政策的增值税小规模纳税人如何适用小规模纳税人免征增值税的规定一致，是对《国家税务总局关于明确营改增试点若干征管问题的公告》（国家税务总局公告 2016 年第 26 号）第三条的落实。

3. 辽宁对实际经营不足一个季度的，如何享受小微税收优惠的问题进行了说明，是对《国家税务总局关于全面推开营业税改征增值税试点有关税收征收管理事项的公告》（国家税务总局公告 2016 年第 23 号）第六条规定的落实。

90. 营改增前兼营增值税和营业税业务并享受免税政策的小微企业，营改增后可否享受免税政策？

青海省国税局：营改增纳税人办税指南之——房地产篇政策组发言材料（4 月 20 日）

在各地反映的问题中，有多个地区都提出，营改增前，小微企业兼营增值税和营业税业务的，可以分别核定收入，分别享受 3 万元免税政策，营改增后这些企业全部缴纳增值税了，如果统一按照增值税收入核定，则无税户变成有税户，企业一定有反响。新发的公告明确了这一事项，营改增后，对于兼营的小微企业，原增值税和营改增部分（包括先前试点的 3+7 行业）仍然各自核定收入，可以各自享受 3 万元免税的政策。

河南省国税局：营改增问题快速处理机制专期三

问题一　部分企业反映：营改增前，小微企业兼营增值税和营业税业务的，可以分别核定收入，分别享受 3 万元免税政策，营改增后这些企业全部缴纳增值税了，如果统一按照增值税收入核定，则无税户变成有税户。

答：《国家税务总局关于全面推开营业税改征增值税试点有关税收征收管理事项的公告》（总局 2016 年第 23 号公告）规定：增值税小规模纳税人应分别核算销售货物，提供加工、修理修配劳务的销售额，和销售服务、无形资产的销售额。增值税小规模纳税人销售货物，提供加工、修理修配劳务月销售额不超过 3 万元（按季纳税 9 万元），销售服务、无形资产月销售额不超过 3 万元（按季纳税 9 万元）的，自 2016 年 5 月 1 日起至 2017 年 12 月 31 日，可以分别享受小微企业暂免征收增值税优惠政策。

说明：

青海、河南对兼营增值税和营业税业务并享受税收减免政策的小微企业，在营改增后如何认定免征标准的问题的回答一致，均是对《国家税务总局关于全面推开营业税改征增值税试点有关税收征收管理事项的公告》（总局 2016 年第 23 号公告）第六条规定的落实。

91. 增值税纳税的起征点有哪些？

四川省国税局：全面推开营改增试点问题答疑（第四期）（2016 年 4 月 19 日）

23. 营改增试点纳税人的增值税起征点如何确定？

答：按照《财政部 国家税务总局关于全面推开营业税改征增值税试点的通知》（财税［2016］36 号）的规定，按期纳税的，增值税起征点为月销售额 5000 ~ 20000 元（含本数）；按次纳税的，增值税起征点为每次（日）销售额 300 ~ 500 元（含本数）。起征点的调整由财政部和国家税务总局规定。省、自治区、直辖市财政厅（局）和国税局应当在规定的幅度内，根据实际情况确定本地区适用的起征点，并报财政部和国家税务总局备案。

25. 营改增试点纳税人中，已登记为一般纳税人的个体工商户能适用增值税起征点的规定吗？

答：按照《财政部 国家税务总局关于全面推开营业税改征增值税试点的通知》（财税［2016］36 号）的规定，增值税起征点不适用于登记为一般纳税人的个体工商户。

山西省国税局：营改增政策指南之一般规定（2016 年 3 月 31 日）

八、减免规定

（三）个人发生应税行为的销售额未达到增值税起征点的，免征增值税；达到起征点的，全额计算缴纳增值税。

（四）增值税起征点幅度如下：

1. 按期纳税的，为月销售额 5000 ~ 20000 元（含本数）。

2. 按次纳税的，为每次（日）销售额 300 ~ 500 元（含本数）。

起征点的调整由财政部和国家税务总局规定。

江西省国税局：营改增问题解答（四）

2. 营改增试点纳税人中，已登记为一般纳税人的个体工商户能适用增值税起征点的规定吗？

答：按照《财政部 国家税务总局关于全面推开营业税改征增值税试点的通知》（财税［2016］36 号）的规定，增值税起征点不适用于登记为一般纳税人的个体工商户。

福建省国税局：12366 营改增热点咨询（4 月 7 日）

4. 营改增纳税人增值税起征点是如何规定的？

答：目前福建省规定的增值税起征点按次纳税为销售额 500 元，按期纳税为月销售额 20000 元，起征点适用于除登记为增值税一般纳税人的个体工商户和其他个人。2017 年 12 月 31 日前，对月销售额未达到 3 万元（含本数）的增值税小规模纳税人，免征增值税。

福建国税局：12366 营改增热点咨询（4 月 5 日）

8. 所有个体工商户都适用起征点的规定吗？

答：增值税起征点不适用于登记为一般纳税人的个体工商户。

浙江省国税局：浙江省国税局营改增执行口径

27. 营改增试点纳税人的增值税起征点如何确定？

答：按照《财政部 国家税务总局关于全面推开营业税改征增值税试点的通知》（财税［2016］36 号）的规定，按期纳税的，增值税起征点为月销售额 5000 ~ 20000 元（含本数）；按次纳税的，增值税起征点为每次（日）销售额 300 ~ 500 元（含本数）。起征点的调整由财政部和国家税务总局规定。省、自治区、直辖市财政厅（局）和国税局应当在规定的幅度内，根据实际情况确定本地区适用的起征点，并报财政部和国家税务总局备案。

29. 营改增试点纳税人中，已登记为一般纳税人的个体工商户能适用增值税起征点的规定吗？

答：按照《财政部 国家税务总局关于全面推开营业税改征增值税试点的通知》（财税［2016］36 号）的规定，增值税起征点不适用于登记为一般纳税人的个体工商户。

说明：

1. 就增值税起征点，四川、山西、浙江三省口径一致，且均与《财政部 国家税务总局关于全面推开营业税改征增值税试点的通知》（财税［2016］36 号）附件 1《营业税改征增值税试点实施办法》第五十条的规定一致；而福建省则在该条所规定的起征点范围上限取值。

2. 有关作为一般纳税人的个体工商户的纳税起征点问题，四川、江西、福建、浙江四省份的口径一致，且均与《财政部 国家税务总局关于全面推开营业税改征增值税试点的通知》（财税［2016］36 号）附件 1《营业税改征增值税试点实施办法》第五十条的规定一致。

92. 适用税收减免的，如何开具增值税专用发票？

四川省国税局：纳税人咨询的营改增十个热点问题（5 月 9 日）

4. 营改增试点一般纳税人发生增值税应税行为适用免税、减税的，如何才能开具增值税专用发票？

答：按照《财政部 国家税务总局关于全面推开营业税改征增值税试点的通知》（财税

［2016］36号）的规定，纳税人发生应税行为适用免税、减税规定的，可以放弃免税、减税，并按照有关规定缴纳增值税。放弃免税、减税后，36个月内不得再申请免税、减税。营改增试点一般纳税人发生增值税应税行为适用免税、减税的，可以选择放弃免税、减税，开具增值税专用发票，否则不得开具。

说明：

四川就有关纳税人免税、减免情形下，发票问题的有关回答是对《营业税改征增值税试点实施办法》（财税［2016］36号附件1）第四十八条内容的落实。

93. 营业税的减免政策是否在营改增后延续执行？

新疆维吾尔自治区国税局：营改增政策答疑（二）

3. 营业税的相关减免税政策在实施营改增后，是否全部延续执行？

答：增值税减免税政策应按《关于全面推开营业税改征增值税试点的通知》（财税［2016］36号）规定执行，无相关文件规定的不予执行。

天津市国税局：开发区国税局营改增热点问题解答（第二期）

五、营业税的相关减免税政策在实施营改增后，是否全部延续执行？

答：增值税减免税政策应当按照《关于全面推开营业税改征增值税试点的通知》（财税［2016］36号）规定执行，无相关文件规定的暂不予执行。

说明：

新疆和天津开发区就增值税减免政策的延续问题，的口径一致，且均符合《关于全面推开营业税改征增值税试点的通知》（财税［2016］36号）的规定。

94. 营改增与出口退税的关系？

四川省国税局：全面推开营改增试点问题答疑（第十三期）（2016年4月30日）

184. 营改增与出口退税有什么关系？

答：营改增试点以来，已经有多种跨境应税行为适用增值税零税率或免税政策。其中适用零税率的跨境应税行为将按照企业类型和业务类型实行免抵退税或免退税，与出口货物的计算方法相似。

说明：

四川省口径就营改增与出口退税之间的关系问题做出了回答，认为营改增中适用零税率的跨境应税行为与出口退税计算方式相似。

95. 免税、减税是否可放弃？

四川省国税局：全面推开营改增试点问题答疑（第五期）（2016 年 4 月 20 日）

26. 营改增试点纳税人发生增值税应税行为适用免税、减税的能放弃免税、减税吗？

答：按照《财政部 国家税务总局关于全面推开营业税改征增值税试点的通知》（财税［2016］36 号）的规定，纳税人发生应税行为适用免税、减税规定的，可以放弃免税、减税，并按照有关规定缴纳增值税。放弃免税、减税后，36 个月内不得再申请免税、减税。

河北省国税局：关于全面推开营改增有关政策问题的解答（之一）

十、营改增试点纳税人发生增值税应税行为适用免税、减税的能放弃免税、减税吗？

答：按照《财政部 国家税务总局关于全面推开营业税改征增值税试点的通知》（财税［2016］36 号）的规定，纳税人发生应税行为适用免税、减税规定的，可以放弃免税、减税，并按照有关规定缴纳增值税。放弃免税、减税后，36 个月内不得再申请免税、减税。

浙江省国税局：浙江省国税局营改增执行口径

30. 营改增试点纳税人发生增值税应税行为适用免税、减税的能放弃免税、减税吗？

答：按照《财政部 国家税务总局关于全面推开营业税改征增值税试点的通知》（财税［2016］36 号）的规定，纳税人发生应税行为适用免税、减税规定的，可以放弃免税、减税，并按照有关规定缴纳增值税。放弃免税、减税后，36 个月内不得再申请免税、减税。

山西省国税局：营改增政策指南之一般规定

八、减免规定

（一）纳税人兼营免税、减税项目的，应当分别核算免税、减税项目的销售额；未分别核算的，不得免税、减税。

（二）纳税人适用免税、减税规定的，可以放弃免税、减税。放弃免税、减税后，36 个月内不得再申请免税、减税。

内蒙古自治区国税局：内蒙古自治区国家税务局全面推开营改增政策问题解答三（生活服务业部分）

七、营改增试点纳税人发生增值税应税行为，适用免税、减税的能放弃免税、减税吗？

答：按照《财政部 国家税务总局关于全面推开营业税改征增值税试点的通知》（财税［2016］36 号）的规定，纳税人发生应税行为适用免税、减税规定的，可以放弃免税、减税，并按照有关规定缴纳增值税。放弃免税、减税后，36 个月内不得再申请免税、减税。

说明：

四川、河北、浙江、山西、内蒙古口径就纳税人放弃减税、免税的问题的回答一致，均是对《营业税改征增值税试点实施办法》（财税［2016］36 号附件 1）第四十八条的具体落实。

96. 增值税免税和零税率是否可选择适用？

四川省国税局：全面推开营改增试点问题答疑（第五期）（2016 年 4 月 20 日）

27. 营改增试点纳税人发生应税行为同时适用免税和零税率的可以进行选择吗？

答：按照《财政部 国家税务总局关于全面推开营业税改征增值税试点的通知》（财税［2016］36 号）的规定，纳税人发生应税行为同时适用免税和零税率规定的，纳税人可以选择适用免税或者零税率。

四川省国税局：纳税人咨询的营改增十个热点问题（4 月 27 日）

7. 营改增试点纳税人发生应税行为同时适用免税和零税率的可以进行选择吗？

答：根据《财政部 国家税务总局关于全面推开营业税改征增值税试点的通知》（财税［2016］36 号）的规定，纳税人发生应税行为同时适用免税和零税率规定的，纳税人可以选择适用免税或者零税率。

浙江省国税局：浙江省国税局营改增执行口径

31. 营改增试点纳税人发生应税行为同时适用免税和零税率的可以进行选择吗？

答：按照《财政部 国家税务总局关于全面推开营业税改征增值税试点的通知》（财税［2016］36 号）的规定，纳税人发生应税行为同时适用免税和零税率规定的，纳税人可以选择适用免税或者零税率。

说明：

浙江、四川对纳税人是否可以选择适用零税率和免税措施问题的回答一致，均是对《营业税改征增值税试点实施办法》（财税［2016］36 号附件 1）第四十八条规定的落实。

97. 税收优惠备案的办理需注意什么？

广西壮族自治区国税局：2016 年营改增一次性业务办税指引（适用于小规模纳税人）

七、增值税税收优惠备案

试点纳税人提供的应税服务符合《关于全面推开营业税改征增值税试点的通知》（财税［2016］36 号）规定的，办理增值税税收优惠备案。

广西壮族自治区国税局：2016 年营改增一次性业务办税指引（适用于一般纳税人）

八、增值税税收优惠政策

试点纳税人提供的应税服务符合《关于全面推开营业税改征增值税试点的通知》（财税［2016］36 号）规定的，办理增值税税收优惠备案。

江西省国税局：全面推开营改增试点问题解答（一）

11. 在省内有总分机构的纳税人，其减免税备案可否由总机构统一备案，各县分支机构可根据省总机构备案情况统一享受优惠政策？

答：对于实行汇总纳税的，可由总机构向其主管国税局办理享受免税政策的备案，总机构将备案登记表格进行复印后传递至各分支机构，各分支机构将复印件提供给其主管国税局留存，不再重复办理备案手续。

江西省国税局：营改增问题解答（五）

六、税收优惠备案能否由省行（总部）统一办理？

答：实行汇总缴纳增值税的总分机构，如总分机构享受税收优惠政策相同，可以由总机构向主管国税机关办理备案手续，同时提供相关资料。分支机构可凭总机构主管国税机关确认的备案表（复印件）向主管国税机关办理备案手续，不需提供相关资料。

福建省国税局：12366 营改增热点问题（3 月 29 日）

6. 试点实施后，继续享有税收优惠政策的试点纳税人，什么时候到税务局办理手续？

答：（一）试点实施后，继续享有税收优惠政策的试点纳税人，应于 2016 年 4 月 28 日前向主管国税机关办理增值税退（免）税资格备案手续。

（二）试点实施后，执行差额征税政策的试点纳税人，应于 2016 年 4 月 28 日前向主管国税机关办理差额征税备案手续。

河南省国税局：营改增问题快速处理机制专期十一（2016 年 5 月 27 日）

问题四　免税试点纳税人（如医院等）移交国税后如何管理？

答：根据《税收减免管理办法》规定，纳税人享受备案类减免税，应提请备案，经税务机关登记备案后，自登记备案之日起执行。

因此，享受备案类减免的免税试点纳税人应先到主管税务机关办理减免税备案，然后按期进行申报。

说明：

1. 广西壮族自治区口径就试点纳税人税收优惠备案问题，要求一般纳税人和小规模纳税人提供的应税服务符合《关于全面推开营业税改征增值税试点的通知》（财税[2016] 36 号）规定进行登记备案。

2. 江西省口径则对在同一省内有总分支结构的纳税人的税收优惠备案问题，要求实行汇总纳税的可由总机构向其主管国税局办理享受免税政策的备案。

3. 福建省口径就办理税收优惠备案的时间问题，要求在 2016 年 4 月 28 日前办理。

4. 河南对税收优惠登记备案问题进行了要求，其是针对《税收减免管理办法》第三章备案类减免税的申报和备案实施内容的落实。

有关税收减免的其他问题

98. 收取的营改增前开工的路、桥、闸通行费有没有优惠政策?

安徽省国税局：营改增政策问答

七、对于一般纳税人收取的 2016 年 4 月 30 日前开工的路、桥、闸通行费，国家有没有相应的增值税优惠政策?

答：一般纳税人收取试点前开工的一级公路、二级公路、桥、闸通行费，可以选择适用简易计税方法，按照 5% 的征收率计算缴纳增值税。

试点前开工，是指相关施工许可证注明的合同开工日期在 2016 年 4 月 30 日前。

说明：

安徽省口径对路、桥、闸通行费税收优惠问题进行了回答，是《营业税改征增值税试点有关事项的规定》（财税［2016］36 号附件 2）第一条规定的落实。

99. 小规模纳税人是否必须填报《增值税减免税申报明细表》?

浙江省国税局：浙江省国税局营改增执行口径

157. 小规模纳税人是否必须填报《增值税减免税申报明细表》?

答：《增值税减免税申报明细表》由享受增值税减免税优惠政策的增值税一般纳税人和小规模纳税人填写。仅享受月销售额不超过 3 万元（按季纳税 9 万元）免征增值税政策或未达起征点的增值税小规模纳税人不需填报本表，即小规模纳税人当期增值税纳税申报表主表第 12 栏“其他免税销售额”“本期数”和第 16 栏“本期应纳税额减征额”“本期数”均无数据时，不需填报本表。

说明：

浙江对小规模纳税人是否必须填报《增值税减免税申报明细表》作出了回答，依据是《国家税务总局关于调整增值税纳税申报有关事项的公告》（国家税务总局公告 2015 年第 23 号）第二条。

100. 试点纳税人取得的过渡性财政扶持资金如何进行会计处理?

陕西省国税局：营改增试点答疑（八）

73. 试点纳税人取得过渡性财政扶持资金，应如何进行会计处理?

答：根据《营业税改征增值税试点有关企业会计处理规定》（财会［2012］13 号）

的规定，试点纳税人在新老税制转换期间因实际税负增加而向财税部门申请取得财政扶持资金的，期末有确凿证据表明企业符合财政扶持政策规定的相关条件且预计能够收到财政扶持资金时，按应收的金额，借记“其他应收款”等科目，贷记“营业外收入”科目。待实际收到财政扶持资金时，按实际收到的金额，借记“银行存款”等科目，贷记“其他应收款”等科目。

说明：

陕西省口径对纳税人获得过渡性财政扶持资金的会计处理方式问题进行了说明，是对《营业税改征增值税试点有关企业会计处理规定》（财会［2012］13号）第三条规定的落实。

101.《营改增纳税人调查核实确认表》应当如何填写？

江苏省国税局：江苏国税12366营改增热点问题解答（一）

十二、《营改增纳税人调查核实确认表》中营改增减免税项目的填写有什么要求？

答：新纳入的营改增减免税项目，纳税人根据地税原始信息及实际经营情况，参考《营改增减免税项目代码对照表》，在该栏填写按规定享受的新纳入试点的营改增减免税项目名称或代码。

“营改增后增值税减免税项目”如在“原营业税优惠项目”中无信息，但按规定可享受新纳入试点的营改增税收优惠项目的，纳税人应于享受税收优惠前携相关资料到国税机关办理增值税优惠项目审批或备案手续。

十三、营改增纳税人如何确定《营改增纳税人调查核实确认表》上的发票供票资格信息？

答：纳税人根据以下分类标准，参照《“营改增”纳税人供票资格衔接参考表》，结合自身实际经营情况选择适用票种，填写《营改增纳税人调查核实确认表》的发票供票资格信息：

（1）增值税一般纳税人：指符合《营业税改征增值税试点实施办法》第三条的要求确认办理一般纳税人资格登记的纳税人，可以对照附件中《营改增纳税人供票资格衔接参考表》一般纳税人类目下可选择发票种类选择填写相应增值税专用发票和普通发票种类及数量。

（2）小规模纳税人A：指除第（1）类纳税人以外，按月申报的纳税人2015年度任一月度申报营业额超过3.09万元（不含）或按季申报的纳税人任一季度申报营业额超过9.27万元（不含），可以对照附件中《营改增纳税人供票资格衔接参考表》小规模纳税人A类目下可选择发票种类选择填写相应普通发票种类及数量。

（3）小规模纳税人B：指除第（1）、（2）类纳税人以外的其他纳税人。可以对照附件中《营改增纳税人供票资格衔接参考表》小规模纳税人B类目下可选择发票种类选择填写相应普通发票种类及数量。

说明：

江苏省口径对如何填写《营改增纳税人调查核实确认表》减免税项目的填写要求及发票供票资格信息问题进行了回答。

102. 境内提供的哪些与工程项目有关的跨境服务可以免征增值税？

海南省国税局：全面推开营改增试点问答（十五）

143. 境内的单位和个人提供的跨境服务中，境内的单位和个人提供的哪些与工程项目有关的服务可以享受免征增值税政策？

答：根据《财政部 国家税务总局关于全面推开营业税改征增值税试点的通知》（财税［2016］36号）附件4《跨境应税行为适用增值税零税率和免税政策的规定》第二条规定，下列服务适用免征增值税政策，但财政部和国家税务总局规定适用增值税零税率的除外：1. 工程项目在境外的建筑服务；2. 工程项目在境外的工程监理服务；3. 工程、矿产资源在境外的工程勘察勘探服务。

说明：

海南对境内提供的哪些与工程有关的跨境服务可以享受免征政策做出了回答，依据是《财政部 国家税务总局关于全面推开营业税改征增值税试点的通知》（财税[2016] 36号）附件4《跨境应税行为适用增值税零税率和免税政策的规定》第二条。

第七章　征收管理

103. 营改增后，增值税由哪个税务机关征收？

浙江省国税局：浙江省国税局营改增执行口径

14. 营业税改征的增值税由哪个税务机关征收？

答：根据《营业税改征增值税试点实施办法》第五一一条规定，营业税改征的增值税，由国税局负责征收。纳税人销售取得的不动产和其他个人出租不动产的增值税，国税局暂委托地方税务局代为征收。

说明：

浙江省口径对增值税税收管辖权进行了规定，是对《营业税改征增值税试点实施办法》（财税［2016］36号附件1）第五十一条规定的落实。

104. 哪些情形下不得开具增值税专用发票？

江苏省国税局：江苏国税12366营改增热点问题解答三（发票）

七、不得开具专用发票的情形有哪些？

答：根据《财政部 国家税务总局关于全面推开营业税改征增值税试点的通知》（财税［2016］36号）规定：

“纳税人发生应税行为，应当向索取增值税专用发票的购买方开具增值税专用发票，并在增值税专用发票上分别注明销售额和销项税额。

属于下列情形之一的，不得开具增值税专用发票：

（一）向消费者个人销售服务、无形资产或者不动产。

（二）适用免征增值税规定的应税行为。

……

经纪代理服务，以取得的全部价款和价外费用，扣除向委托方收取并代为支付的政府性基金或者行政事业性收费后的余额为销售额。向委托方收取的政府性基金或者行政事业性收费，不得开具增值税专用发票。

……

试点纳税人提供旅游服务，可以选择以取得的全部价款和价外费用，扣除向旅游服务购买方收取并支付给其他单位或者个人的住宿费、餐饮费、交通费、签证费、门票费和支付给其他接团旅游企业的旅游费用后的余额为销售额。

选择上述办法计算销售额的试点纳税人，向旅游服务购买方收取并支付的上述费用，不得开具增值税专用发票，可以开具普通发票。

……

金融商品转让，不得开具增值税专用发票。

……

试点纳税人提供有形动产融资性售后回租服务，向承租方收取的有形动产价款本金，不得开具增值税专用发票，可以开具普通发票。”

四川省国税局：@ 营改增纳税人：你必须要知晓的 14 个增值税发票问题

五、什么情况下不得开具增值税专用发票？

答：以下情况不得开具增值税专用发票：

（一）向消费者个人销售货物、提供加工修理修配劳务以及销售服务、无形资产或者不动产；

（二）销售货物、提供加工修理修配劳务以及销售服务、无形资产或者不动产适用免征增值税规定的；

（三）商业企业一般纳税人零售的烟、酒、食品、服装、鞋帽（不包括劳保专用部分）、化妆品等消费品；

（四）金融商品转让；

（五）经纪代理服务的受托方向委托方收取的政府性基金或者行政事业型收费；

（六）有形动产融资性售后回租服务的提供方向承租方收取的有形动产价款本金；

（七）提供旅游服务，从全部价款和价外费用中扣除的对外支付旅游费用；

（八）提供劳务派遣服务选择差额纳税的纳税人，向用工单位收取用于支付给劳务派遣员工工资、福利和为其办理设备保险及住房公积金的费用；

（九）提供人力资源外包服务时，向委托方收取并代为发放的工资和代理缴纳的社会保险、住房公积金；

（十）财政部、国家税务总局另有规定的除外。

河北省国税局：关于全面推开营改增有关政策问题的解答（之一）

六、哪些情形不得开具增值税专用发票？

答：（一）向消费者个人销售货物、劳务、服务、无形资产或者不动产的。

（二）适用免征增值税规定的，国有粮食企业除外。

（三）提供经纪代理服务向委托方收取的政府性基金或者行政事业性收费。

（四）提供旅游服务，选择差额扣除的住宿费、餐饮费、交通费、签证费、门票费和支付给其他接团旅游企业的旅游费部分不得开具增值税专用发票，可以开具普通发票。

（五）金融商品转让。

（六）有形动产融资性售后回租服务的老合同，选择扣除本金部分后的余额为销售额时，向承租方收取的有形动产价款本金，不得开具增值税专用发票，可以开具普通发票。

湖北省国税局：营改增政策执行口径第一辑（2016 年 4 月 25 日）

第一部分　综合问题

9. 不得开具专用发票的情形有哪些？

（1）向消费者个人销售货物、劳务、服务、无形资产或者不动产。

（2）适用免征增值税规定的，国有粮食企业除外。

（3）提供经纪代理服务向委托方收取的政府性基金或者行政事业性收费，不得开具增值税专用发票。

（4）提供旅游服务，选择差额扣除的住宿费、餐饮费、交通费、签证费、门票费和支付给其他接团旅游企业的旅游费部分不得开具增值税专用发票，可以开具普通发票。

（5）金融商品转让，不得开具增值税专用发票。

（6）有形动产融资性售后回租服务的老合同，选择扣除本金部分后的余额为销售额时，向承租方收取的有形动产价款本金，不得开具增值税专用发票，可以开具普通发票。

北京市国税局：营改增执行口径（更新到 5 月 13 日）

77. 全面营改增后，哪些项目不得开具增值税专用发票？

答：根据《财政部 国家税务总局关于全面推开营业税改征增值税试点的通知》（财税［2016］36 号）附件 1 的规定，属于下列情形之一的，不得开具增值税专用发票：

（一）向消费者个人销售服务、无形资产或者不动产。

（二）适用免征增值税规定的应税行为。

根据《财政部 国家税务总局关于全面推开营业税改征增值税试点的通知》（财税［2016］36 号）附件 2 的规定，金融商品转让，不得开具增值税专用发票。

经纪代理服务，以取得的全部价款和价外费用，扣除向委托方收取并代为支付的政府性基金或者行政事业性收费后的余额为销售额。向委托方收取的政府性基金或者行政事业性收费，不得开具增值税专用发票。

试点纳税人提供有形动产融资性售后回租服务，向承租方收取的有形动产价款本金，不得开具增值税专用发票，可以开具普通发票。

提供旅游服务，从全部价款和价外费用中扣除的对外支付旅游费用，不得开具增值税专用发票，可以开具普通发票。

广西壮族自治区国税局：2016 年营改增一次性业务办税指引（适用于小规模纳税人）

六、发票代开

属于下列情形之一的，不得开具增值税专用发票：

（1）向消费者个人销售服务、无形资产或者不动产。

（2）适用免征增值税规定的应税行为。

（3）小规模纳税人销售自行开发的房地产项目，其 2016 年 4 月 30 日前收取并已向主管地税机关申报缴纳营业税的预收款，未开具营业税发票的，可以开具增值税普通发票，不得申请代开增值税专用发票。

3. 法律法规规定的其他可以代开增值税发票的情形。

陕西省国税局：营改增试点答疑（九）

86. 试点纳税人不得开具增值税专用发票的情形包括哪些？

答：根据《财政部 国家税务总局关于全面推开营业税改征增值税试点的通知》（财税［2016］36号）所附《营业税改征增值税试点实施办法》的规定，纳税人发生应税行为，应当向索取增值税专用发票的购买方开具增值税专用发票，并在增值税专用发票上分别注明销售额和销项税额。

属于下列情形之一的，不得开具增值税专用发票：

（一）向消费者个人销售服务、无形资产或者不动产。

（二）适用免征增值税规定的应税行为。

87. 一般纳税人提供适用免税规定的应税行为，是否一定不能开具增值税专用发票？

答：不是一定不能开具增值税专用发票。根据《财政部 国家税务总局关于增值税纳税人放弃免税权有关问题的通知》（财税［2007］127号）的规定，放弃免税权的纳税人符合一般纳税人登记条件尚未登记为增值税一般纳税人的，应当按现行规定登记为增值税一般纳税人，其销售的货物或劳务可开具增值税专用发票。

说明：

1. 江苏、河北、湖北、北京、广西壮族自治区、陕西、四川的口径就不能开具增值税专用发票的范围问的回答一致，是对《财政部 国家税务总局关于全面推开营业税改征增值税试点的通知》（财税［2016］36号）附件1《营业税改征增值税试点实施办法》第五十三条的具体实施。

2. 其中，江苏、河北、湖北、北京等省市《财政部 国家税务总局关于全面推开营业税改征增值税试点的通知》（财税［2016］36号）附件2《营业税改征增值税试点有关事项的规定》的规定，补充列举了不能开具增值税专用发票的范围。

3. 陕西省还根据《财政部 国家税务总局关于增值税纳税人放弃免税权有关问题的通知》（财税［2007］127号）第二条的规定，就一般纳税人提供适用免税规定的应税行为，可以开具增值税专用发票的条件做出了回答。

4. 四川较其他省份多列举了三种不可开具增值税专用发票的情形。

105. 营改增后，对普通发票的管理有何要求？

四川省国税局：全面推开营改增试点问题答疑（第十一期）（2016年4月28日）

138. 营改增后，原地税监制的普通发票实行过渡期管理吗？

答：根据国家税务总局有关要求，2016年4月30日前，营改增试点纳税人领用地税监制普通发票且未使用完的，可以继续使用一段时间，实行过渡期管理，过渡期限按照国家税务总局有关规定执行。

141. 营改增试点纳税人如何印制使用冠名普通发票？

答：根据《中华人民共和国发票管理办法实施细则》第五条规定，“用票单位可以书面向税务机关要求使用印有本单位名称的发票，税务机关依据《办法》第十五条的规定，确认印有该单位名称发票的种类和数量”以及国家税务总局的有关要求，营改增试点纳税人在2016年5月1日后，仍申请使用冠名发票的，可向主管国税机关申请印制使用冠名普通发票。申请时，试点纳税人应向主管国税机关提交《冠名发票印制需求表》（1份，加盖公章）、发票式样（1份，加盖发票专用章）、经办人身份证复印件（1份）。

按照《国家税务总局、财政部关于冠名发票印制费结算问题的通知》（税总发［2013］53号）精神，使用冠名发票的试点纳税人必须按照税务机关批准的式样和数量，到发票印制企业印制发票，印制费用由用票单位与发票印制企业直接结算，并按规定取得印制费用发票。

说明：

1. 四川口径对于营改增后纳税人领用地税监制普通发票且未使用完的，明确进行过渡期管理。

2. 四川口径还对冠名普通发票的印制进行了回答，是对《国家税务总局、财政部关于冠名发票印制费结算问题的通知》（税总发［2013］53号）规定的落实。

106. 纳税人是否可申请开具增值税电子专用发票？

江西省国家税务局：全面推开营改增试点问题解答（一）

5. 是否可申请开具增值税电子专用发票？

答：目前尚无增值税电子专用发票，只有增值税电子普通发票，如需推行使用，可与《金融企业营改增试点办税指引》中的电子发票服务商联系，确定服务商并做好有关软、硬件准备后，向主管税务机关申领电子普通发票即可。

说明：

江西省口径对增值税电子发票的问题进行了说明，是对《金融企业营改增试点办税指引》第七条内容的落实。

107. 哪些情况下可以开具红字发票？

陕西省国税局：营改增试点答疑（九）

83. 哪些情况下需要开具红字专用发票？

答：根据《国家税务总局关于推行增值税发票系统升级版有关问题的公告》（国家税务总局公告2014年第73号）的规定，纳税人开具增值税专用发票或货物运输业增值税专用发票（以下统称专用发票）后，发生销货退回、开票有误、销售服务中止以及发票抵扣联、发票联均无法认证等情形但不符合作废条件，或者因销货部分退回及发生销售折让，需要开具红字专用发票。

湖北省国税局：营改增政策执行口径第一辑（2016 年 4 月 25 日）

第一部分 综合问题

11. 什么情形下可以开具红字增值税专用发票？

答：纳税人发生应税行为，开具增值税专用发票后，发生开票有误或者销售折让、中止、退回等情形的，应当按照国家税务总局的规定开具红字增值税专用发票；未按照规定开具红字增值税专用发票的，不得按照本办法第三十二条和第三十六条的规定扣减销项税额或者销售额。

江苏省国税局：江苏国税 12366 营改增热点问题解答三（发票）

九、什么情形下可以开具红字增值税专用发票？

答：根据《财政部 国家税务总局关于全面推开营业税改征增值税试点的通知》（财税［2016］36 号）规定：

“纳税人发生应税行为，开具增值税专用发票后，发生开票有误或者销售折让、中止、退回等情形的，应当按照国家税务总局的规定开具红字增值税专用发票；未按照规定开具红字增值税专用发票的，不得按照本办法第三十二条和第三十六条的规定扣减销项税额或者销售额。”

山东省国税局：山东 2016 年 5 月 26 日 12366 营改增热点问题

6. 营改增前已开具的地税发票有误可以开具红字发票吗？

答：4 月 30 日前，试点纳税人已经开具的地税发票，需要开具红字发票冲回的，应当持主管地税机关证明开具（代开）红字国税机关监制的发票；冲回后需要重新开具的，应当开具（代开）国税机关监制的发票；涉及营业税税款退库的，由主管地税机关办理。

河南省国税局：营改增问题快速处理机制（专期十一）

问题九 纳税人 4 月 30 日之前开具的营业税发票，5 月 1 日之后发现开具有误，能否开具红字增值税普通发票进行处理？

答：按照原营业税规定，可以开具红字发票冲减的，营改增后可以开具红字增值税普通发票进行冲减，同时按照国家税务总局 2016 年第 23 号公告“纳税人在地税机关已申报营业税未开具发票，2016 年 5 月 1 日以后需要补开发票的，可于 2016 年 12 月 31 日前开具增值税普通发票（税务总局另有规定的除外）的规定，开具增值税普通发票。”

说明：

1. 陕西、江苏、湖北口径对于不需要开具红字发票的情形问题，均规定若发生开票有误或者销售折让、中止、退回等情形的，应开具红字发票。

2. 但是依据的文件不同，陕西省依据为《国家税务总局关于推行增值税发票系统升级版有关问题的公告》（国家税务总局公告 2014 年第 73 号）第五条，江苏、湖北依据为《财政部 国家税务总局关于全面推开营业税改征增值税试点的通知》（财税［2013］36 号）附件 1《营业税改征增值税试点实施办法》第五四十二条。

3. 山东、河南针对 4 月 30 日前地税发票开具有误的特殊情况下，开具红字发票的问题进行了说明，是对《国家税务总局关于全面推开营业税改征增值税试点有关税收征收管理事项的公告》（国家税务总局 2016 年 23 号公告）第三条内容的落实。

108. 如何开具红字发票?

陕西省国税局：营改增试点答疑（九）

84. 纳税人如何开具红字专用发票?

答：根据《国家税务总局关于推行增值税发票系统升级版有关问题的公告》（国家税务总局公告2014年第73号）的规定，一般纳税人开具红字专用发票程序：专用发票已交付购买方的，购买方可在增值税发票系统升级版中填开并上传《开具红字增值税专用发票信息表》或《开具红字货物运输业增值税专用发票信息表》（以下统称《信息表》）。

一、专用发票尚未交付购买方或者购买方拒收的，销售方应于专用发票认证期限内在增值税发票系统升级版中填开并上传《信息表》。

二、主管税务机关通过网络接收纳税人上传的《信息表》，系统自动校验通过后，生成带有"红字发票信息表编号"的《信息表》，并将信息同步至纳税人端系统中。

三、销售方凭税务机关系统校验通过的《信息表》开具红字专用发票，在增值税发票系统升级版中以销项负数开具。红字专用发票应与《信息表》一一对应。

四、纳税人也可凭《信息表》电子信息或纸质资料到税务机关对《信息表》内容进行系统校验。

五、已使用增值税税控系统的一般纳税人，在纳入升级版之前暂可继续使用《开具红字增值税专用发票申请单》。

税务机关为小规模纳税人代开专用发票需要开具红字专用发票的，按照一般纳税人开具红字专用发票的方法处理。

陕西省国税局：营改增试点答疑（九）

85. 如何开具红字增值税普通发票?

答：根据《国家税务总局关于推行增值税发票系统升级版有关问题的公告》（国家税务总局公告2014年第73号）的规定，纳税人需要开具红字增值税普通发票的，可以在所对应的蓝字发票金额范围内开具多份红字发票。红字机动车销售统一发票需与原蓝字机动车销售统一发票一一对应。

江苏省国税局：国税12366营改增热点问题解答三（发票）

十、如何开具红字发票?

答：（一）专用发票已交付购买方的，购买方可在增值税发票系统升级版中填开并上传《开具红字增值税专用发票信息表》或《开具红字货物运输业增值税专用发票信息表》（以下统称《信息表》）。《信息表》所对应的蓝字专用发票应经税务机关认证（所购货物或服务不属于增值税扣税项目范围的除外）。经认证结果为"认证相符"并且已经抵扣增值税进项税额的，购买方在填开《信息表》时不填写相对应的蓝字专用发票信息，应暂依《信息表》所列增值税税额从当期进项税额中转出，未抵扣增值税进项税额的可列入当期进项税额，待取得销售方开具的红字专用发票后，与《信息表》一并作为记账凭证；经认证结果为"无法认证"、"纳税人识别号认证不符"、"专用发票代码、号码认证不符"，以及所购货物或服务不属于增值税扣税项目范围的，购买方不列入进项税额，不作进项税额转出，填开《信息表》时应填写相对应的蓝字专用发票信息。

（二）专用发票尚未交付购买方或者购买方拒收的，销售方应于专用发票认证期限内在增值税发票系统升级版中填开并上传《信息表》。

（三）主管税务机关通过网络接收纳税人上传的《信息表》，系统自动校验通过后，生成带有“红字发票信息表编号”的《信息表》，并将信息同步至纳税人端系统中。

（四）销售方凭税务机关系统校验通过的《信息表》开具红字专用发票，在增值税发票系统升级版中以销项负数开具。红字专用发票应与《信息表》一一对应。

（五）税务机关为小规模纳税人代开专用发票需要开具红字专用发票的，按照一般纳税人开具红字专用发票的方法处理。

湖北省国税局：营改增政策执行口径第一辑（2016年4月25日）

第一部分 综合问题

12. 如何开具红字发票？

答：（1）专用发票已交付购买方的，购买方可在增值税发票系统升级版中填开并上传《开具红字增值税专用发票信息表》或《开具红字货物运输业增值税专用发票信息表》（以下统称《信息表》）。《信息表》所对应的蓝字专用发票应经税务机关认证（所购货物或服务不属于增值税扣税项目范围的除外）。经认证结果为“认证相符”并且已经抵扣增值税进项税额的，购买方在填开《信息表》时不填写相对应的蓝字专用发票信息，应暂依《信息表》所列增值税税额从当期进项税额中转出，未抵扣增值税进项税额的可列入当期进项税额，待取得销售方开具的红字专用发票后，与《信息表》一并作为记账凭证；经认证结果为“无法认证”、“纳税人识别号认证不符”、“专用发票代码、号码认证不符”，以及所购货物或服务不属于增值税扣税项目范围的，购买方不列入进项税额，不作进项税额转出，填开《信息表》时应填写相对应的蓝字专用发票信息。

（2）专用发票尚未交付购买方或者购买方拒收的，销售方应于专用发票认证期限内在增值税发票系统升级版中填开并上传《信息表》。

（3）主管税务机关通过网络接收纳税人上传的《信息表》，系统自动校验通过后，生成带有“红字发票信息表编号”的《信息表》，并将信息同步至纳税人端系统中。

（4）销售方凭税务机关系统校验通过的《信息表》开具红字专用发票，在增值税发票系统升级版中以销项负数开具。红字专用发票应与《信息表》一一对应。

（5）税务机关为小规模纳税人代开专用发票需要开具红字专用发票的，按照一般纳税人开具红字专用发票的方法处理。

河南省国税局：营改增问题快速处理机制专期二

问题九 一般纳税人收到开具有误的增值税专用发票并认证，销售方开具红字发票后是否需要将红字发票相应联次交给购买方以入账使用？

答：依据《国家税务总局关于全面推行增值税发票系统升级版有关问题的公告》（国家税务总局公告2015年第19号）规定：“专用发票已交付购买方的，购买方可在增值税发票系统升级版中填开并上传《开具红字增值税专用发票信息表》或《开具红字货物运输业增值税专用发票信息表》（以下简称《信息表》）。《信息表》所对应的蓝字专用发票应经税务机关认证（所购货物或服务不属于增值税扣税项目范围的除外）。经认证结果为‘认证相符’并且已经抵扣增值税进项税额的，购买方在填开《信息表》时不填写相对应的蓝字专用发票信息，应暂依《信息表》所列增值税税额从当期进项税额中转出，未抵扣增值税进项税额的可列入当期进项税额，待取得销售方开具的红字专用发票后，与《信息表》一并作为记账凭证”，此处“待取得销售方开具的红字专用发票”指的是购买方从销售方取得的红字专用发票的发票联和抵扣联。红字专用发票的记账联是销售方冲回销售收入和增值税销项税额的记账凭证，不应提供给购买方，因此《信息表》由购买方开具后，销货方只需要把红字增值税专用发票的发票联和抵扣联提供给购买方。

四川省国税局：全面推开营改增试点问题答疑（第十二期）（2016年4月29日）

158. 在税控开票软件（金税盘版）中，红字发票如何填开？

答：红字发票只能销方填开。进入开票软件，选择“发票管理—专用发票填开”模块，弹出下一张未开发票票号的确认窗口，点“确定”按钮，在发票填开界面中，选择“红字”按钮，建议选择“直接开具的”的方式，输入红字发票信息表编号—输入对应蓝字发票代码号码（根据信息表填写）—提示本张发票可以负数，点击“确认—核实发票内容是否与信息表一致”，打印即可。一张红字发票通知单对应一张负数发票.

166. 在税控开票软件（税控盘版）中，已有红字发票信息表编码，红字发票怎么开具？

答：在“发票管理—发票填开管理—增值税专用发票填开—填开负数发票”模块，点击“负数”按钮，直接开具，系统会弹出输入信息表编码的窗口，在此输入编码，然后开具即可。

171. 在税控开票软件（税控盘版）中，一般纳税人增值税普通发票的负数发票怎么开具？

答：在“发票管理—发票填开管理—增值税普通发票”模块中填开，弹出的窗口，在填开界面上点“负数”按钮，输入蓝字发票的代码和号码，就可以开具负数发票。

说明：

1. 陕西、江苏、江苏的口径依据《国家税务总局关于推行增值税发票系统升级版有关问题的公告》（国家税务总局公告2014年第73号）的规定分别制定了详细的红字发票开具程序。

2. 河南省口径则对红字发票的使用进行了说明，是《国家税务总局关于全面推行增值税发票系统升级版有关问题的公告》（国家税务总局公告2015年第19号）第四条的落实。

3. 四川省口径则对在税控开票软件（金税盘版）中，开具红字发票的相关操作进行了解释。

109. 增值税专用发票与普通发票有何区别？

四川省国税局：@营改增纳税人：你必须要知晓的14个增值税发票问题

四、增值税专用发票和普通发票有什么区别?

答:增值税专用发票(含增值税专用发票、机动车销售统一发票)由增值税一般纳税人按规定开具。纳税人取得的增值税专用发票上注明的增值税税额,可以从增值税销项税额中抵扣。

普通发票(含增值税普通发票、机动车销售统一发票、增值税电子普通发票、门票、过路(过桥)费发票、定额发票、客运发票和二手车销售统一发票)由增值税一般纳税人和小规模纳税人按规定开具。纳税人取得的普通发票上注明的增值税税额,不能从增值税销项税额中抵扣。财政部、国家税务总局另有规定的除外。

江苏省国税局:国税 12366 营改增热点问题解答三

一、增值税专用发票与增值税普通发票有哪些区别?

答:(一)根据国家税务总局关于修订《增值税专用发票使用规定》的通知(国税发[2016]156号)规定:“专用发票由基本联次或者基本联次附加其他联次构成,基本联次为三联:发票联、抵扣联和记账联……;抵扣联,作为购买方报送主管税务机关认证和留存备查的凭证”;增值税普通发票基本联次为两联,比专用发票少了抵扣联。

(二)增值税专用发票是使用一般计税办法的增值税一般纳税人取得进项税额的合法有效抵扣凭证,可以通过发票认证、发票平台查询确认等方式进行进项税额抵扣。普通发票不得用于抵扣

(三)增值税一般纳税人在发生应税行为时可通过增值税发票管理新系统税控专用设备自行开具增值税专用发票;现阶段增值税小规模纳税人需要使用增值税专用发票,需到税务机关申请代开。

江苏省国税局;江苏国税 12366 营改增热点问题解答三

二、只有一般纳税人才可以自行开具增值税专用发票吗?

答:增值税一般纳税人在发生应税行为时可通过增值税发票管理新系统税控专用设备自行开具增值税专用发票,根据国家税务总局关于修订《增值税专用发票使用规定》的通知(国税发[2016]156号)规定:“一般纳税人应通过增值税防伪税控系,使用专用发票。使用,包括领购、开具、缴销、认证纸质专用发票及其相应的数据电文。’;同时,根据文件规定:“增值税小规模纳税人需要开具专用发票的,可向主管税务机关申请代开。”

江苏省国税局:江苏国税 12366 营改增热点问题解答三

五、增值税专用发票是几联的?

答:增值税专用发票可分为三联版和六联版两种。专用发票基本联次为三联,第一联为发票联,购货方记账;第二联为抵扣联,购货方作抵扣税款凭证;第三联为记账联,售纲方记账用。从纳税人实际需要出发,国家税务总局还印有六联版专用发票,其中1~3联仍为基本联次,4~6联根据纳税人实际需要使用。

说明：

1. 四川、江苏省口径对增值税专用发票和普通发票的区别问题作出了回答。

2. 其中，四川省口径从能否进行抵扣的角度对二者进行了区分；而江苏省口径则指出了增值税专用发票有三个联次／六个联次，普通发票只有两个联次。

3. 此外，江苏省口径还就增值税一般纳税人和小规模纳税人分别应通过何种方式开具增值税专用发票的问题进行了回答。

110. 开具增值税发票有哪些形式或程序上的要求？

安徽省国税局：营改增税收征管事项相关问答

十四、增值税发票开具有何新规定？

答：一是税务总局编写了《商品和服务税收分类与编码（试行）》，并在增值税发票新系统中增加了编码相关功能。自 2016 年 5 月 1 日起，纳入新系统推行范围的试点纳税人及新办增值税纳税人，应使用新系统选择相应的编码开具增值税发票。5 月 1 日前已使用新系统的纳税人，应于 8 月 1 日前完成开票软件升级。

二是按照现行政策规定适用差额征税且不得全额开具增值税发票的，纳税人自行开具或者税务机关代开增值税发票时，通过新系统中差额征税开票功能，录入含税销售额（或含税评估额）和扣除额，系统自动计算税额和不含税金额，备注栏自动打印"差额征税"字样，发票开具不应与其他应税行为混开。

三是提供建筑服务，纳税人自行开具或者税务机关代开增值税发票时，应在发票的备注栏注明建筑服务发生地县（市、区）名称及项目名称。

四是销售不动产，纳税人自行开具或者税务机关代开增值税发票时，应在发票"货物或应税劳务、服务名称"栏填写不动产名称及房屋产权证书号码（无房屋产权证书的可不填写），"单位"栏填写面积单位，备注栏注明不动产的详细地址。

五是出租不动产，纳税人自行开具或者税务机关代开增值税发票时，应在备注栏注明不动产的详细地址。

六是个人出租住房适用优惠政策减按 1.5% 征收，纳税人自行开具或者税务机关代开增值税发票时，通过新系统中征收率减按 1.5% 征收开票功能，录入含税销售额，系统自动计算税额和不含税金额，发票开具不应与其他应税行为混开。

七是税务机关代开增值税发票时，"销售方开户行及账号"栏填写税收完税凭证字轨及号码或系统税票号码（免税代开增值税普通发票可不填写）。

八是国税机关为跨县（市、区）提供不动产经营租赁服务、建筑服务的小规模纳税人（不包括其他个人），代开增值税发票时，在发票备注栏中自动打印"YD"字样。

十三、专用发票开具要求有哪些？

答：根据国家税务总局关于修订《增值税专用发票使用规定》的通知（国税发［2016］156 号）：

专用发票应按下列要求开具：

（一）项目齐全，与实际交易相符；
（二）字迹清楚，不得压线、错格；
（三）发票联和抵扣联加盖财务专用章或者发票专用章；
（四）按照增值税纳税义务的发生时间开具。
对不符合上列要求的专用发票，购买方有权拒收。

湖北省国税局：营改增政策执行口径第一辑（2016 年 4 月 25 日）
第一部分 综合问题
13. 专用发票开具要求有哪些？
答：专用发票应按下列要求开具：
（1）项目齐全，与实际交易相符；
（2）字迹清楚，不得压线、错格；
（3）发票联和抵扣联加盖发票专用章；
（4）按照增值税纳税义务的发生时间开具。
对不符合上列要求的专用发票，购买方有权拒收。

江苏省国税局：江苏国税 12366 营改增热点问题解答（十三）——征管类热点问题
3. 全面营改增后，纳税人是否需要按照商品和服务税收分类编码开具发票？
答：根据《国家税务总局关于全面推开营业税改征增值税试点有关税收征收管理事项的公告》（国家税务总局公告 2016 年第 23 号）规定：“四、增值税发票开具（一）税务总局编写了《商品和服务税收分类与编码（试行）》（以下简称编码，见附件），并在新系统中增加了编码相关功能。自 2016 年 5 月 1 日起，纳入新系统推行范围的试点纳税人及新办增值税纳税人，应使用新系统选择相应的编码开具增值税发票。北京市、上海市、江苏省和广东省已使用编码的纳税人，应于 5 月 1 日前完成开票软件升级。5 月 1 日前已使用新系统的纳税人，应于 8 月 1 日前完成开票软件升级。”

11. 全面营改增后，对适用差额征税的纳税人开具发票有何要求？
答：根据《国家税务总局关于全面推开营业税改征增值税试点有关税收征收管理事项的公告》（国家税务总局公告 2016 年第 23 号）规定：“四、增值税发票开具（二）按照现行政策规定适用差额征税办法缴纳增值税，且不得全额开具增值税发票的（财政部、税务总局另有规定的除外），纳税人自行开具或者税务机关代开增值税发票时，通过新系统中差额征税开票功能，录入含税销售额（或含税评估额）和扣除额，系统自动计算税额和不含税金额，备注栏自动打印“差额征税”字样，发票开具不应与其他应税行为混开。”

18. 全面营改增后，对适用差额征税的纳税人开具发票有何要求？
答：根据《国家税务总局关于全面推开营业税改征增值税试点有关税收征收管理事项的公告》（国家税务总局公告 2016 年第 23 号）规定：“四、增值税发票开具（二）按照现行政策规定适用差额征税办法缴纳增值税，且不得全额开具增值税发票的（财政部、税务总局另有规定的除外），纳税人自行开具或者税务机关代开增值税发票时，通过新系统中差额征税开票功能，录入含税销售额（或含税评估额）和扣除额，系统自动计算税额和不含税金额，备注栏自动打印“差额征税”字样，发票开具不应与其他应税行为混开。”

湖北省国税局：营改增政策执行口径第一辑（2016年4月25日）

第一部分 综合问题

7. 什么情况下可以使用新系统中差额征税开票功能？

答：按照现行政策规定适用差额征税办法缴纳增值税，且不得全额开具增值税发票的（财政部、税务总局另有规定的除外），纳税人自行开具或者税务机关代开增值税发票时，可以使用新系统中差额征税开票功能。

说明：

1. 安徽、江苏的口径对新系统的使用进行了要求，口径一致，其是对《国家税务总局关于全面推开营业税改征增值税试点有关税收征收管理事项的公告》（国家税务总局公告2016年第23号）规定“四、增值税发票开具内容”的落实。

2. 安徽省口径对提供建筑服务、销售不动产、出租不动产、个人出租住房、税务机关代开增值税、国税机关为跨县（市、区）提供不动产经营租赁服务、建筑服务的小规模纳税人（不包括其他个人），代开增值税发票等相应发票的填写进行了规定。

3. 安徽、湖北的口径对开具增值税专用发票所需材料进行了说明，其内容是国家税务总局关于修订《增值税专用发票使用规定》的通知（国税发［2016］156号）内容的落实。

4. 安徽、江苏、湖北的口径对新系统中差额征税开具发票的操作进行了说明，回答基本一致，其内容是对《国家税务总局关于全面推开营业税改征增值税试点有关税收征收管理事项的公告》（国家税务总局公告2016年第23号）规定“四、增值税发票开具”的落实。

111. 开具增值税专用发票需要提供什么资料？

江苏省国税局：江苏国税12366营改增热点问题解答三

四、增值税专用发票发放所需报送资料有哪些？

答：（一）前台办理资料：

（1）税务登记证件。

（2）经办人身份证明（经办人变更的提供复印件）。

（3）《发票领用簿》。

（4）领用增值税专用发票、货物运输业增值税专用发票、机动车销售统一发票和增值税普通发票的，应提供金税盘、税控盘、报税盘或IC卡。

（二）纳税人可以通过江苏国税电子税务局及网上办税服务提出申请，在网上申请通过后可以选择前往自助办税区、大厅前台领取或通过由税务机关邮寄纸质发票取得发票。

四川省国税局：@营改增纳税人：你必须要知晓的14个增值税发票问题

六、开具增值税专用发票需要提供什么资料？

答：根据《国家税务总局关于修订〈增值税专用发票使用规定〉的通知》（国税发[2006]156号）第十一条，专用发票的开具应项目齐全，与实际交易相符。因此，受票方要求开具增值税专用发票的，在受票方提供其纳税人名称、纳税人识别号（统一社会信用代码）、地址、电话、开户行及账号后，开票方应开具字迹清楚、不压线、不错格、加盖财务专用章或者发票专用章的增值税专用发票并交与受票方。开票方不应要求受票方出具任何证明材料。

说明：

1. 江苏、四川省口径对开具增值税专用发票问题进行了回答，但各自依据不同。

2. 江苏省口径则依据《全国税务机关纳税服务规范（2.3版）》第3.1.11—067项的规定，对开具增值税专用发票所需要的材料进行了列举。3. 四川省口径依据《国家税务总局关于修订〈增值税专用发票使用规定〉的通知》（国税发[2006]156号）第十一条的规定对增值税专用发票的填写进行了规范。

112. 营改增后，发票专用章是否需要重新刻制？

江西省国税局：全面推开营改增试点问题解答（一）

8. 发票专用章是否需要重新刻制？

答：《金融企业营改增试点办税指引》对发票专用章问题进行了解释，如专用章符合规定的，可以沿用，如不符合规定的，应重新刻制。

福建省国税局：12366营改增热点问答（4月19日）

6. 纯地税户营改增后，发票专用章是否要重新刻制

答：符合文件刻制要求的可以不用重新刻制。

说明：

江西、福建两省口径就营改增后，发票专章是否需要重新刻制问题的回答基本一致。

113. 哪些情况下可以申请代开增值税专用发票？

四川省国税总局：纳税人咨询的营改增十个热点问题（5月5日）

4. 自然人可以代开增值税专用发票吗？

答：根据税总函[2016]145号规定，增值税小规模纳税人销售其取得的不动产以及其他个人出租不动产，购买方或承租方不属于其他个人的，纳税人缴纳增值税后可以向房屋所在地的地税局申请代开增值税专用发票。

符合上述规定的其他个人转让和出租不动产可以依申请代开增值税专用发票，其他情况的其他个人不能代开增值税专用发票。

甘肃省国税局：全面推开营改增试点一般规定 12366 热点问题解答

3. 全面营改增后，其他个人发生应税项目是否可以申请代开增值税专用发票？

答：根据《国家税务总局关于营业税改征增值税委托地税局代征税款和代开增值税发票的通知》（税总函［2016］145 号）的规定，其他个人销售其取得的不动产和出租不动产，购买方或承租方不属于其他个人的，纳税人缴纳增值税后可以向地税局申请代开增值税专用发票。上述情况之外的，其他个人不能申请代开增值税专用发票。

福建省国税局：12366 营改增热点咨询（4 月 5 日）

13. 营改增之后，其他个人出租住房能否在国税代开发票？

答：由地税代开增值税发票。

北京市国税局：营改增执行口径（更新到 5 月 13 日）

50. 全面营改增后，其他个人发生应税项目是否可以申请代开增值税专用发票？

答：根据《国家税务总局关于营业税改征增值税委托地税局代征税款和代开增值税发票的通知》（税总函［2016］145 号）的规定，其他个人销售其取得的不动产和出租不动产，购买方或承租方不属于其他个人的，纳税人缴纳增值税后可以向地税局申请代开增值税专用发票。

说明：

四川、甘肃、福建、北京四地口径就其他个人发生应税项目是否可以申请代开增值税专用发票问题的回答基本一致，均是对《国家税务总局关于营业税改征增值税委托地税局代征税款和代开增值税发票的通知》（税总函［2016］145 号）第一条的落实。

114. 可委托地税机关代开增值税发票的范围是什么？

河北省国税局：关于全面推开营改增有关政策问题的解答（之一）

二、关于营改增后地税机关代开增值税发票范围问题

营改增后，地税机关代开增值税发票范围为：

（一）符合自开增值税普通发票条件的增值税小规模纳税人，销售其取得的不动产，购买方索取增值税专用发票的，可依申请代开增值税专用发票。即月销售额 3 万元以上（或按季纳税的，季销售额 9 万元以上）的小规模纳税人，销售其取得的不动产，地税机关只能为其代开“专用发票”。

（二）不符合自开增值税普通发票条件的增值税小规模纳税人，销售其取得的不动产，可依申请代开增值税专用发票或增值税普通发票。即月销售额 3 万元以下（或按季纳税的，季销售额 9 万元以下）的小规模纳税人，销售其取得的不动产，地税机关可以为其代开“专

用发票”或“普通发票”。

（三）其他个人（也就是自然人）销售其取得的不动产或出租不动产（包括住房），可依申请代开增值税专用发票或增值税普通发票。即自然人销售其取得的不动产（包括住房）或出租不动产（包括住房），地税机关可以为其代开“专用发票”或“普通发票”。

（四）属于下列情形之一的，地税机关不得代开增值税专用发票，只能代开增值税普通发票：

1. 向其他个人（也就是自然人）销售其取得的不动产或出租不动产。也就是说，买房人或承租人是自然人的，不得代开“专用发票”。

2. 销售其取得的不动产或出租不动产适用免征增值税规定的。也就是说，免税不得代开“专用发票”。

（五）地税局代开增值税专用发票和增值税普通发票，需通过增值税发票管理新系统开具。

海南省国税局：全面推开营改增政策指引——重点关注问题解答（二）

二、地税机关代开增值税发票的范围问题

（一）符合自开增值税普通发票条件的增值税小规模纳税人，销售其取得的不动产，购买方索取增值税专用发票的，可依申请代开增值税专用发票。简单地说就是，月销售额3万元以上（或按季纳税的，季销售额9万元以上）的小规模纳税人，销售其取得的不动产，地税机关只能为其代开“专票”。

（二）不符合自开增值税普通发票条件的增值税小规模纳税人，销售其取得的不动产，可依申请代开增值税专用发票或增值税普通发票。简单地说就是，月销售额3万元以下（或按季纳税的，季销售额9万元以下）的小规模纳税人，销售其取得的不动产，地税机关可以为其代开“专票”或“普票”。

（三）其他个人（也就是自然人）销售其取得的不动产或出租不动产（包括住房），可依申请代开增值税专用发票或增值税普通发票。简单地说，自然人销售其取得的不动产（包括住房）或出租不动产（包括住房），地税机关可以为其代开“专票”或“普票”。

（四）属于下列情形之一的，地税机关不得代开增值税专用发票，只能代开增值税普通发票：

1. 向其他个人（也就是自然人）销售其取得的不动产或出租不动产。也就是说，买房人或承租人是自然人的，不得代开“专票”。

2. 销售其取得的不动产或出租不动产适用免征增值税规定的。也就是说，免税不得代开“专票”。

青海省国税局：政策组发言材料（4月25日）

第二个是地税机关代开增值税发票的范围问题。

对这个问题，近来总局下发了几个文件中都涉及。为便于同志们及时了解掌握，我们进行了梳理、归纳。同志们可以从以下5点来把握：

一、符合自开增值税普通发票条件的增值税小规模纳税人，销售其取得的不动产，购买方索取增值税专用发票的，可依申请代开增值税专用发票。简单地说就是，月销售额3

万元以上（或按季纳税的，季销售额 9 万元以上）的小规模纳税人，销售其取得的不动产，地税机关只能为其代开“专票”。

二、不符合自开增值税普通发票条件的增值税小规模纳税人，销售其取得的不动产，可依申请代开增值税专用发票或增值税普通发票。简单地说就是，月销售额 3 万元以下（或按季纳税的，季销售额 9 万元以下）的小规模纳税人，销售其取得的不动产，地税机关可以为其代开“专票”或“普票”。

三、其他个人（也就是自然人）销售其取得的不动产或出租不动产（包括住房），可依申请代开增值税专用发票或增值税普通发票。简单地说，自然人销售其取得的不动产（包括住房）或出租不动产（包括住房），地税机关可以为其代开“专票”或“普票”。

四、属于下列情形之一的，地税机关不得代开增值税专用发票，只能代开增值税普通发票：

（一）向其他个人（也就是自然人）销售其取得的不动产或出租不动产。也就是说，买房人或承租人是自然人的，不得代开“专票”。

（二）销售其取得的不动产或出租不动产适用免征增值税规定的。也就是说，免税不得代开“专票”。

五、地税局代开增值税专用发票和增值税普通发票，需通过增值税发票管理新系统开具，也就是我们通常所说的通过增值税发票升级版开具。

新疆维吾尔自治区国税局：营改增政策答疑（四）

一、全面营改增后，省国税局将哪些增值税征收项目委托地税部门代为征收？

答：《财务部　国家税务总局关于全面推开营业税改征增值税试点的通知》（财税［2016］36 号）附件 1《营业税改征增值税试点实施办法》规定：“纳税人销售其取得的不动产和其他个人出租不动产的增值税，省国税局暂委托地方税务局代为征收。”

北京市国税局：营改增执行口径（更新到 5 月 13 日）

103. 营改增后，哪些项目的增值税由地税代征？

答：根据《财政部　国家税务总局关于全面推开营业税改征增值税试点的通知》（财税［2016］36 号）规定，自 2016 年 5 月 1 日起，建筑业、房地产业、金融业、生活服务业营业税改征的增值税，将由省国税局负责征收。试点纳税人销售取得的不动产和其他个人出租不动产的增值税，省国税局暂委托地方税务局代为征收。

山西省国税局：营改增政策指南之一般规定

九、征收管理

（一）营业税改征的增值税，由省国税局负责征收。纳税人销售取得的不动产和其他个人出租不动产的增值税，省国税局暂委托地方税务局代为征收。

吉林省国税局：吉林国税局营改增执行口径

七、委托代征

吉林省省国税局暂委托吉林省地方税务局代为办理纳税人销售其取得的不动产和其他

个人出租不动产增值税的纳税申报受理、计税价格评估、税款征收、税收优惠备案、发票代开等有关事项。

说明：

1. 新疆维吾尔自治区、北京、山西、吉林四省区口径就营改增后哪些项目可委托地税部门代为征收问题做出了较为全面的回答，回答基本一致，均符合《营业税改征增值税试点实施办法》第五十一条的规定。

2. 此外，新疆维吾尔自治区、北京、山西和吉林还又专门就纳税人销售取得的不动产和其他个人出租不动产的增值税由国税局委托地税局代征的问题作出了回答，也都符合《营业税改征增值税试点实施办法》第五十一条的规定。

115. 对地税机关代开增值税发票有何资格及形式的要求？

青海省国税局：政策组发言材料（一）——发票问题解答

二、关于哪些地税代征点可以代开增值税发票问题

《国家税务总局关于营业税改征增值税委托地税局代征税款和代开增值税发票的通知》（税总函［2016］145号）规定：对于具备增值税发票安全保管条件、可连通网络、地税局可有效监控代征税款及代开发票情况的政府部门等单位，县（区）以上地税局经评估后认为风险可控的，可以同意其代征税款并代开增值税专用发票和增值税普通发票。

青海省国税局：政策组发言材料（一）——发票问题解答

五、关于地税机关代开增值税发票盖章问题

《国家税务总局关于营业税改征增值税委托地税局代征税款和代开增值税发票的通知》（税总函［2016］145号）规定：地税局代开发票部门应在代开增值税发票的备注栏上，加盖地税代开发票专用章。

说明：

青海省口径还对地税代开点代开增值税发票的发票形式及资格等问题，依据《国家税务总局关于营业税改征增值税委托地税局代征税款和代开增值税发票的通知》（税总函［2016］145号）提出了要求。

116. 哪些情况下，小规模纳税人可以申请代开增值税专用发票？

福建省国税局：12366营改增热点咨询（4月7日）

6. 营改增后，小规模纳税人无法自己开具增值税专用发票可以去税务机关代开吗？

答：根据《财政部 国家税务总局关于全面推开营业税改征增值税试点的通知》（财税［2016］36号）规定，小规模纳税人发生应税行为，购买方索取增值税专用发票的，可以

向主管税务机关申请代开。

福建省国税局：12366 营改增热点咨询（4 月 7 日）

9. 营改增小规模纳税人能否不领用发票，到税务机关代开普通发票？

答：小规模纳税人月销售额不超过 3 万元（按季纳税的为 9 万元），月开具增值税普通发票份数不超过 10 份，季开具发票份数不超过 30 份的可申请税务机关代开普通发票。小规模纳税人中的单位和个体工商户不能自行开具发票的，可以向主管税务机关申请代开增值税发票。

宁夏回族自治区国税局：全面推开营改增政策指引（二）

9. 本辖区小规模纳税人，发生超出税务登记经营范围的业务，可以向税务机关代开增值税发票（含增值税专用发票）吗？

答：小规模纳税人中固定业户应当自行领用开具发票，需要开具增值税专用发票的，可以向主管税务机关申请代开专用发票；小规模纳税人中临时业户可以向主管税务机关申请代开普通发票。

广西壮族自治区国税局：2016 年营改增一次性业务办税指引（适用于小规模纳税人）

六、发票代开

1. 营业税改征增值税后，纳税人销售其取得的不动产和其他个人出租不动产的，由地税机关继续受理申报缴税和代开增值税发票业务。

2. 除第 1 条所列情形外，小规模纳税人发生应税行为，购买方索取增值税专用发票的，可以向主管国税机关申请代开。

重庆市国税局：最新营改增政策热点问题解答（二）

十三、本次营改增试点小规模纳税人能否开具增值税专用发票？

答：根据《营业税改征增值税试点实施办法》第五十四条的规定，小规模纳税人发生应税行为，购买方索取增值税专用发票的，可以向主管税务机关申请代开。

根据上述规定，由于增值税小规模纳税人不能自行开具增值税专用发票，其销售服务、无形资产或者不动产，如果购买方索取增值税专用发票的，可以向主管税务机关申请代开增值税专用发票。但是，对小规模纳税人向消费者个人销售服务、无形资产或者不动产以及应税行为适用免征增值税规定的，不得申请代开增值税专用发票。

浙江省国税局：浙江省国税局营改增执行口径

15. 小规模纳税人发生应税行为，如何开具增值税专用发票？

答：根据《营业税改征增值税试点实施办法》第五十四条规定，小规模纳税人发生应税行为，购买方索取增值税专用发票的，可以向主管税务机关申请代开。

北京市国税局：营改增执行口径（更新到 5 月 13 日）

146. 营改增小规模纳税人，偶然发生一笔业务，金额超过 500 万，可否去税务机关代开专用发票？还是需要先登记为一般纳税人，再领票自开？

答：可以代开。

山东省国税局：2016年5月18日12366营改增热点问题（2016年5月18日）

3. 营改增小规模纳税人是否可以代开增值税专用发票？需要提供什么资料？

答：根据《财务部 国家税务总局关于全面推开营业税改征增值税试点的通知》（财税［2016］36号）附件1《营业税改征增值税试点实施办法》规定，小规模纳税人发生应税行为，购买方索取增值税专用发票的，可以向主管税务机关申请代开。

属于下列情形之一的，不得开具增值税专用发票：

（一）向消费者个人销售服务、无形资产或者不动产。

（二）适用免征增值税规定的应税行为。

自然人转让不动产和出租不动产可以申请代开增值税专用发票，其他销售行为不得代开增值税专用发票。

根据《关于进一步做好国税机关代开增值税发票工作的通知》（鲁国税办函［2016］84号）规定，代开增值税专用发票纳税人需提交资料：

（一）税务登记证副本（已办理“三证合一”的提供营业执照复印件）；

（二）经办人身份证件及复印件；

（三）《代开增值税专用发票缴纳税款申报单》；

（四）税务机关要求的其他资料。

说明：

1. 福建、宁夏回族自治区、广西壮族自治区、重庆、浙江、北京、山东七省区口径针对小规模纳税人申请代开增值税专用发票的问题口径一致，是《营业税改征增值税试点实施办法》（财税［2016］36号附件1）第五十四条规定的落实。

2. 山东对申请代开所需要提供的材料进行了说明，是针对《关于进一步做好国税机关代开增值税发票工作的通知》（鲁国税办函［2016］84号）规定的落实。

3. 北京对小规模纳税人偶然发生超过500万销售额的情况下申请代开增值税专用发票进行了说明，是对《营业税改征增值税试点实施办法》（财税［2016］36号附件1）第五十一、五十四条的落实。

117. 其他个人是否可以申请代开增值税发票？

新疆维吾尔自治区国税局：营改增政策答疑（十三）

八、全面营改增后，其他个人发生应税项目是否可以申请代开增值税专用发票？

答：根据《国家税务总局关于营业税改征增值税委托地税局代征税款和代开增值税发票的通知》（税总函［2016］145号）的规定，其他个人销售其取得的不动产和出租不动产，购买方或承租方不属于其他个人的，纳税人缴纳增值税后可以向地税局申请代开增值税专用发票。上述情况之外的，其他个人不能申请代。

北京市国税局：热点问题（5月19日）

2. 营改增之后北京市个人出租房屋是否还可以去委托代征单位代开增值税发票？

答：可以。

说明：

1. 新疆维吾尔自治区专门就其他个人申请代开增值税专用发票的问题进行了解答，是对《国家税务总局关于营业税改征增值税委托地税局代征税款和代开增值税发票的通知》（税总函［2016］145号）内容的落实。

2. 北京专门就个人出租房屋的情形委托代开增值税专用发票的问题进行了解答，是对《营业税改征增值税试点实施办法》（财税［2016］36号附件1）第五十一条内容的落实。

118. 税务机关代开发票有何格式要求？

安徽省国税局：营改增税收征管事项相关问答

十一、税务机关代开发票可以使用什么票种？

答：国税机关、地税机关使用新系统代开增值税专用发票和增值税普通发票。代开增值税专用发票使用六联票，代开增值税普通发票使用五联票。

江苏省国税局：江苏国税12366营改增热点问题解答（十三）——征管类热点问题

4. 全面营改增后，税务机关代开发票有何要求？

答：根据《国家税务总局关于全面推开营业税改征增值税试点有关税收征收管理事项的公告》（国家税务总局公告2016年第23号）规定：

"四、增值税发票开具（七）税务机关代开增值税发票时，'销售方开户行及账号'栏填写税收完税凭证字轨及号码或系统税票号码（免税代开增值税普通发票可不填写）。（八）国税机关为跨县（市、区）提供不动产经营租赁服务、建筑服务的小规模纳税人（不包括其他个人），代开增值税发票时，在发票备注栏中自动打印'YD'字样。"

5. 国税机关、地税机关使用新系统代开增值税专用发票和增值税普通发票，分别是几联票？

答：根据《国家税务总局关于全面推开营业税改征增值税试点有关税收征收管理事项的公告》（国家税务总局公告2016年第23号）规定：

"三、发票使用（六）国税机关、地税机关使用新系统代开增值税专用发票和增值税普通发票。代开增值税专用发票使用六联票，代开增值税普通发票使用五联票。"

说明：

1. 安徽、江苏对税务机关代开发票的票种问题做了回答，符合《国家税务总局关于全面推开营业税改征增值税试点有关税收征收管理事项的公告》第三条的规定。

2. 此外，江苏省口径还对代开增值税发票的具体格式填写问题作了回答。

119. 哪些纳税人可以申请代开发票，需要提供哪些资料？

陕西省国税局：营改增试点答疑（九）

89. 哪些纳税人可以申请代开发票，代开发票时需要提供哪些资料？

答：根据《全国税务机关纳税服务规范（2.3版）》的规定，代开发票需提供以下资料：

一、代开普通发票：依法不需要办理税务登记的个人，临时收入，需要开具发票的，主管税务机关可以为其代开普通发票。代开发票时，纳税人应如实填写《代开发票申请表》，并提供以下资料：

（一）《代开发票申请表》

（二）税务登记证件或加载统一社会信用代码的营业执照；按规定不需要办理税务登记的单位提供组织机构代码证；自然人提供身份证明。

（三）经办人的身份证明

（四）购销商品、提供或者接受服务以及从事其他经营活动的书面证明。

对纳税人资料齐全，申请开具的发票属于需预缴税款的，纳税人已按申报单上的税额缴纳税款后，方可代开。

二、代开专用发票：小规模纳税人（含个体工商户）发生应税行为，购买方索取增值税专用发票的，可以向主管税务机关申请代开。

申请代开专用发票时，应提供下列资料：

（一）《代开增值税专用发票缴纳税款申报单》

（二）税务登记证件或加载统一社会信用代码的营业执照

纳税人资料齐全，按《代开增值税专用发票缴纳税款申报单》上计算填写的税额全额申报缴纳税款后，方可代开。

为节约排队时间，纳税人可通过陕西省省国税局代开发票申报单网络受理系统进行网上填报、提交并形成带有预约流水号的《代开增值税专用发票缴纳税款申报单》。

山东省国税局：2016年5月21日12366营改增热点问题

4. 个人代开增值税普通发票需要提供什么资料？

答：根据《关于进一步做好国税机关代开增值税发票工作的通知》（鲁国税办函［2016］84号）文件规定，代开增值税普通发票纳税人需提交以下资料：

代开增值税普通发票可凭购销商品、提供或者接受服务以及从事其他经营活动的书面证明、经办人身份证明，向主管税务机关申请代开普通发票。书面证明是指有关业务合同、协议或付款方（或接受劳务服务方）对所购物品品名（或劳务服务项目）、单价、金额等出具的书面确认证明。

说明：

1. 陕西、山东口径对代开增值税专用发票所需材料进行了规定，是对《全国税务机关纳税服务规范（2.3版）》内容的落实。

2. 此外，陕西省口径还对个人申请代开增值税普通发票所需提供资料进行了规定，其内容是《关于进一步做好国税机关代开增值税发票工作的通知》(鲁国税办函 [2016] 84号）的落实。

120. 有关税控装置的安装及使用需要注意什么？

吉林省国税局：营改增相关业务问题（一）

二、哪些营改增纳税人需要应用税控设备开具增值税发票？

答：如果你属于应登记的一般纳税人或起征点以上的小规模纳税人，且需要使用增值税发票的，应按照主管税务机关的安排，参加增值税发票税控系统培训，并购置税控专用设备。参加税控开票系统操作培训，不收取任何费用。纳税人购买增值税税控系统专用设备和技术维护费用，在增值税应纳税额中全额抵减，即不需纳税人负担（文件依据：《财政部国家税务总局关于增值税税控系统专用设备和技术维护费用抵减增值税税额有关政策的通知》(财税［2012］15号)。

江苏省国税局：江苏国税12366营改增热点问题解答（十三）——征管类热点问题

20、这次营改增，原来的CA证书还能用吗？如果要变更CA证书要不要支付额外费用？

答：使用江苏CA证书的，要到重新发行一下，可以继续免费使用。

河南省国税局：营改增问题快速处理机制专期二

问题七：纳税人办理跨区迁移，跨区迁出时税控盘做缴销处理，请问跨区迁入是否需要重新购买税控设备？

答：纳税人办理跨区迁移，跨区迁出时税控设备在原主管税务机关做注销发行并解锁，然后携带原有税控设备在迁入地主管税务机关做初始发行即可。

青海省国税局：政策组发言材料

第一个是营改增纳税人发行税控装置和发票发放问题。

对这个问题，《增值税专用发票使用规定》(国税发［2016］156号）第三条规定：“一般纳税人应通过增值税税控系统领购专用发票”;《国家税务总局关于推行增值税发票系统升级版工作有关问题的通知》(税总发［2014］156号）“增值税发票系统升级版操作办法”中第九条规定：“纳税人可根据确认的发票种类，持金税盘或税控盘（特定纳税人可持报税盘）及相关资料到税务机关领取增值税发票”。因此各地国税机关在组织营改增纳税人税控装置发行和发票发放工作中，应先发行税控装置，然后再向纳税人发放增值税发票。

青海省国税局：营改增纳税人办税指南之一房地产篇——政策组发言材料（二）

（五）关于营改增纳税人来信反映不开发票是否还需要安装税控装置问题。

营改增纳税人推行增值税发票税控装置的范围是：增值税一般纳税人，以及销售货物、提供加工修理修配劳务月销售额超过3万元（按季纳税9万元），或者销售服务、无形资产月销售额超过 3 万元（按季纳税 9 万元）的小规模纳税人。

对于纳入推行范围，但暂不需要开具发票的纳税人，国税机关可以根据其实际情况，尊重纳税人的意见，经纳税人确认后可暂不安装，待以后纳税人需要的时候，国税机关再行安排安装。

福建省国税局：12366 营改增咨询热点（3 月 28 日）

7. 试点纳税人 5 月 1 日就要营改增了，那营改增之后要使用防伪税控设备，什么时候可以开始购买税控设备?

答：自 2016 年 4 月 1 日起。试点纳税人可向主管国税机关申请办理票种核定、税控设备发行、发票领购等事项，但在 2016 年 5 月 1 日前不得开具。

北京市国税局：热点问题（4 月 8 日）

3. 企业一直在国税申报增值税，在地税申报营业税，营改增后税控设备需要重新发行吗?

答：如您已使用增值税发票系统升级版开具增值税发票，不需要更换税控设备。若您是原增值税小规模纳税人未纳入升级版，在变更为一般纳税人后，需更换为升级版税控设备。

北京市国税局：热点问题（5 月 25 日）

1. 原纯地税户，营改增后登记为增值税一般人，可否选择在国税机关代开发票，不买税控机具?

答：不可以。需要在主管国税机关核定增值税发票后自行开具发票。同时，根据《关于增值税税控系统专用设备和技术维护费用抵减增值税税额有关政策的通知》（财税［2012］15 号）文件规定：增值税纳税人 2011 年 12 月 1 日（含）以后初次购买增值税税控系统专用设备（包括分开票机）支付的费用，可凭购买增值税税控系统专用设备取得的增值税专用发票，在增值税应纳税额中全额抵减（抵减额为价税合计额），不足抵减的可结转下期继续抵减。

江西省国税局：营改增问题解答（五）

四、税控设备核心设备发行如何办理?

答：增值税税控系统专用设备有服务器版和单机版，企业可以自主选择。增值税税控系统专用设备应向国家税务总局指定的技术服务单位购买。江西省范围内的技术服务单位为江西航天信息有限公司和江西百旺金赋科技有限公司。您询问的是服务器版本税控设备的发行，服务器版本的税控设备架设方式、采购价格、服务协议等具体问题，请直接与服务单位商谈，服务单位会安排人员上门协助纳税人完成税控设备发行等工作。

陕西省国税局：营改增试点答疑（九）

90. 增值税税控系统专用设备包括哪些?

答：根据《财政部国家税务总局关于增值税税控系统专用设备和技术维护费用抵减增

值税税额有关政策的通知》（财税［2012］15号）的规定，增值税防伪税控系统的专用设备包括金税卡、IC卡、读卡器或金税盘和报税盘；货物运输业增值税专用发票税控系统专用设备包括税控盘和报税盘；机动车销售统一发票税控系统和公路、内河货物运输业发票税控系统专用设备包括税控盘和传输盘。

陕西省国税局：营改增试点答疑（十）

91. 如何购买增值税防伪税控系统专用设备？

答：根据《国家发展改革委关于降低增值税防伪税控系统专用产品价格的通知》（发改价格［2016］1341号）的规定，根据增值税防伪税控系统专用设备生产成本变化情况，决定适当降低增值税防伪税控系统专用设备价格，具体通知如下：

一、中国航天科工集团公司所属航天信息股份有限公司生产的金税卡的零售价格由每套1303元降为1188元，金税专用JK300型读卡器的零售价格由每台173元降为149元，金税专用IC卡（64K）的零售价格由每张105元降为79元。

二、根据《国家发展改革委关于完善增值税税控系统有关收费政策的通知》（发改价格［2012］2155号）的规定，严格核定税控盘系列产品价格，根据增值税税控系统专用设备升级换代状况和生产成本费用情况，暂核定增值税防伪税控系统专用设备中的USB金税盘零售价格为每个490元，报税盘为每个230元。

三、根据《国家税务总局关于全面推行增值税发票系统升级版有关问题的公告》（国家税务总局公告2015年第19）的规定，纳税人置换专用设备…纳税人原使用的增值税税控系统金税盘（卡）、税控盘，需置换为增值税发票系统升级版专用设备。增值税发票系统升级版服务单位按照优惠价格（报税盘价格）对原金税盘（卡）、税控盘进行置换。

陕西省国税局：营改增试点答疑（十）

98. 增值税发票系统升级版税控设备不可以开具哪些发票？

答：根据《国家税务总局关于推行增值税发票系统升级版有关问题的公告》（国家税务总局公告2014年第73号）的规定，通用定额发票、客运发票和二手车销售统一发票不能使用增值税发票系统升级版税控设备开具。

陕西省国税局：营改增试点答疑（十）

99. 只有在互联网连接状态下，才能使用增值税发票系统升级版税控设备开具发票吗？

答：根据《国家税务总局关于推行增值税发票系统升级版有关问题的公告》（国家税务总局公告2014年第73号）的规定，纳税人在互联网连接状态下，可以开具发票并自动上传已开具的发票明细数据。纳税人因网络故障等原因无法在线开票的，在税务机关设定的离线开票时限和离线开具发票总金额范围内仍可开票，超限将无法开具发票。按照有关规定不使用网络办税或不具备网络条件的特定纳税人，以离线方式开具发票，不受离线开票时限和离线开具发票总金额限制。特定纳税人的相关信息由主管税务机关在综合征管系统中设定，并同步至增值税发票系统升级版。

海南省国税局：全面推开营改增政策指引——重点关注问题解答（二）

一、关于营改增纳税人领购税控装置和发票问题

《增值税专用发票使用规定》（国税发［2016］156号）第三条规定："一般纳税人应通过增值税税控系统领购专用发票"；《国家税务总局关于推行增值税发票系统升级版工作有关问题的通知》（税总发［2014］156号）"增值税发票系统升级版操作办法"中第九条规定："纳税人可根据确认的发票种类持金税盘或税控盘（特定纳税人可持报税盘）及相关资料到税务机关领取增值税发票"。因此纳税人应先安装税控装置，然后领取增值税发票。

四川省国税局：全面推开营改增试点问题答疑（第十三期）（2016年4月30日）

172. 请问增值税发票查询平台是装客户端软件还是登录网页操作？在哪里可以下载或登录？

答：可以通过2种方式登录增值税发票查询平台：一是通过增值税发票税控开票软件登录；二是使用IE8以上的浏览器直接登录四川增值税发票查询平台，网址为：https：//fpdk.sc-n-tax.gov.cn（浏览器栏中应包括https的前缀）。登录前，应将登录网址加入受信站点。

说明：

1. 吉林、河南、青海、福建、青海、北京、江西、陕西、海南、四川对税控设备发行、安装、使用等问题进行了规定。

2. 各省市的上述问答主要涉及了如下问题：

（1）吉林省就需要应用税控设备开具增值税发票的纳税人范围作出了回答；

（2）河南省回答了纳税人跨区迁入时是否需要重新购买税控设备问题；

（3）青海省回答了营改增纳税人发行税控装置和发票发放，以及不开发票是否需要安装税控装置问题；

（4）北京市则回答了营改增后，税控机具的购买和税控设备的升级问题，是对《关于增值税税控系统专用设备和技术维护费用抵减增值税税额有关政策的通知》（财税［2012］15号）第一条的落实；

（5）江西省和陕西省则分别回答了税控设备核心设备发行如何办理／购买问题；

（6）陕西省还就增值税税控系统专用设备包括哪些，增值税发票系统升级版税控设备不可以开具哪些发票，以及增值税发票系统升级版税控设备开具发票的具体使用问题做出了回答；

（7）海南省针对纳税人安装税控装置和领取增值税发票的先后次序问题进行了回答；

（8）四川省则回答了增值税发票查询平台的登陆操作问题。

121. 增值税专用发票如何认证？

陕西省国税局：营改增试点答疑（四）

33. 增值税专用发票认证是什么？认证方法有哪几种？

答：根据《国家税务总局关于印发〈增值税一般纳税人纳税申报“一窗式”管理操作规程〉的通知》（国税发［2005］61号）的规定，认证是指税务机关对纳税人取得的防伪税控系统开具的专用发票抵扣联，利用扫描仪自动采集其密文和明文图像，运用识别技术将图像转换成电子数据，然后对发票密文进行解密，并与发票明文逐一核对，以判别其真伪的过程。

认证按其方法可分为远程认证和上门认证。远程认证由纳税人自行扫描、识别专用发票抵扣联票面信息，生成电子数据，通过网络传输至税务机关，由税务机关完成解密和认证，并将认证结果信息返回纳税人的认证方式。上门认证是指纳税人携带专用发票抵扣联（或电子信息）等资料，到税务机关申报征收窗口进行认证的方式。

纳税人报送的专用发票抵扣联，如果已污损、褶皱、揉搓，致使无法认证的，可允许纳税人用相应的其他联次进行认证（采集）。

根据《国家税务总局关于纳税信用A级纳税人取消增值税发票认证有关问题的公告》（国家税务总局公告2016年第7号）的规定，一、纳税人取得销售方使用增值税发票系统升级版开具的增值税发票（包括增值税专用发票、货物运输业增值税专用发票、机动车销售统一发票），可以不再进行扫描认证，通过增值税发票税控开票软件登录本省增值税发票查询平台，查询、选择用于申报抵扣或者出口退税的增值税发票信息。增值税发票查询平台的登录地址由各省国税局确定并公布。二、纳税人取得的上述增值税发票，通过增值税发票查询平台未查询到对应发票信息的，仍可进行扫描认证。

广西壮族自治区国税局：2016年营改增一次性业务办税指引（适用于一般纳税人）

六、增值税专用发票认证

试点纳税人取得的增值税专用发票、货物运输业增值税专用发票和机动车销售统一发票需要抵扣的，必须自开具之日起180日内先对抵扣联进行扫描认证。

如果是纳税信用A级纳税人，可以不再进行扫描认证，必须自开具之日起180日内，通过登录本省增值税发票查询平台（网 https：//fpdk.gxgs.gov.cn），查询、勾选用于申报抵扣或者出口退税的增值税发票信息，并在认证通过或确认勾选的次月申报期内，向主管税务机关申报抵扣进项税额。

四川省国税局：@营改增纳税人：你必须要知晓的14个增值税发票问题

七、取得的增值税专用发票如何认证？

不符合取消认证范围的纳税人，可采用远程网上认证或办税服务厅认证的方式，扫描增值税专用发票（包括增值税专用发票、货物运输业增值税专用发票、机动车销售统一发票，下同）进行认证。

符合取消认证范围的纳税人，取得销售方使用增值税发票管理新系统开具的增值税专用发票，可以不再进行扫描认证，登录本省增值税发票查询平台，查询、选择用于申报抵扣或者出口退税的增值税专用发票信息，未查询到对应发票信息的，仍可进行扫描认证。

说明：

陕西、广西壮族自治区、四川三省区口径对取得增值税发票如何认证问题的回答进行了规定，是对《国家税务总局关于纳税信用A级纳税人取消增值税发票认证有关问题的公告》第一条规定的具体落实。

122. 哪些情况下不需要进行增值税专用发票认证？

陕西省国税局：营改增试点答疑（四）

43. 红字增值税专用发票是否需要认证？

答：红字增值税专用发票不需要认证。根据《增值税专用发票使用规定》（国税发[2016]156号）的规定，用于抵扣增值税进项税额的专用发票应经税务机关认证相符（国家税务总局另有规定的除外）。红字增值税专用发票不用于抵扣增值税进项税额，不需认证。

北京市国税局：热点问题（5月19日）

1.2016年5月至7月期间，哪些增值税一般纳税人不需要进行增值税发票认证？

答：2016年5月1日起，纳税信用A级、B级增值税一般纳税人取得销售方使用新系统开具的增值税发票（包括增值税专用发票、货物运输业增值税专用发票、机动车销售统一发票），可以不再进行扫描认证。

2016年5月1日新纳入营改增试点的增值税一般纳税人，2016年5月至7月期间不需进行增值税发票认证，登录本省增值税发票查询平台，查询、选择用于申报抵扣或者出口退税的增值税发票信息，未查询到对应发票信息的，可进行扫描认证。

江西省国税局：营改增问题解答（五）

二、专用发票不认证能否放到B级纳税信用等级？

答：自2016年5月1日起，纳税信用B级增值税一般纳税人取得销售方使用新系统开具的增值税发票（包括增值税专用发票、货物运输业增值税专用发票、机动车销售统一发票，下同），可以不再进行扫描认证，登录本省（https://fpdk.jxgs.gov.cn）增值税发票查询平台，查询、选择用于申报抵扣或者出口退税的增值税发票信息，未查询到对应发票信息的，仍可进行扫描认证。

2016年5月1日新纳入营改增试点的增值税一般纳税人，2016年5月至7月期间不需进行增值税发票认证，登录本省增值税发票查询平台，查询、选择用于申报抵扣或者出口退税的增值税发票信息，未查询到对应发票信息的，可进行扫描认证。2016年8月起按照纳税信用级别分别适用发票认证的有关规定。

江苏省国税局：江苏国税12366营改增热点问题解答（十三）——征管类热点问题

13. 取消增值税发票认证的纳税人都有哪些？

答：一、根据《国家税务总局关于纳税信用A级纳税人取消增值税发票认证有关问题的公告》（国家税务总局公告2016年第7号）规定：“一、纳税人取得销售方使用增值税发票系统升级版开具的增值税发票（包括增值税专用发票、货物运输业增值税专用发票、机动车销售统一发票，下同），可以不再进行扫描认证，通过增值税发票税控开票软件登录本省增值税发票查询平台，查询、选择用于申报抵扣或者出口退税的增值税发票信息。增值税发票查询平台的登录地址由各省国税局确定并公布。二、纳税人取得增值税发票，通过增值税发票查询平台未查询到对应发票信息的，仍可进行扫描认证……”

二、根据《国家税务总局关于全面推开营业税改征增值税试点有关税收征收管理事项的公告》（国家税务总局公告2016年第23号）规定：“五、扩大取消增值税发票认证的纳税人范围：

（一）纳税信用B级增值税一般纳税人取得销售方使用新系统开具的增值税发票（包括增值税专用发票、货物运输业增值税专用发票、机动车销售统一发票，下同），可以不再进行扫描认证，登录本省增值税发票查询平台，查询、选择用于申报抵扣或者出口退税的增值税发票信息，未查询到对应发票信息的，仍可进行扫描认证。

（二）2016年5月1日新纳入营改增试点的增值税一般纳税人，2016年5月至7月期间不需进行增值税发票认证，登录本省增值税发票查询平台，查询、选择用于申报抵扣或者出口退税的增值税发票信息，未查询到对应发票信息的，可进行扫描认证。2016年8月起按照纳税信用级别分别适用发票认证的有关规定。”

江苏省国税局：江苏国税12366营改增热点问题第四期

五、扩大取消增值税发票认证的纳税人范围

（一）纳税信用B级增值税一般纳税人取得销售方使用新系统开具的增值税发票（包括增值税专用发票、货物运输业增值税专用发票、机动车销售统一发票，下同），可以不再进行扫描认证，登录增值税发票查询平台（贵州）（https://fpdk.gz-n-tax.gov.cn），查询、选择用于申报抵扣或者出口退税的增值税发票信息，未查询到对应发票信息的，仍可进行扫描认证。

（二）2016年5月1日新纳入营改增试点的增值税一般纳税人，2016年5月至7月期间不需进行增值税发票认证，登录增值税发票查询平台（贵州）（https://fpdk.gz-n-tax.gov.cn），查询、选择用于申报抵扣或者出口退税的增值税发票信息，未查询到对应发票信息的，可进行扫描认证。2016年8月起按照纳税信用级别分别适用发票认证的有关规定。

四川省国税局：@营改增纳税人：你必须要知晓的14个增值税发票问题

八、哪些纳税人可以取消增值税专用发票扫描认证？

答：根据《国家税务总局关于纳税信用A级纳税人取消增值税发票认证有关问题的公告》（国家税务总局公告2016年第7号）、《国家税务总局关于全面推开营业税改征增值税试点有关税收征收管理事项的公告》（国家税务总局公告2016年第23号）：

（一）从2016年3月1日起，纳税信用A级增值税一般纳税人取得销售方使用增值税发票管理新系统开具的增值税发票，可以不再进行扫描认证。

（二）从2016年5月1日起，纳税信用B级增值税一般纳税人取得销售方使用增值税发票管理新系统开具的增值税发票，可以不再进行扫描认证。

（三）2016年5月1日新纳入营改增试点的增值税一般纳税人，2016年5月至7月期间不需进行增值税发票扫描认证。2016 年 8 月起按照纳税信用级别分别适用发票认证的有关规定。

湖北省国税局：营改增政策执行口径第一辑（2016 年 4 月 25 日）

第一部分 综合问题

16. 哪些纳税人适用取消认证？

答：对纳税信用 A 级、B 级的增值税一般纳税人，取得销售方使用增值税发票管理新系统开具的增值税专用发票可以不再进行扫描认证，通过增值税发票税控开票软件登录本省增值税发票查询平台，查询、选择用于申报抵扣或者出口退税的增值税发票信息。

2016 年 5 月 1 日新纳入营改增试点的增值税一般纳税人，2016 年 5 月至 7 月期间也适用取消认证。

说明：

1. 北京、江西、江苏、四川、湖北分别对纳税信用 A 级、B 级增值税一般纳税人的取消认证问题作出了回答，分别是《国家税务总局关于纳税信用 A 级纳税人取消增值税发票认证有关问题的公告》第一条和《B 级增值税一般纳税人取得销售方使用新系统开具的增值税发票》第五条规定的落实。

2. 江西、四川、湖北对新纳入营改增试点的增值税一般纳税人的取消认证规定口径基本一致，是对《国家税务总局关于全面推开营业税改征增值税试点有关税收征收管理事项的公告》（国家税务总局公告 2016 年第 23 号）第五条的落实。

3. 陕西省口径对红字发票是否需要认证的问题进行了规定，是《增值税专用发票使用规定》（国税发 [2016] 156 号）第十四条的落实。

123. 实行三证合一后，对纳税人有何影响？

河南省国税局：营改增问题快速处理机制专期一

问题十七纳税人需要办理三证合一业务，那么对于三证合一之前开出和取得的专票认证是否受影响？怎么处理？

答：2015 年 12 月 30 日，信息中心对增值税发票系统升级版进行 FWSK_V7.00.09_ZS 补丁升级，完成新旧税号对照的关联关系，修改与征管系统同步纳税人档案、发票验旧、发票认证和一窗式比对以及查询等功能。此外，防伪税控系统保留了基于纳税人旧纳税人识别号的纳税人档案信息，因此三证合一之前纳税人取得的专票认证不受影响，开具给我省其他纳税人的专票认证不受影响。

河南省国税局：营改增问题快速处理机制专期二

问题八三证合一后发票开具应当使用新税号，新税号的使用是从在工商办好三证合一后就开始使用还是在税局做好登记后再开始使用？

答：2016 年 4 月 8 日，防伪税控系统进行了 "FWSK_V7.00.13_ZS" 升级，企业发行子系统中增加"一体化变更"菜单，实现对"三证合一"纳税人企业税号一体化变更功能，同时可以对企业的变更状态、完成情况进行查询和统计。纳税人在工商局办理好基于统一社会信用代码的工商营业执照后，到主管税务机关办理"三证合一"纳税人企业税号一体化变更后可以使用新的税号。

北京市国税局：热点问题（4 月 14 日）

41. 营改增三证合一的存量户在签三方协议时，银行一般以三证合一的信用代码为准，但存量户未在国税变更税务登记号，此时协议无法发送成功。企业该如何处理？

答：纳税人先到国税机关办理三证合一手续，办完后再签订三方协议。

陕西省国税局：营改增试点答疑（十）

100. 营改增后，纳税人识别号是否发生变化？

答：1. 对纯地税户，保持原纳税人识别号不变。

2. 对国地税共管户，使用国税部门登记的纳税人识别号。

3. 对于已办理"三证合一"的营改增纳税人，一律使用该纳税人的统一社会信用代码录入。

4. 对于"一人多照"个体工商户，既在国税和地税分别办有税务登记证切纳税人识别号重复的，按照业主"身份证号码"+"2 位顺序码"的编码规则对其地税的税务登记进行重新编码，发放国税税务登记证。

说明：

1. 河南省口径"三证合一"后使用新的纳税人登记号。
2. 陕西三证合一后纳税人登记号有新的变化。
3. 北京三证合一后使用信息代码，需要变更税务登记号。

124. 何种情况下应实行纳税辅导管理？

贵州省国税局：全面推开营改增试点一般规定 12366 热点问题解答（2016 年 4 月 28 日）

（八）试点纳税人在办理增值税一般纳税人资格登记后，发生增值税偷税、骗取出口退税和虚开增值税扣税凭证等行为的，主管国税机关可以对其实行 6 个月的纳税辅导期管理。

安徽省国税局：营改增税收征管事项相关问答

八、对哪些试点纳税人需要实行纳税辅导期管理？

答：试点纳税人在办理增值税一般纳税人资格登记后，发生增值税偷税、骗取出口退税和虚开增值税扣税凭证等行为的，主管国税机关可以对其实行 6 个月的纳税辅导期管理。

说明：

安徽和贵州省对纳税辅导管理规定一致，是《主管国税机关可以对其实行6个月的纳税辅导期管理》第二条规定的落实。

125. 已缴纳营业税的，营改增后应如何补开增值税普通发票？

安徽省国税局：营改增纳税人已缴营业税收入补开增值税普通发票问题的政策口径和操作方法

国家税务总局《关于全面推开营业税改征增值税试点有关税收征收管理事项的公告》（国家税务总局公告2016年第23号）规定，营改增纳税人在地税机关已申报营业税未开具发票，2016年5月1日以后需要补开发票的，可于2016年12月31日前开具增值税普通发票（税务总局另有规定的除外）。为帮助纳税人和税务机关准确理解上述规定和开具发票，现就营改增纳税人已缴营业税未开具营业税发票收入补开增值税普通发票问题的政策口径和操作方法明确如下（不含房地产开发企业，房地产开发企业补开增值税普通发票问题另行明确）：

1. 营改增纳税人2016年4月30日前收取的，未开具营业税发票但已缴纳营业税的预收款，纳税人在2016年5月1日～2016年12月31日之间可以补开增值税普通发票，但不能开具增值税专用发票。纳税人按上述规定补开的增值税普通发票上注明的销售额不需要缴纳增值税，也不需要填写在增值税纳税申报表上。

2. 对已缴营业税未开具营业税发票的收入，营改增纳税人可以按以下方法开具增值税普通发票：

（1）营改增纳税人使用航信公司开票系统（即金税盘）开票的，金额栏填写已缴营业税未开具营业税发票的收入数额，税率栏填0，然后在备注栏注明“税率为0的销售额是已缴纳营业税未开具营业税发票的收入”。

（2）营改增纳税人使用百旺公司开票系统（即税控盘）开票的，可以通过编码的方法解决，基本操作步骤为：第一步，进入开票系统后首先选择商品编码；第二步，进入操作界面，找到自己销售的服务、无形资产或者不动产对应的商品编码后点击操作界面上的“增加”按钮，然后自编一个商品代码，将自编的商品代码的税率设为0，然后在免税类型中选择“不征税”。完成新代码编制后点击操作界面上的“保存”按钮，完成不征税代码的编制工作。第三步，在开票系统中选定企业自编的商品代码，进入增值税普通发票开票界面，金额栏填写已缴营业税未开具营业税发票的收入数额，金额栏填写销售不动产已缴纳营业税的预收款数额，税率栏选择不征税。

山东省国税局：全面推开营改增试点政策指引（六）

二、关于“已缴纳营业税未开具营业税发票”问题

23号公告中明确规定：“纳税人在地税机关已申报营业税未开具发票，2016年5月1日以后需要补开发票的，可于2016年12月31日前开具增值税普通发票”。上述规定的出台明确了已缴纳营业税但未开具发票事宜如何衔接以及具体的时限要求，纳税人发生上述

情形在开具普通发票时暂选择“零税率”开票，同时将缴纳营业税时开具的发票、收据及完税凭证等相关资料留存备查，在发票备注栏单独备注“已缴纳营业税”字样。

秉持“对于征税主体发生的一项应税行为，不重复征税”的原则，对适用上述情况开具的增值税普通发票，不再征收增值税，也不通过申报表体现。

山东省国税局：2016 年 5 月 20 日 12366 营改增热点问题

5. 已申报缴纳营业税，未开具发票，补开增值税发票还是营业税发票？

答：根据《国家税务总局关于全面推开营业税改征增值税试点有关税收征收管理事项的公告》（国家税务总局公告 2016 年第 23 号）的有关规定，纳税人在地税机关已申报营业税未开具发票，2016 年 5 月 1 日以后需要补开发票的，可于 2016 年 12 月 31 日前开具增值税普通发票（税务总局另有规定的除外）。

深圳市国税局：全面推开“营改增”试点工作指引（之二）

二、纳税人 2016 年 4 月 30 日前已在地税申报缴纳营业税，但未开具发票的收入，2016 年 5 月 1 日以后需要补开发票的，可于 2016 年 12 月 31 日前开具增值税普通发票（税务总局另有规定的除外）。纳税人在补开发票的次月（申报期）申报时，无需申报补开发票的销售额。

补开发票收入需要代开增值税普通发票的纳税人，可凭 4 月 30 日前已经在地税缴纳营业税的完税凭证，到主管国税机关办理代开手续。

宁夏回族自治区国税局：全面推开营改增政策指引（二）

6. 营改增纳税人已申报营业税未开具发票，补开发票如何操作？

答：纳税人在地税机关已申报营业税未开具发票的，可以在 2016 年 12 月 31 日前开具增值税普通发票，不得开具增值税专用发票。纳税人通过新系统开具增值税普通发票时，金额栏填写已缴营业税未开具发票的收入额，税率栏填写零，在发票备注栏单独备注“已纳营业税未开票”，并注明缴纳营业税的时间和完税凭证号码。同时将缴纳营业税时开具的收据、完税凭证及相关记账凭证留存备查。

新疆维吾尔自治区国税局：营改增政策答疑（六）

一、纳税人在地税机关已申报营业税未开具发票，2016 年 5 月 1 日以后需要补开发票的，应如何开具？

答：根据《财政部 国家税务总局关于全面推开营业税改征增值税试点的通知》（财税［2016］36 号）的规定，固定业户应当向主管税务机关申请领购发票，并自行开具增值税普通发票，但不能开具增值税专用发票。

其他个人可以向应税行为发生地主管税务机关申请代开增值税普通发票，不能申请代开增值税专用发票。

江苏省国税局：江苏国税 12366 营改增热点问题解答（十三）——征管类热点问题

8. 纳税人在地税机关已申报营业税未开具发票，2016 年 5 月 1 日以后需要补开发票的，可以开具什么发票?

答:根据《国家税务总局关于全面推开营业税改征增值税试点有关税收征收管理事项的公告》(国家税务总局公告2016年第23号)规定:“三、发票使用……(七)……纳税人在地税机关已申报营业税未开具发票,2016年5月1日以后需要补开发票的,可于2016年12月31日前开具增值税普通发票(税务总局另有规定的除外)。”

北京市国税局:热点问题(5月1日)

四、发票管理

1.试点纳税人提供租赁服务,采取预收款方式,5月1日之前已经收款,暂未开票,合同约定五月份开具发票。五月之后可否对四月份的该部分应税收入开具国税增值税专用发票?

答:不可以。纳税人在地税机关已申报营业税未开具发票,2016年5月1日以后需要补开发票的,可于2016年12月31日前开具增值税普通发票(税务总局另有规定的除外)。

北京市国税局:热点问题(5月16日)

四、发票管理

1.一般纳税人跨地区提供建筑业劳务,现在缴纳4月份的营业税,但是还没有开具营业税发票,发票如何补开?

答:5月1日后可以补开增值税普通发票,无需再缴纳增值税。

福建省国税局:12366营改增热点问题解答(4月20日)

10.营改增后,5月1日之前已结算但未开票的项目应如何开具发票

答:根据总局23号公告,纳税人在地税机关已申报营业税未开具发票,2016年5月1日以后需要补开发票的,可于2016年12月31日前开具增值税普通发票(税务总局另有规定的除外)。

纳税人项目已结算但尚未在地税部门申报营业税也未开票的,可以开具增值税发票并申报缴纳增值税。

内蒙古自治区国税局:内蒙古自治区国家税务局营改增期间增值税发票相关问题解答

八、已申报缴纳营业税未开具发票补开增值税普通发票问题

纳税人在地税机关已申报营业税未开具发票,2016年5月1日以后需要补开发票的,可于2016年12月31日前开具增值税普通发票,不能自行开具的,可向主管税务机关申请代开增值税普通发票。

不能自行开具增值税发票的纳税人是指月销售额3万元(按季纳税9万元)以下的小规模纳税人。

试点纳税人到主管国税机关补开发票时,需提供以下资料:税务登记证副本及复印件(居民身份证原件及复印件)、税收完税凭证和地税机关开具的纳税人已申报营业税未开具发票证明等资料。资料审核无误后,按要求向纳税人开具增值税普通发票。同时,将开具的增值税普通发票、税收完税凭证和已申报营业税未开具发票证明一起归档。纳税人自行

补开的，应将上述资料留存备查。

补开的增值税普通发票备注栏注明“已缴纳营业税，完税凭证号码 xxxx，未开具发票补开”字样。纳税申报时，补开的增值税发票不体现在增值税纳税申报表中。

湖北省国税局：关于补开增值税发票的执行口径（2016 年 5 月 6 日）

国家税务总局 2016 年第 23 号公告第三条第七项第二款规定，“纳税人在地税机关已申报营业税未开具发票，2016 年 5 月 1 日以后需要补开发票的，可于 2016 年 12 月 31 日前开具增值税普通发票（税务总局另有规定的除外）”。经研究，全省统一按照以下要求进行办理：

1. 纳税人申请国税机关代开增值税普通发票的，需提供主管地税机关出具的已申报营业税未开具发票证明和已申报营业税的完税凭证。纳税人自行开具增值税普通发票的，需要提供上述证明和凭证留存备查。

2. 纳税人自行开具增值税普通发票或申请国税机关代开增值税普通发票的，需要在发票备注栏上注明“已缴纳营业税未开具营业税发票的收入，缴纳的营业税完税凭证号码为××××”字样，税率栏填 0。

湖北省国税局：营改增政策执行口径第二辑（2016 年 5 月 23 日）

第一部分　综合问题

41. 纳税人已纳营业税未开具营业税发票的，开具增值税普通发票的问题

纳税人 2016 年 5 月 1 日前已申报缴纳营业税，未开具营业税发票的，经省国税局、省地税局协商，由纳税人提供主管地税机关出具的“已申报缴纳营业税、尚未开具营业税发票金额”的证明，纳税人以此为依据自行开具零税率增值税普通发票，或者向主管国税机关申请代开零税率增值税普通发票。

说明：

1. 安徽、山东、深圳、宁夏回族自治区、新疆维吾尔自治区、江苏、北京、福建、内蒙古九个省区市对已缴纳营业税补开增值税普通发票的回答一致，均是对《关于全面推开营业税改征增值税试点有关税收征收管理事项的公告》（国家税务总局公告 2016 年第 23 号）第三条规定的落实。

2. 安徽、宁夏回族自治区两省区口径则对补开发票的操作方式及步骤等问题进行了描述。

3. 内蒙古口径对补开发票所需提供哪些材料的问题进行了回答。

4. 湖北口径对于补开增值税普通发票的问题上有不同的做法，其可以经批准自行或者申请代开零税率增值税普通发票。

126. 按季申报的营业税纳税人，5 月 1 日后应如何申报？

甘肃省国税局：全面推开营改增试点一般规定 12366 热点问题解答

8. 实行按季申报的原营业税纳税人，5 月 1 日营改增后何时申报缴纳增值税？

答：根据《国家税务总局关于全面推开营业税改征增值税试点有关税收征收管理事项的公告》（国家税务总局公告 2016 年第 23 号）规定，实行按季申报的原营业税纳税人，2016 年 5 月申报期内，向主管地税机关申报税款所属期为 4 月份的营业税；2016 年 7 月申报期内，向主管国税机关申报税款所属期为 5、6 月份的增值税。

江苏省国税局：江苏国税 12366 营改增热点问题解答（十三）——征管类热点问题

2、2016 年 5 月 1 日后，实行按季申报的原营业税纳税人，如何申报营业税和增值税？

答：根据《国家税务总局关于全面推开营业税改征增值税试点有关税收征收管理事项的公告》（国家税务总局公告 2016 年第 23 号）规定：“一、纳税申报期（三）实行按季申报的原营业税纳税人，2016 年 5 月申报期内，向主管地税机关申报税款所属期为 4 月份的营业税；2016 年 7 月申报期内，向主管国税机关申报税款所属期为 5、6 月份的增值税。”

北京市国税局：热点问题（5 月 1 日）

三、征收管理

4. 实行按季申报的原营业税纳税人，5 月 1 日营改增后何时申报缴纳增值税？

答：根据《国家税务总局关于全面推开营业税改征增值税试点有关税收征收管理事项的公告》（国家税务总局公告 2016 年第 23 号）规定，实行按季申报的原营业税纳税人，2016 年 5 月申报期内，向主管地税机关申报税款所属期为 4 月份的营业税；2016 年 7 月申报期内，向主管国税机关申报税款所属期为 5、6 月份的增值税。

北京市国税局：热点问题（5 月 13 日）

三、征收管理

5. 某企业准备 6 月成为一般纳税人，在此之前为小规模纳税人按季度申报增值税，请问 7 月申报增值税时应按一般纳税人申报 6 月税额，还是按小规模纳税人申报 4 月至 6 月税额？

答：到主管税务机关大厅手工申报 4、5 月份增值税。7 月申报期按一般纳税人申报 6 月增值税。

贵州省国税局：全面推开营改增试点一般规定 12366 热点问题解答（2016 年 4 月 28 日）

一、纳税申报期

（二）实行按季申报的原营业税纳税人，2016 年 5 月申报期内，向主管地税机关申报税款所属期为 4 月份的营业税；2016 年 7 月申报期内，向主管国税机关申报税款所属期为 5、6 月份的增值税。

安徽省国税局：营改增税收征管事项相关问答

三、实行按季申报的原营业税纳税人营改增过渡期如何缴税？

答：实行按季申报的原营业税纳税人 2016 年 5 月申报期内，向主管地税机关申报税款所属期为 4 月份的营业税；2016 年 7 月申报期内，向主管国税机关申报税款所属期为 5、6 月份的增值税。

河南省国税局：营改增问题快速处理机制专期三

问题二　按季申报的原营业税纳税人，如何申报缴纳 2016 年第二季度税款？

答：《国家税务总局关于全面推开营业税改征增值税试点有关税收征收管理事项的公告》（总局 2016 年第 23 号公告）规定：实行按季申报的原营业税纳税人，2016 年 5 月申报期内，向主管地税机关申报税款所属期为 4 月份的营业税；2016 年 7 月申报期内，向主管国税机关申报税款所属期为 5、6 月份的增值税。

河南省国税局：营改增问题快速处理机制专期七

问题七　在地税按季申报的纳税人，2016 年 5 月如何申报？

答：根据《关于全面推开营业税改征增值税试点有关税收征收管理事项的公告》（国家税务总局 2016 年第 23 号公告）文件规定，实行按季申报的原营业税纳税人，2016 年 5 月申报期内，向主管地税机关申报税款所属期为 4 月份的营业税；2016 年 7 月申报期内，向主管国税机关申报税款所属期为 5、6 月份的增值税。

新疆维吾尔自治区国税局：营改增政策答疑（一）

8. 按季申报的原营业税纳税人，所属期为 5 月和 6 月的税款应如何申报缴纳增值税？

答：根据《国家税务总局关于全面推开营业税改征增值税试点有关税收征收管理事项的公告》（国家税务总局公告 2016 年第 23 号）相关规定，实行按季申报的原营业税纳税人，在 2016 年 5 月申报期内，向主管地税机关申报税款所属期为 4 月份的营业税；2016 年 7 月申报期内，向主管国税机关申报税款所属期为 5、6 月份的增值税。

新疆维吾尔自治区国税局：营改增政策答疑（六）

十、根据《国家税务总局公告 2016 年第 23 号》三、发票使用（七）自 2016 年 5 月 1 日起，地税机关不再向试点纳税人发放发票。试点纳税人已领取地税机关印制的发票以及印有本单位名称的发票，可继续使用至 2016 年 6 月 30 日。根据此政策，在 5 ~ 6 月之间开具的营业税发票应如何交税？

答：根据《关于全面推开营业税改征增值税试点的通知》（财税［2016］36 号）规定，自 2016 年 5 月 1 日以后取得的销售收入，应按规定缴纳增值税。

吉林省国税局：12366 营改增热点问题答复口径

8. 实行按季申报的原营业税纳税人，5 月 1 日营改增后何时申报缴纳增值税？

答：根据《国家税务总局关于全面推开营业税改征增值税试点有关税收征收管理事项的公告》（国家税务总局公告 2016 年第 23 号）规定，实行按季申报的原营业税纳税人，2016 年 5 月申报期内，向主管地税机关申报税款所属期为 4 月份的营业税；2016 年 7 月申报期内，向主管国税机关申报税款所属期为 5、6 月份的增值税。

吉林省国税局：吉林国税局营改增执行口径

六、申报纳税

（一）原地税独管

试点纳税人应携带移动存储设备（如U盘），在税务登记信息确认后，在国税机关拷取网上申报密钥，办理申报初始化手续。

（二）自2016年5月1日起，试点纳税人在国税机关缴纳或解缴税款，但所属期为2016年4月（含4月）之前的税款仍在地税缴纳。

（三）按月申报缴纳增值税的一般纳税人，应自2016年6月1日起向主管国税机关办理增值税纳税申报。

（四）以1个季度为纳税期限的小规模纳税人、银行、财务公司、信托投资公司、信用社，以及财政部和国家税务总局规定的其他纳税人，应自2016年7月1日起向主管国税机关办理增值税纳税申报，由于营改增试点自2016年5月1日起实施，7月份申报增值税的所属期为2016年5月1日至2016年6月30日。

宁夏回族自治区国税局：营改增热点难点问题专题5月26日

二、实行按季申报的原营业税纳税人，5月1日营改增后何时申报缴纳增值税？

答：根据《国家税务总局关于全面推开营业税改征增值税试点有关税收征收管理事项的公告》（国家税务总局公告2016年第23号）规定，实行按季申报的原营业税纳税人，2016年5月申报期内，向主管地税机关申报税款所属期为4月份的营业税；2016年7月申报期内，向主管国税机关申报税款所属期为5、6月份的增值税。

说明：

甘肃、江苏、北京、贵州、安徽、河南、新疆维吾尔自治区、吉林、宁夏回族自治区九个省市区口径对按季度纳税的纳税人在2016年5月1日以后的纳税申报期内，如何申报之前月份的纳税的问题的回答基本一致，是对《国家税务总局关于全面推开营业税改征增值税试点有关税收征收管理事项的公告》（国家税务总局公告2016年第23号）第一条的落实。

127. 2016年6月份的纳税申报如何延长？

贵州省国税局：全面推开营改增试点一般规定12366热点问题解答（2016年4月28日）

一、纳税申报期

（一）2016年5月1日新纳入营改增试点范围的纳税人（以下简称试点纳税人），2016年6月份增值税纳税申报期延长至2016年6月27日。

海南省国税局：全面推开营改增政策指引——重点关注问题解答（三）

二、关于申报有关问题

税务总局公告第23号明确，季申报的原营业税纳税人，4月份的营业税收入在5月征期向地税局申报，5、6月份的增值税收入在7月征期向省国税局申报。同时明确，6月份申报期延长至6月27日。

安徽省国税局：营改增税收征管事项相关问答

一、2016年6月份增值税纳税申报期到什么时候？

答：2016年6月份增值税纳税申报期延长至2016年6月27日。

江苏省国税局：江苏国税12366营改增热点问题解答（十三）——征管类热点问题

1. 2016年5月1日新纳入营改增试点范围的纳税人，6月份增值税纳税申报期延长到哪天？

答：根据《国家税务总局关于全面推开营业税改征增值税试点有关税收征收管理事项的公告》（国家税务总局公告2016年第23号）规定："一、纳税申报期（一）2016年5月1日新纳入营改增试点范围的纳税人（以下简称试点纳税人），2016年6月份增值税纳税申报期延长至2016年6月27日。"

湖北省国税局：营改增政策执行口径第一辑（2016年4月25日）

第一部分 综合问题

4. 营改增纳税申报期有何特别规定？

为确保营改增试点纳税人（以下简称试点纳税人）能够顺利完成首期申报，2016年6月份增值税纳税申报期延长至2016年6月27日。按季申报的纳税人，2016年5月15日前，需向原主管地税机关申报缴纳4月底以前的营业税，2016年7月15日前向主管国税机关申报缴纳5月、6月的增值税。

说明：

1. 贵州、海南、安徽、江苏、湖北对2016年5月1日后新纳入营改增试点范围的纳税人，6月份增值税纳税申报期延长的回答一致，是《国家税务总局关于全面推开营业税改征增值税试点有关税收征收管理事项的公告》（国家税务总局公告2016年第23号）第一条的落实。

2. 其中，湖北对于按季申报的纳税人规定了具体的延长申报期限，是对《国家税务总局关于全面推开营业税改征增值税试点有关税收征收管理事项的公告》（国家税务总局公告2016年第23号）第一条的具体操作。

128. 营改增后有几种发票可以使用？增值税发票有几种？

海南省国税局：全面推开营改增政策指引——重点关注问题解答（二）

四、关于营改增后有几种发票可以使用的问题

根据《国家税务总局关于全面推开营业税改征增值税试点有关税收征收管理事项的公告》（国家税务总局公告2016年第23号）有关规定：

（一）增值税一般纳税人销售货物、提供加工修理修配劳务和应税行为，使用增值税发票管理新系统（以下简称新系统）开具增值税专用发票、增值税普通发票、机动车销售统一发票、增值税电子普通发票。

（二）增值税小规模纳税人销售货物、提供加工修理修配劳务月销售额超过 3 万元（按季纳税 9 万元），或者销售服务、无形资产月销售额超过 3 万元（按季纳税 9 万元），使用新系统开具增值税普通发票、机动车销售统一发票、增值税电子普通发票。

（三）增值税普通发票（卷式）启用前，纳税人使用国税机关发放的现有卷式发票。

（四）门票、过路（过桥）费发票、定额发票、客运发票和二手车销售统一发票继续使用，自 2016 年 5 月 1 日起，由国税机关监制管理，原来地税机关监制的门票、过路（过桥）费发票，仍然可以沿用至 6 月 30 日。

（五）采取汇总纳税的金融机构，省、自治区所辖地市以下分支机构可以使用地市级机构统一领取的增值税专用发票、增值税普通发票、增值税电子普通发票。

（六）国税机关、地税机关使用新系统代开增值税专用发票和增值税普通发票。代开增值税专用发票使用六联票，代开增值税普通发票使用五联票。

（七）自 2016 年 5 月 1 日起，地税机关不再向试点纳税人发放发票。试点纳税人已领取地税机关印制的发票以及印有本单位名称的发票，可继续使用至 2016 年 6 月 30 日，特殊情况经省国税局确定，可适当延长使用期限，最迟不超过 2016 年 8 月 31 日。

（八）纳税人在地税机关已申报营业税未开具发票，2016 年 5 月 1 日以后需要补开发票的，可于 2016 年 12 月 31 日前开具增值税普通发票（税务总局另有规定的除外）。

贵州省国税局：全面推开营改增试点一般规定 12366 热点问题解答（2016 年 4 月 28 日）

三、发票使用

（一）增值税一般纳税人销售货物、提供加工修理修配劳务和应税行为，使用增值税发票管理新系统（以下简称新系统）开具增值税专用发票、增值税普通发票、机动车销售统一发票、增值税电子普通发票。

（二）增值税小规模纳税人销售货物、提供加工修理修配劳务月销售额超过 3 万元（按季纳税 9 万元），或者销售服务、无形资产月销售额超过 3 万元（按季纳税 9 万元），使用新系统开具增值税普通发票、机动车销售统一发票、增值税电子普通发票。

（三）增值税普通发票（卷式）启用前，纳税人可通过新系统使用国税机关发放的现有卷式发票。

（四）门票、过路（过桥）费发票、定额发票、客运发票和二手车销售统一发票票种继续使用。

（五）采取汇总纳税的金融机构，市州以下分支机构可以使用市州级机构统一领取的增值税专用发票、增值税普通发票、增值税电子普通发票。

（六）国税机关、地税机关使用新系统代开增值税专用发票和增值税普通发票。代开增值税专用发票使用六联票，代开增值税普通发票使用五联票。

（七）自 2016 年 5 月 1 日起，地税机关不再向试点纳税人发放发票。试点纳税人已领取地税机关印制的发票以及印有本单位名称的发票，可继续使用至 2016 年 6 月 30 日，特殊情况经省国税局确定，可适当延长使用期限，最迟不超过 2016 年 8 月 31 日。

超过上述规定期限仍未使用完的发票一律作废。纳税人应于2016年10月31日前到主管地税机关办理缴销手续。

2016年5月1日起，试点纳税人如有使用印有本单位名称的发票需要的，可到主管国税机关办理印制手续。

纳税人在地税机关已申报营业税未开具发票，2016年5月1日以后需要补开发票的，可于2016年12月31日前开具增值税普通发票（税务总局另有规定的除外）。

江苏省国税局：江苏国税12366营改增热点问题第四期

一、营改增纳税人适用哪些国税发票？

答：按照发票管理要求，不同类型的纳税人可使用增值税专用发票、增值税普通发票、增值税电子普通发票、通用定额发票、通用机打发票、通用机打卷式发票、门票等发票种类。

江苏省国税局：江苏国税12366营改增热点问题第四期

四、原使用地税通用机打发票的纳税人可以继续使用国税通用机打发票吗？

答：原使用地税通用机打发票的纳税人，营改增后应按照有关税收管理规定使用不同种类的发票：（1）不含税销售额月不超过3万元或季不超过9万元的小规模纳税人，可使用国税通用机打发票。（2）收取过路（过桥）费纳税人，可使用国税通用机打发票。（3）增值税一般纳税人，应使用增值税专用发票、增值税普通发票、增值税电子普通发票。（4）不含税销售额月超过3万元或季超过9万元的小规模纳税人，应使用增值税普通发票、增值税电子普通发票。

江苏省国税局：江苏国税12366营改增热点问题第四期

八、原使用销售不动产发票和建筑业发票的纳税人，营改增后应使用哪些国税发票？

答：原使用销售不动产发票和建筑业发票的纳税人营改增后分3种类型使用发票：（1）增值税一般纳税人，应使用增值税专用发票、增值税普通发票、增值税电子普通发票。（2）不含税销售额月超过3万元或季超过9万元的小规模纳税人，应使用增值税普通发票、增值税电子普通发票。（3）不含税销售额月不超过3万元或季不超过9万元的小规模纳税人，应使用国税通用机打发票或通用定额发票。

四川省国税局：@营改增纳税人：你必须要知晓的14个增值税发票问题

三、增值税发票有几种？

答：通过增值税发票管理新系统开具的发票有：增值税专用发票、增值税普通发票、增值税电子普通发票、增值税普通发票（卷式）以及机动车销售统一发票。

不通过增值税发票管理新系统开具的发票有：门票、过路（过桥）费发票、定额发票、客运发票和二手车销售统一发票。

北京市国税局：营改增执行口径（更新到5月13日）

61. 营改增后北京个体工商户可申请使用什么发票？份数和限额有什么要求？

答：根据《北京市国税局关于普通发票申领有关事项的公告》（北京市省国税局公告

2015 年第 12 号）规定：达到增值税起征点的个体工商户初次申领《增值税普通发票》，单份发票最高开票限额一万元，最高持票数量 50 份。

未达到增值税起征点的个体工商户可申领总面额不超过三万元的北京市省国税局通用定额发票。

说明：

1. 海南、贵州、江苏对发票的种类和使用问题做出的回答一致，是对《国家税务总局关于全面推开营业税改征增值税试点有关税收征收管理事项的公告》（国家税务总局公告 2016 年第 23 号）第三条的落实。

2. 四川口径则主要回答了哪些发票通过 / 不通过增值税发票管理新系统开具的问题。

3. 北京对个体工商户可使用的发票及限额等做出了回答，依据是《北京市国税局关于普通发票申领有关事项的公告》（北京市省国税局公告 2015 年第 12 号）。

129. 营改增后，之前的地税营业税发票是否还能使用?

新疆维吾尔自治区国税局：营改增政策答疑（六）

六、请教营业税发票和增值税发票过渡的问题5月1日之后营业税发票是否会收回作废?

答：根据《国家税务总局关于全面推开营业税改征增值税试点有关税收征收管理事项的公告》（国家税务总局 2016 年 23 号公告）规定，自 2016 年 5 月 1 日起，地税机关不再向试点纳税人发放发票。试点纳税人已领取地税机关印制的发票以及印有本单位名称的发票，可继续使用至 2016 年 6 月 30 日，特殊情况经省国税局确定，可适当延长使用期限，最迟不超过 2016 年 8 月 31 日。

天津市国税局：天津开发区国税局营改增热点问题解答（第一期）

七、目前仍留存部分营业税发票，5 月 1 日之后可否继续开具，有无时限要求?

答：按照国家税务总局公告 2016 年第 23 号规定自 2016 年 5 月 1 日起，地税机关不再向试点纳税人发放发票。试点纳税人已领取地税机关印制的发票以及印有本单位名称的发票，可继续使用至 2016 年 6 月 30 日，我市纳税人可继续使用至 2016 年 8 月 31 日。

河北省国税局：关于全面推开营改增有关政策问题的解答（之一）

一、关于我省营改增营业税发票过渡衔接问题

《国家税务总局关于全面推开营业税改征增值税试点有关税收征收管理事项的公告》（国家税务总局公告 2016 年第 23 号）规定：自 2016 年 5 月 1 日起，地税机关不再向试点纳税人发放发票。试点纳税人已领取地税机关印制的发票以及印有本单位名称的发票，可继续使用至 2016 年 6 月 30 日，特殊情况经省国税局确定，可适当延长使用期限，最迟不超过 2016 年 8 月 31 日。

据此，营改增之后，我省营改增试点纳税人已领取地税机关印制的发票以及印有本单位名称的发票，按以下原则掌握：

（一）试点纳税人已领取的地方税务局监制的景点门票（含企业冠名发票）、“河北省高速公路联网收费专用发票”和“河北省路桥通行费专用发票”可继续使用至2016年8月31日，纳税人应于2016年9月30日前至主管地税机关办理已经开具发票的验票及空白发票的缴销手续。除上述发票外的其他发票，可继续使用至2016年6月30日，纳税人于2016年7月31日前至主管地税机关办理已经开具发票的验票及空白发票的缴销手续。

（二）纳税人确有需要延用地税机关监制发票的，应提供经地税部门确认的发票结存信息，至主管国税机关办税服务厅办理发票延期使用手续。

安徽省国税局：营改增税收征管事项相关问答

发票

一、2016年5月1日起，地税机关不再向试点纳税人发放发票。试点纳税人已领取地税机关印制的发票以及印有本单位名称的发票，可继续使用至2016年8月31日。试点纳税人在8月31日之前使用完上述发票的，应按规定向所在地主管国税机关申请领用增值税发票。

安徽省国税局：营改增税收征管事项相关问答

十三、营改增过渡期在发票使用上有何规定？

答：一是增值税普通发票（卷式）启用前，纳税人可通过新系统使用国税机关发放的现有卷式发票。

二是门票、过路（过桥）费发票、定额发票、客运发票和二手车销售统一发票继续使用。

三是自2016年5月1日起，地税机关不再向试点纳税人发放发票。试点纳税人已领取地税机关印制的发票以及印有本单位名称的发票，可继续使用至2016年6月30日，特殊情况经省国税局确定，可适当延长使用期限，最迟不超过2016年8月31日。

四是纳税人在地税机关已申报营业税未开具发票，2016年5月1日以后需要补开发票的，可于2016年12月31日前开具增值税普通发票（税务总局另有规定的除外）。

北京市国税局：营改增执行口径（更新到5月13日）

81. 2016年5月1日之后，试点纳税人已领取地税机关印制的发票，是否还能使用？

答：根据《国家税务总局关于全面推开营业税改征增值税试点有关税收征收管理事项的公告》（国家税务总局公告2016年第23号）的规定，自2016年5月1日起，地税机关不再向试点纳税人发放发票。试点纳税人已领取地税机关印制的发票以及印有本单位名称的发票，可继续使用至2016年6月30日，特殊情况经省国税局确定，可适当延长使用期限，最迟不超过2016年8月31日。

北京市国税局：营改增执行口径（更新到5月13日）

6. 2016年5月1日以后，地税发票还可以继续使用吗？

答：自2016年5月1日起，营改增纳税人统一使用增值税发票新系统开具增值税专用发票、增值税普通发票、增值税电子普通发票，除税务总局另有规定者外，原地方税务局提供的各种发票一律停止使用。

北京市国税局：营改增执行口径（更新到5月13日）

45. 已办理增值税票种登记的一般纳税人手中结存的地税营业税发票，是否本月可以继续开具？

答：在2016年5月1日之前，仍可以使用地税发票。

北京市国税局：营改增执行口径（更新到5月13日）

105. 营改增后，地税发票没开完还能继续开到6月30号，那期间开的票应该在地税还是国税申报？

答：6月30日前继续使用地税发票，在国税申报缴纳增值税。

湖北省国税局：营改增政策执行口径第一辑（2016年4月25日）

第一部分综合问题

6. 从地税局领取的未用完的发票营改增后还可以继续使用吗？

答：试点纳税人从地税局领取的未用完的发票，营改增后可继续使用至6月30日，印有本单位名称的发票可继续使用至8月31日。

若在此期间，纳税人在国税机关领用发票且能满足其用票需求的，停用地税发票。

江苏省国税局：江苏国税12366营改增热点问题解答（十三）——征管类热点问题

10. 2016年5月1日前，试点纳税人已领取地税机关印制的发票以及印有本单位名称的发票，是否还可以使用？

答：根据《国家税务总局关于全面推开营业税改征增值税试点有关税收征收管理事项的公告》（国家税务总局公告2016年第23号）规定："三、发票使用（六）自2016年5月1日起，地税机关不再向试点纳税人发放发票。试点纳税人已领取地税机关印制的发票以及印有本单位名称的发票，可继续使用至2016年6月30日，特殊情况经省国税局确定，可适当延长使用期限，最迟不超过2016年8月31日。"

江苏省国税局：江苏国税12366营改增热点问题第四期

十、营改增后可以继续开具地税发票吗？

答：2016年5月1日至6月30日为营改增发票使用过渡期。在过渡期内，纳税人可继续使用地税开票系统开具地税发票，地税发票用完后，纳税人应向国税部门申领发票，并通过国税相关系统开具。2016年7月1日起，必须全部使用国税发票。对印有本单位名称的地税发票，有特殊情况的，经过审批可适当延期使用至2016年8月31日。

吉林省国税局：营改增相关业务问题（一）

一、营改增后，是否全面使用国税发票，不再使用地税发票？

回答：根据纳税人是否使用冠名发票，发票使用规定略有差异。1. 不使用地税冠名发票的，全部使用国税发票。自2016年5月1号起，在全国范围内全面推开营业税改增值税试点，建筑业、房地产业、金融业、生活服务业等全部营业税纳税人由缴纳营业税改为缴纳增值税，纳税人提供上述行业的服务应开具增值税发票。2. 使用地税冠名发票的，可以继续使用。为做好发票使用衔接，我市营改增纳税人结余地税局监制的冠名发票在 5 月 1 日后可继续使用，具体截止日期以税务总局或省国税局相关文件为准，剩余空白冠名发票向主管国税机关缴销。

说明：

新疆维吾尔自治区、天津、河北、安徽、北京、湖北、江苏、吉林的口径对 2016 年 5 月 1 日全面推开营改增之前已领取地税机关印制的发票以及印有本单位名称的发票，在 5 月 1 日营改增之后的一定时间内是否可以使用的问题做出的回答基本一致，均是对《国家税务总局关于全面推开营业税改征增值税试点有关税收征收管理事项的公告》（国家税务总局 2016 年 23 号公告）第三条的落实。

130. 地税发票何时办理缴销？

河南省国税局：河南国税局营改增问题执行口径之一

问题五营改增之前结存的地税发票如何缴销？

答：豫国税公告［2016］1 号第五条的规定：纳税人 2016 年 4 月 30 日前领取的地税机关监制的通用定额发票、车辆通行费统一发票、医疗机构住院收费统一发票、医疗机构门诊收费统一发票、印有本单位名称发票（冠名发票），实行过渡期管理，过渡期限按照国家税务总局有关规定执行。

过渡期内，纳税人可继续使用其结存的地税机关监制发票，发票使用完毕后，应按规定领取使用国税机关监制的发票。过渡期结束后，纳税人领取地税机关监制的发票仍未使用完的，不得再行使用，并应于过渡期结束之日起 30 日内到主管国税机关办理发票缴销手续。

陕西省国税局：营改增试点答疑（八）

79. 此次营改增试点纳税人原领购的地税发票应何时缴销？

答：根据《陕西省省国税局　陕西省地方税务局关于印发〈全面推开“营改增”改革试点纳税人使用普通发票过渡方案〉的通知》（陕国税发［2016］57 号）的规定，营改增后使用增值税专用发票和增值税普通发票的试点纳税人，应于 2016 年 4 月 30 日前，按照主管国税机关的具体要求，向主管国税机关办理发票发行有关事宜。并于 2016 年 4 月 30 日前，按照主管地税机关的具体要求，在原主管地税机关办理发票缴销手续等相关事宜。

说明：

1. 河南、陕西对营改增前的地税发票如何缴销的问题的回答不一致。

2. 河南明确应在过渡期结束之日起 30 日内办理缴销手续；陕西则规定在 4 月 30 日前缴销。

131. 地税监制冠名普通发票还能继续使用吗?

陕西省国税局:营改增试点答疑(八)

75. 全面推开营改增试点后,发票使用是否有过渡期?

答:试点纳税人原则上一律使用增值税专用发票和增值税普通发票;起征点以下试点纳税人营改增后可选择使用增值税普通发票或通用定额发票;试点纳税人使用原地税监制冠名普通发票的,营改增后使用国税监制冠名普通发票。结合原有冠名普通发票库存情况,拟定2016年5月1日至7月31日为冠名普通发票使用过渡期,在过渡期内试点纳税人可延续使用地税监制冠名普通发票,逐步对试点纳税人使用的冠名普通发票进行替换。

陕西省国税局:营改增试点答疑(八)

78. 原使用地税监制冠名普通发票的试点纳税人如何在过渡期使用和开具发票?

答:根据《陕西省省国税局 陕西省地方税务局关于印发〈全面推开“营改增”改革试点纳税人使用普通发票过渡方案〉的通知》(陕国税发[2016]57号)的规定,试点纳税人于2016年7月31日前,可延续使用地税监制冠名普通发票,并于2016年6月10日前,根据需要拟定冠名普通发票需求计划,报主管税务机关审核。

2016年7月31日前,试点纳税人对未使用完的原地税监制冠名普通发票,到原主管地税机关办理缴销手续后,携带税务登记证副本、购票员身份证原件及复印件、发票专用章、2016年5月1日至验旧之日的地税监制冠名普通发票开具数据等资料,到主管国税机关办理国税监制冠名普通发票领用事宜。

2016年8月1日起,原使用冠名发票的试点纳税人必须开具由陕西省省国税局监制的冠名普通发票,不得开具原地税监制冠名发票。

冠名普通发票过渡期内,试点纳税人违反发票管理规定,违规使用发票,由主管国税机关依法处理。

说明:

陕西对营改增后地税监制冠名普通发票能否继续使用的问题做出了回答。

132. 营改增后地税发票如何申报?如果还有国税发票呢?

甘肃省国税局:全面推开营改增试点12366热点问题解答

3. 5月1日之后开具的地税发票缴纳增值税时如何申报,是否如增值税发票一样先进行价税分离?如果申报时既有国税发票又有地税发票如何申报?

答:开具的地税发票上注明的金额为含税销售额,需要进行价税分离,换算成不含税销售额。纳税申报时,填入附表1“开具其他发票”中的第3列相应栏次。如果申报时既有国税发票又有地税发票,则合并申报。

新疆维吾尔自治区国税局：营改增政策答疑（十三）

六、5 月 1 日之后开具的地税发票缴纳增值税时如何申报，是否如增值税发票一样先进行价税分离？如果申报时既有国税发票又有地税发票如何申报？

答：开具的地税发票上注明的金额为含税销售额，需要进行价税分离，换算成不含税销售额。纳税申报时，填入附表 1“开具其他发票”中的第 3 列相应栏次。如果申报时既有国税发票又有地税发票，则合并申报。

河南省国税局：营改增问题快速处理机制专期九

问题三 营改增试点一般纳税人 5 月份发生业务，开具其结余的地税印制发票，在 6 月份纳税申报时，对应销售额应该填写到《增值税纳税申报表附列资料（一）》的哪一栏次？

答：营改增试点一般纳税人 5 月份发生业务，开具其结余的地税印制发票，在 6 月份纳税申报时，对应销售额应该填写到《增值税纳税申报表附列资料（一）》“开具其他发票”栏。

河南省国税局：营改增问题快速处理机制专期十

问题二 营改增试点一般纳税人 5 月份发生业务，开具其结余的地税印制发票，在 6 月份纳税申报时，对应销售额应该填写到《增值税纳税申报表附列资料（一）》的哪一栏次？

答：营改增试点一般纳税人 5 月份发生业务，开具其结余的地税印制发票，在 6 月份纳税申报时，对应销售额应填写到《增值税纳税申报表附列资料（一）》“开具其他发票”栏。

说明：

1. 甘肃、新疆维吾尔自治区、河南对营改增后的地税发票如何填写申报的问题回答一致。

2. 甘肃、新疆维吾尔自治区还对有国税发票的情况应当合并申报做出了回答。

133. 开具增值税发票的范围是什么？

山西省国税局：营改增政策指南之一般规定

九、征收管理

（三）纳税人发生应税行为，应当向索取增值税专用发票的购买方开具增值税专用发票，并在增值税专用发票上分别注明销售额和销项税额。

内蒙古自治区国税局：内蒙古自治区国家税务局营改增期间增值税发票相关问题解答

四、增值税发票的开具范围

纳税人的经营业务日趋多元化，在主营范围以外也会发生其他属于增值税应税范围的经营活动。所以纳税人自行开具增值税发票或向税务机关申请代开增值税发票时，不受其营业执照中的营业范围限制，只要发生真实的应税业务均可开具增值税发票。

广西壮族自治区国税局：2016 年营改增一次性业务办税指引（适用于小规模纳税人）

五、增值税发票发放、开具、数据报送

初始发行后，在发票核定范围内发放发票。试点纳税人依据相关规定开具发票，并按期向主管税务机关报送开具发票的数据。

广西壮族自治区国税局：2016 年营改增一次性业务办税指引（适用于一般纳税人）

五、增值税发票发放、开具、数据报送

初始发行后，在发票核定范围内发放发票，试点纳税人使用增值税发票管理新系统开具发票，并按期向主管税务机关报送开具发票的数据。

说明：

山西对开具增值税的范围的回答依据是《营业税改征增值税试点实施办法》第五十三条。

内蒙古对该范围进行了解释和扩大，只要是真实的应税行为即可。

广西壮族自治区还对开具后报送的事项作出了回答。

134. 开具增值税发票的时间有何规定？

福建省国税局：12366 营改增热点咨询（3 月 31 日）

7. 营改增确认后，纳税人领到发票后能否马上开具？

答：自 2016 年 4 月 1 日起，试点纳税人可向主管国税机关申请办理发票领购，但在 2016 年 5 月 1 日前不得开具。

北京市国税局：热点问题（5 月 3 日）

四、发票管理

2. 营改增纳税人，有设计服务的业务，之前发票的月领用量是 15 份，进行建筑业的营改增时办理了发票增量，领了营改增的发票，规定 5 月 1 日前不能开建筑业的增值税发票，但是设计服务的发票用完了，可以使用新领的票吗？

答：可以使用。

说明：

福建规定在申领增值税发票后不得在 5 月 1 日前开具。

北京允许在 2016 年 5 月 1 日前，在符合特殊情况的情形下使用新领增值税发票。

135. 开具的增值税发票内容有哪些注意事项?

江苏省国税局：江苏国税 12366 营改增热点问题第四期

四、增值税发票开具

（三）提供建筑服务，纳税人自行开具或者税务机关代开增值税发票时，应在发票的备注栏注明建筑服务发生地县（市、区）名称及项目名称。

……

（七）税务机关代开增值税发票时，"销售方开户行及账号"栏填写税收完税凭证字轨及号码或系统税票号码（免税代开增值税普通发票可不填写）。

（八）国税机关为跨县（市、区）提供不动产经营租赁服务、建筑服务的小规模纳税人（不包括其他个人）代开增值税发票时，在发票备注栏中自动打印"YD"字样。

湖北省国税局：营改增政策执行口径第一辑（2016 年 4 月 25 日）

第一部分　综合问题

8. 销售建筑服务、不动产和出租不动产时开票有什么特殊规定?

答：提供建筑服务，纳税人自行开具或者税务机关代开增值税发票时，应在发票的备注栏注明建筑服务发生地县（市、区）名称及项目名称。

销售不动产，纳税人自行开具或者税务机关代开增值税发票时，应在发票"货物或应税劳务、服务名称"栏填写不动产名称及房屋产权证书号码（无房屋产权证书的可不填写），"单位"栏填写面积单位，备注栏注明不动产的详细地址。

出租不动产，纳税人自行开具或者税务机关代开增值税发票时，应在备注栏注明不动产的详细地址。

河北省国税局：关于全面推开营改增有关政策问题的解答（之一）

四、开具增值税发票时，发票票面栏次无法满足开具需求的，如何填写?

答：纳税人根据业务需要，开具发票时需要注明的信息，发票票面无相应栏次的，可在发票备注栏注明。增值税发票备注栏最大可容纳 230 个字符或 115 个汉字。

五、增值税普通发票购买方信息如何填列?

答：开具增值税普通发票时，当购买方为已办理税务登记纳税人时，购买方信息栏内容应填写齐全，不得漏项；当购买方为未办理税务登记的行政事业单位时，应填写购方名称、地址，其他项目可不填；当购买方为其他个人时，应填写购买方名称，其他项目可不填。

说明：

江苏、湖北对开具增值税发票时内容的问题的回答一致，是对《国家税务总局关于全面推开营业税改征增值税试点有关税收征收管理事项的公告》（国家税务总局公告 2016 年第 23 号）第四条的落实。

河北对增值税发票中填列的具体问题做出了回答。

其他发票问题

宁夏回族自治区国税局：全面推开营改增政策指引（二）

7. 发票专用章能否刻制分号章？

答：可以。

天津市国税局：天津国税局营改增执行口径

四、签订税库银扣款协议

试点纳税人持税务登记证件副本和身份证件到主管国税机关领取《天津市省国税局财税库银横向联网系统协议书》。签署完成银税联网协议后，试点纳税人可以通过网上办税系统的“三方协议签署”模块，提交申请办理，或到主管国税机关办税服务厅窗口办理。原已签署过国税银税联网协议的纳税人，不需要重新签订协议。

江苏省国税局：江苏国税 12366 营改增热点问题解答（十二）——申报类问题

9. 5 月 1 日正式实行营改增了，那么营改增纳税人五月份申报期到时候是在地税申报还是在国税申报？

答：五月申报期申报的是四月所属期的税款，所以五月申报期请在地税申报。

河南省国税局：营改增问题快速处理机制专期十

问题一 试点纳税人已申报营业税未开票的收入补开增值税发票后，如何填报增值税申报表？

答：试点纳税人已申报营业税未开票的收入补开增值税普通发票后，纳税申报时，根据发票金额、税额在《增值税纳税申报表附列资料（一）》“开具其他发票”栏次填写，再通过“未开具发票”栏次填入对应负数冲减，并建立补开发票和冲减收入台账。

江西省国税局：营改增问题解答（五）

五、发票能否在市级分行开具？

答：发票应按发票管理办法规定开具。发票的开票方和受票方，原则上应当与合同签订双方、资金收支双方、服务提供方及接受方保持一致。

江西省国税局：全面推开营改增试点问题解答（一）

9. 开票最高限额有什么规定？

答：开票最高限额应向主管县级省国税局申请。具体按照《江西省省国税局关于办理税务行政许可项目有关事项的公告》（江西省省国税局公告 2014 年第 9 号）规定执行。

宁夏回族自治区国税局：营改增热点难点问题专题全面推开营改增纳税申报指引（二）

7. 营改增税负分析表销售额是否包含免税销售额?

答:营改增税负分析表第 1 列"不含税销售额":反映纳税人当期对应项目不含税的销售额(含即征即退项目),包括开具增值税专用发票、开具其他发票、未开具发票、纳税检查调整的销售额,纳税人所填项目享受差额征税政策的,本列应填写差额扣除之前的销售额,不包括免税销售额。

9. 老试点纳税人挂账留抵税额无法使用。

答:老纳税人挂账留抵税额反映在"本年累计"的上期留抵税额中,使用时按规定填写在"本年累计"的实际抵扣税额即可使用。

江苏省国税局:江苏国税 12366 营改增热点问题第四期

十三、营改增后应到哪里代开国税普通发票?

答:在国税机关办理税务登记的纳税人当由纳税人领用并自行开具发票。国税机关按规定在办税服务厅提供临时经营代开普通发票业务。为了方便纳税人,对原地税机关委托代开发票的单位,国税机关将继续委托其代开营改增业务普通发票。

贵州省国税局:全面推开营改增试点一般规定 12366 热点问题解答(2016 年 4 月 28 日)

六、其他纳税事项

(五)2016 年 4 月 30 日前已在地税机关登记的试点纳税人,随增值税征收的教育费附加、地方教育费附加仍由地税机关负责征收。2016 年 5 月 1 日以后登记的试点纳税人,随增值税征收的教育费附加、地方教育费附加由国税机关负责征收。随增值税征收的城市维护建设税仍由地税机关负责征收。

安徽省国税局:营改增税收征管事项相关问答

发票

二、2016 年 5 月 1 日起新纳入营改增试点的增值税一般纳税人,在 2016 年 8 月 1 日后按照安徽省国税局、安徽省地税局联合纳税信用评价评定的 2015 年度纳税信用级别适用发票认证的有关规定;对 2015 年度纳税信用级别有异议的纳税人可以向主管国税机关申请复评,2016 年 8 月 1 日后纳税人按复评后的纳税信用级别适用发票认证的有关规定。

海南省国税局:全面推开营改增试点问答(十六)(2016 年 6 月 7 日)

158. 取消增值税专用发票认证后,一般纳税人如何填写《增值税纳税申报表附列资料(二)》(本期进项税额明细)?

答:适用取消增值税发票认证规定的纳税人,当期申报抵扣的增值税发票数据,填报在《增值税纳税申报表附列资料(二)》(本期进项税额明细)第 2 栏"其中:本期认证相符且本期申报抵扣"。

136. 国税通用机打发票有哪几种规格?

江苏省国税局：江苏国税 12366 营改增热点问题第四期

六、营改增纳税人使用的国税通用机打发票有哪几种规格?

答：不含税销售额月不超过 3 万元或季不超过 9 万元的小规模纳税人，可使用规格 190cm×101.6cm（票种代码 801）或规格 210cm×139.7cm（票种代码 802）的通用机打发票。收取过路（过桥）费纳税人,可使用规格 82cm×101.6cm（票种代码 814）的通用机打发票。

九、国税通用机打卷式发票共有几种规格?

答:国税通用机打卷式发票的长度均为 127cm,宽度分别有 57cm、76cm、82cm 三种规格。

137. 如何开具国税通用机打发票?

江苏省国税局：江苏国税 12366 营改增热点问题第四期

五、国税通用机打发票需通过什么方式开具?

答：不含税销售额月不超过 3 万元或季不超过 9 万元的小规模纳税人，应通过江苏省国税局电子税务局（http://etax.jsgs.gov.cn/）开具。收取过路（过桥）费纳税人，可通过企业自有系统开具通用机打发票。

138. 国税定额发票有哪些面额?

江苏省国税局：江苏国税 12366 营改增热点问题第四期

二、国税定额发票有哪几种面额?

答:通用定额发票目前有:0.5 元、1 元、5 元、10 元、20 元、50 元、100 元等 7 种面额。纳税人也可根据经营需要，向国税机关申请印制印有本单位名称的特殊面额的定额发票。

139. 营改增纳税人可以申领定额发票吗?

江苏省国税局：江苏国税 12366 营改增热点问题解答（十三）——征管类热点问题

22. 营改增纳税人可以申领定额发票吗?

答：目前各类营改增纳税人视业务需要都可以申领定额发票。

140. 定额的额度可以改吗?

重庆市国税局：你问我答营改增之二

3. 定额可以改不?

答：当实际经营情况发生变化时，可向主管税务申请调整定额，税务机关根据纳税人实际情况重新核定定额额度。

141. 对增值税开票新系统设备使用有哪些规定？

江苏省国税局：江苏国税 12366 营改增热点问题第四期

四、增值税发票开具

（一）税务总局编写了《商品和服务税收分类与编码（试行）》（以下简称编码，见附件），并在新系统中增加了编码相关功能。自 2016 年 5 月 1 日起，纳入新系统推行范围的试点纳税人及新办增值税纳税人，应使用新系统选择相应的编码开具增值税发票。5 月 1 日前已使用新系统的纳税人，应于 8 月 1 日前完成开票软件升级。

广西壮族自治区国税局：2016 年营改增一次性业务办税指引（适用于小规模纳税人）

四、增值税发票管理新系统发行

1. 试点纳税人发生增值税业务使用金税盘（税控盘）开具发票的，应购置税控专用设备，并参加增值税发票管理新系统培训。增值税纳税人初次购买税控专用设备费用和每年缴纳的技术维护费，可在增值税应纳税额中全额抵减（抵减额为价税合计额），无抵减期限。

2. 税务机关依据纳税人的申请，将有关信息载入金税盘（税控盘），完成发行。

142. 增值税发票的核定发放是如何规定的？

广西壮族自治区国税局：2016 年营改增一次性业务办税指引（适用于小规模纳税人）

三、增值税发票核定

税务机关依据试点纳税人的申请，核定其使用的发票种类（包括增值税普通发票、机动车销售统一发票及其他种类的发票）、单次（月）领用数量及开票限额，向试点纳税人发放《发票领购簿》。

广西壮族自治区国税局：2016 年营改增一次性业务办税指引（适用于一般纳税人）

三、增值税发票核定

1. 税务机关依据试点纳税人的申请，核定其使用增值税发票管理新系统开具的发票种类（包括增值税专用发票、增值税普通发票及机动车销售统一发票）、单次（月）领用数量及开票限额，向试点纳税人发放《发票领购簿》；2. 税务机关依据试点纳税人的申请，审批增值税专用发票最高开票限额行政许可。

江苏省国税局：江苏国税 12366 营改增热点问题第四期

十一、国税机关什么时候开始向营改增纳税人供应发票？

答：从 4 月 10 日起，国税机关开始对已经完成信息核实确认的纳税人供应发票。纳税人领取的国税发票必须从 5 月 1 日起方可开具。

十二、国税机关什么时候开始向营改增纳税人办理印有本单位名称发票的手续？

答：对有使用印有本单位名称发票需求的纳税人，4 月 15 日起，可向国税机关办理申请印制手续。

143. 手工通用发票还能继续使用吗?

重庆市国税局：你问我答营改增之二

1. 手工通用发票还能再使用吗?

回复：手工通用发票（百元版）可以使用。

第二篇

“营改增”有关建筑业的问答

第八章　建筑业“营改增”基础知识

144. 什么是增值税纳税人？

云南省国税局：云南省国税局建筑业营改增执行口径

一、什么是增值税纳税人？

在中华人民共和国境内（以下称境内）销售服务、无形资产或者不动产（以下称应税行为）的单位和个人，为增值税纳税人，应当按照规定缴纳增值税，不缴纳营业税。

纳税人分为一般纳税人和小规模纳税人。一般纳税人标准为年应税销售额超过 500 万元（含本数）。

湖南省国税局：湖南省国税局建筑业营改增执行口径

一、纳税人

在中华人民共和国境内（以下称境内）销售建筑服务的单位和个人，为增值税纳税人，应当按照本办法缴纳增值税，不缴纳营业税。

单位，是指企业、行政单位、事业单位、军事单位、社会团体及其他单位。

个人，是指个体工商户和其他个人。

天津市国税局：建筑业营改增政策问答（2016 年 3 月 31 日）

1.“营改增”建筑业纳税人包括哪些？

在中华人民共和国境内提供建筑服务的单位和个人，为增值税纳税人。单位，是指企业、行政单位、事业单位、军事单位、社会团体及其他单位。

个人，是指个体工商户和其他个人。

在境内销售提供建筑服务是指建筑服务的销售方或者购买方在境内。

山西省国税局：山西国税局营改增问题执行口径——营改增系列知识问答（四）营改增征税范围之二——山西营改增政策指南之建筑业

一、纳税人

在中国境内提供建筑服务的单位和个人。

建筑服务，是指各类建筑物、构筑物及其附属设施的建造、修缮、装饰，线路、管道、设备、设施等的安装以及其他工程作业的业务活动。包括工程服务、安装服务、修缮服务、装饰服务和其他建筑服务。

（一）工程服务

工程服务，是指新建、改建各种建筑物、构筑物的工程作业，包括与建筑物相连的各种设备或者支柱、操作平台的安装或者装设工程作业，以及各种窑炉和金属结构工程作业。

（二）安装服务

安装服务，是指生产设备、动力设备、起重设备、运输设备、传动设备、医疗实验设备以及其他各种设备、设施的装配、安置工程作业，包括与被安装设备相连的工作台、梯子、栏杆的装设工程作业，以及被安装设备的绝缘、防腐、保温、油漆等工程作业。

固定电话、有线电视、宽带、水、电、燃气、暖气等经营者向用户收取的安装费、初装费、开户费、扩容费以及类似收费，按照安装服务缴纳增值税。

（三）修缮服务

修缮服务，是指对建筑物、构筑物进行修补、加固、养护、改善，使之恢复原来的使用价值或者延长其使用期限的工程作业。

（四）装饰服务

装饰服务，是指对建筑物、构筑物进行修饰装修，使之美观或者具有特定用途的工程作业。

（五）其他建筑服务

其他建筑服务，是指上列工程作业之外的各种工程作业服务，如钻井（打井）、拆除建筑物或者构筑物、平整土地、园林绿化、疏浚（不包括航道疏浚）、建筑物平移、搭脚手架、爆破、矿山穿孔、表面附着物（包括岩层、土层、沙层等）剥离和清理等工程作业。

说明：

1. 云南、湖南、天津、山西四省市口径对建筑业纳税主体问题的回答基本一致，是《营业税改征增值税试点实施办法》（财税［2016］36号附件1）第一条规定的落实。

2. 其中，山西省口径还特别对建筑业五种类型的范围进行了比较详细的说明。

145. 建筑业一般纳税人如何认定？

山东省国税局：2016年5月14日12366营改增热点问题—税率征收率

1. 建筑业营改增后如何认定一般纳税人？税率分别是多少？

答：按照《山东省国家税务局山东省地方税务局关于“建筑业、房地产业、金融业、生活服务业营业税改征增值税”纳税人办理国税有关涉税业务事项的通告》第六项规定：除本条第三款外，营改增试点实施前（以下称试点实施前）年应税销售额超过500万元（含）的试点纳税人，应当向国税主管税务机关办理一般纳税人资格登记手续。

试点纳税人试点实施前的年应税销售额按以下公式换算：

年应税销售额 = 连续12个月应税营业额合计 ÷（1+3%）

建筑服务业一般纳税人税率为11%，小规模纳税人征收率为3%；

山东省国税局：2016 年 5 月 15 日 12366 营改增热点问题

1. 建筑行业营改增后必须要申请一般纳税人吗？

答：根据《山东省国家税务局山东省地方税务局关于“建筑业、房地产业、金融业、生活服务业营业税改征增值税”纳税人办理国税有关涉税业务事项的通告》（山东省国家税务局山东省地方税务局通告 2016 年第 1 号）第六条第（二）项规定，除本条第三款外，营改增试点实施前（以下称试点实施前）年应税销售额超过 500 万元（含）的试点纳税人，应当向国税主管税务机关办理一般纳税人资格登记手续。

试点纳税人试点实施前的年应税销售额按以下公式换算：

年应税销售额 = 连续 12 个月应税营业额合计 ÷（1+3%）

按照现行营业税规定差额征收营业税的试点纳税人，其应税营业额按未扣除之前的营业额计算。

（三）已取得一般纳税人资格并兼有销售服务、无形资产或者不动产的试点纳税人，不需重新登记，由国税主管税务机关制作、送达《税务事项通知书》，告知纳税人。

（四）除本款第三款外，年应税销售额未超过 500 万元的试点纳税人，会计核算健全，能够提供准确税务资料的，可以向主管税务机关办理一般纳税人资格登记，成为一般纳税人。

山东省国税局：2016 年 5 月 16 日 12366 营改增热点问题

1. 建筑业一般纳税人税率是多少？销售额达到多少需要登记为一般纳税人？

答：适用税率 11%；应税行为的年应征增值税销售额超过财政部和国家税务总局规定标准的纳税人为一般纳税人。年应税销售额，是指纳税人在连续不超过 12 个月的经营期内累计应征增值税销售额，包括免税销售额。建筑业纳税人在连续不超过 12 个月的经营期内累计应征增值税销售额超过 500 万（营业额超过 515 万）需要登记为一般纳税人。

山东省国税局：2016 年 5 月 19 日 12366 营改增热点问题

1. 建筑业营改增之后申请一般纳税人的标准？

答：营改增试点实施前年应税销售额超过 500 万元（含）的试点纳税人，应当向国税主管税务机关办理一般纳税人资格登记手续；年应税销售额未超过 500 万元的试点纳税人，会计核算健全，能够提供准确税务资料的，可以向主管税务机关办理一般纳税人资格登记，成为一般纳税人。

企业填制《增值税一般纳税人资格登记表》一式两份，国税主管税务机关完成一般纳税人资格登记后，制作、送达《税务事项通知书》，告知纳税人。

试点纳税人试点实施前的年应税销售额按以下公式换算：

年应税销售额 = 连续 12 个月应税营业额合计 ÷（1+3%）

按照现行营业税规定差额征收营业税的试点纳税人，其应税营业额按未扣除之前的营业额计算。

除国家税务总局另有规定外，试点纳税人一经登记为一般纳税人后，不得转为小规模纳税人。

说明：

山东对一般纳税人的认定问题进行了回答，是对《山东省国家税务局山东省地方税务局关于“建筑业、房地产业、金融业、生活服务业营业税改征增值税”纳税人办理国税有关涉税业务事项的通告》以及《营业税改征增值税试点实施办法》（财税[2016]36号附件1）第一条内容的落实。

146. 建筑服务的纳税义务发生时间如何确定？

湖南省国税局：湖南省国税局建筑业营改增执行口径

六、纳税义务发生时间

（一）纳税人提供建筑服务并收讫销售款项或者取得索取销售款项凭据的当天；先开具发票的，为开具发票的当天。

（二）收讫销售款项，是指纳税人提供建筑服务过程中或者完成后收到款项。

（三）取得索取销售款项凭据的当天，是指书面合同确定的付款日期；未签订书面合同或者书面合同未确定付款日期的，为建筑服务完成的当天。

（四）纳税人提供建筑服务采取预收款方式的，其纳税义务发生时间为收到预收款的当天。

深圳市国税局：全面推开营改增试点之建筑服务税收政策问答

3. 采取预收款方式提供建筑服务，纳税义务发生时间如何确定？

答：纳税人提供建筑服务、租赁服务采取预收款方式的，其纳税义务发生时间为收到预收款的当天。

山西省国税局：山西国税局营改增问题执行口径——营改增系列知识问答（四）营改增征税范围之二——山西营改增政策指南之建筑业

三、纳税义务发生时间

（一）提供建筑服务采取预收款方式的，其纳税义务发生时间为收到预收款的当天。

（二）其他情况：适用一般规定。

江苏省国税局：江苏国税局营改增执行口径——江苏国税12366营改增热点问题解答（五）——分行业热点问题

九、营改增中试点纳税人提供建筑服务的纳税义务发生时间如何确定？

答：根据《财政部 国家税务总局关于全面推开营业税改征增值税试点的通知》（财税[2016]36号）的规定：

（一）纳税人发生应税行为并收讫销售款项或者取得索取销售款项凭据的当天；先开具发票的，为开具发票的当天。

收讫销售款项，是指纳税人销售服务、无形资产、不动产过程中或者完成后收到款项。

取得索取销售款项凭据的当天，是指书面合同确定的付款日期；未签订书面合同或者书面合同未确定付款日期的，为服务完成的当天。

（二）纳税人提供建筑服务采取预收款方式的，其纳税义务发生时间为收到预收款的当天。

（三）纳税人发生视同销售服务情形的，其纳税义务发生时间为服务完成的当天。

（四）增值税扣缴义务发生时间为纳税人增值税纳税义务发生的当天。

河北省国税局：河北省国家税务局关于全面推开营改增有关政策问题的解答（之二）

二十六、建筑服务已在营改增前完成，按合同规定营改增后收取工程款征税问题

《营业税改征增值税试点实施办法》第四十五条规定，增值税纳税义务发生时间为：“纳税人发生应税行为并收讫销售款项或者取得索取销售款项凭据的当天；先开具发票的，为开具发票的当天。”

取得索取销售款项凭据的当天，是指书面合同确定的付款日期；未签订书面合同或者书面合同未确定付款日期的，为服务、无形资产转让完成的当天或者不动产权属变更的当天。

因此，如果合同规定提供建筑服务的收款日期在营改增之后，应当在收到当月申报缴纳增值税。

天津市国税局：建筑业营改增政策问答（2016 年 3 月 31 日）

7. 如何确定建筑业纳税人纳税义务发生时间？

纳税人提供建筑服务并收讫销售款项或者取得索取销售款项凭据的当天；先开具发票的，为开具发票的当天。

收讫销售款项，是指纳税人提供建筑服务过程中或者完成后收到款项。

取得索取销售款项凭据的当天，是指书面合同确定的付款日期；未签订书面合同或者书面合同未确定付款日期的，为建筑服务完成的当天。

纳税人提供建筑服务采取预收款方式的，其纳税义务发生时间为收到预收款的当天。

青海省国税局：青海国税局营改增执行口径——营改增纳税人办税指南之一建筑业篇

三、纳税义务发生时间

（一）纳税人发生应税行为并收讫销售款项或者取得索取销售款项凭据的当天；先开具发票的，为开具发票的当天。

收讫销售款项，是指纳税人销售服务、无形资产、不动产过程中或者完成后收到款项。

取得索取销售款项凭据的当天，是指书面合同确定的付款日期；未签订书面合同或者书面合同未确定付款日期的，为服务、无形资转让完成的当天或者不动产权属变更的当天。

（二）纳税人提供建筑服务、租赁服务采取预收款方式的，其纳税义务发生时间为收到预收款的当天。

（三）纳税人发生视同销售服务、无形资产或者不动产行为（不包括用于公益事业或者以社会公众为对象），其纳税义务发生时间为服务、无形资产转让完成的当天或者不动产权属变更的当天。

（四）增值税扣缴义务发生时间为纳税人增值税纳税义务发生的当天。

河北省国税局：河北省国家税务局关于全面推开营改增有关政策问题的解答（之二）

二十五、关于建筑服务未开始前收到的备料款等预收款征税问题

《营业税改征增值税试点实施办法》第四十五条规定，纳税人提供建筑服务采取预收款方式的，其纳税义务发生时间为收到预收款的当天。因此，建筑企业收到的备料款等预收款，应当在收到当月申报缴纳增值税。

云南省国税局：云南省国税局建筑业营改增执行口径

五、建筑业的纳税义务发生时间？

答：建筑业增值税纳税义务、扣缴义务发生时间为：

（一）纳税人发生应税行为并收讫销售款项或者取得索取销售款项凭据的当天；先开具发票的，为开具发票的当天。

收讫销售款项，是指纳税人销售服务、无形资产、不动产过程中或者完成后收到款项。

取得索取销售款项凭据的当天，是指书面合同确定的付款日期；未签订书面合同或者书面合同未确定付款日期的，为服务、无形资产转让完成的当天或者不动产权属变更的当天。

（二）纳税人提供建筑服务、租赁服务采取预收款方式的，其纳税义务发生时间为收到预收款的当天。

（三）纳税人从事金融商品转让的，为金融商品所有权转移的当天。

（四）纳税人发生本办法第十四条规定情形的，其纳税义务发生时间为服务、无形资产转让完成的当天或者不动产权属变更的当天。

（五）增值税扣缴义务发生时间为纳税人增值税纳税义务发生的当天。

内蒙古自治区国税局：内蒙古自治区国家税务局纳税人跨旗县（市、区）提供建筑服务增值税征收管理操作指引（2016 年 5 月 30 日）

五、纳税义务发生时间和期限

（一）纳税义务时间和期限

纳税人跨旗县（市、区）提供建筑服务预缴税款时间，按照财税［2016］36 号文件规定的纳税义务发生时间和纳税期限执行。

（二）未按规定期限预缴的处理

纳税人跨旗县（市、区）提供建筑服务，按照规定应向建筑服务发生地主管国税机关预缴税款而自应当预缴之月起超过 6 个月没有预缴税款的，由机构所在地主管国税机关按照《中华人民共和国税收征收管理法》及相关规定处理。

内蒙古自治区国税局：内蒙古自治区国家税务局——全面推开营改增政策问题解答一（建筑服务部分）

四、关于建筑服务未开始前收到的备料款等预收款征税问题

《营业税改征增值税试点实施办法》第四十五条规定，纳税人提供建筑服务采取预收款方式的，其纳税义务发生时间为收到预收款的当天。因此，建筑企业收到的备料款等预

收款，应当在收到当期申报缴纳增值税。

五、建筑服务已在营改增前完成，但在营改增后收取工程款的征税问题

《营业税改征增值税试点实施办法》第四十五条规定，增值税纳税义务发生时间为：“纳税人发生应税行为并收讫销售款项或者取得索取销售款项凭据的当天；先开具发票的，为开具发票的当天。”因此，提供建筑服务实际收款日期在营改增之后的，应当在收款当期申报缴纳增值税。

湖北省国税局：营改增深度解读之建安篇（2016 年 3 月 28 日）

3. 建筑业预收款的纳税义务发生时间

第四十四条：增值税纳税义务发生时间为：

（二）纳税人提供建筑服务、租赁服务或者销售不动产采取预收款方式的，其纳税义务发生时间为收到预收款的当天。

湖北省国税局：营改增政策执行口径第二辑之建筑业（2016 年 5 月 23 日）

第三部分 建筑业

48. 建筑业增值税纳税义务发生时间、销售额的确认问题

纳税人提供建筑服务采取预收款方式的，其纳税义务发生时间为收到预收款的当天。

采取预收款以外其他方式的，为提供建筑服务并收讫销售款项或者取得索取销售款项凭据的当天；其销售额按权责发生制确认。

先开具发票的，为开具发票的当天。

说明：

1. 湖南、深圳、山西、江苏、河北、青海、云南、内蒙古、湖北口径就建筑业增值税纳税义务发生时间问题的回答一致，是《营业税改征增值税试点实施办法》（财税[2016] 36 号附件 1）第四十五条内容的落实。

2. 其中，江苏、湖南、天津、青海选择取了《营业税改征增值税试点实施办法》（财税[2016]36 号附件 1）第四十五条五种纳税义务发生时间情形的四种进行了列举。深圳、山西、河北则专门针对预收款的纳税义务发生时间进行了说明。

3. 内蒙古、湖北对预收款的纳税义务产生时间进行了说明，是对《营业税改征增值税试点实施办法》（财税 [2016] 36 号附件 1）第四十五条内容的落实。

147. 建筑服务的征税范围包括哪些？

浙江省国税局：浙江省国税局建筑业营改增执行口径

39. 营改增试点范围中的“建筑服务”包括哪些服务？

答：按照《财政部 国家税务总局关于全面推开营业税改征增值税试点的通知》（财税［2016］36 号）的规定，建筑服务包括工程服务、安装服务、修缮服务、装饰服务和其他建筑服务。

云南省国税局：云南省国税局建筑业营改增执行口径

三、建筑业包括哪些内容？

答：建筑服务，是指各类建筑物、构筑物及其附属设施的建造、修缮、装饰，线路、管道、设备、设施等的安装以及其他工程作业的业务活动。包括工程服务、安装服务、修缮服务、装饰服务和其他建筑服务。

（一）工程服务。

工程服务，是指新建、改建各种建筑物、构筑物的工程作业，包括与建筑物相连的各种设备或者支柱、操作平台的安装或者装设工程作业，以及各种窑炉和金属结构工程作业。

（二）安装服务。

安装服务，是指生产设备、动力设备、起重设备、运输设备、传动设备、医疗实验设备以及其他各种设备、设施的装配、安置工程作业，包括与被安装设备相连的工作台、梯子、栏杆的装设工程作业，以及被安装设备的绝缘、防腐、保温、油漆等工程作业。

固定电话、有线电视、宽带、水、电、燃气、暖气等经营者向用户收取的安装费、初装费、开户费、扩容费以及类似收费，按照安装服务缴纳增值税。

（三）修缮服务。

修缮服务，是指对建筑物、构筑物进行修补、加固、养护、改善，使之恢复原来的使用价值或者延长其使用期限的工程作业。

（四）装饰服务。

装饰服务，是指对建筑物、构筑物进行修饰装修，使之美观或者具有特定用途的工程作业。

（五）其他建筑服务。

其他建筑服务，是指上列工程作业之外的各种工程作业服务，如钻井（打井）、拆除建筑物或者构筑物、平整土地、园林绿化、疏浚（不包括航道疏浚）、建筑物平移、搭脚手架、爆破、矿山穿孔、表面附着物（包括岩层、土层、沙层等）剥离和清理等工程作业。

陕西省国税局：陕西国税局营改增执行口径——营改增试点答疑（一）

19. 建筑服务包括哪些内容？

答：根据《财政部 国家税务总局关于全面推开营业税改征增值税试点的通知》（财税［2016］36号）所附《销售服务、无形资产、不动产注释》的规定，建筑服务包括工程服务、安装服务、修缮服务、装饰服务和其他建筑服务。

固定电话、有线电视、宽带、水、电、燃气、暖气等经营者向用户收取的安装费、初装费、开户费、扩容费以及类似收费，按照建筑服务—安装服务缴纳增值税。

重庆市国税局：重庆国税局营改增执行口径

39. 营改增试点范围中的“建筑服务”包括哪些服务？

答：按照《财政部 国家税务总局关于全面推开营业税改征增值税试点的通知》（财税［2016］36号）的规定，建筑服务包括工程服务、安装服务、修缮服务、装饰服务和其他建筑服务。

山西省国税局：山西国税局营改增问题执行口径——营改增系列知识问答（四）营改增征税范围之二

二、营改增试点范围中的“建筑服务”包括哪些服务？

答：按照《财政部 国家税务总局关于全面推开营业税改征增值税试点的通知》（财税［2016］36号）的规定，建筑服务包括工程服务、安装服务、修缮服务、装饰服务和其他建筑服务。

江苏省国税局：江苏国税局营改增执行口径——江苏国税12366营改增热点问题解答（五）——分行业热点问题

一、营改增试点范围中的“建筑服务”包括哪些服务？

答：根据《财政部 国家税务总局关于全面推开营业税改征增值税试点的通知》（财税［2016］36号）的规定：建筑服务，是指各类建筑物、构筑物及其附属设施的建造、修缮、装饰，线路、管道、设备、设施等的安装以及其他工程作业的业务活动。包括工程服务、安装服务、修缮服务、装饰服务和其他建筑服务。

天津市国税局：建筑业营改增政策问答（2016年3月31日）

2. 建筑业的征税范围有哪些？

答：一、建筑服务的征税范围，依照试点实施办法附的《销售服务、无形资产或者不动产注释》执行。

二、建筑服务税目注释

建筑服务，是指各类建筑物、构筑物及其附属设施的建造、修缮、装饰，线路、管道、设备、设施等的安装以及其他工程作业的业务活动。包括工程服务、安装服务、修缮服务、装饰服务和其他建筑服务。

（一）工程服务。

工程服务，是指新建、改建各种建筑物、构筑物的工程作业，包括与建筑物相连的各种设备或者支柱、操作平台的安装或者装设工程作业，以及各种窑炉和金属结构工程作业。

（二）安装服务。

安装服务，是指生产设备、动力设备、起重设备、运输设备、传动设备、医疗实验设备以及其他各种设备、设施的装配、安置工程作业，包括与被安装设备相连的工作台、梯子、栏杆的装设工程作业，以及被安装设备的绝缘、防腐、保温、油漆等工程作业。

固定电话、有线电视、宽带、水、电、燃气、暖气等经营者向用户收取的安装费、初装费、开户费、扩容费以及类似收费，按照安装服务缴纳增值税。

（三）修缮服务。

修缮服务，是指对建筑物、构筑物进行修补、加固、养护、改善，使之恢复原来的使用价值或者延长其使用期限的工程作业。

（四）装饰服务。

装饰服务，是指对建筑物、构筑物进行修饰装修，使之美观或者具有特定用途的工程作业。

（五）其他建筑服务。

其他建筑服务，是指上列工程作业之外的各种工程作业服务，如钻井（打井）、拆除建筑物或者构筑物、平整土地、园林绿化、疏浚（不包括航道疏浚）、建筑物平移、搭脚手架、爆破、矿山穿孔、表面附着物（包括岩层、土层、沙层等）剥离和清理等工程作业。

宁夏回族自治区国税局：全面推开营改增政策指引（一）

13. 农村电力服务有限公司为国网宁夏回族自治区电力公司提供农电网的运行、维护、检修、改造等应税服务，营改增后应按照哪个税目征收增值税？

答：按照建筑安装税目征收增值税。

湖南省国税局：湖南省国税局建筑业营改增执行口径

二、征税范围

建筑服务，是指各类建筑物、构筑物及其附属设施的建造、修缮、装饰，线路、管道、设备、设施等的安装以及其他工程作业的业务活动。包括工程服务、安装服务、修缮服务、装饰服务和其他建筑服务。

（一）工程服务

工程服务，是指新建、改建各种建筑物、构筑物的工程作业，包括与建筑物相连的各种设备或者支柱、操作平台的安装或者装设工程作业，以及各种窑炉和金属结构工程作业。

（二）安装服务

安装服务，是指生产设备、动力设备、起重设备、运输设备、传动设备、医疗实验设备以及其他各种设备、设施的装配、安臵工程作业，包括与被安装设备相连的工作台、梯子、栏杆的装设工程作业，以及被安装设备的绝缘、防腐保温、油漆等工程作业。固定电话、有线电视、宽带、水、电、燃气、暖气等经营者向用户收取的安装费、初装费、开户费、扩容费以及类似收费，按照安装服务缴纳增值税。

（三）修缮服务

修缮服务，是指对建筑物、构筑物进行修补、加固、养护、改善，使之恢复原来的使用价值或者延长其使用期限的工程作业。

（四）装饰服务

装饰服务，是指对建筑物、构筑物进行修饰装修，使之美观或者具有特定用途的工程作业。

（五）其他建筑服务

其他建筑服务，是指上列工程作业之外的各种工程作业服务，如钻井（打井）、拆除建筑物或者构筑物、平整土地、园林绿化、疏浚（不包括航道疏浚）、建筑物平移、搭脚手架、爆破、矿山穿孔、表面附着物（包括岩层、土层、沙层等）剥离和清理等工程作业。

此次建筑服务的征税范围，参考了国家统计局发布的国家标准《国民经济行业分类》（GB/T 4754-2011），将其划分为“工程服务”、“安装服务”、“修缮服务”、“装饰服务”、“其他建筑服务”。其中，工程服务、修缮服务和装饰服务 3 个子目主要是围绕建筑物和构筑物提供的建筑服务，工程服务，涵盖房屋建筑服务、土木工程（包括铁路、道路、隧道和桥梁工程，水利和内河港口工程，海洋工程，工矿工程，架线和管道工程和其他土木工程）

建筑服务；装饰服务主要是建筑物和构筑物的修饰装修；安装服务主要包括各种设备的装配、安臵等，此前争议较多的三网、水电气等收取的安装费、初装费等明确按照安装服务征税；其他建筑服务是除以上4个子目以外的其他建筑服务的集合，如钻井、平整土地、园林绿化、拆除建筑物或者构筑物、爆破、穿孔等。并明确航道疏浚服务属于"物流辅助服务——港口码头服务"，不属于建筑服务的征税范围。

福建省国税局：福建省国税局建筑业营改增执行口径——建筑企业营改增试点问题解答（2016年5月27日）

按：近日省住房城乡建设厅参加营改增试点督导调研工作中收集到部分建筑业企业营改增试点相关问题，根据省营改增试点领导小组的要求，我们组织专人对这些问题逐一研究，并节选部分具有代表性的问题及答复，通过各种渠道向外宣传辅导。

8. 财税［2016］36号文的附件2中"试点纳税人提供建筑服务适用简易计税方法的，以取得的全部价款和价外费用扣除支付的分包款后的余额为销售额。"所称的"分包款"，是指工程分包、劳务分包还是材料分包？

答：分包仅指建筑服务税目注释范围内的应税服务。

福建省国税局：福建省国税局建筑业营改增执行口径——建筑企业营改增试点问题解答（2016年05月27日）——其他问题

10. 道路工程、土石方施工是否属于本次营改增范围？

答：是。

北京市国税局：热点问题（6月1日）

一、征税范围

2. 房地产企业只负责拆迁、平整土地，是否按建筑业征税？

答：是的。属于建筑业 -- 其他建筑服务。根据《财政部 国家税务总局关于全面推开营业税改征增值税试点的通知》（财税［2016］36号）附：《销售服务、无形资产、不动产注释》的规定，其他建筑服务，是指上列工程作业之外的各种工程作业服务，如钻井（打井）、拆除建筑物或者构筑物、平整土地、园林绿化、疏浚（不包括航道疏浚）、建筑物平移、搭脚手架、爆破、矿山穿孔、表面附着物（包括岩层、土层、沙层等）剥离和清理等工程作业。

山东省国税局：2016年5月14日12366营改增热点问题

2. 装修房屋属于建筑业吗？

答：根据《财政部 国家税务总局关于全面推开营业税改征增值税试点的通知》（财税［2016］36号）附件1《营业税改征增值税试点实施办法》规定，建筑服务，是指各类建筑物、构筑物及其附属设施的建造、修缮、装饰，线路、管道、设备、设施等的安装以及其他工程作业的业务活动。包括工程服务、安装服务、修缮服务、装饰服务和其他建筑服务。

3. 粉刷外墙的劳务属于营改增吗？

答：根据《财政部 国家税务总局关于全面推开营业税改征增值税试点的通知》（财税

［2016］36号）附件1《营业税改征增值税试点实施办法》第一条规定，在中华人民共和国境内（以下称境内）销售服务、无形资产或者不动产的单位和个人，为增值税纳税人，应当按照本办法缴纳增值税，不缴纳营业税。附《销售服务、无形资产、不动产注释》规定，修缮服务，是指对建筑物、构筑物进行修补、加固、养护、改善，使之恢复原来的使用价值或者延长其使用期限的工程作业。

山东省国税局：2016年5月21日12366营改增热点问题

1. 对新购进的新建房屋进行装修属于建筑业中装饰服务吗?

答：根据《营业税改征增值税试点实施办法》注释中规定：装饰服务，是指对建筑物、构筑物进行修饰装修，使之美观或者具有特定用途的工程作业。

对新购进的新建房屋进行装修是一种使之美观或具有特定用途的工程作业，因此，属于建筑业中装饰服务。

山东省国税局：2016年5月21日12366营改增热点问题

2. 安装有线电视收取的安装费用还需要缴纳增值税吗?

答：根据《营业税改征增值税试点实施办法》注释中规定：固定电话、有线电视、宽带、水、电、燃气、暖气等经营者向用户收取的安装费、初装费、开户费、扩容费以及类似收费，按照安装服务缴纳增值税。

因此，安装有线电视需要缴纳增值税，适用税率11%，征收率3%。

山东省国税局：2016年5月22日12366营改增热点问题

1. 为医疗机构安装专业设备过程中同时进行了设备的绝缘、保温等作业，这一部分也属于安装服务吗?

答：根据《营业税改征增值税试点实施办法》注释中规定：安装服务，是指生产设备、动力设备、起重设备、运输设备、传动设备、医疗实验设备以及其他各种设备、设施的装配、安置工程作业，包括与被安装设备相连的工作台、梯子、栏杆的装设工程作业，以及被安装设备的绝缘、防腐、保温、油漆等工程作业。因此，为医疗机构安装专业设备过程中进行的设备绝缘、保温等作业同样属于安装服务。

山东省国税局：2016年5月31日12366营改增热点问题

1. 建筑服务中其他建筑服务包括什么内容?

答：根据《财政部 国家税务总局关于全面推开营业税改征增值税试点的通知》（财税［2016］36号）规定，其他建筑服务，是指上列工程作业之外的各种工程作业服务，如钻井（打井）、拆除建筑物或者构筑物、平整土地、园林绿化、疏浚（不包括航道疏浚）、建筑物平移、搭脚手架、爆破、矿山穿孔、表面附着物（包括岩层、土层、沙层等）剥离和清理等工程作业。

云南省国税局：云南省国税局建筑业营改增执行口径

十一、建筑业不征收增值税的项目哪些?

答：（一）不征收增值税项目：房地产主管部门或者其指定机构、公积金管理中心、开发企业以及物业管理单位代收的住宅专项维修资金。

（二）不征收增值税项目：在资产重组过程中，通过合并、分立、出售、置换等方式，将全部或者部分实物资产以及与其相关联的债权、负债和劳动力一并转让给其他单位和个人，其中涉及的不动产、土地使用权转让行为。

说明：

1. 浙江、云南、陕西、重庆、山西、江苏、天津、宁夏回族自治区、福建九省区口径对应税行为范围问题的回答一致，符合《财政部 国家税务总局关于全面推开营业税改征增值税试点的通知》(财税 [2016] 36 号)《销售服务、无形资产或者不动产注释》的规定。

2. 云南省口径还对建筑业不征收增值税的项目的问题进行了说明。

3. 北京对房地产企业只负责拆迁、平整土地，是否按建筑业征税问题做出了回答，是对《财政部 国家税务总局关于全面推开营业税改征增值税试点的通知》(财税 [2016] 36 号) 附:《销售服务、无形资产、不动产注释》规定的落实。

4. 山东对装修房屋、粉刷外墙、安装有线电视等问题是否属于应税范围进行了回答，是对《财政部 国家税务总局关于全面推开营业税改征增值税试点的通知》(财税 [2016] 36 号)《销售服务、无形资产或者不动产注释》规定的落实。

148. 建筑服务纳税人的纳税地点如何确定？

福建省国税局：福建省国税局建筑业营改增执行口径——建筑企业营改增试点问题解答（2016 年 5 月 27 日）——其他问题

22. 营改增试点纳税人中其他个人提供建筑服务的增值税纳税地点如何确定？

答：按照《财政部 国家税务总局关于全面推开营业税改征增值税试点的通知》（财税［2016］36 号）的规定，其他个人提供建筑服务，应向建筑服务发生地主管税务机关申报纳税。

浙江省国税局建筑业营改增执行口径

22. 营改增试点纳税人中其他个人提供建筑服务的增值税纳税地点如何确定？

答：按照《财政部 国家税务总局关于全面推开营业税改征增值税试点的通知》（财税［2016］36 号）的规定，其他个人提供建筑服务，应向建筑服务发生地主管税务机关申报纳税。

江西省国税局：江西省国税局明确营改增实务中的 81 个问题——营改增问题解答（四）

1. 营改增试点纳税人中其他个人提供建筑服务的增值税纳税地点如何确定？

答：按照《财政部 国家税务总局关于全面推开营业税改征增值税试点的通知》（财税［2016］36 号）的规定，其他个人提供建筑服务，应向建筑服务发生地主管税务机关申报纳税。

江苏省国税局：江苏国税局营改增执行口径——江苏国税 12366 营改增热点问题解答（五）——分行业热点问题

十一、营改增试点纳税人中其他个人提供建筑服务的增值税纳税地点如何确定？

答：根据《财政部 国家税务总局关于全面推开营业税改征增值税试点的通知》（财税［2016］36 号）的规定：其他个人提供建筑服务，应向建筑服务发生地主管税务机关申报纳税。

青海省国税局：青海国税局营改增执行口径——营改增纳税人办税指南之一建筑业篇

四、纳税地点

（一）固定业户应当向其机构所在地或者居住地主管税务机关申报纳税。总机构和分支机构不在同一县（市）的，应当分别向各自所在地的主管税务机关申报纳税；经财政部和国家税务总局或者其授权的财政和税务机关批准，可以由总机构汇总向总机构所在地的主管税务机关申报纳税。

（二）非固定业户应当向应税行为发生地主管税务机关申报纳税；未申报纳税的，由其机构所在地或者居住地主管税务机关补征税款。

（三）其他个人提供建筑服务，应向建筑服务发生地主管税务机关申报纳税。

（四）扣缴义务人应当向其机构所在地或者居住地主管税务机关申报缴纳扣缴的税款。

山西省国税局：山西国税局营改增问题执行口径——营改增系列知识问答（四）营改增征税范围之二——山西营改增政策指南之建筑业

四、纳税地点

（一）跨县（市）提供建筑服务，按征收率或预缴率在建筑服务发生地缴纳税款后，仍向机构所在地主管税务机关进行纳税申报。

（二）其他个人提供建筑服务，应向建筑服务发生地主管税务机关申报纳税。其他个人指自然人。

（三）其他情况：适用一般规定。

天津市国税局：建筑业营改增政策问答（2016 年 3 月 31 日）

6. 建筑业纳税人的纳税地点如何确定？

一、基本规定

属于固定业户的纳税人提供建筑服务应当向其机构所在地或者居住地的主管税务机关申报纳税。总机构和分支机构不在同一县（市）的，应当分别向各自所在地的主管税务机关申报纳税；经财政部和国家税务总局或者其授权的财政和税务机关批准，可以由总机构汇总向总机构所在地的主管税务机关申报纳税。

属于固定业户的试点纳税人，总分支机构不在同一县（市），但在同一省（自治区、直辖市、计划单列市）范围内的，经省（自治区、直辖市、计划单列市）财政厅（局）和国家税务局批准，可以由总机构汇总向总机构所在地的主管税务机关申报缴纳增值税。

扣缴义务人应当向其机构所在地或者居住地主管税务机关申报缴纳扣缴的税款。

二、异地预缴规定

（一）一般纳税人跨县（市）提供建筑服务，适用一般计税方法计税的，应以取得的全部价款和价外费用为销售额计算应纳税额。纳税人应以取得的全部价款和价外费用扣除支付的分包款后的余额，按照2%的预征率在建筑服务发生地预缴税款后，向机构所在地主管税务机关进行纳税申报。

（二）一般纳税人跨县（市）提供建筑服务，选择适用简易计税方法计税的，应以取得的全部价款和价外费用扣除支付的分包款后的余额为销售额，按照3%的征收率计算应纳税额。纳税人应按照上述计税方法在建筑服务发生地预缴税款后，向机构所在地主管税务机关进行纳税申报。

（三）小规模纳税人跨县（市）提供建筑服务，应以取得的全部价款和价外费用扣除支付的分包款后的余额为销售额，按照3%的征收率计算应纳税额。纳税人应按照上述计税方法在建筑服务发生地预缴税款后，向机构所在地主管税务机关进行纳税申报。

深圳市国税局：全面推开营改增试点之建筑服务税收政策问答

17. 自然人提供建筑服务，纳税申报地点如何确定？

答：根据《财政部 国家税务总局关于全面推开营业税改征增值税试点的通知》（财税［2016］36号）规定，其他个人提供建筑服务，销售或者租赁不动产，转让自然资源使用权，应向建筑服务发生地、不动产所在地、自然资源所在地主管税务机关申报纳税。

云南省国税局：云南省国税局建筑业营改增执行口径

四、建筑业的纳税地点？

答：（一）固定业户应当向其机构所在地或者居住地主管税务机关申报纳税。总机构和分支机构不在同一县（市）的，应当分别向各自所在地的主管税务机关申报纳税；经财政部和国家税务总局或者其授权的财政和税务机关批准，可以由总机构汇总向总机构所在地的主管税务机关申报纳税。

（二）其他个人提供建筑服务，销售或者租赁不动产，转让自然资源使用权，应向建筑服务发生地、不动产所在地、自然资源所在地主管税务机关申报纳税。

（三）建筑企业一般纳税人和小规模纳税人提供建筑服务，在建筑服务发生地预缴，再向机构所在地纳税申报。

而其他个人提供建筑服务，应向建筑服务发生地主管税务机关申报纳税。

湖南省国税局：湖南省国税局建筑业营改增执行口径

五、纳税地点

（一）基本规定

1. 属于固定业户的纳税人销售建筑服务应当向其机构所在地或者居住地的主管税务机关申报纳税。

2. 总机构和分支机构不在同一县（市）的，应当分别向各自所在地的主管税务机关申报纳税；经财政部和国家税务总局或者其授权的财政和税务机关批准，可以由总机构汇总向总机构所在地的主管税务机关申报纳税。

3. 属于固定业户的试点纳税人，总分支机构不在同一县（市），但在同一省（自治区、直辖市、计划单列市）范围内的，经省（自治区、直辖市、计划单列市）财政厅（局）和国家税务局批准，可以由总机构汇总向总机构所在地的主管税务机关申报缴纳增值税。

4. 扣缴义务人应当向其机构所在地或者居住地主管税务机关申报缴纳扣缴的税款。

5. 其他个人提供建筑服务，应向建筑服务发生地主管税务机关申报纳税。

（二）特殊规定

1. 一般纳税人跨县（市）提供建筑服务，适用一般计税方法计税的，应以取得的全部价款和价外费用为销售额计算应纳税额。纳税人应以取得的全部价款和价外费用扣除支付的分包款后的余额，按照 2% 的预征率在建筑服务发生地预缴税款后，向机构所在地主管税务机关进行纳税申报。

2. 一般纳税人跨县（市）提供建筑服务，选择适用简易计税方法计税的，应以取得的全部价款和价外费用扣除支付的分包款后的余额为销售额，按照 3% 的征收率计算应纳税额。纳税人应按照上述计税方法在建筑服务发生地预缴税款后，向机构所在地主管税务机关进行纳税申报。

3. 小规模纳税人跨县（市）提供建筑服务，应以取得的全部价款和价外费用扣除支付的分包款后的余额为销售额，按照 3% 的征收率计算应纳税额。纳税人应按照上述计税方法在建筑服务发生地预缴税款后，向机构所在地主管税务机关进行纳税申报。

这三点内容是关于跨县（市）提供建筑服务如何缴纳增值税的规定。原营业税建筑业的纳税地点为建筑劳务发生地，改征增值税后，增值税的纳税地点一般规定是向其机构所在地主管税务机关申报纳税。建筑业流动性强，跨区域作业非常普遍，对于所有异地提供建筑服务的工程项目来说，若都回到机构所在地纳税，可能会发生建筑服务发生地税源流失的问题，可能建筑服务发生地的地方收入产生影响。本着“试点期间保持现行财政体制基本稳定”的原则，为避免营改增后对建筑服务发生地的地方财政收入造成较大影响，对异地提供建筑服务，建筑服务的纳税地点，遵循增值税在机构所在地纳税的基本原则，辅之以建筑服务发生地预征税款的规定，以确保试点前后地方利益格局基本稳定。

山东省国税局：2016 年 5 月 25 日 12366 营改增热点问题

1. 属于固定业户的纳税人销售租赁建筑服务，纳税地点如何确定？

答：根据《财政部 国家税务总局关于全面推开营业税改征增值税试点的通知》（财税［2016］36 号）规定，属于固定业户的纳税人销售租赁建筑服务，应当向其机构所在地或者居住地的主管税务机关申报纳税。

2. 非固定业户提供建筑服务发生应税行为，纳税地点如何确认？

答：根据《财政部 国家税务总局关于全面推开营业税改征增值税试点的通知》（财税［2016］36 号）规定，非固定业户应当向应税行为发生地的主管税务机关申报纳税；未申报纳税的，由机构所在地或者居住地主管税务机关补征税款。

山东省国税局：2016 年 6 月 2 日 12366 营改增热点问题

1. 其他个人提供建筑服务，纳税地点如何确认？

答：根据《财政部 国家税务总局关于全面推开营业税改征增值税试点的通知》（财

税［2016］36号）规定，其他个人提供建筑服务，向建筑服务发生地的主管税务机关申报纳税。

湖北省国税局：营改增深度解读之建安篇（2016年3月28日）

2. 建筑业纳税地点

（1）固定业户应当向其机构所在地或者居住地主管税务机关申报纳税。总机构和分支机构不在同一县（市）的，应当分别向各自所在地的主管税务机关申报纳税；经财政部和国家税务总局或者其授权的财政和税务机关批准，可以由总机构汇总向总机构所在地的主管税务机关申报纳税。

（2）其他个人提供建筑服务，销售或者租赁不动产，转让自然资源使用权，应向建筑服务发生地、不动产所在地、自然资源所在地主管税务机关申报纳税。

说明：

1. 福建、浙江、江西、江苏、青海、山西、深圳、云南、山东、湖北对其他个人提供建筑服务的增值税纳税地点问题的回答统一，是对《财政部 国家税务总局关于全面推开营业税改征增值税试点的通知》（财税［2016］36号）附件1第四十六条内容的落实。

2. 其中福建、浙江、江西、江苏、青海、深圳仅对其他个人提供建筑服务纳税地点的问题进行了回答。

3. 山西、天津则分别对《财政部 国家税务总局关于全面推开营业税改征增值税试点的通知》（财税［2016］36号）附件1第四十六条中的部分情况进行了说明。

149. 建筑业税率和征收率是多少？

福建省国税局：福建省国税局建筑业营改增执行口径——建筑企业营改增试点问题解答（2016年5月27日）——其他问题

8. 本次营改增各项业务税率是如何规定的？

答：（二）提供交通运输、邮政、基础电信、建筑、不动产租赁服务，销售不动产，转让土地使用权，税率为11%。

浙江省国税局：浙江省国税局建筑业营改增执行口径

9. 目前的营改增政策中对增值税税率问题是如何规定的？

答：根据《营业税改征增值税试点实施办法》第十五条规定，增值税税率：（二）提供交通运输、邮政、基础电信、建筑、不动产租赁服务，销售不动产，转让土地使用权，税率为11%。

天津市国税局：天津建筑业营改增政策问答（2016年3月31日）

3. 建筑业税率和征收率是多少？

答：纳税人分为一般纳税人和小规模纳税人。纳税人提供建筑服务的年应征增值税销售额超过500万元（含本数）的为一般纳税人，未超过规定标准的纳税人为小规模纳税人。

一般纳税人适用税率为11%；小规模纳税人提供建筑服务，以及一般纳税人提供的可选择简易计税方法的建筑服务，征收率为3%。

境内的购买方为境外单位和个人扣缴增值税的，按照适用税率扣缴增值税。

河北省国税局：河北12366营改增热点问题问答（一）——建筑业（2016年5月11日）

2. 营改增后提供建筑服务的税率？

答：根据《财政部 国家税务总局关于全面推开营业税改征增值税试点的通知》（财税［2016］36号）文件附件1《营业税改征增值税试点实施办法》第十五条第二款规定：提供交通运输、邮政、基础电信、建筑、不动产租赁服务，销售不动产，转让土地使用权，税率为11%。

湖南省国税局：湖南省国税局建筑业营改增执行口径

三、税率和征收率

（一）在中华人民共和国境内（以下称境内）提供建筑服务，税率为11%。建筑服务年应税销售额超过500万（含本数）的纳税人为一般纳税人适用11%的增值税税率。

（二）未达到规定标准的为小规模纳税人适用3%征收率。一般纳税人提供的可选择简易计税方法的建筑服务，征收率为3%。原营业税制下，建筑业适用3%的营业税税率，并以扣除建筑分包款之后的余额为计税营业额计算缴纳营业税。营改增后，考虑到建筑业的主要成本，比如其采购的建筑材料，工程机械设备、接受的营改增应税服务支出等均可以获得进项税抵扣，因此，建筑服务适用11%的税率。同时，适用简易计税方法的建筑服务，适用3%的征收率，由于其进项不允许抵扣，因此，为保证纳税人税负稳定，营改增后继续沿用了原营业税差额征税规定，即纳税人提供建筑服务适用简易计税方法计税的，如果其将部分建筑服务分包给了其他单位或个人，以其取得的全部价款和价外费用扣除支付的分包款后的余额为销售额计算缴纳增值税。由于增值税是价外税，3%的增值税征收率相当于2.91%的营业税税率，因此，可以说营改增后所有适用简易计税方法计税的建筑服务，其缴纳的增值税少于营改增前缴纳的营业税。

（三）一般纳税人跨县（市）提供建筑服务，适用一般计税方法计税的，按照2%的预征率在建筑服务发生地预缴税款。这是针对建筑服务异地预缴税款的一个特殊安排。

北京市国税局：北京国税局营改增执行口径——热点问题（4月8日）

9. 建筑企业，选择使用简易计税办法，征收率是多少？请问是否可以开具增值税专用发票？

答：根据《财政部 国家税务总局关于全面推开营业税改征增值税试点的通知》（财税［2016］36号）规定，可以选择使用简易计税方法计税，征收率为3%。同时，可以开具《增值税专用发票》。

北京市国税局：北京国税局营改增执行口径——热点问题（4月8日）

12. 营改增后，建筑劳务适用税率和征收率分别是多少？

答：适用一般计税方法的纳税人，建筑劳务适用税率为11%；适用简易计税方法的纳税人，建筑劳务适用税率为3%。

深圳市国税局：全面推开营改增试点之建筑服务税收政策问答

1. 建筑服务适用税率是多少？

答：根据《财政部 国家税务总局关于全面推开营业税改征增值税试点的通知》（财税[2016]36号）规定，建筑服务适用增值税税率是11%。

新疆维吾尔自治区国税局：“营改增”热点问答（一）

一、建筑业

2. 营改增后纳税人提供建筑服务适用的增值税税率是多少？

答：根据《财政部 国家税务总局关于全面推开营业税改征增值税试点的通知》（财税[2016]36号）附件1《营业税改征增值税试点实施办法》规定，提供交通运输、邮政、基础电信、建筑、不动产租赁服务，销售不动产，转让土地使用权，税率为11%；增值税征收率为3%，财政部和国家税务总局另有规定的除外。

江苏省国税局：江苏国税局营改增执行口径——江苏国税12366营改增热点问题解答（五）——分行业热点问题

八、营改增中试点纳税人提供建筑服务的基本税率与征收率是多少？

答：根据《财政部 国家税务总局关于全面推开营业税改征增值税试点的通知》（财税[2016]36号）的规定：

（一）建筑服务适用税率为11%；

（二）小规模纳税人，以及部分建筑服务选择简易计税方法的一般纳税人，征收率为3%。

山西省国税局：山西国税局营改增问题执行口径——营改增系列知识问答（四）营改增征税范围之二——山西营改增政策指南之建筑业

二、税率和征收率

提供建筑服务税率为11%，征收率为3%。

云南省国税局：云南省国税局建筑业营改增执行口径

二、营业税改征增值税后，建筑业适用什么税率？

答：纳税人提供建筑服务的税率为11%，对于小规模纳税人及特殊项目适用3%征收率。

一般纳税人适用税率为11%，但清包工纳税人、甲供工程纳税人，建筑老项目纳税人可以选择适用简易计税方法，小规模纳税人适用征收率为3%。

山东省国税局：2016 年 5 月 17 日 12366 营改增热点问题

1. 建筑行业营改增后增值税税率是多少？

答：根据《财政部 国家税务总局关于全面推开营业税改征增值税试点的通知》财税［2016］36 号规定：提供交通运输、邮政、基础电信、建筑、不动产租赁服务，销售不动产，转让土地使用权，税率为 11%。因此建筑业一般纳税人提供建筑服务适用税率 11%。

一般纳税人以清包工方式提供的建筑服务，为甲供工程提供的建筑服务，为建筑工程老项目提供的建筑服务，可以选择适用简易计税方法计税，适用征收率 3%。

山东省国税局：2016 年 5 月 30 日 12366 营改增热点问题

1. 从事建筑业的小规模纳税人征收率是什么？

答：根据《财政部 国家税务总局关于全面推开营业税改征增值税试点的通知》（财税［2016］36 号）规定，小规模纳税人提供建筑服务，征收率为 3%。

山东省国税局：2016 年 5 月 31 日 12366 营改增热点问题

2. 从事建筑业的一般纳税人适用税率是什么？

答：根据《财政部 国家税务总局关于全面推开营业税改征增值税试点的通知》（财税［2016］36 号）规定，一般纳税人适用税率为 11%，一般纳税人提供的可选择简易计税方法的建筑服务，征收率为 3%。

重庆市国税局：你问我答营改增之一（2016 年 5 月 30 日）

10. 建筑行业的税率

回复：财税［2016］36 号文件规定：建筑企业提供建筑服务，增值税税率为 11%。一般纳税人以清包工、甲供工程方式或者为建筑工程老项目提供的建筑服务，可以选择适用简易计税方法计税，按 3% 的征收率计算应纳税额。

建筑工程老项目是指：

（1）《建筑工程施工许可证》注明的合同开工日期在 2016 年 4 月 30 日前的建筑工程项目；

（2）未取得《建筑工程施工许可证》的，建筑工程承包合同注明的开工日期在 2016 年 4 月 30 日前的建筑工程项目。

对于现实中存在的《建筑工程施工许可证》以及建筑工程承包合同都没有注明开工时间的情况，在国家税务总局没有新的规定以前，只要纳税人可以提供 2016 年 4 月 30 日前实际已开工的证明，可以按照建筑工程老项目进行税务处理。

宁夏回族自治区国税局：营改增热点难点问题专题 5 月 27 日

一、建筑企业，选择使用简易计税办法，征收率是多少？请问是否可以开具增值税专用发票？

答：根据《财政部 国家税务总局关于全面推开营业税改征增值税试点的通知》（财税［2016］36 号）规定，建筑企业适用简易计税方法计税的，征收率为 3%。同时，纳税人可以开具或者申请代开增值税专用发票。

湖北省国税局：营改增深度解读之建安篇（2016年3月28日）

1. 建筑业适用税率与征收率

《营业税改征增值税试点实施办法》第十五条规定，纳税人提供建筑服务的税率为11%，对于小规模纳税人及特殊项目适用3%征收率为。

一般纳税人适用税率为11%，但清包工纳税人、甲供工程纳税人，建筑老项目纳税人可以选择适用简易计税方法，小规模纳税人适用征收率为3%。

说明：

1. 福建、浙江、天津、河北、湖南、北京、深圳、新疆维吾尔自治区、江苏、山西、云南、山东、重庆、宁夏回族自治区、湖北对增值税税率征收率问题的回答基本一致，是《财政部 国家税务总局关于全面推开营业税改征增值税试点的通知》（财税［2016］36号）附件1第三章内容的落实。

2. 其中，湖南省口径还对适用简易计税方式的3%的增收率后纳税人负担的减轻，以及一般纳税人提供建筑服务异地预缴税款问题做了说明。

150. 总分支机构的纳税地点如何确定？

福建省国税局：福建省国税局建筑业营改增执行口径

三、跨地区经营问题

1.《营业税改征增值税试点实施办法》46条“总机构和分支机构不在同一县（市）的，应当分别向各自所在地的主管税务机关申报纳税”。而《营改增试点有关事项的规定》一、有关政策（七）建筑服务第4点关于外出经营的规定。是否前者指的是经过税务登记的分支机构就地独立申报，不存在预征，也无须再回机构地申报而后者是否指的是以总机构的名义在项目地税务按项目报备的情形？

答：总机构和分支机构都属于固定业户，都应按照规定办理税务登记，向其机构所在地或者居住地主管税务机关申报纳税，这是有关纳税地点的一般性规定。建筑企业跨县（市、区）提供建筑服务在建筑服务发生地预缴税款是对建筑服务纳税地点的一种特殊税收安排，无论总机构还是分支机构，只要存在跨县（市、区）提供建筑服务，都应在建筑服务发生地按规定预缴税款。

福建省国税局：福建省国税局建筑业营改增执行口径

三、跨地区经营问题

3. 分公司或项目部可以认定或登记为一般纳税人吗？总机构中标和签订施工合同，登记缴纳增值税又是分公司或项目部的话，税法有何障碍？

答：已办理正式税务登记的分支机构符合条件的，可申请登记为一般纳税人。总机构跨县（市）提供建筑服务，分支机构作为总机构在建筑服务发生地的分包商提供建筑服务，分别独立计算缴纳增值税。

福建省国税局：福建省国税局建筑业营改增执行口径

三、跨地区经营问题

4. 跨县（市、区）外的建安项目，经总公司授权并由分公司对外签订分包合同、材料合同等，其取得进项发票回机构所在地税务机构时，由于公司名称不一致，无法进项抵扣。对此，如何解决？

答：总公司和分公司作为增值税链条上的独立纳税人，应当根据税收法律法规，独立核算和纳税申报，总公司与分公司的业务往来也应当独立作价并开具发票，以分公司名义取得的进项抵扣凭证不能在总公司做进项抵扣。

福建省国税局：福建省国税局建筑业营改增执行口径

三、跨地区经营问题

5. 若按总分机构分别申报纳税，由于资质要求，施工合同必须由总机构签订，分支机构开具的发票与总机构名称不一致，也与合同不一致，导致分支机构销项专票项目业主无法抵扣；同时，分支机构采购进项也只能以总机构名义索取，这样，建筑业分支机构就无法纳入增值税管征范围，而企业所得税历来是实行总分机构汇总缴纳的，如何协调分支机构对于增值税风险责任如何分担由此，分支机构或者异地（含跨省）项目部是否需要办理国税登记，是临时税务登记还是项目报备？

答：税收法规上的分包与建筑法规上的转包并不一致，与施工资质没有联系。总机构是否在建筑服务发生地设立分支机构并办理正式税务登记作为一个独立的增值税纳税人，由纳税人自主决定；未设立分支机构的，可以持外管证在建筑服务发生地办理报验登记，两者在增值税的征收管理上存在一定的区别。

福建省国税局建筑业营改增执行口径

三、跨地区经营问题

8. 企业外出经营，《征管法》规定，需开具外出经营税收管理证明，建筑业外出，对于设立了分支机构的和未设分支机构的项目部，如何处理该外管证管理范围是否包括增值税、企业所得税？

答：企业所得税的征收管理仍按原规定办理。

福建省国税局：福建省国税局建筑业营改增执行口径

三、跨地区经营问题

其他问题

3. 异地提供建筑服务适用简易征收，税款预缴时，预缴款中的全部价款和价外费用，是指进度款还是合同约定的总价款？

答：按实际确认的预收款；先开具发票的，按发票上注明的价款。

11. 小规模纳税人在外地提供建筑服务，有涉及外包服务，如何确定销售额？

答：应以取得的全部价款和价外费用扣除支付的分包款后的余额为销售额。

说明：

福建对总分公司之间增值税发票抵扣问题进行了说明，认为总分公司之间应独立核算，不得抵扣。

第九章　建筑业计税方法的选择

151. 建筑业的计税方法是什么？

天津市国家税务局：建筑业营改增政策问答（2016 年 3 月 31 日）

4. 建筑业的计税方法是什么？

一、基本规定

增值税的计税方法，包括一般计税方法和简易计税方法。

一般纳税人发生应税行为适用一般计税方法计税。一般纳税人发生财政部和国家税务总局规定的特定应税行为，可以选择适用简易计税方法计税，但一经选择，36 个月内不得变更。

小规模纳税人发生应税行为适用简易计税方法计税。

二、一般计税方法的应纳税额

一般计税方法的应纳税额按以下公式计算：

应纳税额 = 当期销项税额 - 当期进项税额

当期销项税额小于当期进项税额不足抵扣时，其不足部分可以结转下期继续抵扣。

三、简易计税方法的应纳税额

（一）简易计税方法的应纳税额，是指按照销售额和增值税征收率计算的增值税额，不得抵扣进项税额。应纳税额计算公式：

应纳税额 = 销售额 × 征收率

（二）简易计税方法的销售额不包括其应纳税额，纳税人采用销售额和应纳税额合并定价方法的，按照下列公式计算销售额：

销售额 = 含税销售额 ÷（1 + 征收率）

云南省国税局：云南省国税局建筑业营改增执行口径

六、建筑业的计税方法

（一）增值税的计税方法，包括一般计税方法和简易计税方法。

（二）一般纳税人发生应税行为适用一般计税方法计税。

一般纳税人发生财政部和国家税务总局规定的特定应税行为，可以选择适用简易计税方法计税，但一经选择，36 个月内不得变更。

（三）小规模纳税人发生应税行为适用简易计税方法计税。

（四）境外单位或者个人在境内发生应税行为，在境内未设有经营机构的，扣缴义务人按照下列公式计算应扣缴税额：

应扣缴税额 = 购买方支付的价款 ÷（1+ 税率）× 税率

（五）一般计税方法：一般计税方法的应纳税额，是指当期销项税额抵扣当期进项税额后的余额。应纳税额计算公式：

应纳税额 = 当期销项税额 - 当期进项税额

当期销项税额小于当期进项税额不足抵扣时，其不足部分可以结转下期继续抵扣。

（六）销项税额，是指纳税人发生应税行为按照销售额和增值税税率计算并收取的增值税额。销项税额计算公式：

销项税额 = 销售额 × 税率

一般计税方法的销售额不包括销项税额，纳税人采用销售额和销项税额合并定价方法的，按照下列公式计算销售额：

销售额 = 含税销售额 ÷（1+ 税率）

（七）进项税额，是指纳税人购进货物、加工修理修配劳务、服务、无形资产或者不动产，支付或者负担的增值税额。

说明：

天津、云南对建筑业计税方法的一般规定相同，是对《财政部 国家税务总局关于全面推开营业税改征增值税试点的通知》（财税 [2016] 36 号）附件 1《营业税改征增值税试点实施办法》第十七至第二十条的落实。

简易计税方法

152. 适用简易计税方法的情形有哪些？

湖南省国税局：湖南省国税局建筑业营改增执行口径

四、计税方法

增值税计税方法，包括一般计税方法和简易计税方法。提供建筑服务的一般纳税人，以清包工方式、为甲供工程提供的建筑服务以及为建筑工程老项目提供的建筑服务，可以选择适用简易计税方法计税。这是考虑到建筑业的行业实际情况以及为确保建筑业营改增的顺利平稳转换，而采用的三项过渡性规定。以清包工方式提供建筑服务，是指施工方仅收取人工费、管理费或者其他费用，不采购建筑工程所需的材料或只采购辅助材料，建筑工程所需的主要材料或全部材料由建设方或上一环节工程发包方采购。由于分包业务在建筑行业普遍存在，处在分包链条最底层的企业，主要以清包工的形式承揽工程，其成本费用支出基本是建筑工人的工资，可以抵扣的进项税额很少。因此，为妥善解决清包工可能产生的税负上升问题，对一般纳税人的清包工业务，可以允许其选择简易计税方法计算缴纳增值税。

北京市国税局：北京国税局营改增执行口径

55. 建筑行业什么情况下可以选择简易征收？

答：（1）一般纳税人以清包工方式提供的建筑服务，可以选择适用简易计税方法计税。

以清包工方式提供建筑服务，是指施工方不采购建筑工程所需的材料或只采购辅助材料，并收取人工费、管理费或者其他费用的建筑服务。

（2）一般纳税人为甲供工程提供的建筑服务，可以选择适用简易计税方法计税。甲供工程，是指全部或部分设备、材料、动力由工程发包方自行采购的建筑工程。

（3）一般纳税人为建筑工程老项目提供的建筑服务，可以选择适用简易计税方法计税。建筑工程老项目，是指:（一）《建筑工程施工许可证》注明的合同开工日期在2016年4月30日前的建筑工程项目;（二）未取得《建筑工程施工许可证》的，建筑工程承包合同注明的开工日期在2016年4月30日前的建筑工程项目。

河北省国家税务局:12366营改增热点问题问答（一）——建筑业（2016年5月11日）

3. 营改增后建筑业可以选择简易计税吗?

答:根据《财政部 国家税务总局关于全面推开营业税改征增值税试点的通知》（财税[2016]36号）附件2《营业税改征增值税试点有关事项的规定》第一条第七款规定:

1. 一般纳税人以清包工方式提供的建筑服务，可以选择适用简易计税方法计税。以清包工方式提供建筑服务，是指施工方不采购建筑工程所需的材料或只采购辅助材料，并收取人工费、管理费或者其他费用的建筑服务。

2. 一般纳税人为甲供工程提供的建筑服务，可以选择适用简易计税方法计税。甲供工程，是指全部或部分设备、材料、动力由工程发包方自行采购的建筑工程。

3. 一般纳税人为建筑工程老项目提供的建筑服务，可以选择适用简易计税方法计税。建筑工程老项目，是指:

（1）《建筑工程施工许可证》注明的合同开工日期在2016年4月30日前的建筑工程项目;

（2）未取得《建筑工程施工许可证》的，建筑工程承包合同注明的开工日期在2016年4月30日前的建筑工程项目。

云南省国税局:云南省国税局建筑业营改增执行口径

八、哪些建筑业中的一般纳税人可以选择简易计税方法计税?

答:（一）清包工方式的计税

一般纳税人以清包工方式提供的建筑服务，可以选择适用简易计税方法计税。

以清包工方式提供建筑服务，是指施工方不采购建筑工程所需的材料或只采购辅助材料，并收取人工费、管理费或者其他费用的建筑服务。

（二）提供甲供工程的服务方式的计税

一般纳税人为甲供工程提供的建筑服务，可以选择适用简易计税方法计税。

甲供工程，是指全部或部分设备、材料、动力由工程发包方自行采购的建筑工程。

（三）一般纳税人提供建筑服务（工程老项目）

一般纳税人为建筑工程老项目提供的建筑服务，可以选择适用简易计税方法计税。建筑工程老项目，是指:

（1）《建筑工程施工许可证》注明的合同开工日期在2016年4月30日前的建筑工程项目;

（2）未取得《建筑工程施工许可证》的，建筑工程承包合同注明的开工日期在2016年4月30日前的建筑工程项目。

吉林省国税局：12366营改增热点问题答复口径（2016年5月13日）

2. 建筑行业什么情况下可以选择简易征收？

答：（1）一般纳税人以清包工方式提供的建筑服务，可以选择适用简易计税方法计税。以清包工方式提供建筑服务，是指施工方不采购建筑工程所需的材料或只采购辅助材料，并收取人工费、管理费或者其他费用的建筑服务。

（2）一般纳税人为甲供工程提供的建筑服务，可以选择适用简易计税方法计税。甲供工程，是指全部或部分设备、材料、动力由工程发包方自行采购的建筑工程。

（3）一般纳税人为建筑工程老项目提供的建筑服务，可以选择适用简易计税方法计税。建筑工程老项目，是指：（一）《建筑工程施工许可证》注明的合同开工日期在2016年4月30日前的建筑工程项目。（二）《建筑工程施工许可证》未注明合同开工日期，但建筑工程承包合同注明的开工日期在2016年4月30日前的建筑工程项目。（三）未取得《建筑工程施工许可证》的，建筑工程承包合同注明的开工日期在2016年4月30日前的建筑工程项目。

甘肃省国税局：甘肃国税局营改增执行口径

2. 建筑行业什么情况下可以选择简易征收？

答：（1）一般纳税人以清包工方式提供的建筑服务，可以选择适用简易计税方法计税。以清包工方式提供建筑服务，是指施工方不采购建筑工程所需的材料或只采购辅助材料，并收取人工费、管理费或者其他费用的建筑服务。

（2）一般纳税人为甲供工程提供的建筑服务，可以选择适用简易计税方法计税。甲供工程，是指全部或部分设备、材料、动力由工程发包方自行采购的建筑工程。

（3）一般纳税人为建筑工程老项目提供的建筑服务，可以选择适用简易计税方法计税。建筑工程老项目，是指：（一）《建筑工程施工许可证》注明的合同开工日期在2015年4月30日前的建筑工程项目。（二）《建筑工程施工许可证》未注明合同开工日期，但建筑工程承包合同注明的开工日期在2016年4月30日前的建筑工程项目。（三）未取得《建筑工程施工许可证》的，建筑工程承包合同注明的开工日期在2016年4月30日前的建筑工程项目。

山东省国税局：2016年5月15日12366营改增热点问题

2. 建筑行业什么情况下可以选择简易征收？

答：（1）一般纳税人以清包工方式提供的建筑服务，可以选择适用简易计税方法计税。以清包工方式提供建筑服务，是指施工方不采购建筑工程所需的材料或只采购辅助材料，并收取人工费、管理费或者其他费用的建筑服务。

（2）一般纳税人为甲供工程提供的建筑服务，可以选择适用简易计税方法计税。甲供工程，是指全部或部分设备、材料、动力由工程发包方自行采购的建筑工程。

（3）一般纳税人为建筑工程老项目提供的建筑服务，可以选择适用简易计税方法计税。

建筑工程老项目，是指：

（一）《建筑工程施工许可证》注明的合同开工日期在 2016 年 4 月 30 日前的建筑工程项目。

（二）《建筑工程施工许可证》未注明合同开工日期，但建筑工程承包合同注明的开工日期在 2016 年 4 月 30 日前的建筑工程项目。

（三）未取得《建筑工程施工许可证》的，建筑工程承包合同注明的开工日期在 2016 年 4 月 30 日前的建筑工程项目。

宁夏回族自治区国税局：营改增热点难点问题专题（5 月 27 日）

二、建筑行业什么情况下可以选择简易征收?

答：（1）一般纳税人以清包工方式提供的建筑服务，可以选择适用简易计税方法计税。以清包工方式提供建筑服务，是指施工方不采购建筑工程所需的材料或只采购辅助材料，并收取人工费、管理费或者其他费用的建筑服务。

（2）一般纳税人为甲供工程提供的建筑服务，可以选择适用简易计税方法计税。甲供工程，是指全部或部分设备、材料、动力由工程发包方自行采购的建筑工程。

（3）一般纳税人为建筑工程老项目提供的建筑服务，可以选择适用简易计税方法计税。建筑工程老项目，是指：（一）《建筑工程施工许可证》注明的合同开工日期在 2016 年 4 月 30 日前的建筑工程项目。（二）《建筑工程施工许可证》未注明合同开工日期，但建筑工程承包合同注明的开工日期在 2016 年 4 月 30 日前的建筑工程项目。（三）未取得《建筑工程施工许可证》的，建筑工程承包合同注明的开工日期在 2016 年 4 月 30 日前的建筑工程项目。

山西省国税局：山西国税局营改增问题执行口径——营改增政策指南之建筑业

五、简易计税

一般纳税人以清包工方式、为甲供工程、为建筑工程老项目提供的建筑服务，可以选择适用简易计税方法计税。

【以清包工方式】施工方不采购建筑工程所需的材料或只采购辅助材料，并收取人工费、管理费或者其他费用的建筑服务。

【甲供工程】全部或部分设备、材料、动力由工程发包方自行采购的建筑工程。

【建筑工程老项目】1.《建筑工程施工许可证》注明的合同开工日期在 2016 年 4 月 30 日前的建筑工程项目；2. 未取得《建筑工程施工许可证》的，建筑工程承包合同注明的开工日期在 2016 年 4 月 30 日前的建筑工程项目。

青海省国税局：青海国税局营改增执行口径—- 营改增纳税人办税指南之一建筑业篇

一、特殊规定和过渡政策

1. 一般纳税人以清包工方式提供的建筑服务，可以选择适用简易计税方法计税。

以清包工方式提供建筑服务，是指施工方不采购建筑工程所需的材料或只采购辅助材料，并收取人工费、管理费或者其他费用的建筑服务。

2. 一般纳税人为甲供工程提供的建筑服务，可以选择适用简易计税方法计税。

甲供工程，是指全部或部分设备、材料、动力由工程发包方自行采购的建筑工程。

3. 一般纳税人为建筑工程老项目提供的建筑服务，可以选择适用简易计税方法计税。

建筑工程老项目，是指：

（1）《建筑工程施工许可证》注明的合同开工日期2016年4月30日前的建筑工程项目；

（2）未取得《建筑工程施工许可证》的，建筑工程承包合同注明的开工日期在2016年4月30日前的建筑工程项目。

四川省国税局：纳税人咨询的营改增十个热点问题（5月11日）

4. 建筑总包方将部分项目分给工程分包方，分包方在什么情况下可以适用建筑安装行业“老项目”简易计税方法？

答：一般纳税人分包的工程符合建筑工程老项目，清包工工程以及甲供工程条件的，可以选择简易计税方法缴纳增值税。

说明：

1. 湖南、北京、河北、云南、吉林、甘肃、山西、青海、山东、宁夏回族自治区对建筑业简易计税方法的适用情形规定一致，是对《财政部 国家税务总局关于全面推开营业税改征增值税试点的通知》（财税［2016］36号）附件2《营业税改征增值税试点有关事项的规定》第一条第（六）项和第（七）项的落实。

2. 四川规定了分包工程可以选择适用简易计税方法的情形，是对《财政部 国家税务总局关于全面推开营业税改征增值税试点的通知》（财税［2016］36号）附件2《营业税改征增值税试点有关事项的规定》第一条第（六）项和第（七）项的落实。

3. 湖南还对建筑业简易计税方法的立法原理进行了解释。

北京市国税局：北京国税局营改增执行口径

29. 建筑工程老项目有没有过渡措施？

答：根据《财政部 国家税务总局关于全面推开营业税改征增值税试点的通知》（财税［2016］36号）附件2的规定，1. 一般纳税人为建筑工程老项目提供的建筑服务，可以选择适用简易计税方法计税。建筑工程老项目，是指：（1）《建筑工程施工许可证》注明的合同开工日期在2016年4月30日前的建筑工程项目；（2）未取得《建筑工程施工许可证》的，建筑工程承包合同注明的开工日期在2016年4月30日前的建筑工程项目。

2. 房地产开发企业中的一般纳税人，销售自行开发的房地产老项目，可以选择适用简易计税方法按照5%的征收率计税。

北京市国税局：北京热点问题（5月25日）

1. 建筑工程合同中约定的开工日期和竣工日期都在4月30日之前，且合同中没有约定付款的日期，但工程实际尚未竣工，仍在进行中，5月1号后收到的工程款缴纳增值税还是营业税？缴纳增值税的话能否选择简易征收？

答：应缴纳增值税。属于建筑工程老项目，可以选择简易征收。

四川省国税局：纳税人咨询的营改增十个热点问题（4 月 22 日）

38. 一般纳税人为建筑工程老项目提供的建筑服务，能否选择适用简易计税方法计税？

答：根据《财政部 国家税务总局关于全面推开营业税改征增值税试点的通知》（财税［2016］36 号）规定，一般纳税人为建筑工程老项目提供的建筑服务，可以选择适用简易计税方法计税。

建筑工程老项目，是指：（1）《建筑工程施工许可证》注明的合同开工日期在 2016 年 4 月 30 日前的建筑工程项目；（2）未取得《建筑工程施工许可证》的，建筑工程承包合同注明的开工日期在 2016 年 4 月 30 日前的建筑工程项目。

江苏省国税局：江苏国税局营改增执行口径——江苏国税 12366 营改增热点问题解答（五）——分行业热点问题

五、营改增中一般纳税人为建筑工程老项目提供的建筑服务可以选择简易计税吗？

答：根据《财政部 国家税务总局关于全面推开营业税改征增值税试点的通知》（财税［2016］36 号）的规定：一般纳税人提供财政部和国家税务总局规定的建筑业应税行为，可以选择适用简易计税方法计税，但一经选择，36 个月内不得变更。可选择的具体项目：

（3）一般纳税人为建筑工程老项目提供的建筑服务，可以选择适用简易计税方法计税。

①建筑工程老项目，是指：《建筑工程施工许可证》注明的合同开工日期在 2016 年 4 月 30 日前的建筑工程项目；

②未取得《建筑工程施工许可证》的，建筑工程承包合同注明的开工日期在 2016 年 4 月 30 日前的建筑工程项目。

重庆市国税局：重庆国税局营改增执行口径

47. 一般纳税人为建筑工程老项目提供的建筑服务，能否选择适用简易计税方法计税？

答：根据《财政部 国家税务总局关于全面推开营业税改征增值税试点的通知》（财税［2016］36 号）规定，一般纳税人为建筑工程老项目提供的建筑服务，可以选择适用简易计税方法计税。

建筑工程老项目，是指：

（1）《建筑工程施工许可证》注明的合同开工日期在 2016 年 4 月 30 日前的建筑工程项目；

（2）未取得《建筑工程施工许可证》的，建筑工程承包合同注明的开工日期在 2016 年 4 月 30 日前的建筑工程项目。

浙江省国税局：浙江省国税局建筑业营改增执行口径

47. 一般纳税人为建筑工程老项目提供的建筑服务，能否选择适用简易计税方法计税？

答：根据《财政部 国家税务总局关于全面推开营业税改征增值税试点的通知》（财税［2016］36 号）规定，一般纳税人为建筑工程老项目提供的建筑服务，可以选择适用简易计税方法计税。

建筑工程老项目，是指：

（1）《建筑工程施工许可证》注明的合同开工日期在2016年4月30日前的建筑工程项目；

（2）未取得《建筑工程施工许可证》的，建筑工程承包合同注明的开工日期在2016年4月30日前的建筑工程项目。

新疆维吾尔自治区国税局：“营改增”热点问答（一）

一、建筑业

1. 营改增后一般纳税人为建筑老项目提供的建筑服务如何纳税？

答：根据《财政部 国家税务总局关于全面推开营业税改征增值税试点的通知》（财税［2016］36号）附件2《营业税改征增值税试点有关事项的规定》规定，一般纳税人为建筑工程老项目提供的建筑服务，可以选择适用简易计税方法计税。

建筑工程老项目，是指：

（1）《建筑工程施工许可证》注明的合同开工日期在2016年4月30日前的建筑工程项目；

（2）未取得《建筑工程施工许可证》的，建筑工程承包合同注明的开工日期在2016年4月30日前的建筑工程项目。

一般纳税人跨县（市）提供建筑服务，选择适用简易计税方法计税的，应以取得的全部价款和价外费用扣除支付的分包款后的余额为销售额，按照3%的征收率计算应纳税额。纳税人应按照上述计税方法在建筑服务发生地预缴税款后，向机构所在地主管税务机关进行纳税申报。

福建省国税局：福建省国税局建筑业营改增执行口径——建筑企业营改增试点问题解答（2016年5月27日）

7. 我公司从事建安项目，询问能够享受简易计税的建筑工程老项目是如何确认的？

答：建筑工程老项目，是指：（1）《建筑工程施工许可证》注明的合同开工日期在2016年4月30日前的建筑工程项目；（2）未取得《建筑工程施工许可证》的，建筑工程承包合同注明的开工日期在2016年4月30日前的建筑工程项目。

深圳市国税局：全面推开营改增试点之建筑服务税收政策问答

6. 一般纳税人为建筑工程老项目提供的建筑服务，能否选择适用简易计税方法计税？

答：根据《财政部 国家税务总局关于全面推开营业税改征增值税试点的通知》（财税［2016］36号）规定，一般纳税人为建筑工程老项目提供的建筑服务，可以选择适用简易计税方法计税。

建筑工程老项目，是指：

（1）《建筑工程施工许可证》注明的合同开工日期在2016年4月30日前的建筑工程项目；

（2）未取得《建筑工程施工许可证》的，建筑工程承包合同注明的开工日期在2016

年4月30日前的建筑工程项目。

河南省国税局：河南国税局营改增问题执行口径——营改增问题快速处理机制 专期一

问题十二营改增之后，建筑业老项目是按什么时间确认的？

答：财税［2016］36号文件规定：建筑工程老项目，是指（1）《建筑工程施工许可证》注明的合同开工日期在2016年4月30日前的建筑工程项目；（2）未取得《建筑工程施工许可证》的，建筑工程承包合同注明的开工日期在2016年4月30日前的建筑工程项目。

总局公告2016年第17号文件同时规定：《建筑工程施工许可证》未注明合同开工日期，但建筑工程承包合同注明的开工日期在2016年4月30日前的建筑工程项目，属于财税［2016］36号文件规定的可以选择简易计税方法计税的建筑工程老项目。

山东省国税局：2016年5月16日12366营改增热点问题

2. 建筑工程老项目怎么界定？

答：根据《营业税改征增值税试点有关事项的规定》建筑工程老项目，是指：

（1）《建筑工程施工许可证》注明的合同开工日期在2016年4月30日前的建筑工程项目；

（2）未取得《建筑工程施工许可证》的，建筑工程承包合同注明的开工日期在2016年4月30日前的建筑工程项目。

（3）《建筑工程施工许可证》未注明合同开工日期，但建筑工程承包合同注明的开工日期在2016年4月30日前的建筑工程项目。

湖北省国税局：湖北营改增深度解读之建安篇（2015年3月28日）

6. 一般纳税人提供建筑服务（工程老项目）

一般纳税人为建筑工程老项目提供的建筑服务，可以选择适用简易计税方法计税。

建筑工程老项目，是指：

（1）《建筑工程施工许可证》注明的合同开工日期在2016年4月30日前的建筑工程项目；

（2）未取得《建筑工程施工许可证》的，建筑工程承包合同注明的开工日期在2016年4月30日前的建筑工程项目。

说明：

北京、四川、江苏、重庆、浙江、新疆维吾尔自治区、福建、深圳、河南、山东、湖北对建筑业老项目适用简易计税方法的情形规定一致，是对《财政部 国家税务总局关于全面推开营业税改征增值税试点的通知》（财税［2016］36号）附件2《营业税改征增值税试点有关事项的规定》第一条第六项和第七项的落实。

江苏省国税局：江苏国税局营改增执行口径——江苏国税 12366 营改增热点问题解答（五）——分行业热点问题

三、营改增中一般纳税人以清包工方式提供的建筑服务可以选择简易计税吗？

答：根据《财政部 国家税务总局关于全面推开营业税改征增值税试点的通知》（财税［2016］36 号）的规定：一般纳税人提供财政部和国家税务总局规定的建筑业应税行为，可以选择适用简易计税方法计税，但一经选择，36 个月内不得变更。可选择的具体项目：

（1）一般纳税人以清包工方式提供的建筑服务，可以选择适用简易计税方法计税。以清包工方式提供建筑服务，是指施工方不采购建筑工程所需的材料或只采购辅助材料，并收取人工费、管理费或者其他费用的建筑服务。

四川省国税局：纳税人咨询的营改增十个热点问题（4 月 22 日）

36. 一般纳税人以清包工方式提供的建筑服务，能否选择适用简易计税方法计税？

答：根据《财政部 国家税务总局关于全面推开营业税改征增值税试点的通知》（财税［2016］36 号）规定，一般纳税人以清包工方式提供的建筑服务，可以选择适用简易计税方法计税。

以清包工方式提供建筑服务，是指施工方不采购建筑工程所需的材料或只采购辅助材料，并收取人工费、管理费或者其他费用的建筑服务。

山东省国税局：2016 年 6 月 2 日 12366 营改增热点问题

2. 一般纳税人以清包工方式提供的建筑服务，能否选择适用简易计税方法计税？

答：根据《财政部 国家税务总局关于全面推开营业税改征增值税试点的通知》（财税［2016］36 号）规定，一般纳税人以清包工方式提供的建筑服务，可以选择适用简易计税方法计税。

以清包工方式提供建筑服务，是指施工方不采购建筑工程所需的材料或只采购辅助材料，并收取人工费、管理费或者其他费用的建筑服务。

浙江省国税局：浙江省国税局建筑业营改增执行口径

45. 一般纳税人以清包工方式提供的建筑服务，能否选择适用简易计税方法计税？

答：根据《财政部 国家税务总局关于全面推开营业税改征增值税试点的通知》（财税［2016］36 号）规定，一般纳税人以清包工方式提供的建筑服务，可以选择适用简易计税方法计税。

以清包工方式提供建筑服务，是指施工方不采购建筑工程所需的材料或只采购辅助材料，并收取人工费、管理费或者其他费用的建筑服务。

重庆市国税局：重庆国税局营改增执行口径

45. 一般纳税人以清包工方式提供的建筑服务，能否选择适用简易计税方法计税？

答：根据《财政部 国家税务总局关于全面推开营业税改征增值税试点的通知》（财税［2016］36 号）规定，一般纳税人以清包工方式提供的建筑服务，可以选择适用简易计税方法计税。

以清包工方式提供建筑服务，是指施工方不采购建筑工程所需的材料或只采购辅助材料，并收取人工费、管理费或者其他费用的建筑服务。

湖北省国税局：湖北营改增深度解读之建安篇（2016 年 3 月 28 日）

4. 清包工方式的计税

（七）建筑服务：

一般纳税人以清包工方式提供的建筑服务，可以选择适用简易计税方法计税。

以清包工方式提供建筑服务，是指施工方不采购建筑工程所需的材料或只采购辅助材料，并收取人工费、管理费或者其他费用的建筑服务。

说明：

江苏、四川、山东、浙江、重庆、湖北对建筑业清包工适用简易计税方法的情形规定一致，是对《财政部 国家税务总局关于全面推开营业税改征增值税试点的通知》（财税 [2016] 36 号）附件 2《营业税改征增值税试点有关事项的规定》第一条第六项和第七项的落实。

四川省国税局：纳税人咨询的营改增十个热点问题（4 月 27 日）

3. 一般纳税人为甲供工程提供的建筑服务，能否选择适用简易计税方法计税？

答：根据《财政部 国家税务总局关于全面推开营业税改征增值税试点的通知》（财税［2016］36 号）规定，一般纳税人为甲供工程提供的建筑服务，可以选择适用简易计税方法计税。甲供工程，是指全部或部分设备、材料、动力由工程发包方自行采购的建筑工程。

四川省国税局：纳税人咨询的营改增十个热点问题（4 月 22 日）

37. 一般纳税人为甲供工程提供的建筑服务，能否选择适用简易计税方法计税？

答：根据《财政部 国家税务总局关于全面推开营业税改征增值税试点的通知》（财税［2016］36 号）规定，一般纳税人为甲供工程提供的建筑服务，可以选择适用简易计税方法计税。

甲供工程，是指全部或部分设备、材料、动力由工程发包方自行采购的建筑工程。

河南省国税局：河南国税局营改增问题执行口径——营改增问题快速处理机制　专期五

问题六　一般纳税人为甲供工程提供的建筑服务，能否选择适用简易计税方法计税？

答:《财政部 国家税务总局关于全面推开营业税改征增值税试点的通知》（财税［2016］36 号）规定，一般纳税人为甲供工程提供的建筑服务，可以选择适用简易计税方法计税。

甲供工程，是指全部或部分设备、材料、动力由工程发包方自行采购的建筑工程。

重庆市国税局：重庆国税局营改增执行口径

46. 一般纳税人为甲供工程提供的建筑服务，能否选择适用简易计税方法计税？

答：根据《财政部 国家税务总局关于全面推开营业税改征增值税试点的通知》（财税

[2016] 36 号）规定，一般纳税人为甲供工程提供的建筑服务，可以选择适用简易计税方法计税。

甲供工程，是指全部或部分设备、材料、动力由工程发包方自行采购的建筑工程。

浙江省国税局：浙江省国税局建筑业营改增执行口径

46. 一般纳税人为甲供工程提供的建筑服务，能否选择适用简易计税方法计税？

答：根据《财政部 国家税务总局关于全面推开营业税改征增值税试点的通知》（财税[2016] 36 号）规定，一般纳税人为甲供工程提供的建筑服务，可以选择适用简易计税方法计税。

甲供工程，是指全部或部分设备、材料、动力由工程发包方自行采购的建筑工程。

深圳市国税局：全面推开营改增试点之建筑服务税收政策问答

5. 一般纳税人为甲供工程提供的建筑服务，能否选择适用简易计税方法计税？

答：根据《财政部 国家税务总局关于全面推开营业税改征增值税试点的通知》（财税[2016] 36 号）规定，一般纳税人为甲供工程提供的建筑服务，可以选择适用简易计税方法计税。甲供工程，是指全部或部分设备、材料、动力由工程发包方自行采购的建筑工程。

江苏省国税局：江苏国税局营改增执行口径——江苏国税 12366 营改增热点问题解答（五）——分行业热点问题

四、营改增中一般纳税人为甲供工程提供的建筑服务可以选择简易计税吗？

答：根据《财政部 国家税务总局关于全面推开营业税改征增值税试点的通知》（财税[2016] 36 号）的规定：一般纳税人提供财政部和国家税务总局规定的建筑业应税行为，可以选择适用简易计税方法计税，但一经选择，36 个月内不得变更。可选择的具体项目：

（2）一般纳税人为甲供工程提供的建筑服务，可以选择适用简易计税方法计税。甲供工程，是指全部或部分设备、材料、动力由工程发包方自行采购的建筑工程。

山东省国税局：2016 年 5 月 29 日 12366 营改增热点问题

1. 一般纳税人为甲供工程提供的建筑服务有无特殊规定和优惠政策？

答：根据《财政部 国家税务总局关于全面推开营业税改征增值税试点的通知》（财税[2016] 36 号）规定，一般纳税人为甲供工程提供的建筑服务，可以选择适用简易计税方法计税。

甲供工程，是指全部或部分设备、材料、动力由工程发包方自行采购的建筑工程。

湖北省国税局：湖北营改增深度解读之建安篇（2016 年 3 月 28 日）

5. 提供甲供工程的服务

一般纳税人为甲供工程提供的建筑服务，可以选择适用简易计税方法计税。

甲供工程，是指全部或部分设备、材料、动力由工程发包方自行采购的建筑工程。

说明：

四川、河南、重庆、浙江、深圳、江苏、山东、湖北对建筑业甲供工程适用简易计税方法的情形规定一致，是对《财政部 国家税务总局关于全面推开营业税改征增值税试点的通知》（财税［2016］36号）附件2《营业税改征增值税试点有关事项的规定》第一条第六项和第七项的落实。

153. 适用简易计税方法的对象是什么？

海南省国税局：全面推开营改增政策指引——重点关注问题解答（一）

八、关于建筑业和房地产业纳税人适用简易计税方法的对象问题

部分建筑企业和房地产企业对适用简易计税方法的对象存在疑惑，不清楚是以项目为对象还是以整个纳税主体为对象。

建筑业和房地产业按项目管理是基本原则，这是针对建筑业和房地产业行业特点专门作出的特殊政策安排，类似于货物增值税可以对部分产品选择适用简易或一般的计税方法，对建筑业和房地产业是实实在在的利好。遵循这一原则，建筑企业和房地产企业一般纳税人是否适用简易计税方法，并非取决于自己的身份，而是以项目为对象的，只要是针对2016年4月30日前的老项目就可以选择简易计税方式计算缴纳增值税。举例来说，一个建筑企业或房地产企业有A、B两个项目，A属于老项目，B属于新项目，A项目适用简易计税方法并不影响B项目选择一般计税方法。

山东省国税局：全面推开营改增试点政策指引（二）

二、关于建筑业纳税人适用简易计税方法的对象问题

部分建筑企业对适用简易计税方法的对象存在疑惑，不清楚是以建筑项目为对象还是以整个纳税主体为对象。

建筑业按项目管理是基本原则，这是针对建筑行业特点专门作出的特殊政策安排，类似于货物增值税可以对部分产品选择适用简易或一般的计税方法，是对建筑行业实实在在的利好。遵循这一原则，建筑企业是否适用简易计税方法，并非取决于自己的身份，而是以建筑项目为对象的。举例来说，一个建筑企业有A、B两个项目，A项目适用简易计税方法并不影响B项目选择一般计税方法。

吉林省国税局：吉林省建筑业营改增特别口径——营改增热点问题（2016年5月15日）

八、建筑业纳税人适用简易计税方法的，是以建筑项目为对象还是以整个纳税主体为对象？

答：建筑业按项目管理是基本原则，这是针对建筑行业特点专门作出的特殊政策安排，类似于货物增值税可以对部分产品选择适用简易或一般的计税方法，是对建筑行业实实在在的利好。遵循这一原则，建筑企业是否适用简易计税方法，并非取决于自己的身份，而是以建筑项目为对象的。举例来说，一个建筑企业有A、B两个项目，A项目适用简易计

税方法并不影响B项目选择一般计税方法。

天津市国税局：天津国税局营改增执行口径（5月13日）

10.问：如建安企业申请一般纳税人简易征收是按项目备案还是一次备案后我们企业的以后所有合同就都是简易征收了？

答：已登记一般纳税人的建筑安装企业，按照项目申请一般纳税人简易征收备案。

天津市国税局：天津国税局营改增执行口径（2016年5月9日）

15.问：如建安企业申请一般纳税人简易征收是按项目备案还是一次备案后我们企业的以后所有合同就都是简易征收了？

答：您好，您在我们网站上提交的纳税咨询问题收悉，现回复如下：已登记一般纳税人的建筑安装企业，按照项目申请一般纳税人简易征收备案。

说明：

海南、山东、吉林、天津对建筑业简易计税方法的对象问题规定一致，是对《财政部 国家税务总局关于全面推开营业税改征增值税试点的通知》（财税［2016］36号）附件2《营业税改征增值税试点有关事项的规定》第一条第七项的落实。

154. 办理简易计税方法需要哪些证明材料？

天津市国税局：天津国税局营改增执行口径（5月13日）

9.问：我们是一家建筑业企业，在天津有几个项目，符合36号文规定的简易征收条件，请问清包工、甲供工程和老项目办理简易征收分别提供什么证明材料？

答：一般纳税人申请简易征收需携带如下资料：1.《增值税一般纳税人简易征收备案表》2份。2.一般纳税人选择简易办法征收备案事项说明。3.选择简易征收的产品、服务符合条件的证明材料，或者企业符合条件的证明材料。

说明：

天津对建筑企业采用简易计税方法需要的证明材料给出了操作指导。

155. 每个老项目是否需要逐个备案为简易征收吗？

天津市国税局：天津国税局营改增执行口径（5月13日）

12.问：老项目需要一个项目一个项目的备案为简易办法征收吗？

答：纳税人老项目需要一个项目一个项目的确定是否采用简易办法征收，在确定采用简易办法征收的项目之后，可以选择一个和多个项目一起备案。

天津市国税局：老项目需要一个项目一个项目的备案为简易办法征收吗？（2016年5月5日）

13. 问：老项目需要一个项目一个项目的备案为简易办法征收吗？

答：您好：您在我们网站上提交的纳税咨询问题收悉，现回复如下：

纳税人老项目需要一个项目一个项目的确定是否采用简易办法征收，在确定采用简易办法征收的项目之后，可以选择一个和多个项目一起备案。

说明：

天津对适用简易计税方法的老项目备案问题回答前后一致，是对《财政部 国家税务总局关于全面推开营业税改征增值税试点的通知》（财税［2016］36号）附件2《营业税改征增值税试点有关事项的规定》第一条第七项的落实。

156. 不同项目可以选择不同计税方法吗？

吉林省国税局：12366营改增热点问题答复口径（2016年5月13日）

3. 建筑企业不同的项目，是否可以选用不同的计税方法？

答：可以。建筑企业中的增值税一般纳税人，可以就不同的项目，分别选择适用一般计税方法或简易计税方法。

甘肃省国税局：甘肃国税局营改增执行口径

3. 建筑企业不同的项目，是否可以选用不同的计税方法？

答：可以。建筑企业中的增值税一般纳税人，可以就不同的项目，分别选择适用一般计税方法或简易计税方法。

新疆维吾尔自治区国税局：营改增政策答疑（十）

六、建筑安装企业不同项目是否可以选择不同的计税方法？

答：根据《国家税务总局关于发布〈纳税人跨县（市、区）提供建筑服务增值税征收管理暂行办法〉的公告》（2016年第17号）规定，一般纳税人提供建筑服务，可以就不同项目分别选择适用一般计税方法或简易计税方法。

新疆维吾尔自治区国税局：营改增政策答疑（十三）（2016年5月28日）

九、建筑企业不同的项目，是否可以选用不同的计税方法？

答：可以。建筑企业中的增值税一般纳税人，可以就不同的项目，分别选择适用一般计税方法或简易计税方法。

山东省国税局：2016年5月15日12366营改增热点问题

3. 建筑企业不同的项目，是否可以选用不同的计税方法？

答：可以。建筑企业中的增值税一般纳税人，可以就不同的项目，分别选择适用一般计税方法或简易计税方法。

四川省国税局：纳税人咨询的营改增十个热点问题（5 月 4 日）

7. 建筑安装企业不同项目是否可以选择不同的计税方法?

答：建筑企业提供的建筑服务符合财政部和国家税务总局有关规定的，可以就不同项目分别选择适用一般计税方法或简易计税方法。

北京市国税局：北京国税局营改增执行口径

73. 建筑企业不同的项目，是否可以选用不同的计税方法?

答：可以。建筑企业可以就不同的项目，分别选择适用一般计税方法或简易计税方法。

宁夏回族自治区国税局：营改增热点难点问题专题（5 月 27 日）

三、建筑企业不同的项目，是否可以选用不同的计税方法?

答：可以。建筑企业中的增值税一般纳税人，可以就不同的项目，分别选择适用一般计税方法或简易计税方法。

上述回复仅供参考。有关具体办理程序方面的事宜请直接向您的主管或所在地税务机关咨询。

天津市国税局：开发区国税局营改增热点问题解答（第一期）（2016 年 4 月 25 日）

五、对同一建安企业，存在多个老项目的情况，可否就每一个项目单独选择适用简易计税方法或者一般计税方法?

对同一建安企业，存在多个老项目的情况，可以就每一个项目单独选择适用简易计税方法或者一般计税方法。

河北省国税局：河北省国家税务局——关于全面推开营改增有关政策问题的解答（之二）

三十、关于建筑企业的多个老项目是否可以部分选择简易计税方法，部分选择一般计税方法问题?

答：建筑企业的多个老项目可以部分选择简易计税方法，部分选择一般计税方法。

例如：一个建筑企业有 A、B 两个老项目，A 项目适用简易计税方法并不影响 B 项目选择一般计税方法。

河南省国税局：河南国税局营改增问题执行口径——营改增问题快速处理机制 专期六

问题八 一般纳税人有多个建筑工程老项目，是否可以选择某一个或几个老项目简易计税?

答：财税［2016］36 号文件规定：一般纳税人为建筑工程老项目提供的建筑服务，可以选择适用简易计税方法计税。

建筑企业选择简易计税方法计税是按项目选择的，因此有多个建筑工程老项目，可以选择某一个或几个老项目简易计税。

河南省国税局：河南国税局营改增问题执行口径——营改增问题快速处理机制 专期八

问题七 建筑企业同时有清包工、甲供工程、老项目等多个项目的，能否自行选择其中的一个或几个项目进行简易征收备案？

答复：财税［2016］36号文件规定：一般纳税人为建筑工程老项目提供的建筑服务，可以选择适用简易计税方法计税。一般纳税人为甲供工程提供的建筑服务，可以选择适用简易计税方法计税。一般纳税人以清包工方式提供的建筑服务，可以选择适用简易计税方法计税。

建筑企业选择简易计税方法计税是按项目选择的，因此同时有清包工、甲供工程、老项目等多个项目的，可以选择某一个或几个老项目简易计税。

福建省国税局：福建省国税局建筑业营改增执行口径——建筑企业营改增试点问题解答（2016年5月27日）——其他问题

6. 建安企业能否部分项目选择简易征收，部分选择一般计税？

答：可以。

内蒙古自治区国税局：内蒙古自治区国家税务局——全面推开营改增政策问题解答一（建筑服务部分）

三、提供建筑服务的一般纳税人可以按不同项目分别选择一般计税方法或简易计税方法

内蒙古自治区国税局：内蒙古自治区国家税务局纳税人跨旗县（市、区）提供建筑服务增值税征收管理操作指引（2016年5月30日）

三、申报管理

一般纳税人有多个项目（包括跨区提供建筑服务）的，按规定可以部分选择一般计税方法，部分选择简易计税方式，按不同项目进行纳税申报。

采取总分包方式提供建筑服务的，应该根据总分包合同分别独立确定计税方式。总合同符合选择适用简易计税方式的条件，但分包合同不符合的，分包合同不得适用简易计税方式。

说明：

吉林、天津、北京、新疆维吾尔自治区、河北、河南、四川、山东、内蒙古、宁夏回族自治区对于建筑业不同项目是否可以选择不同计税方法的问题规定一致，是对《国家税务总局关于发布〈纳税人跨县（市、区）提供建筑服务增值税征收管理暂行办法〉的公告》（2016年第17号）第五条第三款和《财政部 国家税务总局关于全面推开营业税改征增值税试点的通知》（财税［2016］36号）附件2《营业税改征增值税试点有关事项的规定》第一条第七项的落实。

157. 简易计税方法能变更为一般计税方法吗？

新疆维吾尔自治区国税局：营改增政策答疑（三）

3. 建筑服务一般纳税人对老项目已选择按简易计税方法缴纳增值税，未满 36 个月的，能否变更为一般计税方法计税？

答：不能。根据《财政部 国家税务总局关于全面推开营业税改征增值税试点的通知》（财税［2016］36 号）相关规定，一般纳税人为建筑工程老项目提供的建筑服务，可以选择适用简易计税方法计税，但一经选择，36 个月内不得变更。

新疆维吾尔自治区国税局：“营改增”难点问题解答汇编（三）

二、建筑业

建筑服务一般纳税人对老项目已选择按简易计税方法缴纳增值税，未满 36 个月的，能否变更为一般计税方法计税？

答：不能。根据《财政部 国家税务总局关于全面推开营业税改征增值税试点的通知》（财税［2016］36 号）相关规定，一般纳税人为建筑工程老项目提供的建筑服务，可以选择适用简易计税方法计税，但一经选择，36 个月内不得变更。

福建省国税局：建筑企业营改增试点问题解答（2016 年 5 月 27 日）

四、新旧工程衔接问题

5. 施工企业老项目选择适用简易征收，与“一般纳税人选择适用简易征收：一经选择 36 个月不变”的规定有何关系能否理解成选择适用简易征收属于过渡政策，与前述规定无关，仅属于经营多种税率的情形因此，仅需要在会计核算中分开核算。

答：《营业税改征增值税试点实施办法》第十八条规定，一般纳税人可以选择适用简易计税方法计税，但一经选择，36 个月内不得变更。上述规定同样适用于一般纳税人选择适用简易计税方法的施工企业老项目。

说明：

新疆维吾尔自治区、福建对建筑业计税方法变更的问题给出了回答，是对《财政部 国家税务总局关于全面推开营业税改征增值税试点的通知》（财税［2016］36 号）附件 1《营业税改征增值税试点实施办法》第十八条第二款的落实。

第十章　跨县（市、区）提供建筑服务

158. 跨县（市、区）提供建筑服务的适用范围是什么？

湖南省国税局：湖南省国税局建筑业营改增执行口径

管理规定

《纳税人跨县（市、区）提供建筑服务增值税征收管理暂行办法》（以下简称17号公告）以建筑服务发生地预缴税款，机构所在地纳税申报为基本征管原则，按照纳税人类别、计税方法，分别对纳税人跨县（市、区）提供建筑服务应如何在服务发生地预缴、如何在机构所在地进行纳税申报，作了细化明确，此外，还明确了预缴税款的时间、应提交的资料、允许扣除分包款应当取得的有效凭证、发票的开具等问题。

一、适用范围

17号公告所指的跨县（市、区）提供建筑服务，是指单位和个体工商户在其机构所在地以外的县（市、区）提供建筑服务。其他个人跨县（市、区）提供建筑服务，不适用17号公告，按财税［2016］36号文件中明确：其他个人提供建筑服务，在建筑服务发生地申报纳税。也就是说，单位和个体工商户提供建筑服务的，若机构所在地和建筑服务发生地为同一地，按照增值税纳税地点的基本原则在机构所在地申报纳税即可。只有机构所在地和建筑服务发生地非同一地，才需要实行建筑服务地预缴机构所在地申报纳税的机制。

湖南省国税局：湖南省国税局建筑业营改增执行口径——管理规定

《纳税人跨县（市、区）提供建筑服务增值税征收管理暂行办法》（以下简称17号公告）以建筑服务发生地预缴税款，机构所在地纳税申报为基本征管原则，按照纳税人类别、计税方法，分别对纳税人跨县（市、区）提供建筑服务应如何在服务发生地预缴、如何在机构所在地进行纳税申报，作了细化明确，此外，还明确了预缴税款的时间、应提交的资料、允许扣除分包款应当取得的有效凭证、发票的开具等问题。

一、适用范围

17号公告所指的跨县（市、区）提供建筑服务，是指单位和个体工商户在其机构所在地以外的县（市、区）提供建筑服务。其他个人跨县（市、区）提供建筑服务，不适用17号公告，按财税［2016］36号文件中明确：其他个人提供建筑服务，在建筑服务发生地申报纳税。也就是说，单位和个体工商户提供建筑服务的，若机构所在地和建筑服务发生地为同一地，按照增值税纳税地点的基本原则在机构所在地申报纳税即可。只有机构所在地和建筑服务发生地非同一地，才需要实行建筑服务地预缴机构所在地申报纳税的机制。

江苏省国税局：江苏国税 12366 营改增热点问题解答（2016 第九期）——纳税人跨县（市、区）提供建筑服务增值税热点问题

一、如何界定纳税人提供的建筑服务属于“跨县（市、区）提供建筑服务”？

答：根据《纳税人跨县（市、区）提供建筑服务增值税征收管理暂行办法》（国家税务总局公告 2016 年第 17 号）第二条规定：“本办法所称跨县（市、区）提供建筑服务，是指单位和个体工商户（以下简称纳税人）在其机构所在地以外的县（市、区）提供建筑服务。

纳税人在同一直辖市、计划单列市范围内跨县（市、区）提供建筑服务的，由直辖市、计划单列市国家税务局决定是否适用本办法。其他个人跨县（市、区）提供建筑服务，不适用本办法。”

天津市国税局：天津国税局营改增执行口径（5 月 13 日）

1. 问：建安类企业，公司在津南区，去天津市其他区做工程，用在工程地预缴税款吗？

答：国家税务总局公告 2016 年第 17 号文件第二条规定：本办法所称跨县（市、区）提供建筑服务，是指单位和个体工商户（以下简称纳税人）在其机构所在地以外的县（市、区）提供建筑服务。

纳税人在同一直辖市、计划单列市范围内跨县（市、区）提供建筑服务的，由直辖市、计划单列市国家税务局决定是否适用本办法。

天津国家税务局公告 2016 年第 6 号文件第一条规定：本市纳税人（不含其他个人）在本市范围内跨区（县）提供建筑服务，应向建筑服务发生地主管国税机关预缴增值税，向机构所在地主管国税机关申报缴纳增值税。

天津市国税局：天津国税局营改增执行口径（5 月 13 日）

2. 问：建筑企业在外埠施工预缴增值税怎样办理？

答：应按照《国家税务总局关于发布〈纳税人跨县（市、区）提供建筑服务增值税征收管理暂行办法〉的公告》（国家税务总局公告 2016 年第 17 号）文件规定预缴增值税。

内蒙古自治区国税局：内蒙古自治区国家税务局纳税人跨旗县（市、区）提供建筑服务增值税征收管理操作指引（2016 年 5 月 30 日）

纳税人跨旗县（市、区）提供建筑服务，应按照规定的纳税义务发生时间和计税方法，向建筑服务发生地主管国税机关预缴税款，向机构所在地主管国税机关申报纳税。

一、适用范围

单位和个体工商户（以下简称纳税人）在其机构所在地以外的旗县（市、区）提供建筑服务适用本办法。包括区外纳税人在我区提供建筑服务、我区纳税人跨旗县（市、区）提供建筑服务、我区纳税人在区外提供建筑服务。

其他个人跨旗县（市、区）提供建筑服务不适用本办法，应直接在建筑服务发生地按 3% 征收率申报纳税。

说明：

湖南、江苏、天津、内蒙古对跨县（市、区）提供建筑服务的一般适用情况口径一致，是《纳税人跨县（市、区）提供建筑服务增值税征收管理暂行办法》（国家税务总局公告2016年第17号）第二条的落实。

159. 预缴税款如何计算？

湖南省国税局：湖南省国税局建筑业营改增执行口径——管理规定

三、预缴税款的计算

纳税人跨县（市、区）提供建筑服务，按照以下规定预缴税款：

（一）一般纳税人跨县（市、区）提供建筑服务，适用一般计税方法计税的，以取得的全部价款和价外费用扣除支付的分包款后的余额，按照2%的预征率计算应预缴税款。

（二）一般纳税人跨县（市、区）提供建筑服务，选择适用简易计税方法计税的，以取得的全部价款和价外费用扣除支付的分包款后的余额，按照3%的征收率计算应预缴税款。

（三）小规模纳税人跨县（市、区）提供建筑服务，以取得的全部价款和价外费用扣除支付的分包款后的余额，按照3%的征收率计算应预缴税款。

本条区分一般纳税人和小规模纳税人分别说明了应如何计算预缴税款，需要注意以下事项：

1.适用一般计税方法的预征率为2%，而且是以纳税人取得的全部价款和价外费用扣除支付的分包款后的余额为计算预缴税款的基数。这一计算原则充分考虑了建筑业纳税人的税负水平。在确定预征率时，既要最大限度的保证建筑服务发生地的既得财政利益不受太大影响，又要避免因在建筑服务地大量超缴，造成机构所在地出现留抵税额的情况发生，占压纳税人的资金。

2.简易计税方法下，预缴税款是以取得的全部价款和价外费用扣除支付的分包款后的余额按照3%的征收率计算得出。对适用简易计税方法的建筑服务来说，其预缴税额的计算和应纳税额的计算一致，适用简易计税方法的建筑服务所实现的增值税其实已经全部在建筑服务发生地入库，这也最大限度的保证了建筑服务发生地的地方财政收入不受影响。

（四）纳税人跨县（市、区）提供建筑服务，按照以下公式计算应预缴税款：

1.适用一般计税方法计税的，应预缴税款=（全部价款和价外费用－支付的分包款）÷（1+11%）×2%

2.适用简易计税方法计税的，应预缴税款=（全部价款和价外费用－支付的分包款）÷（1+3%）×3%

纳税人取得的全部价款和价外费用扣除支付的分包款后的余额为负数的，可结转下次预缴税款时继续扣除。以保证纳税人不因收入和支出取得时间的不均衡造成多缴税款。纳税人应按照工程项目分别计算应预缴税款，分别预缴。也就是说，如果纳税人同时为多个跨县（市、区）的建筑项目提供建筑服务，需要分项目计算预缴税款。这一规定保证了所有预缴税款的实现与建筑工程项目一一对应和匹配，减少对建筑服务发生地收入实现的交叉影响。

深圳市国税局：深圳市全面推开“营改增”试点工作指引（之二）

十一、预缴税款问题

应在深圳市国税机关预缴的应税行为

建筑业跨区	异地纳税人来深圳提供建筑服务，应在建筑服务发生地主管国税机关预缴税款
	深圳本地纳税人跨本市行政区提供建筑服务，应在建筑服务发生地主管国税机关预缴税款
房地产预售	纳税人采取预收款方式销售自信开发的房地产项目（包含一般纳税人和小规模纳税人）
不动产租赁	异地纳税人（不含其他个人）租赁在深不动产，应在不动产所在地主管国税机关预缴税款

《增值税预缴税款表》预缴税款计算公式

建筑业跨区	一般计税方式	应预缴税款 =（全部价款和价外费用 – 支付的分包款）÷（1 + 11%）× 2%
	简易计税（一般纳税人简易计税项目、小规模）	应预缴税款 =（全部价款和价外费用 – 支付的分包款）÷（1 + 3%）× 3%
房地产预售	一般计税方式	预缴税款 = 预收款 ÷（1 + 11%）× 3%
	简易计税（一般纳税人简易计税项目、小规模）	预缴税款 = 预收款 ÷（1 + 5%）× 3%
不动产租赁	一般计税方式	应预缴税款 = 含税销售额 ÷（1 + 11%）× 3%
	简易计税方式	应预缴税款 = 含税销售额 ÷（1 + 5%）× 5%
	个体工商户租赁住房	应预缴税款 = 含税销售额 ÷（1 + 5%）× 1.5%

小规模纳税人跨县（市、区）提供建筑服务，不能自行开具增值税发票的，可向建筑服务发生地主管国税机关按照其取得的全部价款和价外费用申请代开增值税发票。

深圳市国税局：全面推开营改增试点之建筑服务税收政策问答

10. 一般纳税人跨县（市、区）提供建筑服务，适用一般计税方法的，如何计算应预缴税款？

答：应预缴税款 =（全部价款和价外费用 – 支付的分包款）÷（1+11%）× 2%

11. 一般纳税人跨县（市、区）提供建筑服务，适用简易计税方法的，如何计算应预缴税款？

答：应预缴税款 =（全部价款和价外费用 – 支付的分包款）÷（1+3%）× 3%

12. 小规模纳税人跨县（市、区）提供建筑服务，如何计算应预缴税款？

答：应预缴税款 =（全部价款和价外费用 – 支付的分包款）÷（1+3%）× 3%

河北省国税局：12366 营改增热点问题问答（一）——建筑业（2016 年 5 月 11 日）

1. 营改增后提供建筑服务如何开具发票？

答：根据《国家税务总局关于发布〈纳税人跨县（市、区）提供建筑服务增值税征收管理暂行办法〉的公告》（国家税务总局公告 2016 年第 17 号）规定：

第四条纳税人跨县（市、区）提供建筑服务，按照以下规定预缴税款：

（一）一般纳税人跨县（市、区）提供建筑服务，适用一般计税方法计税的，以取得的全部价款和价外费用扣除支付的分包款后的余额，按照 2% 的预征率计算应预缴税款。

（二）一般纳税人跨县（市、区）提供建筑服务，选择适用简易计税方法计税的，以取得的全部价款和价外费用扣除支付的分包款后的余额，按照 3% 的征收率计算应预缴税款。

（三）小规模纳税人跨县（市、区）提供建筑服务，以取得的全部价款和价外费用扣除支付的分包款后的余额，按照 3% 的征收率计算应预缴税款。

第五条纳税人跨县（市、区）提供建筑服务，按照以下公式计算应预缴税款：

（一）适用一般计税方法计税的，应预缴税款 =（全部价款和价外费用 – 支付的分包款）÷（1+11%）×2%

（二）适用简易计税方法计税的，应预缴税款 =（全部价款和价外费用 – 支付的分包款）÷（1+3%）×3%

纳税人取得的全部价款和价外费用扣除支付的分包款后的余额为负数的，可结转下次预缴税款时继续扣除。

纳税人应按照工程项目分别计算应预缴税款，分别预缴。

江苏省国税局：江苏国税 12366 营改增热点问题解答（2016 第九期）——纳税人跨县（市、区）提供建筑服务增值税热点问题

三、适用一般计税办法的一般纳税人企业跨县（市、区）提供建筑服务，如何计算应就地预缴税款？

答：根据《纳税人跨县（市、区）提供建筑服务增值税征收管理暂行办法》（国家税务总局公告 2016 年第 17 号）第四条规定：“（一）一般纳税人跨县（市、区）提供建筑服务，适用一般计税方法计税的，以取得的全部价款和价外费用扣除支付的分包款后的余额，按照 2% 的预征率计算应预缴税款。”

第五条规定：“纳税人跨县（市、区）提供建筑服务，按照以下公式计算应预缴税款：（一）适用一般计税方法计税的，应预缴税款 =（全部价款和价外费用 – 支付的分包款）÷（1+11%）×2%

……

纳税人取得的全部价款和价外费用扣除支付的分包款后的余额为负数的，可结转下次预缴税款时继续扣除。

纳税人应按照工程项目分别计算应预缴税款，分别预缴。”

例如：某建筑安装企业为适用一般计税办法的一般纳税人 2016 年 5 月 15 日跨市提供一项建筑服务，收讫工程价款共计 2000 万元并开具专用发票，其中支付分包方价款共计 890 万元，从分包方取得备注栏注明建筑服务发生地所在县（市、区）、项目名

称的增值税发票。这此时该企业应当预缴的增值税税款为:(2000-890)÷(1+11%)×2%=20万元。

江苏省国税局:江苏国税12366营改增热点问题解答(2016第九期)——纳税人跨县(市、区)提供建筑服务增值税热点问题

四、适用简易计税办法的一般纳税人和小规模纳税人企业跨县(市、区)提供建筑服务,如何计算应就地预缴税款?

答:根据《纳税人跨县(市、区)提供建筑服务增值税征收管理暂行办法》(国家税务总局公告2016年第17号)第四条规定:“(二)一般纳税人跨县(市、区)提供建筑服务,选择适用简易计税方法计税的,以取得的全部价款和价外费用扣除支付的分包款后的余额,按照3%的征收率计算应预缴税款。(三)小规模纳税人跨县(市、区)提供建筑服务,以取得的全部价款和价外费用扣除支付的分包款后的余额,按照3%的征收率计算应预缴税款。”

第五条规定:“(二)适用简易计税方法计税的,应预缴税款=(全部价款和价外费用-支付的分包款)÷(1+3%)×3%。纳税人取得的全部价款和价外费用扣除支付的分包款后的余额为负数的,可结转下次预缴税款时继续扣除。

纳税人应按照工程项目分别计算应预缴税款,分别预缴。”

例如:某建筑安装企业为适用简易计税办法的小规模人2016年5月15日跨市提供一项建筑服务,收讫工程价款共计2000万元并开具专用发票,其中支付分包方价款共计970万元,从分包方取得备注栏注明建筑服务发生地所在县(市、区)、项目名称的增值税发票。这此时该企业应当预缴的增值税税款为:(2000—970)÷(1+3%)×3%=30万元。

江苏省国税局:江苏国税局营改增执行口径——江苏国税12366营改增热点问题解答(五)——分行业热点问题

十三、纳税人跨县(市、区)提供建筑服务,应预缴税款如何计算?

答:根据《国家税务总局关于发布〈纳税人跨县(市、区)提供建筑服务增值税征收管理暂行办法〉的公告》(国家税务总局公告2016年第17号)第五条规定:纳税人跨县(市、区)提供建筑服务,按照以下公式计算应预缴税款:

(一)适用一般计税方法计税的,应预缴税款=(全部价款和价外费用-支付的分包款)÷(1+11%)×2%

(二)适用简易计税方法计税的,应预缴税款=(全部价款和价外费用-支付的分包款)÷(1+3%)×3%

纳税人取得的全部价款和价外费用扣除支付的分包款后的余额为负数的,可结转下次预缴税款时继续扣除。

纳税人应按照工程项目分别计算应预缴税款,分别预缴。

广东省国税局:广东省国税局建筑业营改增执行口径——建筑服务申报指引

跨县(市)提供建筑服务申报指引

A.一般计税方法纳税申报

【业务描述】

适用于增值税一般纳税人跨县（市、区）提供建筑服务且适用一般计税方法增值税纳税申报表的填写。

例 1. G 市某建筑企业 A（一般纳税人），2016 年 5 月发生了如下业务：

（1）在 F 市提供建筑工程服务，合同注明的开工日期为 2016 年 4 月 20 日，合同总金额 1110000 元（含税），给对方开具了增值税专用发票。

（2）将部分业务分包给建筑企业 B，支付分包款 444400 元，取得增值税专用发票，不含税金额为 400000，税额为 44000，当月认证抵扣。

（3）5 月 A 企业购买建筑材料取得 2 张 17% 税率的增值税专用发票，注明不含税金额 300000 元，税额 51000 元，当月认证抵扣。除上述外 A 当月无其他业务，选择一般计税方法。

【政策规定】

纳税人（不含其他个人）在跨县（市、区）提供建筑服务，应在建筑服务发生地主管国税机关预缴增值税，向机构所在地主管国税机关申报缴纳增值税。本例中，纳税人在跨市提供建筑服务，应在建筑服务发生地 F 市的主管国税机关预缴税款。该项目纳税人选择了一般计税方法，应以取得的全部价款和价外费用扣除支付的分包款后的余额 666000 元（1110000−444000），按照 2% 的预征率计算应预缴税款。而在纳税申报时不扣除分包款，以不含税销售额 1000000 元全额按 11% 税率申报纳税。

【注意事项】

A 将部分业务分包给建筑企业 B，支付分包款 444000 元，取得增值税专用发票，由于该项目选择了一般计税方法计税，在申报纳税时，该分包款不能进行差额扣除，但是可以凭取得的增值税专用发票进行进项抵扣。可见，纳税人应当加强进项税额管理，做到应抵尽抵。

【数据计算】

A 企业应适用下列计算公式计算预缴税款和应纳税额：

在 F 市应预缴税款 =（全部价款和价外费用 − 支付的分包款）÷（1+11%）×2%=（1110000−444000）÷（1+11%）×2%=12000 元。

在 G 市申报销项税额 =1110000÷（1+11%）×11%=110000 元，

应纳税额 = 销项税额 − 进项税额 =110000−44000−51000=15000 元，

由于已预缴 12000 元，本期在 G 市还应缴纳的税额 =15000−12000=3000 元。

B. 简易计税方式纳税申报

【业务描述】

本例适用于增值税一般纳税人跨县（市、区）提供建筑服务，且选择适用简易计税方法计税的增值税纳税申报表的填写。

例 2. G 市某建筑企业 A（一般纳税人），2016 年 5 月发生了如下业务：在 F 市提供建筑工程服务，合同注明的开工日期为 2016 年 4 月 20 日，合同总金额 1030000 元（含税），给对方开具了增值税专用发票，选择简易计税方法。A 将部分业务分包给建筑企业 B，支付分包款 412000 元，取得合法有效凭证。5 月 A 购进材料取得 2 张 17% 税率的增值税专用发票，注明税额 17000 元。除上述外 A 当月无其他业务。

【政策规定】

纳税人跨县（市、区）提供建筑服务，应按照财税［2016］36 号文件规定的纳税义务发生时间和计税方法，向建筑服务发生地主管国税机关预缴税款，向机构所在地主管国税机关申报纳税。

本例中，G 市纳税人跨市提供建筑服务，应在服务发生地主管国税局 F 市预缴税款。由于该项目纳税人选择了简易计税方法，应以取得的全部价款和价外费用扣除支付的分包款后的余额 618000（1030000–412000）元，按照 3% 的征收率计算应预缴税款。而在机构所在地 A 市应以取得的全部价款和价外费用扣除支付的分包款后的余额 618000（1030000–412000）元，按 3% 的征收率计算应纳税额。

【注意事项】

由于适用简易计税方法计税不能抵扣进项，因此虽然 A 企业购进材料取得 2 张 17% 税率的增值税专用发票，也不能进行进项税额抵扣。

【数据计算】

应适用下列计算公式计算预缴税款和应纳税额

在 F 市应预缴税款 =（全部价款和价外费用 – 支付的分包款）÷（1+3%）× 3%=（1030000–412000）÷（1+3%）× 3%=18000 元

在机构所在地 G 市申报时，销项税 =（1030000–412000）÷（1+3%）× 3%=18000 元，由于选择了简易征收办法，本期取得的进项税额 17000 元不得抵扣销项税额，应纳税额 =18000 元，由于已预缴 18000 元，本期在 G 市应补（退）税额 =0 元。

说明：

湖南、深圳、江苏、广东对纳税人跨县（市、区）提供建筑服务预缴税款如何计算的问题回答相同，是对《国家税务总局关于发布〈纳税人跨县（市、区）提供建筑服务增值税征收管理暂行办法〉的公告》（国家税务总局公告 2016 年第 17 号）第四条和第五条的落实。

160. 预缴增值税抵减不完怎么办？

四川省国税局：纳税人咨询的营改增十个热点问题（5 月 5 日）

3. 跨县市经营提供建筑服务，一般纳税人跨县（市、区）提供建筑服务，适用一般计税方法计税的，以取得的全部价款和价外费用扣除支付的分包款后的余额，按照 2% 的预征率计算应预缴税款，如果申报缴纳的税款比预缴的少，是否要申请退税？

答：根据国家税务总局公告 2016 年第 17 号第八条规定：纳税人跨县（市、区）提供建筑服务，向建筑服务发生地主管国税机关预缴的增值税税款，可以在当期增值税应纳税额中抵减，抵减不完的，结转下期继续抵减。

纳税人以预缴税款抵减应纳税额，应以完税凭证作为合法有效凭证。

河北省国家税务局：关于全面推开营改增有关政策问题的解答（之二）

八、关于提供建筑服务和房地产开发的预缴税款抵减应纳税额问题

《纳税人跨县（市、区）提供建筑服务增值税征收管理暂行办法》（国家税务总局公告2016年第17号）第八条规定："纳税人跨县（市、区）提供建筑服务，向建筑服务发生地主管国税机关预缴的增值税税款，可以在当期增值税应纳税额中抵减，抵减不完的，结转下期继续抵减。"

《房地产开发企业销售自行开发的房地产项目增值税征收管理暂行办法》（国家税务总局公告2016年第18号）第十四条规定："一般纳税人销售自行开发的房地产项目适用一般计税方法计税的，应按照《营业税改征增值税试点实施办法》第四十五条规定的纳税义务发生时间，以当期销售额和11%的适用税率计算当期应纳税额，抵减已预缴税款后，向主管国税机关申报纳税。未抵减完的预缴税款可以结转下期继续抵减。"

因此，提供建筑服务和房地产开发的预缴税款可以抵减应纳税款。应纳税款包括简易计税方法和一般计税方法形成的应纳税款。

例如：某房地产开发企业有A、B、C三个项目，其中A项目适用简易计税方法，B、C项目适用一般计税方法。2016年8月，三个项目分别收到不含税销售价款1亿元，分别预缴增值税300万元，共预缴增值税900万元。2017年8月，B项目达到了纳税义务发生时间，当月计算出应纳税额为1000万元，此时抵减全部预缴增值税后，应当补缴增值税100万元。

房地产开发企业应当在《增值税申报表》主表第19行"应纳税额"栏次，填报1000万元，第24行"应纳税额合计"填报1000万元，第28行"分次预缴税额"填报900万元，第34行"本期应补（退）税额"填报100万元。

江苏省国税局：江苏国税12366营改增热点问题解答（2016第九期）——纳税人跨县（市、区）提供建筑服务增值税热点问题

七、如果企业在当期申报时，跨县（市、区）提供建筑服务预缴税额大于本期实际应当缴纳应纳税额怎么办？

答：根据《纳税人跨县（市、区）提供建筑服务增值税征收管理暂行办法》（国家税务总局公告2016年第17号）第八条规定："纳税人跨县（市、区）提供建筑服务，向建筑服务发生地主管国税机关预缴的增值税税款，可以在当期增值税应纳税额中抵减，抵减不完的，结转下期继续抵减。纳税人以预缴税款抵减应纳税额，应以完税凭证作为合法有效凭证。"

湖南省国税局：湖南省国税局建筑业营改增执行口径——管理规定

六、其他管理规定

纳税人跨县（市、区）提供建筑服务，向建筑服务发生地主管国税机关预缴的增值税税款，可以在当期增值税应纳税额中抵减，抵减不完的，结转下期继续抵减。纳税人以预缴税款抵减应纳税额，应以完税凭证作为合法有效凭证。

福建省国税局——福建省国税局建筑业营改增执行口径

三、跨地区经营问题

2. 若既有总机构所在地开票、又有经营地开票，向总机构所在地申报纳税是否仅限于

总机构所在地开票范围内申报而经营地开具的发票向经营地国税机关申报纳税

答：跨县（市）提供建筑服务的小规模纳税人，可向建筑服务发生地主管国税机关申请代开专用发票，并预缴税款，向机构所在地主管国税机关申报；向机构所在地主管国税机关领取增值税普通发票自行开具，无论是在异地发生应税行为，还是在本地发生应税行为，全部销售收入向机构所在地主管国税机关纳税申报，其中异地预缴的税款可以抵减当期应纳税额，抵减不完的结转下期继续抵减。

四川省国税局：纳税人咨询的营改增十个热点问题（5月第3周）

九、跨县市提供建筑服务，当月收到的预收款小于分包款的，还需要到税务机关去预缴增值税吗？

答：不需要在建筑服务发生地预缴税款。

说明：

1. 深圳、陕西、重庆、河南、福建、四川、河北、青海、江苏、湖南、广东、山东对预缴税款的计算、申报地规定一致，是对《国家税务总局关于发布〈纳税人跨县（市、区）提供建筑服务增值税征收管理暂行办法〉的公告》（国家税务总局公告2016年第17号）第一、三、四、五条的落实。

2. 福建、四川、河北、江苏、湖南对预缴税款抵扣应纳税额的规定一致，是对《纳税人跨县（市、区）提供建筑服务增值税征收管理暂行办法》（国家税务总局公告2016年第17号）第八条的落实。

3. 河北、江苏、湖南对分项目分别预缴税款的规定一致，是对xxx的落实。

4. 青海、江苏对暂停预缴税款的规定一致，是对xxx的落实。

5. 四川对跨县市提供建筑服务，当月收到的预收款小于分包款的问题进行了回答。

161. 预缴税款需要提供哪些材料？

湖南省国税局：湖南省国税局建筑业营改增执行口径

管理规定

五、预缴税款需提交的资料

纳税人跨县（市、区）提供建筑服务，在向建筑服务发生地主管国税机关预缴税款时，需提交以下资料：

（一）《增值税预缴税款表》。需要由纳税人自行填写的《增值税预缴税款表》，该表包括纳税人的基本信息以及预缴税款相关信息。需要注意的是，如果纳税人有多个建筑工程项目同时需要预缴，应分项目填写《增值税预缴税款表》；

（二）与发包方签订的建筑合同原件及复印件；

（三）与分包方签订的分包合同原件及复印件；

（四）从分包方取得的发票原件及复印件。由于计算预缴税款可以扣除分包款，因此，如果存在分包业务需要扣除分包款的话，纳税人还需要提供与分包方签订的分包合同原件和复印件，以及作为允许扣除凭证的发票，无法提供发票的不允许进行扣除。

北京市国税局：北京热点问题（5 月 19 日）

1. 北京市建筑企业异地预缴，需要什么手续和资料？

答：根据《纳税人跨县（市、区）提供建筑服务增值税征收管理暂行办法》（国家税务总局公告 2016 年第 17 号）的规定，纳税人跨县（市、区）提供建筑服务，在向建筑服务发生地主管国税机关预缴税款时，需提交以下资料：

（一）《增值税预缴税款表》；

（二）与发包方签订的建筑合同原件及复印件；

（三）与分包方签订的分包合同原件及复印件；

（四）从分包方取得的发票原件及复印件。

江苏省国税局：江苏国税 12366 营改增热点问题解答（2016 年第九期）纳税人跨县（市、区）提供建筑服务增值税热点问题

六、发生跨县（市、区）提供建筑服务税款缴纳的地点和与之对应的征收管理机关是哪里？需要提供什么材料？

答：根据《纳税人跨县（市、区）提供建筑服务增值税征收管理暂行办法》（国家税务总局公告 2016 年第 17 号）第三条规定："纳税人跨县（市、区）提供建筑服务，应按照财税［2016］36 号文件规定的纳税义务发生时间和计税方法，向建筑服务发生地主管国税机关预缴税款，向机构所在地主管国税机关申报纳税。"

第七条规定："纳税人跨县（市、区）提供建筑服务，在向建筑服务发生地主管国税机关预缴税款时，需提交以下资料：

（一）《增值税预缴税款表》；

（二）与发包方签订的建筑合同原件及复印件；

（三）与分包方签订的分包合同原件及复印件；

（四）从分包方取得的发票原件及复印件。"

江苏省国税局：江苏国税局营改增执行口径——江苏国税 12366 营改增热点问题解答（五）——分行业热点问题

十五、纳税人跨县（市、区）提供建筑服务在向建筑服务发生地主管国税机关预缴税款需要提交什么资料？

答：根据《国家税务总局关于发布〈纳税人跨县（市、区）提供建筑服务增值税征收管理暂行办法〉的公告》（国家税务总局公告 2016 年第 17 号）第七条规定：纳税人跨县（市、区）提供建筑服务，在向建筑服务发生地主管国税机关预缴税款时，需提交以下资料：

（一）《增值税预缴税款表》；

（二）与发包方签订的建筑合同原件及复印件；

（三）与分包方签订的分包合同原件及复印件；

（四）从分包方取得的发票原件及复印件。

河北省国税局：12366 营改增热点问题问答（一）——建筑业（2016 年 5 月 11 日）

5. 纳税人跨县（市、区）提供建筑服务，在向建筑服务发生地主管国税机关预缴税款时，需提交什么资料？

答：根据《国家税务总局关于发布〈纳税人跨县（市、区）提供建筑服务增值税征收管理暂行办法〉的公告》（国家税务总局公告 2016 年第 17 号）第七条规定：纳税人跨县（市、区）提供建筑服务，在向建筑服务发生地主管国税机关预缴税款时，需提交以下资料：

（一）《增值税预缴税款表》；

（二）与发包方签订的建筑合同原件及复印件；

（三）与分包方签订的分包合同原件及复印件；

（四）从分包方取得的发票原件及复印件。

宁夏回族自治区国税局：全面推开营改增政策指引（一）

4. 建筑业跨县（市、区）提供服务在服务发生地预缴税款需要提交的资料不明确，如何操作？

答：按照《国家税务总局关于发布〈纳税人跨县（市、区）提供建筑服务增值税征收管理暂行办法〉的公告》（2016 年第 17 号）第七条规定执行。

山东省国税局：2016 年 5 月 19 日 12366 营改增热点问题（2016 年 5 月 19 日）

2. 纳税人跨县（市、区）提供建筑服务，向建筑服务发生地主管国税机关预缴税款时，需提交什么资料？

答：（1）《增值税预缴税款表》；

（2）与发包方签订的建筑合同原件及复印件；

（3）与分包方签订的建筑合同原件及复印件；

（4）从分包方取得的发票原件及复印件。

说明：

湖南、北京、江苏、河北、宁夏回族自治区、山东对预缴增值税所需申报材料规定一致，是《国家税务总局关于发布〈纳税人跨县（市、区）提供建筑服务增值税征收管理暂行办法〉的公告》（2016 年第 17 号）第七条内容的落实。

162. 预缴税款义务发生时间和期限是什么？

北京市国税局：北京热点问题（5 月 19 日）

3. 建筑企业是在工程结算时一次性申报《增值税预缴税款表》还是在每次取得进度款时进行申报？

答：根据《国家税务总局关于发布〈纳税人跨县（市、区）提供建筑服务增值税征收管理暂行办法〉的公告》（国家税务总局公告2016年第17号）第十一条规定，纳税人跨县（市、区）提供建筑服务预缴税款时间，按照财税［2016］36号文件规定的纳税义务发生时间和纳税期限执行。

北京市国税局：北京国税局营改增执行口径

121. 一般纳税人跨区提供建筑服务应在什么期限内预缴税款？

答：纳税人跨县（市、区）提供建筑服务预缴税款时间，按照财税［2016］36号文件规定的纳税义务发生时间和纳税期限执行。

河南省国税局：河南国税局营改增问题执行口径——营改增问题快速处理机制 专期八

问题六 纳税人跨县（市、区）提供建筑服务，在服务发生地预缴税款的具体时间如何确定？

答复：根据国家税务总局2016年第17号公告规定，纳税人跨县（市、区）提供建筑服务预缴税款时间，按照财税［2016］36号文件规定的纳税义务发生时间和纳税期限执行。

根据财税［2016］36号文件规定，纳税义务发生时间为：一是纳税人发生应税行为并收讫销售款项或者取得索取销售款项凭据的当天；先开具发票的，为开具发票的当天；二是纳税人提供建筑服务、租赁服务采取预收款方式的，其纳税义务发生时间为收到预收款的当天。

根据财税［2016］36号文件规定，纳税期限为：增值税的纳税期限分别为1日、3日、5日、10日、15日、1个月或者1个季度。纳税人的具体纳税期限，由主管税务机关根据纳税人应纳税额的大小分别核定。不能按照固定期限纳税的，可以按次纳税。纳税人以1个月或者1个季度为1个纳税期的，自期满之日起15日内申报纳税；以1日、3日、5日、10日或者15日为1个纳税期的，自期满之日起5日内预缴税款，于次月1日起15日内申报纳税并结清上月应纳税款。

因此，纳税人跨县（市、区）提供建筑服务，应按照规定的纳税义务发生时间和纳税期限，在服务发生地预缴税款。

江苏省国税局：江苏国税12366营改增热点问题解答（2016年第九期）——纳税人跨县（市、区）提供建筑服务增值税热点问题

九、发生了跨县（市、区）提供建筑服务项目，应当何时预缴税款？

答：根据《纳税人跨县（市、区）提供建筑服务增值税征收管理暂行办法》（国家税务总局公告2016年第17号）第十一条规定："纳税人跨县（市、区）提供建筑服务预缴税款时间，按照财税［2016］36号文件规定的纳税义务发生时间和纳税期限执行。"

就纳税义务发生时间而言，除适用增值税纳税义务发生时间的普遍原则以外，还有一项特殊的规定，即根据《财政部 国家税务总局关于全面推开营业税改征增值税试点的通知》（财税［2016］36号）附件1《营业税改征增值税试点实施办法》第四十五条中："纳税人提供建筑服务采取预收款方式的，其纳税义务发生时间为收到预收款的当天。

例如：某建筑企业（一般纳税人）在2016年8月跨县提供建筑服务取得了100万收入，

取得预收款 50 万元。纳税人应该如何进行申报？

纳税人应该在 9 月纳税申报期就 150 万（100 + 50 = 150）计算预缴税款并在建筑服务发生地进行预缴，同时，在 9 月纳税申报期核算进销项计算应纳税额后，向机构所在地主管国税税务机关申报缴纳增值税。

宁夏回族自治区国税局：全面推开营改增政策指引（一）

3. 跨县（市、区）提供建筑服务的纳税人，其在建筑服务发生地主管税务机关预缴税款的时间如何确定？

答：按照《财政部 国家税务总局关于全面推开营业税改征增值税试点的通知》（财税［2016］36 号）第四十五条规定的纳税义务发生时间确定。

说明

北京、河南、江苏、宁夏回族自治区对预缴增值税义务发生时间和期限的规定一致，是对《纳税人跨县（市、区）提供建筑服务增值税征收管理暂行办法》（国家税务总局公告 2016 年第 17 号）第十一条以及《营业税改征增值税试点实施办法》（《财政部 国家税务总局关于全面推开营业税改征增值税试点的通知》财税［2016］36 号附件 1）第四十七条的落实。

163. 如何确定预缴税款的地点？

深圳市国税局：全面推开营改增试点之建筑服务税收政策问答

15. 异地纳税人来深提供建筑服务，应在深圳国税局预缴税款吗？

答：根据《深圳市全面推开“营改增”试点工作指引（之二）》规定，异地纳税人来深提供建筑服务，应在建筑服务发生地主管国税机关预缴税款。

16. 深圳本地纳税人跨区提供建筑服务，是否应预缴税款？

答：根据《深圳市全面推开“营改增”试点工作指引（之二）》规定，深圳本地纳税人跨区提供建筑服务，应在建筑服务发生地主管国税机关预缴税款。

湖南省国税局：湖南省国税局建筑业营改增执行口径——管理规定

二、预缴地点

纳税人跨县（市、区）提供建筑服务，应按照财税［2016］36 号文件规定的纳税义务发生时间和计税方法，向建筑服务发生地主管国税机关预缴税款，向机构所在地主管国税机关申报纳税。

本条主要明确了税款缴纳的地点和与之对应的征收管理机关。第一，预缴税款的地点为建筑服务发生地，征收管理机关为建筑服务发生地主管国税机关；第二，纳税申报的地点为机构所在地，征收管理机关为机构所在地主管国税机关。需要注意的是，这里强调了无论是建筑服务发生地预缴还是机构所在地申报纳税，其征收管理机关均为国税机关。

安徽省国税局：安徽省国税局建筑业营改增执行口径

三、建筑企业跨县、市、区承接建筑工程，要不要在工程所在地办理税务登记？应该在企业所在地缴税还是在工程所在地缴税？

答：建筑企业如果持有效的外管证，只要向工程所在地国税机关办理报验手续，不需要在工程所在地办理税务登记。建筑企业此前已经在地税部门进行报验且5月1日后没有超出规定期限的，其报验手续继续有效，不需要再到工程所在地主管国税机关再办理报验手续。

建筑企业应向工程所在地主管国税机关预缴税款，向机构所在地主管国税机关办理纳税申报，企业在工程所在地预缴的增值税可以抵减其申报的应纳税额，当期抵减不完的可以结转下期继续抵减。

说明：

深圳、湖南、安徽对跨县（市、区）提供建筑服务预缴增值税地点的规定一致，是《跨县(市、区)提供建筑服务增值税征收管理暂行办法》(国家税务总局公告2016年第17号)第三条的落实。

164. 分公司提供建筑服务如何确定纳税地点？

重庆市国税局：你问我答营改增之一（2016年5月30日）

6. 我们是外地建安企业在重庆注册的非法人分公司，总部要求我们回总部开具增值税发票，再到这边的项目所在地国家税务机关预交增值税。现在我们分公司已经到分公司所在地国税机关申请了一般纳税人，请问我们现在应该怎么操作？是按总部要求先到总部开具发票，再到这边项目所在地申报纳税，分公司这边则是零申报么？

回复：如果是以分公司名义提供建筑服务，应由分公司自行开具增值税发票，并向机构（项目）所在地预缴税款和申报纳税；如果是以总部名义提供建筑服务，则总部应向其机构所在地主管税务机关申请开具“外管证”，向项目所在地主管税务机关报验登记，由总部自行开具增值税发票，按规定在项目所在地预缴税款，回机构所在地申报纳税。

说明：

重庆规定了分公司跨区域提供建筑服务的预缴税款地点，是对《纳税人跨县（市、区）提供建筑服务增值税征收管理暂行办法》（国家税务总局公告2016年第17号）第三条的落实。

发票开具地的认定

165. 如何确定小规模纳税人申请代开发票地？

北京市国税局：北京国税局营改增执行口径

47. 跨区县提供建筑服务的小规模纳税人，能否在劳务地代开增值税专用发票？

答：可以。根据《国家税务总局关于发布〈纳税人跨县（市、区）提供建筑服务增值税征收管理暂行办法》的公告〉（国家税务总局公告 2016 年第 17 号）的规定，小规模纳税人跨县（市、区）提供建筑服务，不能自行开具增值税发票的，可向建筑服务发生地主管国税机关按照其取得的全部价款和价外费用申请代开增值税发票。

北京市国税局：北京国税局营改增执行口径

94. 跨区县提供建筑服务的小规模纳税人（不包含其他个人），能否在劳务地代开增值税专用发票？

答：可以。根据《国家税务总局关于发布〈纳税人跨县（市、区）提供建筑服务增值税征收管理暂行办法〉的公告》（国家税务总局公告 2016 年第 17 号）的规定，小规模纳税人跨县（市、区）提供建筑服务，不能自行开具增值税发票的，可向建筑服务发生地主管国税机关按照其取得的全部价款和价外费用申请代开增值税发票。

甘肃省国税局：甘肃国税局营改增执行口径

4. 跨区县提供建筑服务的小规模纳税人，能否在劳务地代开增值税专用发票？

答：可以。根据《国家税务总局关于发布〈纳税人跨县（市、区）提供建筑服务增值税征收管理暂行办法〉的公告》（国家税务总局公告 2016 年第 17 号）的规定，小规模纳税人跨县（市、区）提供建筑服务，不能自行开具增值税发票的，可向建筑服务发生地主管国税机关按照其取得的全部价款和价外费用申请代开增值税发票。

吉林省国税局：吉林省建筑业营改增特别口径——12366 营改增热点问题答复口径（2016 年 5 月 13 日）

二、建筑业

4. 跨区县提供建筑服务的小规模纳税人，能否在劳务地代开增值税专用发票？

答：可以。根据《国家税务总局关于发布〈纳税人跨县（市、区）提供建筑服务增值税征收管理暂行办法〉的公告》（国家税务总局公告 2016 年第 17 号）的规定，小规模纳税人跨县（市、区）提供建筑服务，不能自行开具增值税发票的，可向建筑服务发生地主管国税机关按照其取得的全部价款和价外费用申请代开增值税发票。

深圳市国税局：全面推开营改增试点之建筑服务税收政策问答

13. 小规模纳税人跨县（市、区）提供建筑服务，能否在建筑服务发生地代开发票？

答：小规模纳税人跨县（市、区）提供建筑服务，不能自行开具增值税发票的，可向建筑服务发生地主管国税机关按照其取得的全部价款和价外费用申请代开增值税发票。

湖南省国税局：湖南省国税局建筑业营改增执行口径——管理规定

七、发票管理

（一）小规模纳税人跨县（市、区）提供建筑服务，不能自行开具增值税发票的，可向建筑服务发生地主管国税机关按照其取得的全部价款和价外费用申请代开增值税发票。

宁夏回族自治区国税局：营改增热点难点问题专题（5月31日）

2. 跨区县提供建筑服务的小规模纳税人，能否在劳务地代开增值税专用发票？

答：可以。根据《国家税务总局关于发布〈纳税人跨县（市、区）提供建筑服务增值税征收管理暂行办法》的公告〉（国家税务总局公告2016年第17号）的规定，小规模纳税人跨县（市、区）提供建筑服务，不能自行开具增值税发票的，可向建筑服务发生地主管国税机关按照其取得的全部价款和价外费用申请代开增值税发票。

宁夏回族自治区国税局：全面推开营改增政策指引（一）

1. 外地的建筑企业，在宁夏回族自治区提供建筑服务，需要办理《外出经营活动税收管理证明》吗？怎么开具发票？是开建筑服务发生地发票还是机构所在地发票？

答：建筑业纳税人外出经营需要办理《外出经营活动税收管理证明》。增值税一般纳税人跨县（市、区）提供建筑服务，适用一般计税或简易计税方法的，应自行开具增值税发票；小规模纳税人跨区（县）提供建筑服务，可自行开具增值税普通发票，不能自行开具增值税发票的，需按代开发票相关规定向建筑服务发生地税务机关申请代开。

6. 小规模企业跨县（市、区）提供建筑劳务，预缴税款，需要代开增值税专用发票的在建筑服务发生地代开还是回机构所在地代开？

答：应在建筑服务发生地税务机关申请代开专用发票。

宁夏回族自治区国税局：营改增热点难点问题专题（5月31日）

2. 跨区县提供建筑服务的小规模纳税人，能否在劳务地代开增值税专用发票？

答：可以。根据《国家税务总局关于发布〈纳税人跨县（市、区）提供建筑服务增值税征收管理暂行办法〉的公告》（国家税务总局公告2016年第17号）的规定，小规模纳税人跨县（市、区）提供建筑服务，不能自行开具增值税发票的，可向建筑服务发生地主管国税机关按照其取得的全部价款和价外费用申请代开增值税发票。

四川省国税局：纳税人咨询的营改增十个热点问题（4月22日）

6. 建筑安装企业在外经营在哪里开票？

答：外出经营的建筑企业，能够自行开票的纳税人在机构所在地开具发票，不能自行开具发票（包括专票和普票）的纳税人向建筑服务发生地主管税务机关申请代开。

福建省国税局：福建省国税局建筑业营改增执行口径

三、跨地区经营问题

7. 是否省内外所有销售发票（含普票和专票）都必须由总部开具？

答：原则上，纳税人提供建筑服务应自行开具增值税发票（含普票和专票），小规模纳税人不能自行开具增值税专用发票的可向机构所在地主管国税机关申请代开增值专用发票。小规模纳税人跨县（市、区）提供建筑服务，不能自行开具增值税发票的，可向建筑服务发生地主管国税机关按照其取得的全部价款和价外费用申请代开增值税发票。

江苏省国税局：江苏国税 12366 营改增热点问题解答（2016 年第九期）——纳税人跨县（市、区）提供建筑服务增值税热点问题

八、小规模纳税人如果提供跨县（市、区）提供建筑服务，如何开具增值税专用发票？如何开具增值税普通发票？

答：根据《纳税人跨县（市、区）提供建筑服务增值税征收管理暂行办法》（国家税务总局公告 2016 年第 17 号）第九条规定：“小规模纳税人跨县（市、区）提供建筑服务，不能自行开具增值税发票的，可向建筑服务发生地主管国税机关按照其取得的全部价款和价外费用申请代开增值税发票。”

对小规模纳税人来说，分以下两种情况：第一种情况是可以自行开具普通发票而不能自行开具增值税专用发票的小规模纳税人，明确增值税普通发票自行开具，增值税专用发票可以向建筑服务发生地主管国税机关申请代开。

第二种情况是起征点以下的小规模纳税人，由于其既不能开具增值税专用发票，也不能自行开具增值税普通发票，因此，这一类小规模纳税人可以向建筑服务发生地主管国税机关申请代开增值税专用发票和增值税普通发票。

另外，无论自行开具发票还是有税务机关代开发票，其开票金额均为其提供建筑服务取得的全部价款和价外费用，小规模纳税人可以差额征税但需全额开票。

安徽省国税局：安徽省国税局建筑业营改增执行口径

四、建筑企业跨县、市、区承接建筑工程，是自行开具增值税发票还是由工程所在地国税机关代开增值税发票？

答：建筑企业跨县、市、区承接建筑工程，在营改增后应按以下要求开具增值税发票：

（一）一般纳税人应自行向建筑服务购买方开具增值税发票。

（二）符合自开增值税普通发票条件的增值税小规模纳税人，建筑服务购买方不索取增值税专用发票的，小规模纳税人应自行开具增值税普通发票；建筑服务购买方索取增值税专用发票的，小规模纳税人可按规定向建筑服务发生地或不动产所在地主管国税机关申请代开。

（三）不符合自开增值税普通发票条件的增值税小规模纳税人，可按规定向建筑服务发生地主管国税机关申请代开增值税普通发票和增值税专用发票。

「备注」根据现行增值税管理制度规定，增值税纳税人分为一般纳税人和小规模纳税人两类。年应征增值税销售额超过 500 万元的营改增纳税人为一般纳税人，未超过 500 万元的营改增纳税人为小规模纳税人。增值税一般纳税人资格实行登记制，登记事项由纳税

人自行向其主管国税机关办理。

新疆维吾尔自治区国税局：营改增政策答疑（八）

一、根据《国家税务总局关于发布〈纳税人跨县（市、区）提供建筑服务增值税征收管理暂行办法〉的公告》（2016年第17号）第九条规定小规模纳税人跨县（市、区）提供建筑服务，不能自行开具增值税发票的，可向建筑服务发生地主管税务机关按照其取得的全部价款和价外费用申请代开增值税发票。《国家税务总局关于发布〈纳税人提供不动产经营租赁服务增值税征收管理暂行办法〉的公告》（2016年第16号）第十一条小规模纳税人中的单位和个体工商户出租不动产，不能自行开具增值税发票的，可向不动产所在地主管国税机关申请代开增值税发票。

问题：（一）外省异地纳税人是否是小规模纳税人，建筑服务发生地和不动产所在地主管税务机关判断依据需要明确？

答：纳税人跨省提供建筑服务、出租不动产的，在办理报验登记时，应向建筑服务发生地、不动产所在地主管税务机关提供是一般纳税人还是小规模纳税人、采取一般计税方法还是简易计税方法缴纳增值税、是否已在机构所在地主管税务机关领购增值税发票等相关证明材料。

山东省国税局：全面推开营改增试点政策指引（七）（2016年5月24日）

一、关于小规模纳税人跨县（市、区）提供建筑服务代开专用发票问题

近日，接部分纳税人和基层税务机关反映，小规模纳税人跨县（市、区）提供建筑服务，申请在服务发生地代开增值税专用发票时，对于差额计税、全额代开等问题存有异义。现就该问题明确如下：

根据《国家税务总局关于发布〈纳税人跨县（市、区）提供建筑服务增值税征收管理暂行办法〉的公告》（国家税务总局公告2016年第17号）的规定，小规模纳税人跨县（市、区）提供建筑服务，以取得的全部价款和价外费用扣除支付的分包款后的余额，按照3%的征收率计算应预缴税款，即差额计税。同时，不能自行开具增值税发票的，可向建筑服务发生地主管国税机关按照其取得的全部价款和价外费用申报代开增值税发票，即全额代开。

按照上述规定，小规模纳税人跨县（市、区）提供建筑服务，应在建筑服务发生地按差额计税预缴税款，并可在建筑服务发生地主管国税机关申报代开增值税专用发票。但目前在操作层面存在两个问题：一是计税与开票不衔接，差额计税，全额代开，意味着实际预缴税款并不等于代开发票上注明的税款。而目前操作中，代开专票时，需要全额缴税后方可全额代开。二是预缴与代开不衔接。在提交《增值税预缴税款表》时，需要缴纳应预缴税款，同时在代开增值税专用发票时也要先缴税后开票，造成重复征税。对于上述问题，待综合征管软件升级到位后即可解决。为便于纳税人操作，避免出现重复征税问题，在综合征管软件升级到位之前，可暂按以下原则把握：

小规模纳税人跨县（市、区）提供建筑服务，在建筑服务发生地预缴税款后，需要开具增值税专用发票的，暂回机构所在地主管国税机关申请代开。对于在机构所在地代开专用发票形成的多缴税款，按照征管法等有关规定，在机构所在地主管国税机关办理抵缴或退税。

山东省国税局：全面推开营改增试点政策指引（八）（2016 年 5 月 24 日）

十、钢构等企业混合销售问题

关于小规模纳税人跨县（市、区）提供建筑服务增值税专用发票代开事宜，可选择按照指引（七）第一条把握，也可按以下原则把握：

（1）对于无差额扣除项目的建筑业小规模纳税人，申请在服务发生地代开增值税专用发票的，代开专票并缴纳税款后，该笔业务暂不进行增值税预缴申报；

（2）对于有差额征税项目的建筑业小规模纳税人。

据了解，对于小规模纳税人跨县（市、区）提供建筑服务代开专用发票，金三系统将分两步升级，第一步实现建筑服务差额计税、全额代开功能；第二步解决预缴表申报与代开专票重复征税问题。在第一步升级后，第二步升级前，申请在服务发生地代开增值税专用发票的，代开专票并缴纳税款后，该笔业务暂不进行增值税预缴申报。

对于以上暂不进行增值税预缴申报的纳税人，需填制《增值税预缴税款表》，报建筑服务发生地主管国税机关留存。

山东省国税局：2016 年 5 月 17 日 12366 营改增热点问题（2016 年 5 月 17 日）

5. 跨区县提供建筑服务的小规模纳税人，能否在劳务地代开增值税发票？

答：根据《国家税务总局关于发布〈纳税人跨县（市、区）提供建筑服务增值税征收管理暂行办法〉的公告》（国家税务总局公告 2016 年第 17 号）的规定，小规模纳税人跨县（市、区）提供建筑服务，不能自行开具增值税发票的，可向建筑服务发生地主管国税机关按照其取得的全部价款和价外费用申请代开增值税发票。

说明：

关于小规模纳税人跨县（市、区）提供建筑服务申请代开发票地：

1. 北京、甘肃、吉林、深圳、湖南、宁夏回族自治区、四川、福建、江苏、安徽、新疆维吾尔自治区、山东的规定相同，均是对《国家税务总局关于发布〈纳税人跨县（市、区）提供建筑服务增值税征收管理暂行办法〉的公告》（国家税务总局公告 2016 年第 17 号）第九条的落实，江苏、安徽还进行了详细的解释，新疆维吾尔自治区还明确了纳税人需提供一定的证明材料证明其纳税人身份；

2. 山东对于小规模纳税人跨县（市、区）提供建筑服务增值税专用发票代开事宜的回答提供了两种操作原则以供选择。

166. 如何确定一般纳税人的开票地？

新疆维吾尔自治区国税局：营改增政策答疑（五）

一、增值税一般纳税人跨县市提供建筑安装服务，在劳务发生地预缴税款，增值税发票在哪里开具？

答：增值税一般纳税人跨县市提供建筑安装服务，在机构所在地自行开具增值税发票。

新疆维吾尔自治区国税局："营改增"难点问题解答汇编（五）

二、建筑业

1. 增值税一般纳税人跨县市提供建筑安装服务，在劳务发生地预缴税款，增值税发票在哪里开具？

答：增值税一般纳税人跨县市提供建筑安装服务，在机构所在地自行开具增值税发票。

河南省国税局：河南国税局营改增问题执行口径——营改增问题快速处理机制专期一

问题十一　一般纳税人跨县市提供建筑服务，在哪里开票？

答复：财税［2016］36 号文件规定：一般纳税人跨县市提供建筑服务，在机构所在地开具发票。

河南省国税局：河南国税局营改增问题执行口径——营改增问题快速处理机制　专期四

问题四　一般纳税人跨县（市、区）提供建筑服务发票开具问题，是在服务发生地开具发票，还是回机构所在地统一开具发票？

答复：一般纳税人跨县（市、区）提供建筑服务，应当在服务发生地预缴税款，回机构所在地统一开具发票。

天津市国税局：外地施工企业代开发票问题（2016 年 6 月 1 日）

31. 问：我们是湖南一家幕墙公司，一般纳税人，原来的异地老项目，项目在天津，采用简易征收方式，能否从贵局代开增值税发票？

答：您好，您在我们网站上提交的纳税咨询问题收悉，现回复如下：

按照《国家税务总局关于发布〈纳税人跨县（市、区）提供建筑服务增值税征收管理暂行办法〉的公告》（国家税务总局公告 2016 年第 17 号）第三条规定：纳税人跨县（市、区）提供建筑服务，应按照财税［2016］36 号文件规定的纳税义务发生时间和计税方法，向建筑服务发生地主管国税机关预缴税款，向机构所在地主管国税机关申报纳税。

第九条规定：小规模纳税人跨县（市、区）提供建筑服务，不能自行开具增值税发票的，可向建筑服务发生地主管国税机关按照其取得的全部价款和价外费用申请代开增值税发票。

综上，一般纳税人和有自行开具增值税发票条件的小规模纳税人在建筑服务发生地预缴税款后，应由公司在机构所在地自行开具增值税发票。因此贵公司应回机构所在地进行发票的代开。

天津市国税局：外地进津的建筑企业增值税票是否还在外管站开具（2016 年 5 月 10 日）

19. 问：请问外地进津的建筑企业增值税票是否还在外管站开具？

答：您好，您在我们网站上提交的纳税咨询问题收悉，现回复如下：自 2016 年 5 月 1 日起，天津国税委托天津市施工队伍管理站（以下简称施管站）对外地进津施工单位预缴税款进行代征工作，履行代征手续，纳税人预缴税款后凭借施管站打印出具的《中华人民共和国通用缴款书》在机构所在地申报纳税时进行税款扣减。

根据《关于全面推开营业税改征增值税试点的通知》（财税［2016］36号）附件1《营业税改征增值税试点实施办法》第四十六条规定：固定业户应当向其机构所在地或者居住地主管税务机关申报纳税。因此，外地进津施工单位应在机构所在地税务机关领取发票进行开具。

根据《国家税务总局关于发布〈纳税人跨县（市、区）提供建筑服务增值税征收管理暂行办法〉的公告》（国家税务总局公告2016年第17号）规定：小规模纳税人跨县（市、区）提供建筑服务，不能自行开具增值税发票的，可向建筑服务发生地主管国税机关按照其取得的全部价款和价外费用申请代开增值税发票。

天津市国税局：天津国税局营改增执行口径（5月13日）

6. 问：请问外地进津的建筑企业增值税票是否还在外管站开具？

答：自2016年5月1日起，天津国税委托天津市施工队伍管理站（以下简称施管站）对外地进津施工单位预缴税款进行代征工作，履行代征手续，纳税人预缴税款后凭借施管站打印出具的《中华人民共和国通用缴款书》在机构所在地申报纳税时进行税款扣减。

根据《关于全面推开营业税改征增值税试点的通知》（财税［2016］36号）附件1《营业税改征增值税试点实施办法》第四十六条规定：固定业户应当向其机构所在地或者居住地主管税务机关申报纳税。因此，外地进津施工单位应在机构所在地税务机关领取发票进行开具。

根据《国家税务总局关于发布〈纳税人跨县（市、区）提供建筑服务增值税征收管理暂行办法〉的公告》（国家税务总局公告2016年第17号）规定：小规模纳税人跨县（市、区）提供建筑服务，不能自行开具增值税发票的，可向建筑服务发生地主管国税机关按照其取得的全部价款和价外费用申请代开增值税发票。

说明：

新疆维吾尔自治区、河南、天津对一般纳税人跨县（市、区）提供建筑服务开票地的规定一致。是对《财政部 国家税务总局关于全面推开营业税改征增值税试点的通知》（财税［2016］36号）附件2《营业税改征增值税试点有关事项的规定》（七）建筑服务以及《国家税务总局关于发布〈纳税人跨县（市、区）提供建筑服务增值税征收管理暂行办法〉的公告》（国家税务总局公告2016年第17号）第三条规定的落实。

167. 是否每个建筑项目都要购买一套税控设备？

湖北省国税局：营改增政策执行口径第一辑（2016年4月25日）

第四部分：建筑业

40. 每个建筑项目是否都要购买一套税控设备？

答：对于省内跨县（市、区）提供建筑服务的，以公司为纳税主体，由公司统一开具增值税发票，所以建筑工程项目部不需要开具发票，不必购买安装税控设备。

说明：

湖北对于跨县（市、区）提供建筑服务项目部是否需要购买税控设备的问题进行了回答。

其他问题

168. 小规模纳税人跨县（市、区）提供建筑服务适用的免税政策有哪些？

河南省国税局：河南国税局营改增问题执行口径——营改增问题快速处理机制 专期八

问题四 月销售额不超过3万元的建筑业小规模纳税人，跨县（市、区）提供建筑服务，是否需要按规定在服务发生地预缴税款？

答复：根据财税［2016］36号文件规定，对增值税小规模纳税人中月销售额未达到2万元的企业或非企业性单位，免征增值税。2017年12月31日前，对月销售额2万元（含本数）至3万元的增值税小规模纳税人，免征增值税。

因此，2017年12月31日前，月销售额不超过3万元的建筑业小规模纳税人免征增值税。

山东省国税局：全面推开营改增试点政策指引（七）（2016年5月24日）

二、小规模纳税人跨县（市、区）提供建筑服务享受小微企业免征增值税政策问题

（一）根据《国家税务总局关于明确营改增试点若干征管问题的公告》（国家税务总局公告2016年第26号）第三条规定，适用增值税差额征收政策的增值税小规模纳税人，以差额前的销售额确定是否可以享受3万元（按季纳税9万元）以下免征增值税政策。因此，小规模纳税人跨县（市、区）提供建筑服务，应以在建筑服务发生地取得的全部价款和价外费用，确定是否可以享受3万元（按季纳税9万元）以下免征增值税政策。

（二）是否享受3万元（按季纳税9万元）以下免征增值税政策，虽然应以增值税纳税主体来判定，也就是在机构所在地申报时，才能判定是否享受。但由于小规模纳税人跨（县、区）提供建筑服务，在建筑服务发生地预缴税款时，难以判定该纳税人在机构所在地申报时，是否符合小微企业免税条件。一旦能够符合免税条件，在建筑服务发生地预缴的税款将难以处理。本着有利于纳税人，有利于国家小微企业政策落实的原则，对于小规模纳税人跨（县、区）提供建筑服务的，在建筑服务发生地取得的全部价款和价外费用，按月不超过3万元（按季纳税9万元）的，暂不在建筑服务发生地预缴税款，回机构所在地主管税务机关进行纳税申报，按照申报销售额来确定是否享受小微企业免征增值税政策。

说明：

河南、山东对跨县（市、区）提供建筑服务中小微企业是否需要缴纳增值税的规定大致相同，山东对该问题进行了具体的解释，是对《国家税务总局关于明确营改增试点若干征管问题的公告》（国家税务总局公告2016年第26号）第三条内容的落实。

169. 未按规定预缴税款的处罚机关是哪里？

北京市国税局：北京国税局营改增执行口径

141. 纳税人跨县（市、区）提供建筑服务，没有按规定预缴增值税的，应由哪里的税务机关进行处罚？

答：根据《国家税务总局关于发布〈纳税人跨县（市、区）提供建筑服务增值税征收管理暂行办法〉的公告》（国家税务总局公告2016年第17号）第十二条的规定，纳税人跨县（市、区）提供建筑服务，按照本办法应向建筑服务发生地主管国税机关预缴税款而自应当预缴之月起超过6个月没有预缴税款的，由机构所在地主管国税机关按照《中华人民共和国税收征收管理法》及相关规定进行处理。

纳税人跨县（市、区）提供建筑服务，未按照本办法缴纳税款的，由机构所在地主管国税机关按照《中华人民共和国税收征收管理法》及相关规定进行处理。

说明：

北京对未按规定预缴增值税的处罚问题进行了回答，是对《国家税务总局关于发布〈纳税人跨县（市、区）提供建筑服务增值税征收管理暂行办法〉的公告》（国家税务总局公告2016年第17号）第十二条内容的落实。

170. 跨县（市、区）是否重新购买税控设备、开具发票？

河北省国税局：河北省国家税务局关于全面推开营改增有关政策问题的解答（之一）

三、在机构所在地使用增值税发票管理新系统的纳税人，跨县（市、区）提供建筑服务时，是否需要在建筑服务发生地重新购买税控设备、开具发票？

答：在机构所在地使用增值税发票管理新系统的纳税人，跨县（市、区）提供建筑服务时，如持机构所在地主管税务机关开具的《外出经营活动税收管理证明》，在建筑服务发生地办理报验登记的，回机构所在地开具发票，不需在建筑服务发生地重新购买税控设备开具发票；如超过规定期限，在建筑服务发生地办理税务登记的，需要在建筑服务发生地重新购买税控设备，领取开具发票。

发生上述业务的自开票小规模纳税人，需要开具增值税专用发票的，向建筑服务发生地主管国税机关申请代开。

说明：

河北规定跨县（市、区）不需要在建筑服务发生地重新购买税控设备开具发票。

171. 临时税务登记的程序是什么？

海南省国税局：全面推开营改增政策指引——重点关注问题解答（一）

七、关于建筑业纳税人外出经营临时税务登记问题

建筑企业跨县区提供建筑服务，在地税部门管理时，持外管证在劳务发生地办理报验登记，就地缴纳税款并代开发票。营改增后，对跨县区提供建筑服务，基本沿袭了营业税下的管理方式，也是持外管证在劳务发生地预缴税款，回机构所在地申报。因此，在移交确认过程中，对这类纳税人的报验登记信息不必进行登记确认，也不必登记为增值税一般纳税人，对于已经办理登记确认信息的纳税人，需要对登记确认信息予以删除。

山东省国税局：全面推开营改增试点政策指引（二）

一、关于建筑业临时税务登记问题

建筑企业跨县区提供建筑服务，在地税部门管理时，持外管证在劳务发生地办理报验登记，就地缴纳税款并代开发票。营改增后，对跨县区提供建筑服务，基本沿袭了营业税下的管理方式，也是持外管证在劳务发生地预缴税款，回机构所在地申报。因此，在移交确认过程中，对这类纳税人的报验登记信息不必进行登记确认，也不必登记为增值税一般纳税人，对于已经办理登记确认信息的纳税人，需要对登记确认信息予以删除。

说明：

海南、山东对建筑业外出经营临时税务登记的问题做出了回答。

172. 挂靠经营的企业如何开票？

宁夏回族自治区国税局：全面推开营改增政策指引（一）

7. 采用挂靠方式经营的建筑施工企业跨地区提供建筑服务如何开具发票？

答：企业采用挂靠方式经营，使用被挂靠人的资质，以被挂靠人的名义对外经营，应当以被挂靠人为纳税人，由被挂靠人向付款方开具增值税发票。否则，以挂靠人为纳税人，向付款方开具增值税发票。

说明：

宁夏回族自治区规定了挂靠经营的企业提供跨地区提供建筑服务的开票人，是对《财政部 国家税务总局关于全面推开营业税改征增值税试点的通知》（财税［2016］36号）附件1《营业税改征增值税试点实施办法》第二条的落实。

173. 如何确定城建税的税率？

宁夏回族自治区国税局：全面推开营改增政策指引（一）

8. 纳税人跨（市）县提供建筑服务的，向建筑服务发生地主管税务机关预缴增值税，城建税的税率按照其机构所在地确定还是按照服务发生地确定?

答：城建税税率按照增值税的缴纳地点确定。《中华人民共和国城市维护建设税暂行条例》第五条规定：城市维护建设税的征收、管理、纳税环节、奖罚等事项，比照产品税、增值税、营业税的有关规定办理。

说明：

宁夏回族自治区规定了跨地区提供建筑服务的城建税税率，是对《中华人民共和国城市维护建设税暂行条例》第五条的落实。

174. 如何办理开具外管证？

湖南省国税局：湖南省国税局建筑业营改增执行口径——管理规定

11. 营改增后，企业所得税仍在地税征收的试点纳税人，对于异地提供建筑服务，是否需在国税、地税分别办理开具外经证？按照什么时间点开具?

答：从事建筑业的纳税人到外县（市、区）临时从事建筑服务的，应当在外出生产经营以前，持税务登记证到主管税务机关开具《外出经营活动税收管理证明》（以下简称《外管证》）。

跨县（市、区）经营的建筑项目在开展生产经营活动前，应当持《外管证》及税务登记证副本（或者“三证合一”），到其项目所在地主管国税机关办理报验登记。

说明：

湖南对外管证的开具的问题作出了回答，是对《中华人民共和国税收征收管理法实施细则》第二十一条和第三十四条的落实。

第十一章　甲供工程及清包工

175. 如何认定甲供工程?

福建省国税局：12366营改增热点问题解答（4月20日）

3. 企业承接一项建筑工程，其中既有甲供材料也有非甲供材料，能否适用甲供材料简易计税的政策甲供材料是否有比例的要求?

答：同一个工程项目，没有甲供材的比例规定，可以选择简易计税方法。

说明：

福建口径对甲供材工程的认定标准做出了回答。

176. 如何认定甲供工程的销售额?

河北省国税局：河北省国家税务局关于全面推开营改增有关政策问题的解答（之二）

二十七、关于甲供材料是否计入建筑服务销售额问题

《营业税改征增值税试点实施办法》第三十七条规定："销售额，是指纳税人发生应税行为取得全部价款和价外费用，财政部和国家税务总局另有规定的除外。"甲供材料不属于纳税人发生应税行为取得的全部价款和价外费用，因此不计入建筑服务销售额。

四川省国税局纳税人咨询的营改增十个热点问题（5月11日）

9. 甲供工程中的"甲供材料"是否计入建筑服务销售额?

答：根据《营业税改征增值税试点实施办法》第三十七条规定："销售额是指纳税人发生应税行为取得全部价款和价外费用，财政部和国家税务局另有规定的除外。"甲供材料不属于纳税人发生应税行为取得的全部价款和价外费用，因此不计入建筑服务销售额。

新疆维吾尔自治区国税局：营改增政策答疑（五）

二、"甲供材"项目施工方销售额如何确定?

答：根据《财政部 国家税务总局关于全面推开营业税改征增值税试点的通知》（财税［2016］36号）规定，销售额，是指纳税人发生应税行为取得的全部价款和价外费用，财政部和国家税务总局另有规定的除外。价外费用，是指价外收取的各种性质的收费，但不包括以下项目：

（一）代为收取并符合规定的政府性基金或者行政事业性收费。

（二）以委托方名义开具发票代委托方收取的款项。

甲供工程，是指全部或部分设备、材料、动力由工程发包方自行采购的建筑工程。

营改增后，对于甲供工程，施工方销售额不包括建设方提供的材料款。

新疆维吾尔自治区国税局：“营改增”难点问题解答汇编（五）

二、建筑业

2.“甲供材”项目施工方销售额如何确定？

答：根据《财政部 国家税务总局关于全面推开营业税改征增值税试点的通知》（财税［2016］36号）规定，销售额，是指纳税人发生应税行为取得的全部价款和价外费用，财政部和国家税务总局另有规定的除外。价外费用，是指价外收取的各种性质的收费，但不包括以下项目：

（一）代为收取并符合规定的政府性基金或者行政事业性收费。

（二）以委托方名义开具发票代委托方收取的款项。

甲供工程，是指全部或部分设备、材料、动力由工程发包方自行采购的建筑工程。

营改增后，对于甲供工程，施工方销售额不包括建设方提供的材料款。

新疆维吾尔自治区国税局：营改增政策答疑（十二）（2016年5月28日）

六、甲供工程，是指全部或部分设备、材料、动力由工程发包方自行采购的建筑工程。对于甲供工程，施工方销售额不包括建设方提供的材料款。那么该销售额是否包括设备及动力款？

答：根据《财政部 国家税务总局关于全面推开营业税改征增值税试点的通知》（财税［2016］36号）附件2的规定，甲供工程，是指全部或部分设备、材料、动力由工程发包方自行采购的建筑工程。对于甲供工程，施工方销售额不包括建设方提供的设备、材料、动力的价款。

福建省国税局12366营改增热点问答（4月25日）

7. 建筑企业签订的甲供材合同，发包方提供的材料需要按照营业税的规定计入销售额征收增值税吗？

答：不需要。

福建省国税局：福建省国税局建筑业营改增执行口径——建筑企业营改增试点问题解答（2016年05月27日）

9. 一般纳税人为甲供工程提供的建筑服务，可以选择适用简易计税方法计税，是否是在甲方必须接受简易计税方法前提条件计税基数含甲供材部分吗？

答：一般纳税人申请适用简易计税方法属于法定可以选择的范围，至于甲方是否接受应由购销双方自行约定。计税依据为销售方提供建筑服务向甲方取得的全部价款和价外费用，作为甲供材料由甲方自行采购不可能向销售方支付这部分款项，也就不在销售方的计税依据之内了。若甲方通过销售方采购材料支付的款项，属于销售方销售应税货物的计税依据，也不在销售方提供建筑服务的计税依据之内。

内蒙古自治区国税局：内蒙古国税明确营改增实务中的48个问题——内蒙古自治区国家税务局全面推开营改增政策问题解答一（建筑服务部分）（2016年5月30日）

六、关于甲供材料是否计入建筑服务销售额问题

《营业税改征增值税试点实施办法》第三十七条规定："销售额，是指纳税人发生应税行为取得全部价款和价外费用，财政部和国家税务总局另有规定的除外。"

甲供材料不属于纳税人发生应税行为取得的全部价款和价外费用，因此不计入建筑服务销售额。

湖北省国税局：营改增政策执行口径第一辑（2016年4月25日）

第四部分：建筑业

32. 甲供工程选择一般纳税人简易纳税方式，计算增值税时，销售额中是否包括甲供材料及设备？分包额是否含所有分包支出，还是仅含劳务？

甲供材料及设备不计入计算应纳增值税额的销售额，分包额应包括全部的分包支出。

说明：

1. 河北、四川、新疆维吾尔自治区、福建、内蒙古、湖北对甲供材销售额的认定标准相同，是对《营业税改征增值税试点实施办法》第三十七条内容的落实。

2. 湖北对分包额是否含所有分包支出的问题也做出了回答。

177. 如何认定清包工的销售额？

四川省国税局：纳税人咨询的营改增十个热点问题（4月22日）

10. 建筑清包工方式销售额如何确定？

答：纳税人以清包工方式提供建筑服务，选择简易计税方法的，以收取的全部价款和价外费用扣除支付的分包款后的余额为销售额；适用一般计税方法的，以收取的全部价款和价外费用。

说明：

四川对清包工工程的销售额进行了规定。是对《财政部 国家税务总局关于全面推开营业税改征增值税试点的通知》（财税［2016］36号）附件2《营业税改征增值税试点有关事项的规定》第一条第（七）项的落实。

第十二章　建筑业差额征收

178. 适用差额征收的情形有哪些？

新疆维吾尔自治区国税局：新疆维吾尔自治区国税局 5 月 28 日再次明确营改增实务中的 29 个问题——营改增政策答疑（十一）（2016 年 5 月 28 日）

三、营改增后提供建筑服务的分包方进行再分包，能否按照差额纳税？

答：根据《关于全面推开营业税改征增值税试点的通知》（财税［2016］36 号）规定，试点纳税人提供建筑服务适用简易计税方法的，以取得的全部价款和价外费用扣除支付的分包款后的余额为销售额。

北京市国税局：热点问题（6 月 1 日）

二、应纳税额计算

2. 试点纳税人提供建筑服务，选择简易计税方法，不是同一个项目的分包款可以差额扣除吗？

答：不可以。可以扣除的是该项目对外支付的分包款。

福建省国税局：福建省国税局建筑业营改增执行口径——建筑企业营改增试点问题解答（2016 年 05 月 27 日）——其他问题

2. 适用一般计税方法的建筑服务是否可以差额扣除？

答：在建筑服务发生地预缴税款时作为预缴依据时可以扣除，在机构所在地申报计算应纳税款时不能适用差额扣除，应凭合法有效凭证作进项抵扣。

福建省国税局：福建省国税局建筑业营改增执行口径——建筑企业营改增试点问题解答 2016 年 05 月 27 日——其他问题

7. 一般纳税人跨县（市）提供建筑服务，适用一般计税方法计税的，回机构所在地主管税务机关进行纳税申报时，可以扣除分包款吗？

答：不可以。

说明：

1. 新疆维吾尔自治区规定了分包后的再分包可以适用差额征收。
2. 北京规定了不是相同项目的分包款不适用差额征收。

3. 福建规定了跨县(市、区)提供建筑服务适用一般计税方法的不可以扣除分包款，是对《财政部 国家税务总局关于全面推开营业税改征增值税试点的通知》(财税[2016]36号)附件2《营业税改征增值税试点有关事项的规定》第一条第(七)项的落实。

179. 差额征收如何确定销售额?

甘肃省国税局:甘肃国税局营改增执行口径

1. 一般纳税人以清包工方式或者甲供工程提供建筑服务，适用简易计税方法，文件规定以收到的然后减去分包款为销售额，开票是总金额的还是分包之后的?例如总包收到100万，分包款50万，购货方要求开具100万发票，纳税人实际缴纳50万的税款，如何开票?

答:可以全额开票，总包开具100万发票，发票上注明的金额为100/(1+3%)，税额为100/(1+3%)×3%，下游企业全额抵扣。纳税人申报时，填写附表3，进行差额扣除，实际缴纳的税额为(100-50)/(1+3%)×3%。

新疆维吾尔自治区国税局:营改增政策答疑(十)

一、关于差额征税项目的范围、销售额的确定及发票开具问题

(9)适用简易计税方法的建筑服务

销售额=收取的全部价款和价外费用-支付的分包款

可以全额开具专票。

新疆维吾尔自治区国税局:营改增政策答疑(十三)(2016年5月28日)

四、一般纳税人以清包工方式或者甲供工程提供建筑服务，适用简易计税方法，文件规定以收到的然后减去分包款为销售额，开票是总金额的还是分包之后的?例如总包收到100万,分包款50万,购货方要求开具100万发票,纳税人实际缴纳50万的税款,如何开票?

答:可以全额开票，总包开具100万发票，发票上注明的金额为100/(1+3%)，税额为100/(1+3%)×3%，下游企业全额抵扣。纳税人申报时，填写附表3，进行差额扣除，实际缴纳的税额为(100-50)/(1+3%)×3%。

江苏省国税局:江苏国税局营改增执行口径——江苏国税12366营改增热点问题解答(五)——分行业热点问题

七、营改增中试点纳税人提供建筑服务适用简易计税方法的销售额如何确定?

答:根据《财政部 国家税务总局关于全面推开营业税改征增值税试点的通知》(财税[2016]36号)的规定:试点纳税人提供建筑服务适用简易计税方法的，以取得的全部价款和价外费用扣除支付的分包款后余额为销售额。

试点纳税人按照上述规定从全部价款和价外费用中扣除的价款，应当取得符合法律、行政法规和国家税务总局规定的有效凭证。否则，不得扣除。

青海省国税局：青海国税局营改增执行口径——营改增纳税人办税指南之一建筑业篇

一、特殊规定和过渡政策

4. 试点纳税人提供建筑服务适用简易计税方法的，以取得的全部价款和价外费用扣除支付的分包款后的余额为销售额。

试点纳税人按照上述规定从全部价款和价外费用中扣除的价款，应当取得符合法律、行政法规和国家税务总局规定的有效凭证。否则，不得扣除。

山西省国税局：山西国税局营改增问题执行口径——营改增政策指南之建筑业

六、差额征税

（一）一般纳税人跨县（市）提供建筑服务，适用一般计税方法计税的，应以取得的全部价款和价外费用为销售额计算应纳税额。纳税人应以取得的全部价款和价外费用扣除支付的分包款后的余额，按照2%的预征率在建筑服务发生地预缴税款。

（二）一般纳税人跨县（市）提供建筑服务，选择适用简易计税方法计税的，应以取得的全部价款和价外费用扣除支付的分包款后的余额为销售额，按照3%的征收率计算应纳税额。

（三）提供建筑服务适用简易计税方法的，以取得的全部价款和价外费用扣除支付的分包款后的余额为销售额。

说明：

甘肃、新疆维吾尔自治区、江苏、青海、山西对差额征收销售额进行了相同规定，是对《财政部 国家税务总局关于全面推开营业税改征增值税试点的通知》(财税[2016]36号）附件2《营业税改征增值税试点有关事项的规定》第一条第（七）项的落实。

180. 扣除分包款的凭证有哪些?

江苏省国税局：江苏国税局营改增执行口径——江苏国税12366营改增热点问题解答（五）——分行业热点问题

十四、纳税人跨县（市、区）提供建筑服务扣除支付的分包款什么凭证?

答：根据《国家税务总局关于发布〈纳税人跨县（市、区）提供建筑服务增值税征收管理暂行办法〉的公告》（国家税务总局公告2016年第17号）第六条规定：纳税人按照上述规定从取得的全部价款和价外费用中扣除支付的分包款，应当取得符合法律、行政法规和国家税务总局规定的合法有效凭证，否则不得扣除。

上述凭证是指：

（一）从分包方取得的2016年4月30日前开具的建筑业营业税发票。

上述建筑业营业税发票在2016年6月30日前可作为预缴税款的扣除凭证。

（二）从分包方取得的2016年5月1日后开具的，备注栏注明建筑服务发生地所在县（市、区）、项目名称的增值税发票。

（三）国家税务总局规定的其他凭证。

江苏省国税局：江苏国税 12366 营改增热点问题解答（2016 第九期）——纳税人跨县（市、区）提供建筑服务增值税热点问题

五、在营改增之后采取分包形式但取得 4 月 30 日之前开具的分包款营业税发票，是否可以作为在计算增值税时作为扣除凭证？

答：根据《纳税人跨县（市、区）提供建筑服务增值税征收管理暂行办法》（国家税务总局公告 2016 年第 17 号）第六条规定："纳税人按照上述规定从取得的全部价款和价外费用中扣除支付的分包款，应当取得符合法律、行政法规和国家税务总局规定的合法有效凭证，否则不得扣除。上述凭证是指：（一）从分包方取得的 2016 年 4 月 30 日前开具的建筑业营业税发票。上述建筑业营业税发票在 2016 年 6 月 30 日前可作为预缴税款的扣除凭证。"

北京市国税局：北京国税局营改增执行口径

118. 建筑的总包方在营改增前取得的建筑的分包发票，营改增后能否作为差额扣除的凭证？

答：试点纳税人发生应税行为，按照国家有关营业税政策规定差额征收营业税的，因取得的全部价款和价外费用不足以抵减允许扣除项目金额，截至纳入营改增试点之日前尚未扣除的部分，不得在计算试点纳税人增值税应税销售额时抵减，应当向原主管地税机关申请退还营业税。

福建省国税局：福建省国税局建筑业营改增执行口径——建筑企业营改增试点问题解答（2016 年 5 月 27 日）——其他问题

4. 试点纳税人提供建筑服务，按照国家有关营业税政策规定差额征收营业税的，在营改增前尚未扣除完的部分，是否可以在营改增后抵减增值税应税销售额？

答：不得在试点实施后抵减增值税应税销售额，应当向原主管地税机关申请退还营业税。

福建省国税局：福建省国税局建筑业营改增执行口径建筑企业营改增试点问题解答（2016 年 5 月 27 日）——其他问题

5. 4 月 30 前从分包方取得的建筑营业税发票，5 月 1 日营改增后能否作为差额扣除凭证？

答：在 2016 年 5 月日营改增之后不得作为差额扣除的凭证，但在 6 月 30 日前可以作为跨县（市）提供建筑服务预缴税款的扣除凭证。

说明：

江苏、北京、福建对跨县（市、区）提供建筑服务的分包款抵扣凭证进行了说明，是对《纳税人跨县（市、区）提供建筑服务增值税征收管理暂行办法》（国家税务总局公告 2016 年第 17 号）第六条的落实。

第十三章　建筑业新、老项目的认定

181. 开工日期不明时如何认定新、老项目?

海南省国税局：全面推开营改增政策指引——重点关注问题解答（一）

二、关于建筑工程老项目的确定问题

《营业税改征增值税试点有关事项的规定》中规定，建筑工程老项目是指：

（1）《建筑工程施工许可证》注明的合同开工日期在 2016 年 4 月 30 日前的建筑工程项目；

（2）未取得《建筑工程施工许可证》的，建筑工程承包合同注明的开工日期在 2016 年 4 月 30 日前的建筑工程项目。

对于现实中存在的《建筑工程施工许可证》以及建筑工程承包合同都没有注明开工时间的情况，按照实质重于形式的原则，只要纳税人可以提供 2016 年 4 月 30 日前实际已开工的证明，可以按照建筑工程老项目进行税务处理。

山东省国税局：全面推开营改增试点政策指引（四）

一、关于建筑工程老项目的确定问题

《营业税改征增值税试点有关事项的规定》中规定，建筑工程老项目是指：

（1）《建筑工程施工许可证》注明的合同开工日期在 2016 年 4 月 30 日前的建筑工程项目；

（2）未取得《建筑工程施工许可证》的，建筑工程承包合同注明的开工日期在 2016 年 4 月 30 日前的建筑工程项目。

对于现实中存在的《建筑工程施工许可证》以及建筑工程承包合同都没有注明开工时间的情况，按照实质重于形式的原则，只要纳税人可以提供 2016 年 4 月 30 日前实际已开工的证明，可以按照建筑工程老项目进行税务处理。

山东省国税局：2016 年 5 月 16 日 12366 营改增热点问题

2. 建筑工程老项目怎么界定?

答：根据《营业税改征增值税试点有关事项的规定》建筑工程老项目，是指：

（1）《建筑工程施工许可证》注明的合同开工日期在 2016 年 4 月 30 日前的建筑工程项目；

（2）未取得《建筑工程施工许可证》的，建筑工程承包合同注明的开工日期在 2016 年 4 月 30 日前的建筑工程项目。

（3）《建筑工程施工许可证》未注明合同开工日期，但建筑工程承包合同注明的开工日期在 2016 年 4 月 30 日前的建筑工程项目。

河北省国税局：河北省国家税务局关于全面推开营改增有关政策问题的解答（之二）

二十四、关于无工程承包合同或合同约定开工日期不明确的开发项目是否可以选择简易计税方法问题？

答：部分开发项目，由于特殊原因未签订工程承包合同，或者工程承包合同中约定的合同开工日期不明确，但是确已在 2016 年 4 月 30 日前开始施工。按照实质重于形式的原则，只要纳税人能够提供 2016 年 4 月 30 日前实际已开工的确凿证明，可以按照老项目选择简易计税方法。

江苏省国税局；江苏国税 12366 营改增热点问题解答（2016 第九期）——纳税人跨县（市、区）提供建筑服务增值税热点问题

二、在营改增政策过渡阶段开工的建筑项目，如果在《建筑工程施工许可证》上未注明合同开工日期，如何确认该建筑项目是否属于"老项目"可选择简易计税方法计税？

答：根据《纳税人跨县（市、区）提供建筑服务增值税征收管理暂行办法》（国家税务总局公告 2016 年第 17 号）第三条规定："《建筑工程施工许可证》未注明合同开工日期，但建筑工程承包合同注明的开工日期在 2016 年 4 月 30 日前的建筑工程项目，属于财税［2016］36 号文件规定的可以选择简易计税方法计税的建筑工程老项目。"

而取得《建筑工程施工许可证》且注明合同开工日期的，则以《建筑工程施工许可证》上日期为准。

重庆市国税局：你问我答营改增之一（2016 年 5 月 30 日）

10. 建筑行业的税率

建筑工程老项目是指：

（1）《建筑工程施工许可证》注明的合同开工日期在 2016 年 4 月 30 日前的建筑工程项目；

（2）未取得《建筑工程施工许可证》的，建筑工程承包合同注明的开工日期在 2016 年 4 月 30 日前的建筑工程项目。

对于现实中存在的《建筑工程施工许可证》以及建筑工程承包合同都没有注明开工时间的情况，在国家税务总局没有新的规定以前，只要纳税人可以提供 2016 年 4 月 30 日前实际已开工的证明，可以按照建筑工程老项目进行税务处理。

重庆市国税局：你问我答营改增之一（2016 年 5 月 30 日）

8. 我们公司为建筑安装企业，有两个合同的签订时间是今年的 4 月份，完工时间是 5 月份，请问可以采用简易征收办法吗？

回复：财税［2016］36 号文件规定，一般纳税人以清包工、甲供工程方式或者为建筑工程老项目提供的建筑服务，可以选择适用简易计税方法计税。

建筑工程老项目是指：（1）《建筑工程施工许可证》注明的合同开工日期在 2016 年 4 月 30 日前的建筑工程项目；（2）未取得《建筑工程施工许可证》的，建筑工程承包合同

注明的开工日期在2016年4月30日前的建筑工程项目。

对于现实中存在的《建筑工程施工许可证》以及建筑工程承包合同都没有注明开工时间的情况，在国家税务总局没有新的规定以前，只要纳税人可以提供2016年4月30日前实际已开工的证明，可以按照建筑工程老项目进行税务处理。

内蒙古自治区国税局：内蒙古自治区国家税务局——全面推开营改增政策问题解答一（建筑服务部分）

（二）部分开发项目。由于特殊原因未签订工程承包合同，或者工程承包合同中约定的合同开工日期不明确，但是确已在2016年4月30日前开始施工的，按照实质重于形式的原则，只要纳税人能够提供2016年4月30日前实际已开工的确凿证明，可以按照老项目选择简易计税方法。

内蒙古自治区国税局：内蒙古国税明确营改增实务中的48个问题——内蒙古自治区国家税务局全面推开营改增政策问题解答一（建筑服务部分）（2016年5月30日）

一、建筑工程老项目的确定

（二）部分开发项目。由于特殊原因未签订工程承包合同，或者工程承包合同中约定的合同开工日期不明确，但是确已在2016年4月30日前开始施工的，按照实质重于形式的原则，只要纳税人能够提供2016年4月30日前实际已开工的确凿证明，可以按照老项目选择简易计税方法。

四川省国税局：纳税人咨询的营改增十个热点问题（4月22日）

4. 建筑安装行业“老项目”的界定方面，建筑安装合同和《建筑工程施工许可证》均没有开工日期，但是在5月以前已经开具过营业税发票，能不能直接界定成为老项目？

答：建筑工程老项目，是指：

（1）《建筑工程施工许可证》注明的合同开工日期在2016年4月30日前的建筑工程项目；

（2）未取得《建筑工程施工许可证》的，建筑工程承包合同注明的开工日期在2016年4月30日前的建筑工程项目。

凡是不属于上述两种情形的，均不符合“老项目”标准。

湖北省国税局：营改增政策执行口径第一辑（2016年4月25日）

第四部分：建筑业

35. 一个工程项目，甲方和乙方未签订合同，也未取得工程施工许可证，能否以其他方式证明工程实际上在4月30日已经开工，并选择适用简易计税方法？

财税［2016］36号文规定是否属于建筑老项目的标准有两种，一是以施工许可证上注明的开工时期来划分；二是未取得建筑工程施工许可证的，以建筑工程承包合同注明的开工日期来进行划分。所以对于未取得施工许可证也未签订相关合同的，应视为新项目，不能选择适用简易计税方法。

说明：

关于开工日期不明的情形：

1. 海南、重庆、山东、河北、重庆、内蒙古规定相同，认为应采取实质重于形式的原则，只要可以提供2016年4月30日前实际已开工的证明，工程即可认定为老项目。

2. 湖北、四川认为应严格依照《财政部 国家税务总局关于全面推开营业税改征增值税试点的通知》（财税［2016］36号）附件2《营业税改征增值税试点有关事项的规定》一、营改增试点期间，试点纳税人有关政策（七）建筑服务相关规定执行，明确了对题述情况下的项目应认定为新项目。

3. 江苏仅列明了《财政部 国家税务总局关于全面推开营业税改征增值税试点的通知》（财税［2016］36号）附件2《营业税改征增值税试点有关事项的规定》一、营改增试点期间，试点纳税人有关政策（七）建筑服务相关规定，并未做任何解释。

182. 约定冲突时如何认定新、老项目？

福建省国税局：建筑企业营改增试点问题解答（2016年5月27日）

四、新旧工程衔接问题

其他问题

7. 建筑企业的《建筑工程施工许可证》上的开工日期在5月1日后，但是工程承包合同上的开工日期在5月1日前，能否确认该建筑项目为老项目选择简易计税方法

答：该项目《建筑工程施工许可证》上的开工日期在5月1日以后，不属于老项目。

说明：

福建认为《建筑工程施工许可证》上的开工日期与工程承包合同上的开工日期冲突时，应以《建筑工程施工许可证》上的开工日期为认定新、老项目的标准。其依据是《财政部 国家税务总局关于全面推开营业税改征增值税试点的通知》（财税［2016］36号）附件2《营业税改征增值税试点有关事项的规定》一、营改增试点期间，试点纳税人有关政策（七）建筑服务。

183. 在原工程上新增建设工程时如何认定新、老项目？

内蒙古自治区国税局：内蒙古自治区国家税务局——全面推开营改增政策问题解答一（建筑服务部分）

一、建筑工程老项目的确定

（一）新增建筑服务老项目。工程合同注明的开工日期在2016年4月30日前的建筑服务工程项目，经住房城乡建设部门批准在原建筑工程项目基础上进行新增建设（如扩大建筑面积等），新增合同对应项目可参照原建筑工程项目按照老项目选择简易计税方法。

内蒙古自治区国税局：内蒙古国税明确营改增实务中的48个问题——内蒙古自治区国家税务局全面推开营改增政策问题解答一（建筑服务部分）（2016年5月30日）

一、建筑工程老项目的确定

（一）新增建筑服务老项目。工程合同注明的开工日期在2016年4月30日前的建筑服务工程项目，经住房城乡建设部门批准在原建筑工程项目基础上进行新增建设（如扩大建筑面积等），新增合同对应项目可参照原建筑工程项目按照老项目选择简易计税方法。

深圳市国税局：深圳国税局营改增执行口径——深圳市全面推开“营改增”试点工作指引（之一）

二、转让不动产、自建不动产、建筑服务老项目取得时间的确认

（三）新增建设服务老项目工程合同注明的开工日期在2016年4月30日前的建筑服务工程项目，经住房城乡建设部门批准在原建筑工程项目基础上进行新增建设（如扩大建筑面积等），新增合同对应项目可参照原建筑工程项目按照老项目选择简易计税方法。

说明：

内蒙古、深圳对原工程上新增建设工程认定问题进行了回答口径一致。

184. 对分包工程如何认定新、老项目？

河北省国税局：河北省国家税务局——关于全面推开营改增有关政策问题的解答（之二）

三十一、关于建筑分包合同老项目的判断问题

提供建筑服务新老项目的划分，以总包合同为准，如果总包合同属于老项目，分包合同也应视为老项目。

例如：一个项目甲方和乙方签订了合同，施工许可证上注明的开工日期在4月30日前，5月1日后乙方又与丙方签订了分包合同，丙方可以按照老建筑项目选择简易计税方法。

《营业税改征增值税试点有关事项的规定》明确，为建筑工程老项目提供的建筑服务可以选择适用简易计税方法。丙方提供的建筑服务从业务实质来看，是在为甲方的建筑老项目提供建筑服务，所以按照政策规定，丙方可以选择适用简易计税方法。

山东省国税局；全面推开营改增试点政策指引（七）（2016年5月24日）

七、建筑分包合同老项目的判断问题

纳税人提供的建筑分包服务，在判断是否是老项目时，以总包合同为准，如果总包合同属于老项目，分包合同也属于老项目。

例如：一个项目甲方与乙方签订了合同，建筑工程施工许可证上注明的开工日期在2016年4月30日前，5月1日之后，乙方又与丙方签订了分包合同，则丙方可以按照建筑工程老项目选择适用简易计税方法。

天津市国税局：开发区国税局营改增热点问题解答（第二期）（2016年5月11日）

三、一个项目甲方和乙方签订了合同，施工许可证上注明的开工日期在4月30日前，5月1日后乙方又与丙方签订了分包合同，丙方是否能能够选择简易计税方法？

财税［2016］36号文规定，为建筑工程老项目提供的建筑服务可以选择适用简易计税方法。丙方提供的建筑服务业务实质来看，是在为甲方的建筑老项目提供建筑服务，所以按照政策规定，丙方可以选择适用简易计税方法。

天津市国税局：建筑业总分包方选择简易计税方式问题（2016年5月4日）

10.问：请问采取总分包方式提供建筑服务的，总包合同符合选择适用简易计税方式的条件4月30日前签订，但分包合同是4月30日之后签订，分包合同适用简易计税方式吗？

答：您好：您在我们网站上提交的纳税咨询问题收悉，现回复如下：

根据《关于全面推开营业税改征增值税试点的通知》（财税［2016］36号）之附件2《营业税改征增值税试点有关事项的规定》第七条规定：一般纳税人为建筑工程老项目提供的建筑服务，可以选择适用简易计税方法计税。

建筑工程老项目，是指：

（1）《建筑工程施工许可证》注明的合同开工日期在2016年4月30日前的建筑工程项目；

（2）未取得《建筑工程施工许可证》的，建筑工程承包合同注明的开工日期在2016年4月30日前的建筑工程项目。

根据《国家税务总局关于发布〈纳税人跨县（市、区）提供建筑服务增值税征收管理暂行办法〉的公告》（国家税务总局公告2016年第17号）第三条的规定：《建筑工程施工许可证》未注明合同开工日期，但建筑工程承包合同注明的开工日期在2016年4月30日前的建筑工程项目，属于财税［2016］36号文件规定的可以选择简易计税方法计税的建筑工程老项目。

如果你公司提供建筑服务签订的合同符合建筑工程老项目的规定，则可以适用简易计税方式。

天津市国税局：天津国税局营改增执行口径（5月13日）

21.问：请问采取总分包方式提供建筑服务的，总包合同符合选择适用简易计税方式的条件4月30日前签订，但分包合同是4月30日之后签订，分包合同适用简易计税方式吗？

答：根据《关于全面推开营业税改征增值税试点的通知》（财税［2016］36号）之附件2《营业税改征增值税试点有关事项的规定》第七条规定：一般纳税人为建筑工程老项目提供的建筑服务，可以选择适用简易计税方法计税。

建筑工程老项目，是指：（1）《建筑工程施工许可证》注明的合同开工日期在2016年4月30日前的建筑工程项目；（2）未取得《建筑工程施工许可证》的，建筑工程承包合同注明的开工日期在2016年4月30日前的建筑工程项目。

根据《国家税务总局关于发布〈纳税人跨县（市、区）提供建筑服务增值税征收管理暂行办法〉的公告》（国家税务总局公告2016年第17号）第三条的规定：《建筑工程施工许可证》未注明合同开工日期，但建筑工程承包合同注明的开工日期在2016年4月30日前的建筑工程项目，属于财税［2016］36号文件规定的可以选择简易计税方法计税的建筑工程老项目。

如果你公司提供建筑服务签订的合同符合建筑工程老项目的规定，则可以适用简易计税方式。

河南省国税局：营改增问题快速处理机制专期十二（2016年6月2日）

问题七　建筑分包合同如何判断是否为老项目？

答复：判断纳税人提供的建筑分包服务是否为老项目，应以总包合同为准，如果总包合同属于老项目，分包合同也属于老项目。

例如：一个项目甲方与乙方签订了合同，建筑工程施工许可证或建筑工程承包合同上注明的开工日期在2016年4月30日前，5月1日之后，乙方又与丙方签订了分包合同，则丙方可以按照建筑工程老项目选择适用简易计税方法。

四川省国税局：纳税人咨询的营改增十个热点问题（5月第3周）

三、《建筑工程施工许可证》上面注明的开工日期是在5月1日之前，但是分包合同是在5月1日之后，那么分包方能否按老项目简易征收？

答：如果总包合同对应的《建筑工程施工许可证》上面注明的开工日期在2016年4月30日之前的，相应的分包合同签订在5月1日之后，可以按照老项目选择简易计税方法。

内蒙古自治区国税局：内蒙古自治区国家税务局——全面推开营改增政策问题解答一（建筑服务部分）

一、建筑工程老项目的确定

（三）提供建筑服务新老项目的划分。以总包合同为准，如果总包合同属于老项目，分包合同也应视为老项目。

内蒙古自治区国税局：内蒙古国税明确营改增实务中的48个问题——内蒙古自治区国家税务局全面推开营改增政策问题解答一（建筑服务部分）（2016年5月30日）

一、建筑工程老项目的确定

（三）提供建筑服务新老项目的划分。以总包合同为准，如果总包合同属于老项目，分包合同也应视为老项目。

湖北省国税局：营改增政策执行口径第一辑（2016年4月25日）

第四部分：建筑业

34. 一个项目甲方和乙方签订了合同，施工许可证上注明的开工日期在4月30日前，5月1日后乙方又与丙方签订了分包合同，丙方是否能能够选择简易计税方法？

答：财税［2016］36号文规定，为建筑工程老项目提供的建筑服务可以选择适用简易计税方法。丙方提供的建筑服务业务实质来看，是在为甲方的建筑老项目提供建筑服务，所以按照政策规定，丙方可以选择适用简易计税方法。

说明：

河北、山东、天津、河南、四川、内蒙古、湖北均以总包合同上的开工日期为认定分包工程新、老项目的时间标准。

185. 签约在前、招投标在后的项目如何认定？

四川省国税局：纳税人咨询的营改增十个热点问题（4月28日）

3. 建筑企业4月30日之前签订了合同，但5月1日后才招投标的项目，是新项目还是老项目？

答：根据《财政部 国家税务总局关于全面推开营业税改征增值税试点的通知》（财税［2016］36号）规定：建筑工程老项目是指：

（1）《建筑工程施工许可证》注明的合同开工日期在2016年4月30日前的建筑工程项目；

（2）未取得《建筑工程施工许可证》的，建筑工程承包合同注明的开工日期在2016年4月30日前的建筑工程项目。

因此，4月30日前签订了建筑工程承包合同，合同上注明的开工时间在4月30日之前属于建筑工程老项目。

内蒙古自治区国税局：内蒙古自治区国家税务局——全面推开营改增政策问题解答一（建筑服务部分）

一、建筑工程老项目的确定

（四）4月30日之前签订了建筑工程承包合同，合同上注明的开工时间在4月30日之前，但5月1日后招投标的项目也可以按照老项目选择简易计税方法。

内蒙古自治区国税局：内蒙古国税明确营改增实务中的48个问题——内蒙古自治区国家税务局全面推开营改增政策问题解答一（建筑服务部分）（2016年5月30日）

一、建筑工程老项目的确定

（四）4月30日之前签订了建筑工程承包合同，合同上注明的开工时间在4月30日之前，但5月1日后招投标的项目也可以按照老项目选择简易计税方法。

湖北省国税局：营改增政策执行口径第一辑（2016年4月25日）

第四部分：建筑业

33. 4月30日之前签订了合同，5月1日后才招投标的项目，是新项目还是老项目？

按照财税［2016］36号文件规定：建筑工程老项目，是指：

（1）《建筑工程施工许可证》注明的合同开工日期在2016年4月30日前的建筑工程项目；

（2）未取得《建筑工程施工许可证》的，建筑工程承包合同注明的开工日期在2016年4月30日前的建筑工程项目。

因此4月30日之前签订了建筑工程承包合同，合同上注明的开工时间在4月30日之前属于建筑工程老项目。

说明：

四川、内蒙古、湖北对签约在前，招标在后的情况认定新老项目的规定一致，是对《财政部 国家税务总局关于全面推开营业税改征增值税试点的通知》（财税［2016］36号）附件2（七）建筑服务规定的落实，认为新、老项目的认定仅与合同及《建筑工程施工许可证》上的开工时间有关，与招投标的时间无关。

186. 延期开工签订补充协议的项目如何认定?

北京市国税局：北京国税局营改增执行口径

92. 总承包合同是在5月1日之前签订，约定开工日期在5月1日之前，但由于特殊原因延后至5月开工，双方于5月1日之后又签订补充协议，重新约定开工日期，该项目是否属于营改增政策所称“老项目”？

答：不属于。

说明：

北京认为延期开工签订补充协议的项目，不能认定为老项目。

187. 延续老合同的项目如何认定?

江西省国税局：江西省国税局明确营改增实务中的81个问题——营改增问题解答（四）

3. 对于建筑服务业纳税人而言，在营改增后，延续老合同情况下进行的建筑项目是否属于老项目？

答：根据财税［2016］36号、国家税务总局2016年17号公告规定，建筑业工程老项目是指：（1）《建筑工程施工许可证》注明的合同开工日期在2016年4月30日前的建筑工程项目；（2）未取得《建筑工程施工许可证》或《建筑工程施工许可证》未注明合同开工日期的，建筑工程承包合同注明的开工日期在2016年4月30日前的建筑工程项目。

说明：

江西对延续老合同的项目的认定，严格依照财税［2016］36号附件2：《营业税改征增值税试点有关事项的规定》一、营改增试点期间，试点纳税人［指按照《营业税改征增值税试点实施办法》（以下称《试点实施办法》）缴纳增值税的纳税人］有关政策（七）建筑服务的规定。

188. 该如何处理尚未开具营业税发票的情形?

福建省国税局：福建省国税局建筑业营改增执行口径——建筑企业营改增试点问题解答（2016年5月27日）

四、新旧工程衔接问题

1. 5月1日前收的款要求同步开具建安税票。但可能存在个别项目在5月1日前收的工程款但营业税票未开，5月1日以后国税局能否补开增值税票?

答：对于已缴纳营业税或按照纳税义务发生时间应当确认计算缴纳营业税但尚未开具发票的情况，允许凭原主管地税机关出具的完税证明开具增值税普通发票，不得开具增值税专用发票。

说明：

福建对已收取工程款但未开具营业税发票，在5月1日后如何处理的问题进行了规定，是对《关于全面推开营业税改征增值税试点有关税收征收管理事项的公告》国家税务总局公告2016年第23号三、发票使用规定的落实。

第十四章　建筑业涉营业税问题

189. 营改增前已缴的营业税如何退税?

新疆维吾尔自治区国税局:“营改增”难点问题解答汇编(三)

五、其他

1. 试点纳税人发生应税行为,在纳入营改增试点之日前已缴纳营业税,营改增试点后因发生退款减除营业额的,怎么办理退税手续?

答:根据《财政部 国家税务总局关于全面推开营业税改征增值税试点的通知》(财税[2016]36号)附件2《营业税改征增值税试点有关事项的规定》,试点纳税人发生应税行为,在纳入营改增试点之日前已缴纳营业税,营改增试点后因发生退款减除营业额的,应当向原主管地税机关申请退还已缴纳的营业税。

云南省国税局:云南省国税局建筑业营改增执行口径

十、对于试点前发生的业务,有哪些过渡性的政策?

(一)试点纳税人发生应税行为,按照国家有关营业税政策规定差额征收营业税的,因取得的全部价款和价外费用不足以抵减允许扣除项目金额,截至纳入营改增试点之日前尚未扣除的部分,不得在计算试点纳税人增值税应税销售额时抵减,应当向原主管地税机关申请退还营业税。

(二)试点纳税人发生应税行为,在纳入营改增试点之日前已缴纳营业税,营改增试点后因发生退款减除营业额的,应当向原主管地税机关申请退还已缴纳的营业税。

(三)试点纳税人纳入营改增试点之日前发生的应税行为,因税收检查等原因需要补缴税款的,应按照营业税政策规定补缴营业税。

说明:

1. 新疆维吾尔自治区和云南对营改增前已缴的营业税如何退税问题规定一致,是对《财政部 国家税务总局关于全面推开营业税改征增值税试点的通知》(财税[2016] 36号)附件2《营业税改征增值税试点有关事项的规定》第一条第(十三)项的落实。

2. 此外,云南省口径还就补缴营业税问题作出了回答,依据是《营业税改征增值税试点有关事项的规定》第一条第(十三)项。

190. 建筑企业已缴的营业税如何开具增值税发票和申报？

河北省国税局：河北省国家税务局关于全面推开营改增有关政策问题的解答（之二）

一、关于建筑企业和房地产开发企业已缴纳营业税开具增值税普通发票纳税申报问题

《关于全面推开营业税改征增值税试点有关税收征收管理事项的公告》（国家税务总局公告 2016 年第 23 号）第三条第（七）款规定："纳税人在地税机关已申报营业税未开具发票，2016 年 5 月 1 日以后需要补开发票的，可于 2016 年 12 月 31 日前开具增值税普通发票（税务总局另有规定的除外）。"

根据以上规定，建筑企业和房地产开发企业在地税机关已申报营业税未开具发票的，应将缴纳营业税的完税凭证留存备查，并在开具的增值税普通发票备注栏注明"已缴纳营业税，完税凭证号码 xxxx"字样。纳税申报时，可在开具增值税普通发票的当月，以无票收入负数冲减销售收入。

例如：2016 年 5 月，某房地产企业开具一张价税合计为 100 万元的增值税普通发票，该笔房款已在地税机关申报营业税。纳税申报时，应在《增值税纳税申报表附列资料（一）》第 9b"5% 征收率的服务、不动产和无形资产"行、"开具其他发票"列，填报销售额 95.24 万元，销项（应纳）税额 4.76 万元；同时在《增值税纳税申报表附列资料（一）》第 9b"5% 征收率的服务、不动产和无形资产"行、"未开具发票"列，填报销售额 -95.24 万元，填报销项（应纳）税额 -4.76 万元。

湖北省国税局：湖北关于补开增值税发票的执行口径（2016 年 5 月 6 日）

关于补开增值税发票的执行口径

国家税务总局 2016 年第 23 号公告第三条第七项第二款规定，"纳税人在地税机关已申报营业税未开具发票，2016 年 5 月 1 日以后需要补开发票的，可于 2016 年 12 月 31 日前开具增值税普通发票（税务总局另有规定的除外）"。经研究，全省统一按照以下要求进行办理：

1. 纳税人申请国税机关代开增值税普通发票的，需提供主管地税机关出具的已申报营业税未开具发票证明和已申报营业税的完税凭证。纳税人自行开具增值税普通发票的，需要提供上述证明和凭证留存备查。

2. 纳税人自行开具增值税普通发票或申请国税机关代开增值税普通发票的，需要在发票备注栏上注明"已缴纳营业税未开具营业税发票的收入，缴纳的营业税完税凭证号码为 ××××"字样，税率栏填 0。

说明：

1. 河北、湖北对于建筑企业已缴纳的营业税但未开具发票如何开具增值税普通发票和纳税申报的问题给出了回答，是对《关于全面推广营业税改征增值税试点有关税收征收管理事项的公告》（国家税务总局公告 2016 年第 23 号）第三条的落实。

2. 湖北还对自行开具和申请代开的情况作出了具体说明。

191. 建筑企业在营改增前未及时取得分包发票而缴纳的营业税如何扣除？

河北省国税局：河北省国家税务局关于全面推开营改增有关政策问题的解答（之二）

二十九、关于提供建筑服务预缴税款扣除凭证问题

《纳税人跨县（市、区）提供建筑服务增值税征收管理暂行办法》（国家税务总局公告2016年第17号）第六条规定，从分包方取得的2016年4月30日前开具的营业税发票，在2016年6月30日前可作为预缴税款的扣除凭证。

因此，在2016年4月30日之前开具的建筑业营业税发票，如果在营改增前未作为营业税扣税凭证扣除总包缴纳的营业税，在2016年6月30日前可以作为提供建筑服务预缴增值税的扣除凭证。

湖北省国税局：湖北营改增政策执行口径第一辑（2016年4月25日）

第四部分 建筑业

36. 在有分包的情况下，乙方已向甲方开具了营业税发票并缴纳了营业税，但分包出去的部分发票没有及时取得，导致允许差额扣除的部分在5月1日前未能足额扣除多缴纳了营业税，且在地税机关因为各种原因不能取得退还，能否在5月1日后实现的增值税中进行相应的扣除？

答：在营改增的大方针背景下，要保证行业税负只减不增，要保证平滑过渡，要保证不出现负面舆情，不能出现纳税人多缴纳了营业税在地税机关不能退税在国税机关也不能抵减的问题。财税［2016］36号文件虽然规定了4月30日前支付的分包款不能在全部价款和价外费用中扣除导致多缴纳的营业税应向主管地税机关申请退还，但是国家税务总局公告2016第17号规定纳税人取得的在4月30日前开具的建筑业营业税发票可以在6月30前作为在工程项目所在地预缴增值税税款的扣除凭证。因此纳税人无法向地税机关申请退税营业税，只要取得上述凭证，在6月30前应允许在工程项目所在地作为预缴增值税税款的扣除凭证。

说明：

河北、湖北对建筑企业营改增前预缴并获得的营业税发票在5月1日之后如何抵扣的问题给出了回答，是对《纳税人跨县（市、区）提供建筑服务增值税征收管理暂行办法》（国家税务总局公告2016年第17号）的第六条的落实。

第十五章　建筑业发票管理问题

192. 建筑业开具发票注意事项有哪些？

海南省国税局：全面推开营改增政策指引——重点关注问题解答（二）

五、关于纳税人提供建筑服务、销售不动产增值税发票开具注意事项

除增值税发票开具一般规定外，纳税人提供建筑服务及房地产销售不动产增值税发票开具还需注意：

提供建筑服务，纳税人自行开具或者税务机关代开增值税发票时，应在发票的备注栏注明建筑服务发生地县（市、区）名称及项目名称。

销售不动产，纳税人自行开具或者税务机关代开增值税发票时，应在发票“货物或应税劳务、服务名称”栏填写不动产名称及房屋产权证书号码（无房屋产权证书的可不填写），“单位”栏填写面积单位，备注栏注明不动产的详细地址。

河北省国税局：河北省国家税务局——关于全面推开营改增有关政策问题的解答（之二）

三、关于销售建筑服务、不动产和出租不动产开具发票问题

提供建筑服务，纳税人自行开具或者税务机关代开增值税发票时，应在发票的备注栏注明建筑服务发生地县（市、区）名称及项目名称。

贵州省国税局：贵州省国税局建筑业营改增执行口径

提供建筑服务，纳税人自行开具或者税务机关代开增值税发票时，应在发票的备注栏注明建筑服务发生地县（市、区）名称及项目名称。

国税机关为跨县（市、区）提供不动产经营租赁服务、建筑服务的小规模纳税人（不包括其他个人）代开增值税发票时，在发票备注栏中自动打印“YD”字样。

安徽省国税局：安徽省国税局建筑业营改增执行口径

增值税发票开具有何新规定？

答：供建筑服务，纳税人自行开具或者税务机关代开增值税发票时，应在发票的备注栏注明建筑服务发生地县（市、区）名称及项目名称。

国税机关为跨县（市、区）提供不动产经营租赁服务、建筑服务的小规模纳税人（不包括其他个人），代开增值税发票时，在发票备注栏中自动打印“YD”字样。

江苏省国税局：江苏国税 12366 营改增热点问题解答（十三）——征管类热点问题

7. 全面营改增后，纳税人提供建筑服务开具发票有何要求？

答：根据《国家税务总局关于全面推开营业税改征增值税试点有关税收征收管理事项的公告》（国家税务总局公告 2016 年第 23 号）规定：“四、增值税发票开具……（三）提供建筑服务，纳税人自行开具或者税务机关代开增值税发票时，应在发票的备注栏注明建筑服务发生地县（市、区）名称及项目名称。”

山东省国税局：2016 年 6 月 1 日 12366 营改增热点问题

3. 建筑业纳税人咨询，开具发票时备注栏是否需要填写项目名称？

答：根据《国家税务总局关于全面推开营业税改征增值税试点有关税收征收管理事项的公告》（国家税务总局公告 2016 年第 23 号）规定，提供建筑服务，纳税人自行开具或者税务机关代开增值税发票时，应在发票的备注栏注明建筑服务发生地县（市、区）名称及项目名称。

说明：

海南、河北、贵州、安徽、江苏、山东对建筑业开具增值税发票的一般注意事项问题的规定一致，是对《国家税务总局关于全面推开营业税改征增值税试点有关税收征收管理事项的公告》（国家税务总局公告 2016 年第 23 号）第四条第（三）项的落实。

193. 建筑业开票地点在哪里？

河北省国税局：河北省国家税务局关于全面推开营改增有关政策问题的解答（之二）

六、关于提供建筑服务开具增值税发票地点问题

提供建筑服务的增值税一般纳税人应当在机构所在地开具增值税发票。小规模纳税人跨县（市、区）提供建筑服务，不能自行开具增值税发票的，可向建筑服务发生地主管国税机关按照其取得的全部价款和价外费用申请代开增值税发票。

说明：

河北对提供建筑服务的纳税人开票地点的问题规定一致，是对《纳税人跨县（市、区）提供建筑服务增值税征收管理暂行办法》（国家税务总局公告 2016 年第 17 号）第九条和《关于全面推开营业税改征增值税试点的通知》（财税 [2016] 36 号）附件 1《营业税改征增值税试点实施办法》第四十六条的落实。

194. 建筑业采用简易计税办法的能否开具增值税专用发票？能否抵扣？

河北省国税局：河北省国家税务局关于全面推开营改增有关政策问题的解答（之二）

五、关于建筑企业和房地产开发企业适用简易计税方法是否可以开具增值税专用发票问题？

建筑企业和房地产开发企业适用简易计税方法的，允许开具增值税专用发票。

吉林省国税局：12366营改增热点问题答复口径（2016年5月13日）

二、建筑业

1. 建筑企业，选择使用简易计税办法，征收率是多少？请问是否可以开具增值税专用发票？

答：根据《财政部 国家税务总局关于全面推开营业税改征增值税试点的通知》（财税［2016］36号）规定，建筑企业适用简易计税方法计税的，征收率为3%。同时，纳税人可以开具或者申请代开增值税专用发票。

新疆维吾尔自治区国税局：营改增政策答疑（一）

10. 建筑业老项目选择适用简易计税方法的，是否可以开具增值税专用发票？

答：可以。

河南省国税局：河南国税局营改增问题执行口径——营改增问题快速处理机制 专期一

问题十四一般纳税人提供建筑服务选择适用简易计税方法的，是否可以开具增值税专用发票？

答：根据财税［2016］36号文件第五十三条规定，纳税人发生应税行为，应当向索取增值税专用发票的购买方开具增值税专用发票，并在增值税专用发票上分别注明销售额和销项税额。属于下列情形之一的，不得开具增值税专用发票：（一）向消费者个人销售服务、无形资产或者不动产；（二）适用免征增值税规定的应税行为。

因此，一般纳税人销售建筑服务适用简易计税方法的，不属于不得开具增值税专用发票情形的，就可以自行开具增值税专用发票。

甘肃省国税局：甘肃国税局营改增执行口径

1. 建筑企业，选择使用简易计税办法，征收率是多少？请问是否可以开具增值税专用发票？

答：根据《财政部 国家税务总局关于全面推开营业税改征增值税试点的通知》（财税［2016］36号）规定，建筑企业适用简易计税方法计税的，征收率为3%。同时，纳税人可以开具或者申请代开增值税专用发票。

山东省国税局：2016年5月24日12366营改增热点问题

1. 一般纳税人提供建筑服务，选择简易计税方法计税的是否可以开具增值税专用发票？

答：根据《财政部 国家税务总局关于全面推开营业税改征增值税试点的通知》（财税［2016］36号）附件1《营业税改征增值税试点实施办法》第五十三条纳税人发生应税行为，应当向索取增值税专用发票的购买方开具增值税专用发票，并在增值税专用发票上分别注明销售额和销项税额。

属于下列情形之一的，不得开具增值税专用发票：

（一）向消费者个人销售服务、无形资产或者不动产。

（二）适用免征增值税规定的应税行为。

因此，一般纳税人选择简易计税方法可以开具增值税专用发票。

福建省国税局：福建省国税局建筑业营改增执行口径——建筑企业营改增试点问题解答（2016年5月27日）

二、增值税的发票问题

1. 采用简易计税方法，出售的材料或工程发票开具的是增值税专用发票还是普通发票？

答：一般纳税人出售材料适用一般计税方法，适用税率17%，可以开具专票。提供选择简易计税方法的建筑服务，征收率3%，也可以开具专用发票。

四川省国税局：纳税人咨询的营改增十个热点问题（4月22日）

1. 建筑安装行业营改增纳税人符合“老项目”的，选择按照简易办法征收方式，可否开具增值税专用发票，对方取得专用发票后可否认证抵扣？

答：根据财税［2016］36号以及其他相关文件，建筑安装行业选择简易办法征收方式，可以开具增值税专用发票，建筑服务接受方也可以认证抵扣。

重庆市国税局：你问我答营改增之一（2016年5月30日）

7. 请问建筑行业选择简易征收，可以开具专票吗？买方可以拿去抵扣吗？

回复：财税［2016］36号文件规定：纳税人发生应税行为，应当向索取增值税专用发票的购买方开具增值税专用发票，并在增值税专用发票上分别注明销售额和销项税额。属于下列情形之一的，不得开具增值税专用发票：（一）向消费者个人销售服务、无形资产或者不动产。（二）适用免征增值税规定的应税行为。

建筑企业提供建筑服务，适用简易计税方法的，除以上规定不得开具增值税专用发票情形外，可以开具增值税专用发票。

增值税一般纳税人取得建筑企业提供建筑服务开具的增值税专用发票，除财税［2016］36号文件第二十七条规定的进项税额不得从销项税额中抵扣的情形外，其他情况可以按规定申报抵扣。

浙江省国税局：浙江省国税局建筑业营改增执行口径

4. 请问营改增后选择按简易办法征收的建筑业老项目取得的增值税专用发票是否可以进项抵扣？

答：不可以抵扣。《营业税改征增值税试点实施办法》（财税［2016］36号附件1）第二十七条第（一）项规定，用于简易计税方法计税项目、免征增值税项目、集体福利或者个人消费的购进货物、加工修理修配劳务、服务、无形资产和不动产的进项税额不得从销项税额中抵扣。其中涉及的固定资产、无形资产、不动产，仅指专用于上述项目的固定资产、无形资产（不包括其他权益性无形资产）、不动产。

湖北省营改增政策执行口径第一辑（2016 年 4 月 25 日）

38. 采取简易办法征收的建筑项目，能否抵扣取得进项税额，是否可以开具增值税专用发票？

建筑项目选择按简易计税方法的，不得抵扣增值税进项税额，可以按规定开具增值税专用发票，税率栏填写 3%。

说明：

1. 河北、吉林、新疆维吾尔自治区、河南、四川、福建、山东、重庆、湖北对于建筑业采用简易计税办法的项目能否开具增值税专用发票的问题的规定一致，是对《财政部 国家税务总局关于全面推开营业税改征增值税试点的通知》（财税 [2016] 36 号）附件 1《营业税改征增值税试点实施办法》第五十三条和附件 2《营业税改征增值税试点有关事项的规定》第一条第（七）项的落实。

2. 四川、重庆对于建筑业采用简易计税办法的项目开具的增值税专用发票建筑服务接受方能否抵扣给出的规定一致，是对《财政部 国家税务总局关于全面推开营业税改征增值税试点的通知》（财税 [2016] 36 号）附件 1《营业税改征增值税试点实施办法》第二十五条的落实。

3. 浙江、湖北对建筑业采用简易计税办法的项目取得的增值税专用发票能否自行抵扣给出的回答一致，是对《财政部 国家税务总局关于全面推开营业税改征增值税试点的通知》（财税 [2016] 36 号）附件 1《营业税改征增值税试点实施办法》第二十七条的落实。

申请代开建筑业发票

195. 小规模纳税人如何申请代开建筑业发票？

深圳市国税局：全面推开营改增试点之建筑服务税收政策问答

14. 深圳本市小规模纳税人在机构所在地提供建筑服务，如何代开发票？

答：本市小规模纳税人在机构所在地提供建筑服务，不能自行开具增值税发票的，可向在机构所在地主管国税机关填报《增值税预缴税款表》，预缴税款后，按照其取得的全部价款和价外费用申请代开增值税发票。预缴税款时，需提交以下资料：

（一）《增值税预缴税款表》；

（二）与发包方签订的建筑合同原件及复印件；

（三）与分包方签订的分包合同原件及复印件；

（四）从分包方取得的发票原件及复印件。

深圳市国税局：深圳市全面推开“营改增”试点工作指引（之二）

十二、本市小规模纳税人在机构所在地提供建筑服务，不能自行开具增值税发票的，可向在机构所在地主管国税机关填报《增值税预缴税款表》，预缴税款后，按照其取得的全部价款和价外费用申请代开增值税发票。

预缴税款时，需提交以下资料：（一）《增值税预缴税款表》；（二）与发包方签订的建筑合同原件及复印件；（三）与分包方签订的分包合同原件及复印件；（四）从分包方取得的发票原件及复印件。

说明：

1. 新疆维吾尔自治区、宁夏回族自治区、山东、深圳对小规模纳税人申请代开增值税发票的问题作出的回答一致，是对《纳税人跨县（市、区）提供建筑服务增值税征收管理暂行办法》（国家税务总局公告 2016 年第 17 号）第九条的落实。

2. 深圳还对小规模纳税人申请代开时需提供的材料作出了回答，依据是《纳税人跨县（市、区）提供建筑服务增值税征收管理暂行办法》（国家税务总局公告 2016 年第 17 号）第七条。

196. 个人如何申请代开建筑业发票？

福建省国税局：福建省国税局建筑业营改增执行口径——建筑企业营改增试点问题解答（2016 年 5 月 27 日）

4. 一般纳税人要求：会计核算健全、一般纳税人资格认定登记。其中也就意味着收入、成本费用发票齐全，但是建筑业的行业特点，决定了将会有大量采购来自既不是小规模更不是一般纳税人的无票供应商，这些开支发票，能否由施工企业自行向国税机关申请开具机打普通发票，用于所得税前列支开具机打普通发票要提供哪些证明材料？

答：对于无法提供发票的自然人，可以要求其到国税部门申请代开发票作为成本列支之用，代开发票需携带个人身份证件以及发生相关业务证明。施工企业作为购买方不得申请。

山东省国税局：2016 年 6 月 2 日 12366 营改增热点问题

4. 建筑业纳税人咨询，个人发生机器拆卸费用是否可以代开增值税发票？需要提供什么资料？

答：根据《国家税务总局关于加强和规范税务机关代开普通发票工作的通知》（国税函［2004］1024 号）文件规定，对依法不需要办理税务登记的单位和个人，临时取得收入，需要开具发票的，主管税务机关可以为其代开发票。

申请代开发票的单位和个人应当凭有关证明材料，向主管税务机关申请代开普通发票。

根据《关于进一步做好国税机关代开增值税发票工作的通知》（鲁国税办函［2016］84 号）文件规定，代开增值税普通发票纳税人需提交以下资料：

代开增值税普通发票可凭购销商品、提供或者接受服务以及从事其他经营活动的书面证明、经办人身份证明，向主管税务机关申请代开普通发票。书面证明是指有关业务合同、协议或付款方（或接受劳务服务方）对所购物品品名（或劳务服务项目）、单价、金额等出具的书面确认证明。

北京市国税局：北京国税局营改增执行口径

65. 其他个人提供建筑服务是否可以申请代开增值税专用发票？

答：不可以。其他个人提供建筑服务可以申请代开增值税普通发票。

说明：

1. 福建、山东对个人申请税务机关代开增值税发票问题的规定一致，是对《国家税务总局关于加强和规范税务机关代开普通发票工作的通知》（国税函[2004]1024号）第二条和第三条的落实。

2. 北京对个人提供建筑服务的是否能申请代开增值税专票做出了回答，是对《税务机关代开增值税专用发票管理办法（试行）》（国税发[2004]153号）第二条和第五条的落实。

197. 总、分包下如何开具增值税发票？

福建省国税局：福建省国税局建筑业营改增执行口径——建筑企业营改增试点问题解答（2016年5月27日）

二、增值税的发票问题

2. 实施分包的工程，减除分包款项，须取得合法发票，是否指增值税专用发票

答：增值税专用发票或普通发票都可以。

北京市国税局：北京国税局营改增执行口径

143. 建筑分包项目，总包方和分包方分别如何开具发票？

答：分包方就所承包项目向总包方开票，总包方按规定全额开具增值税发票。

说明：

1. 福建、北京对总分包下开票问题作出了具体的回答，是对《财政部、国家税务总局关于全面推开营业税改征增值税试点的通知》（财税［2016］36号）附件1《营业税改征增值税试点实施办法》第五十三条的落实。

2. 北京则指出总分包下，总包单位应向业主全额开具增值税发票。

建筑业增值税专用发票抵扣问题

198. 营改增后的不动产在建工程的进项税额如何抵扣？

天津市国税局：天津国税局营改增执行口径（5 月 13 日）

3. 问：本企业属一般纳税人，正在建造厂房，5 月 1 日以后在建工程取得的专用发票可以在两年内抵扣吧？

答：根据《国家税务总局关于发布〈不动产进项税额分期抵扣暂行办法〉的公告》（国家税务总局公告 2016 年第 15 号）第二条规定，2016 年 5 月 1 日后发生的不动产在建工程，其进项税额应按照有关规定分 2 年从销项税额中抵扣。

说明

天津对建筑业营改增后取得专用发票的抵扣问题给出了回答，是对《国家税务总局关于发布〈不动产进项税额分期抵扣暂行办法〉的公告》（国家税务总局公告 2016 年第 15 号）第二条的落实。

199. 老项目按一般计税方法计税的，营改增前认证的专用发票能否在之后抵扣？

北京市国税局：北京国税局营改增执行口径

98. 建安企业老项目选择按一般纳税人计税方法计算增值税的，2016 年 4 月取得的老项目的增值税专用发票 4 月份认证的能否在 5 月份抵扣？

答：不可以。

说明：

北京对建筑业老项目按一般计税方法在营改增之前取得的增值税专用发票能否抵扣问题给出了回答，是对《财政部 国家税务总局关于全面推开营业税改征增值税试点的通知》（财税［2016］36 号）附件 1《营业税改征增值税试点实施办法》第二十七条的落实。

200. 材料供应商汇总开票但未提供《销售货物或者提供应税劳务清单》能否抵扣？

内蒙古自治区国税局：内蒙古国税明确营改增实务中的 48 个问题——内蒙古自治区

国家税务局全面推开营改增政策问题解答一（建筑服务部分）（2016 年 5 月 30 日）

八、房地产、建筑企业营改增后不能抵扣进项税额的特殊增值税专用发票

供应商开具发票摘要为“材料一批”的运输发票、办公用品等汇总清单的发票，但没有补充开具具体《销售货物或者提供应税劳务清单》的情形不能抵扣进项税金。国家税务总局《关于修订〈增值税专用发票使用规定〉的通知》（国税发 [2006]156 号）第十二条规定：一般纳税人销售货物或者提供应税劳务可汇总开具专用发票。汇总开具专用发票的，同时使用防伪税控系统开具《销售货物或者提供应税劳务清单》。

说明：

内蒙古对建筑企业开具的发票汇总清单不明且没有补充开具《销售货物或者提供应税劳务清单》的情形不能抵扣作出了回答，是对国家税务总局《关于修订〈增值税专用发票使用规定〉的通知》（国税发 [2006]156 号）第十二条的落实。

201. 建筑业开具增值税专用发票的税率如何确定？

福建省国税局：福建省国税局建筑业营改增执行口径——建筑企业营改增试点问题解答（2016 年 5 月 27 日）

二、增值税的发票问题

3. 如果施工方适用一般计税方法，而开发商采用简易计税方法，是否可以开具 11% 的增值税专用发票？如果施工方采用简易计税方法，（比如甲供工程）而开发商采用一般计税方法的，可否开具 3% 增值税专用发票？

答：施工方适用一般计税方法，适用税率 11%，可以开具增值税专用发票也可以开具增值税普通发票。开发商选择简易计税方法销售不动产，无论是否取得增值税专用发票都不能抵扣。选择简易计税方法的施工方，只能开具 3% 的增值税专用发票给适用一般计税方法的开发商作为其进项抵扣凭证。

4. 新型墙体材料等可享受退税政策的材料，在开具增值税发票时体现的税率是按原税率 17%，还是按折后税率？

答：按适用税率 17%。

5. 自来水费、电费是否开具增值税专用发票。若是，电费税率是 17% 还是 13%？

答：销售电力适用税率 17%。销售自来水适用 13% 的低税率，但自来水公司销售自产的自来水可以选择简易计税方法，征收率 3%。

说明：

福建对建筑业开具增值税专用发票中涉及的具体税率问题给出了回答，是对《财政部 国家税务总局关于全面推开营业税改征增值税试点的通知》（财税 [2016] 36 号）附件 1《营业税改征增值税试点实施办法》第十五条的落实。

202. 营改增之前未完工老项目在营改增后完工如何开票?

新疆维吾尔自治区国税局:营改增政策答疑(二)

2. 营改增之前的未完工建筑老项目,在营改增之后完工,应开具地税发票还是国税发票?

答:根据《国家税务总局关于全面推开营业税改征增值税试点有关税收征收管理事项的公告》(国家税务总局公告2016年23号)规定,营改增之前的未完工建筑老项目,纳税人在地税机关已申报营业税未开具发票,2016年5月1日以后需要补开发票的,可于2016年12月31日前开具增值税普通发票(税务总局另有规定的除外)。

对于营改增之后,按照增值税税纳税义务发生时间,应确认缴纳增值税的,可开具增值税发票。

新疆维吾尔自治区国税局:“营改增”难点问题解答汇编(二)

二、建筑业

营改增之前的未完工建筑老项目,在营改增之后完工,应开具地税发票还是国税发票?

答:根据《国家税务总局关于全面推开营业税改征增值税试点有关税收征收管理事项的公告》(国家税务总局公告2016年23号)规定,营改增之前的未完工建筑老项目,纳税人在地税机关已申报营业税未开具发票,2016年5月1日以后需要补开发票的,可于2016年12月31日前开具增值税普通发票(税务总局另有规定的除外)。

对于营改增之后,按照增值税税纳税义务发生时间,应确认缴纳增值税的,可开具增值税发票。

说明:

新疆维吾尔自治区对在营改增之前未完工的老项目,在营改增之后完工的,应当开具何种发票的问题给出的前后规定一致,是对《国家税务总局关于全面推开营业税改征增值税试点有关税收征收管理事项的公告》(国家税务总局公告2016年23号)第三条第(七)项的落实。

其他问题

203. 特级、一级建筑业企业,能否直接评定为纳税A级企业?

福建省国税局:福建省国税局建筑业营改增执行口径——建筑企业营改增试点问题解答(2016年5月27日)

五、其他建议

2. 建筑企业点多面广、工程项目分散、发票数量大,希望能升级为A级纳税人,方便建筑企业的发票认证和纳税申报。特别是，对于我省特级、一级建筑业企业，能否直接评定为纳税 A 级企业，便于营改增发票认证？

答：国家税务总局按纳税信用等级分步实施取消认证，目前取消认证范围已扩大到 B 级纳税人。2016 年 5 月 1 日新纳入营改增试点的增值税一般纳税人，2016 年 5 月至 7 月期间不需进行增值税发票认证，登录本省增值税发票查询平台，查询、选择用于申报抵扣或者出口退税的增值税发票信息，未查询到对应发票信息的，可进行扫描认证。2016 年 8 月起按照纳税信用级别分别适用发票认证的有关规定。近年来，我们持续完善纳税信用评价制度，希望纳税人根据评价标准，依法依规，诚信纳税，不断提升自身纳税信用等级。

说明：

福建对建筑企业纳税人纳税信用等级的问题给出了回答，是对《国家税务总局关于全面推开营业税改征增值税试点有关税收征收管理事项的公告》（国家税务总局公告 2016 年第 23 号）第五条的落实。

204. 营改增后，一般纳税人增值税普通发票是否可以无限量使用？

福建省国税局：福建省国税局建筑业营改增执行口径——建筑企业营改增试点问题解答（2016 年 5 月 27 日）

6. 全面营改增后，一般纳税人增值税普通发票是否可以无限量使用？据了解率先试行的北京，一般纳税人几乎不再开具普票。

答：无论是增值税专用发票还是增值税普通发票，纳税人每次的领用数量都是由主管国税机关根据规定核定，并非无限量发放。一般纳税人开具增值税专用发票的对象和范围，均有明确的规定和要求，应当注意把握。

说明：

福建对开具增值税专用发票、增值税普通发票的对象和范围做出了回答，是对《中华人民共和国发票管理办法》（国务院 2010 年第 587 号）第十五条的落实。

205. 建筑业合同的付款时间有 5 月 1 日之前和之后的，如何开具发票？

福建省国税局：福建省国税局建筑业营改增执行口径——建筑企业营改增试点问题解答（2016 年 5 月 27 日）

其他问题

5. 建筑业，签订合同，付款时间有 5 月 1 日之前，也有 5 月 1 日之后的，如何开具发票？

答：纳税人应当按照书面合同确定的付款日期，5 月 1 日前的，开具营业税发票，5 月 1 日后的，开具增值税发票。

天津市国税局：我公司2013年签的分包合同，2016年5月1日后合同内剩余部分工程量及增项还未支付，这部分款项是否需要开具增值税专用发票（2016年5月23日）

28. 问：我公司2013年签的分包合同，2016年5月1日后合同内剩余部分工程量及增项还未支付，这部分款项是否需要开具增值税专用发票？

答：您好，您在我们网站上提交的纳税咨询问题收悉，现回复如下：

第一，根据《关于全面推开营业税改征增值税试点的通知》（财税［2016］36号）附件1：《营业税改征增值税试点实施办法》第五十三条规定：纳税人发生应税行为，应当向索取增值税专用发票的购买方开具增值税专用发票，并在增值税专用发票上分别注明销售额和销项税额。

属于下列情形之一的，不得开具增值税专用发票：

（一）向消费者个人销售服务、无形资产或者不动产。

（二）适用免征增值税规定的应税行为。

第二，根据《国家税务总局关于全面推开营业税改征增值税试点有关税收征收管理事项的公告》（国家税务总局公告2016年第23号）第三条第七项规定：纳税人在地税机关已申报营业税未开具发票，2016年5月1日以后需要补开发票的，可于2016年12月31日前开具增值税普通发票（税务总局另有规定的除外）。

因此，你公司可以按照以上规定开具发票。

北京市国税局：营改增执行口径

79. 北京市昌平区的企业在顺义区内跨区县提供建筑劳务，之前已经在地税局代开了部分发票，剩余部分业务需要在2016年5月1日之后开具发票，纳税人咨询，到时候应该到国税还是地税开具发票？

答：2016年5月1日之后提供建筑服务，应使用国税发票。

说明：

福建、天津、北京对营改增过渡期如何开具建筑业发票问题的回答一致，是对《关于全面推开营业税改征增值税试点的通知》（财税［2016］36号）附件1《营业税改征增值税试点实施办法》第五十三条和《国家税务总局关于全面推开营业税改征增值税试点有关税收征收管理事项的公告》（国家税务总局公告2016年第23号）第三条的落实。

第十六章　建筑业的特殊销售行为

206. 如何认定建筑业混合销售行为及其税率？

河北省国税局：河北省国家税务局——关于全面推开营改增有关政策问题的解答（之二）

二十八、关于销售建筑材料同时提供建筑服务征税问题

销售建筑材料（例如钢结构企业）同时提供建筑服务的，可在销售合同中分别注明销售材料价款和提供建筑服务价款，分别按照销售货物和提供建筑服务缴纳增值税。未分别注明的，按照混合销售的原则缴纳增值税。

山东省国税局：全面推开营改增试点政策指引（七）（2016 年 5 月 24 日）

十、钢构等企业混合销售问题

既从事钢结构等的生产销售，又提供安装、工程等建筑服务，判断其是否属于混合销售应该把握两个原则：一是其销售行为必须是一项，二是该项行为必须即涉及服务又涉及货物。因此，对于钢构等企业，如果施工合同中分别注明钢构价款和设计、施工价款的，分别按照适用税率计算缴纳增值税；如果施工合同中未分别注明的，对于钢构生产企业应按照销售货物计算缴纳增值税，对于建筑企业购买钢构进行施工应按照建筑服务计算缴纳增值税。

山东省国税局：2016 年 5 月 28 日 12366 营改增热点问题

3. 如果既提供销售材料又负责安装，怎样选择税率？

答：根据《全面推开营改增试点政策指引（七）》文件规定，既从事钢结构等的生产销售，又提供安装、工程等建筑服务，判断其是否属于混合销售应该把握两个原则：一是其销售行为必须是一项，二是该项行为必须即涉及服务又涉及货物。

因此，对于钢构等企业，如果施工合同中分别注明钢构价款和设计、施工价款的，分别按照适用税率计算缴纳增值税；如果施工合同中未分别注明的，对于钢构生产企业应按照销售货物计算缴纳增值税，对于建筑企业购买钢构进行施工应按照建筑服务计算缴纳增值税。

内蒙古自治区国税局：内蒙古国税明确营改增实务中的 48 个问题——内蒙古自治区国家税务局全面推开营改增政策问题解答一（建筑服务部分）（2016 年 5 月 30 日）

七、关于销售建筑材料同时提供建筑服务征税问题

销售建筑材料（例如钢结构企业）同时提供建筑服务的，按照混合销售原则计算缴纳

增值税。

河南省国税局：河南国税局营改增问题执行口径——营改增问题快速处理机制 专期四

问题二 营改增前，生产钢构件并负责安装施工的企业，销售钢构件按照销售货物适用17%税率计提销项税额，安装施工费按照建筑业适用3%税率全额缴纳营业税。营改增后，这种业务如何处理？

答复：一项销售行为如果既涉及服务又涉及货物，为混合销售。从事货物的生产、批发或者零售的单位和个体工商户的混合销售行为，按照销售货物缴纳增值税。从事货物的生产、批发或者零售的单位和个体工商户，包括以从事货物的生产、批发或者零售为主，并兼营销售服务的单位和个体工商户在内。

河南省国税局：营改增问题快速处理机制专期十一（2016年5月27日）

问题八 建筑企业采购部分材料用于提供建筑服务，是否需要按照混合销售分开核算材料和建筑服务的销售额，分别纳税并开具发票？

答：根据财税［2016］36号文件规定：一项销售行为如果既涉及服务又涉及货物，为混合销售。从事货物的生产、批发或者零售的单位和个体工商户的混合销售行为，按照销售货物缴纳增值税；其他单位和个体工商户的混合销售行为，按照销售服务缴纳增值税。

因此，建筑企业采购部分材料用于提供建筑服务的，应视为混合销售。建筑企业混合销售属于“其他单位和个体工商户”，应按照销售建筑服务缴纳增值税，不需要分别纳税、分别开票。

深圳市国税局：深圳国税局营改增执行口径——深圳市全面推开“营改增”试点工作指引（之一）

八、企业提供建筑服务，同时提供建筑中所需要的建材（如钢架构等），按照建筑服务缴纳增值税。

深圳市国税局：全面推开营改增试点之建筑服务税收政策问答

18. 企业提供建筑服务，同时提供建筑中所需要的建材（如钢架构等），应按什么税目征收增值税？

答：根据《深圳市全面推开“营改增”试点工作指引（之一）》规定，应按建筑服务缴纳增值税。

深圳市国税局：全面推开营改增试点之建筑服务税收政策问答

19. 建筑企业受业主委托，按照合同约定承包工程建设项目的设计、采购、施工、试运行等全过程或若干阶段的EPC工程项目，应按什么税目征收增值税？

答：根据《深圳市全面推开“营改增”试点工作指引（之一）》规定，应按建筑服务缴纳增值税。

深圳市国税局：深圳国税局营改增执行口径——深圳市全面推开“营改增”试点工作指引（之一）

十三、建筑企业受业主委托，按照合同约定承包工程建设项目的设计、采购、施工、试运行等全过程或若干阶段的EPC工程项目，应按建筑服务缴纳增值税。

说明：

1. 河北、山东两省口径对混合销售问题的回答一致，对于在合同中分开注明（核算）的项目，依照兼营行为的规定，对其分别计算税款；而对于未在合同中分别注明（核算）的，则按照混合销售的原则缴纳增值税。

2. 河南、深圳、内蒙古的口径对既提供建筑服务，同时提供建筑中所需要的建材（如钢架构等）的情况，认定为混合销售行为。

207. 如何认定建筑业的兼营行为？

宁夏回族自治区国税局：全面推开营改增政策指引（二）

2. 采取一般计税方法计税的物业公司，承接的开发公司维修工程如何计算？

答：物业公司在物业服务之外从事维修及工程服务的，属于兼营不同税率的服务，应当分别核算适用不同税率或者征收率的销售额，未分别核算的，从高适用税率。

四川省国税局：纳税人咨询的营改增十个热点问题（4月22日）

8. 销售货物兼营提供建筑服务需要分开核算吗？

答：试点纳税人销售货物、加工修理修配劳务、服务、无形资产或者不动产适用不同税率或者征收率的，应当分别核算适用不同税率或者征收率的销售额，未分别核算销售额的，按照以下方法适用税率或者征收率：

（1）兼有不同税率的销售货物、加工修理修配劳务、服务、无形资产或者不动产，从高适用税率。

（2）兼有不同征收率的销售货物、加工修理修配劳务、服务、无形资产或者不动产，从高适用征收率。

（3）兼有不同税率和征收率的销售货物、加工修理修配劳务、服务、无形资产或者不动产，从高适用税率。

新疆维吾尔自治区国税局：营改增政策答疑（十二）（2016年5月28日）

四、根据《注释》规定有线电视的经营者向用户收取的初装费按照安装服务缴纳增值税，但初装费应该算作经营者的兼营行为，将其与广播影视节目播映业务分别核算，还是视为经营者的混合销售行为，按照销售应税服务（广播影视节目播映服务）的税率（征收率）核算缴纳增值税？

答：属于兼营行为。

说明：

1. 宁夏回族自治区与四川两省区口径对有关兼营行为问题的回答一致，是《营业税改征增值税试点有关事项的规定》（财税［2016］36号附件2）一、营改增试点期间，试点纳税人有关政策（一）兼营规定的落实。

2. 新疆维吾尔自治区对有线电视的经营者向用户收取有线电视初装费是否属于兼营行为的问题进行了回答。

208. 建筑施工企业将自产货物用于所承包的建筑项目

北京市国税局：北京国税局营改增执行口径

67. 企业将自产的沥青用于本企业承包的建筑项目，那么建筑施工所耗用的沥青，是按照11%税率缴纳增值税还是按照17%缴纳增值税？

答：企业将自产的货物用于增值税的应税项目，移送时不需要缴纳增值税。

内蒙古自治区国税局：内蒙古国税明确营改增实务中的48个问题——内蒙古自治区国家税务局全面推开营改增政策问题解答一（建筑服务部分）（2016年5月30日）

十二、企业将自产的沥青用于本企业承包的建筑项目，那么建筑施工所耗用的沥青，是否缴纳增值税问题

答：企业将自产的货物用于增值税的应税项目，移送时不需要缴纳增值税。

说明：

从北京和内蒙古这两个问题看，是为了请求解答企业将自产沥青用于本企业承包工程是否应认定为混合销售行为。而从两省市的回答来看，没有直接就该问题作出答复。

第十七章　建筑业增值税征收管理

209. 建筑企业有多个项目部，如何办理营改增项目确认手续？

福建省国税局：福建省国税局建筑业营改增执行口径——建筑企业营改增试点问题解答（2016 年 5 月 27 日）——其他问题

2. 建筑企业有多个项目部的，是否每个项目部都需要办理营改增确认手续？如果 5 月 1 日前该项目能完工，还需要办理确认手续吗？

答：每个项目部都需办理营改增确认手续，如果在 5 月 1 日前完工，就不需要办理确认。

说明：

福建省口径对建筑企业有多个项目部的，要求每个项目都需要办理营改增确认手续。

210. 若一般纳税人未办理税务登记，该如何处理？

新疆维吾尔自治区国税局："营改增"难点问题解答汇编（二）

二、建筑业

2. 纳税人年营业额达到 500 万元以上的是否必须办理一般纳税人登记？若纳税人不登记如何处理？

答：根据《关于全面推开营业税改征增值税试点的通知》（财税［2016］36 号）规定，应当办理一般纳税人资格登记而未办理的，应按照销售额和增值税税率计算应纳税额，不得抵扣进项税额，也不得使用增值税专用发票。

说明：

新疆维吾尔自治区对未办理一般纳税人登记的后果进行了说明，是《财政部 国家税务总局关于全面推开营业税改征增值税试点的通知》（财税［2016］36 号）附件 1 第三十三条的落实。

211. 对超过规定期限办理税务登记的，应如何处理？

河北省国税局：河北省国家税务局关于全面推开营改增有关政策问题的解答（之三）

一、如何理解“如超过规定期限，在建筑服务发生地办理税务登记的，需要在建筑服务发生地重新购买税控设备，领取开具发票”？

河北省国家税务局全面推开营改增有关政策问题的解答（之一）问题三中关于“如超过规定期限，在建筑服务发生地办理税务登记的”，指在建筑服务发生地已经办理正式税务登记，进行单独核算，应在建筑服务发生地申报纳税的纳税人。符合以上条件的纳税人，需要在建筑服务发生地购买税控设备，领取开具发票。

说明：

河北省口径对超过规定期限，在建筑服务地办理税务登记的问题进行了回答，是对《河北省国家税务局全面推开营改增有关政策问题的解答（之一）》问题三的落实。

212. 如何进行纳税申报？

广东省国税局：广东省国税局建筑业营改增执行口径——建筑服务申报指引

A. 提供建筑服务（一般计税方法）业务纳税申报

【业务描述】

增值税一般纳税人在同一县（市、区）提供建筑服务，且按照一般计税方法进行计税

例 1. 提供建筑服务按照一般计税方法业务纳税申报

某建筑企业（一般纳税人），2016 年 6 月发生了如下业务：

（1）在本区提供建筑修缮服务（一般计税方法），含税销售额 555 万元，给对方开具了增值税普通发票。

（2）在本区提供建筑物平移业务（一般计税方法），不含税销售额 100 万元，给对方开具了增值税专用发票。

（3）购买一批施工设备，不含税金额为 50 万元，并取得对方开具的增值税专用发票 1 张，税额 8.5 万元，当月进行认证抵扣。

（4）将业务（1）中部分建筑项目分包给其他建筑企业（一般纳税人），支付分包款 333 万元，取得了增值税专用发票 35 张，票面税额合计 33 万元，当月进行认证抵扣。

（5）购进一批建筑材料，不含税金额为 100 万元，并取得对方开具的增值税专用发票 1 张，税额 17 万元，当月进行认证抵扣。该企业上期没有留抵税额。

【政策规定】

增值税一般纳税人提供建筑服务，适用一般计税方法计税的，应以取得的全部价款和价外费用为销售额，按照 11% 税率计算应纳税额，并向机构所在地国税机关进行申报纳税。

【注意事项】

该企业适用一般计税方法计税，应以企业取得全部价款和价外费用计算销售额，不得扣除分包款。但是如果该分包款取得增值税专用发票，则可以按规定进行进项税额抵扣。

【数据计算】

应纳税额 = 销项税额 – 进项税额 =555 ÷(1+11%)× 11%+100 × 11%–(8.5+33+17)=66–58.5=7.5 万元

B. 提供建筑服务（2 种计税方式并存）业务纳税申报

【业务描述】

增值税一般纳税人在同一县（市、区）提供建筑服务，部分项目按照一般计税方式进行计税，部分项目则选择了按照简易计税方法进行计税。

例 2. 某建筑企业（一般纳税人），2016 年 5 月发生了如下业务：

（1）在本区提供工程服务（清包工方式，该企业选择简易计税方法），含税销售额 103 万元，给对方开具了增值税普通发票。

（2）在本区为建筑工程老项目（《建筑工程施工许可证》注明的合同开工日期为 2016 年 3 月 25 日）提供安装服务，选择简易计税方法，含税销售额 206 万元，并开具了增值税专用发票。

（3）在本区提供建筑工程服务（一般计税方法），含税销售 555 万元，给对方开具了增值税专用发票。

（4）购进材料一批，取得增值税普通发票 11 张，票面合计不含税金额 10 万元，税额 1.7 万元，专用于上述建筑工程老项目的安装服务。

（5）以经营租赁方式租入一辆拖车，用于上述一般计税工程服务项目，支付租赁费 1.17 万元，取得了对方开具的增值税专用发票 1 张，税额 0.17 万元，当月进行认证抵扣。

（6）购进钢材一批，取得增值税专用发票 1 张，票面不含税金额 250 万元，税额 42.5 万元，专用于上述一般计税工程服务项目，当月进行认证抵扣。

该企业上期没有留抵税额。

【政策规定】

增值税一般纳税人提供建筑服务适用简易计税方法的，以取得的全部价款和价外费用扣除支付的分包款后的余额为销售额，按照 3% 征收率计算应纳税额；适用一般计税方法计税的，应以取得的全部价款和价外费用为销售额，按照 11% 税率计算应纳税额，并向机构所在地国税申报纳税。

【注意事项】

纳税人取得的用于简易计税方法计税项目的增值税扣税凭证，其进项税额不得从销项税额中抵扣。该企业业务（4）购进材料用于选择简易计税方法计税的项目，即使取得增值税专用发票也不得作为进项抵扣。

该企业区分不同的项目选择了不同计税方法，应分别核算填报。

【数据计算】

简易计税方法的项目应纳税额计算：

应纳税额 = 含税销售额 ÷（1+ 征收率）× 征收率 =（103+206）÷（1+3%）×3%=9 万元

适用一般计税方法项目应纳税额计算：

应纳税额 = 销项税额 – 进项税额 =55–0.17–42.5=12.33 万元

本期应纳税额合计 =12.33+9=21.33 万元

C. 提供建筑服务（简易计税且有分包款）业务纳税申报

【业务描述】

增值税一般纳税人在同一县（市）提供建筑服务，同时存在简易计税方式和一般计税方式，并有分包业务发生。

例 3. 某建筑企业（一般纳税人），2016 年 5 月发生了如下业务：

（1）在本区为 A 项目提供工程服务（清包工方式，该企业选择简易计税方法），含税销售额 515 万元，给对方开具了增值税专用发票；同时，将部分 A 项目分包给建筑企业甲，支付分包款 103 万元（含税），取得了增值税专用发票，税额 3 万，当月该笔进项发票未进行勾选。

（2）2016 年 4 月在本区为 B 项目提供装饰服务（老项目，该企业选择简易计税方法），并将部分 B 项目分包给建筑企业乙，已支付分包款。本月装饰完工，取得含税销售额 51.5 万元，开具增值税普通发票，并收到乙企业开具的营业税发票金额 10 万元（开票日期为 2016 年 4 月 20 日）。

（3）在本区为 C 项目提供安装服务（甲供工程，该企业选择简易计税方法），收到预收款 10.3 万元（含税），给对方开具了普通发票。

（4）在本区为 D 项目提供修缮服务，适用一般计税，含税销售额 22.2 万元，开具了增值税专用发票；将部分 D 项目分包给建筑企业丙（小规模纳税人），支付分包款 9.27 万元（含税），取得丙企业代开的增值税专用发票 1 张，税额 0.27 万元；同时，购进一批材料，取得增值税专用发票 1 张，票面不含税金额 10 万元，增值税税额 1.7 万元，当月进行认证抵扣。

该企业上期没有留抵税额。

【政策规定】

增值税一般纳税人以清包工方式提供建筑服务，为甲供工程提供建筑服务，为建筑工程老项目提供建筑服务，可以选择简易计税方法，以取得的全部价款和价外费用扣除支付的分包款后的余额为销售额，按照 3% 征收率计算应纳税额；适用一般计税方法计税的，应以取得的全部价款和价外费用为销售额，按照 11% 税率计算应纳税额，并向机构所在地国税申报纳税。

纳税人从全部价款和价外费用中扣除的分包款，应当取得符合法律、行政法规和国家税务总局规定的有效凭证，是指：

1. 从分包方取得的 2016 年 4 月 30 日前开具的建筑业营业税发票（按照税务总局规定延期使用的除外）。

2. 从分包方取得的 2016 年 5 月 1 日后开具的，备注栏注明建筑服务发生地所在县（市、区）、项目名称的增值税发票。

3. 国家税务总局规定的其他凭证。

该企业业务（1）取得的 2016 年 5 月 1 日后开具的增值税专用发票和业务（2）取得的 2016 年 4 月 20 日开具的营业税发票均属于有效凭证，支付的分包款可以扣除。纳税人提供建筑服务采取预收款方式的，其纳税义务发生时间为收到预收款的当天。该企业业务（3）收到预收款，并开具了增值税普通发票，应于次月征期内申报。

【注意事项】

纳税人取得的用于简易计税方法计税项目的增值税扣税凭证，其进项税额不得从销项税额中抵扣。该企业 A、B、C 项目选择简易计税方法，计算销售额时，支付的分包款可以扣除，取得的增值税专用发票不得作为进项抵扣；D 项目适用一般计税方法，计算销售额时，不得扣除分包款，但取得的分包款增值税专用发票进项税额可以抵扣。

【数据计算】

简易计税方法项目应纳税额的计算：

应纳税额 = 含税销售额 ÷（1+ 征收率）× 征收率 =（515−103+51.5−10+10.3）÷（1+3%）×3%=13.508738 万元

适用一般计税方法项目应纳税额的计算：

应纳税额 = 销项税额 − 进项税额 =22.2 ÷（1+11%）×11%−（0.27+1.7）=0.23 万元

本期应纳税额合计 =13.508738+0.23=13.738738 万元

说明：

广东省对提供建筑服务业务选用一般计税方法、2 种计税方式并存以及简易计税且有分包款的三种情况下的纳税申报进行了详细说明，都分别包含了“业务描述”“政策规定”“注意事项”和“数据计算”四项内容。

213. 预收款如何申报纳税？

福建省国税局：福建省国税局建筑业营改增执行口径——建筑企业营改增试点问题解答（2016 年 5 月 27 日）——其他问题

14. 营改增建筑业收到预收款如何申报纳税

答：纳税人提供建筑服务采取预收款方式的，应在收到预收款的当期申报纳税，跨县（市）提供建筑服务的，还应在建筑服务发生地预缴增值税。

说明：

福建省口径对预收款申报纳税的时间和方式等问题进行了回答，该口径是《纳税人跨县（市、区）提供建筑服务增值税征收管理暂行办法》（国家税务总局公告 2016 年第 17 号）第三条的落实。

214. 2016 年 5 月份申报期到时，是在地税申报还是在国税申报？

福建省国税局：福建省国税局建筑业营改增执行口径——建筑企业营改增试点问题解答（2016 年 5 月 27 日）——其他问题

3. 建安企业 5 月 1 日营改增了，那么五月份申报期到时候是在地税申报还是在国税申报？

答：五月申报期申报的是四月所属期的税款，所以五月申报期请贵公司在地税申报。

说明：

福建省对五月份申报四月份税款的方式进行了规定，是对《国家税务总局关于全面推开营业税改征增值税试点有关税收征收管理事项的公告》（国家税务总局公告2016年第23号）规定的落实。

215. 建筑业老项目选择计税方法如何备案?

福建省国税局：建筑企业营改增试点问题解答（2016年5月27日）

四、新旧工程衔接问题

3. 新老项目的界定问题。《有关事项的规定》对建筑工程老项目的界定:《建筑工程施工许可证》注明的开工日期;《承包合同》注明的开工日期。合同是否只要甲乙双方签了就算，需要经过备案吗？一些工程施工过程涉及拆迁等问题，造成工程工期及结算会拖很长，老项目过渡时间有无限期?

答：选择简易征收方法的老项目应当办理备案手续，为进一步减轻纳税人办税负担，对建筑服务中允许选择简易计税方法的应税项目，可以采取清单备案方式。目前有关税收政策只对是否在老项目发生应税行为进行规范，没有持续时间方面的规定。

河南省国税局：河南国税局营改增问题执行口径——营改增问题快速处理机制 专期二

问题六 建筑业老项目可以选择简易计税方法，新老项目需要分别备案吗?

答复：经请示总局，建筑业新老项目需要分项目核算，不需要分别备案。

北京市国税局：北京国税局营改增执行口径

138. 建筑业简易计税备案，应在项目所在地备案还是在机构所在地备案?

答：机构所在地。

天津市国税局：老项目需要一个项目一个项目的备案为简易办法征收吗？（2015年5月5日）

13. 问：老项目需要一个项目一个项目的备案为简易办法征收吗?

答：您好：您在我们网站上提交的纳税咨询问题收悉，现回复如下：

纳税人老项目需要一个项目一个项目的确定是否采用简易办法征收，在确定采用简易办法征收的项目之后，可以选择一个和多个项目一起备案。

湖北省国税局：营改增政策执行口径第一辑（2016年4月25日）

第四部分 建筑业

39. 选择一般计税方法和简易办法计税的建筑项目是否需要4月30日前在国税局报备？跨县市的项目是否需要在项目所在地国税局备案?

建议：选择简易办法计税的建筑项目应从5月1日起在首次进行纳税申报、预缴增值税时，分别向机构所在地和跨县（市、区）的项目所在地主管税务机关进行报备。

说明：

1. 福建、河南、北京对建筑工程老项目选择简易计税方式备案问题进行了回答。

2. 北京对老项目备案地点的问题进行了回答，天津对老项目备案的方式进行了回答。

3. 湖北对跨县（市、区）情况下，老项目选择简易计税办法如何备案进行了回答。

216. 已开具营业税发票的拖欠工程款，2016 年 5 月 1 日后结清是否需要交纳增值税？

湖北省国税局：营改增政策执行口径第一辑（2016 年 4 月 25 日）

第四部分：建筑业

37. 营改增前已经完工的项目，与业主进行了工程结算，已开具建筑业营业税发票和缴纳营业税的，但业主拖欠工程款，营改增后收到工程款的如何处理？

在 4 月 30 日前，应按照营业税纳税义务发生时间缴纳营业税并开具营业税发票。营改增后在收到工程款时不需缴纳增值税。

说明：

湖北对已开具营业税发票的拖欠工程款，2016 年 5 月 1 日后结清是否需要交纳增值税的问题进行了回答。

217. 如何报验登记《外出经营活动税收管理证明》？

湖北省国税局：营改增政策执行口径第二辑之建筑业（2016 年 5 月 23 日）

第三部分　建筑业

43. 关于建安企业持有地税未到期《外出经营活动税收管理证明》（以下简称《外管证》）的问题。

（1）省内建安企业持有地税未到期《外管证》的，纳税人可持下列任一资料证件到主管国税机关办理报验登记：

①机构所在地主管地税机关开具的《外管证》；

②主管地税机关出具的证明。

为减轻纳税人负担，保证原地税已办理《外管证》纳税人的平滑过渡，报验地主管国税机关应通过涉税事项办理系统的税务端进行申请，机构所在地主管国税机关按规定开具《外管证》。

（2）省外建安企业持有地税未到期的《外管证》的，直接到经营地国税机关办理报验登记。

纳税人持《外管证》办理报验登记时，需要向报验地主管国税机关提供本企业是否属于一般纳税人，以及该项目选择何种计税方法的证明资料。

说明：

湖北对省内外纳税人《外管证》报验登记问题进行了回答，是对《中华人民共和国税收征收管理法实施细则》第二十一条的落实。

第十八章　建筑业应纳税额的计算

218. 建筑业销售额如何确定？

天津市国税局：建筑业营改增政策问答（2016 年 3 月 31 日）

5. 建筑业的销售额是如何确定的？

答：一、基本规定

纳税人的营业额为纳税人提供建筑服务收取的全部价款和价外费用。财政部和国家税务总局另有规定的除外。

价外费用，是指价外收取的各种性质的收费，但不包括以下项目：

（一）代为收取并符合本办法第九条规定的政府性基金或者行政事业性收费；

（二）以委托方名义开具发票代委托方收取的款项。

二、具体规定

试点纳税人提供建筑服务适用简易计税方法的，以取得的全部价款和价外费用扣除支付的分包款后的余额为销售额。

试点纳税人按照上述规定从全部价款和价外费用中扣除的价款，应当取得符合法律、行政法规和国家税务总局规定的有效凭证。否则，不得扣除。

三、试点前后业务处理

试点纳税人发生应税行为，按照国家有关营业税政策规定差额征收营业税的，因取得的全部价款和价外费用不足以抵减允许扣除项目金额，截至纳入营改增试点之日前尚未扣除的部分，不得在计算试点纳税人增值税应税销售额时抵减，应当向原主管地税机关申请退还营业税。

四、视同提供建筑服务的处理

下列情形视同销售服务、无形资产或者不动产：

（一）单位或者个体工商户向其他单位或者个人无偿提供服务，但用于公益事业或者以社会公众为对象的除外。

（二）单位或者个人向其他单位或者个人无偿转让无形资产或者不动产，但用于公益事业或者以社会公众为对象的除外。

（三）财政部和国家税务总局规定的其他情形。

纳税人发生应税行为价格明显偏低或者偏高且不具有合理商业目的的，或者发生单位或者个体工商户向其他单位或者个人无偿提供建筑服务而无销售额的（用于公益事业或者以社会公众为对象的除外），主管税务机关有权按照下列顺序确定销售额：

（一）按照纳税人最近时期销售同类服务、无形资产或者不动产的平均价格确定。

（二）按照其他纳税人最近时期销售同类服务、无形资产或者不动产的平均价格确定。

（三）按照组成计税价格确定。组成计税价格的公式为：

组成计税价格 = 成本 ×（1+ 成本利润率）

纳税人兼营免税、减税项目的，应当分别核算免税、减税项目的销售额；未分别核算的，不得免税、减税。

湖南省国税局：湖南省国税局建筑业营改增执行口径

五、销售额计算

（一）基本规定

纳税人的营业额为纳税人提供建筑服务收取的全部价款和价外费用。财政部和国家税务总局另有规定的除外。价外费用，是指价外收取的各种性质的收费，但不包括以下项目：

1. 代为收取并符合本办法规定的政府性基金或者行政事业性收费；

2. 以委托方名义开具发票代委托方收取的款项。

（二）特殊规定

1. 试点纳税人提供建筑服务适用简易计税方法的，以取得的全部价款和价外费用扣除支付的分包款后的余额为销售额。试点纳税人按照上述规定从全部价款和价外费用中扣除的价款，应当取得符合法律、行政法规和国家税务总局规定的有效凭证。否则，不得扣除。

2. 试点纳税人发生应税行为，按照国家有关营业税政策规定差额征收营业税的，因取得的全部价款和价外费用不足以抵减允许扣除项目金额，截至纳入营改增试点之日前尚未扣除的部分，不得在计算试点纳税人增值税应税销售额时抵减，应当向原主管地税机关申请退还营业税。

云南省国税局：云南省国税局建筑业营改增执行口径

七、建筑业销售额及纳税地点如何确定？

答：（一）一般计税方法的销售额不包括销项税额，纳税人采用销售额和销项税额合并定价方法的，按照下列公式计算销售额：

销售额 = 含税销售额 ÷（1+ 税率）

（二）一般纳税人一般计税方法

一般纳税人跨县（市）提供建筑服务，适用一般计税方法计税的，应以取得的全部价款和价外费用为销售额计算应纳税额。纳税人应以取得的全部价款和价外费用扣除支付的分包款后的余额，按照 2% 的预征率在建筑服务发生地预缴税款后，向机构所在地主管税务机关进行纳税申报。

（三）一般纳税人简易计税方法

一般纳税人跨县（市）提供建筑服务，选择适用简易计税方法计税的，应以取得的全部价款和价外费用扣除支付的分包款后的余额为销售额，按照 3% 的征收率计算应纳税额。纳税人应按照上述计税方法在建筑服务发生地预缴税款后，向机构所在地主管税务机关进行纳税申报。

（四）小规模纳税人简易计税方法

试点纳税人中的小规模纳税人（以下称小规模纳税人）跨县（市）提供建筑服务，应以取得的全部价款和价外费用扣除支付的分包款后的余额为销售额，按照3%的征收率计算应纳税额。纳税人应按照上述计税方法在建筑服务发生地预缴税款后，向机构所在地主管税务机关进行纳税申报。

山东省国税局：2016年5月23日12366营改增热点问题

1. 建筑业销售额如何确定？

答：根据《财政部 国家税务总局关于全面推开营业税改征增值税试点的通知》（财税［2016］36号）规定，试点纳税人提供建筑服务适用简易计税方法的，以取得的全部加权和价外费用扣除支付的分包款后的余额为销售额。

选择适用一般计税方法的，以取得的全部价款和价外费用为销售额。

山东省国税局：2016年6月1日12366营改增热点问题

1. 建筑服务选择简易计税方法，销售额如何确定？

答：根据《财政部 国家税务总局关于全面推开营业税改征增值税试点的通知》（财税［2016］36号）规定，试点纳税人提供建筑服务适用简易计税方法的，以取得的全部加权和价外费用扣除支付的分包款后的余额为销售额。

山东省国税局：2016年5月23日12366营改增热点问题

3. 建筑业一般纳税人咨询，计算税款时选择一般计税方法抵扣进项税额，计算销售额时是否可以扣除支付的分包款？

答：根据《财政部 国家税务总局关于全面推开营业税改征增值税试点的通知》（财税［2016］36号）附件2《营业税改征增值税试点有关事项的规定》规定，一般纳税人跨县（市）提供建筑服务，适用一般计税方法计税的，应以取得的全部价款和价外费用为销售额计算应纳税额。因此，不可以扣除分包款。

浙江省国税局：浙江省国税局建筑业营改增执行口径

89. 试点纳税人提供建筑服务适用简易计税方法的销售额是什么？

答：根据《财政部 国家税务总局关于全面推开营业税改征增值税试点的通知》（财税［2016］36号）规定，试点纳税人提供建筑服务适用简易计税方法的，以取得的全部价款和价外费用扣除支付的分包款后的余额为销售额。

深圳市国税局：全面推开营改增试点之建筑服务税收政策问答

2. 提供建筑服务如何确认销售额？

答：根据《深圳市全面推开“营改增”试点工作指引（之二）》规定，纳税人提供建筑服务时，按照工程进度在会计上确认收入，与按合同约定收到的款项不一致时，以按合同约定收到的款项为准，确认销售额。先开具发票的，为开具发票的当天。

说明：

1. 天津、湖南、云南对销售额问题的一般规定回答一致，是对《关于全面推开营业税改征增值税试点的通知》（财税［2016］36号）附件1《营业税改征增值税试点实施办法》第三十七条的落实。

2. 天津、湖南、云南、浙江、山东则对提供建筑服务选择不同计税方法时销售额的计算作出的回答一致，是对《关于全面推开营业税改征增值税试点的通知》（财税［2016］36号）附件2《营业税改征增值税试点有关事项的规定》第一条第（三）项和第（七）项的落实。

深圳对销售额的规定则以纳税人提供建筑服务时按进度在会计上确认收入，与合同约定不一致时以合同为准，依据是《企业会计准则第14号——收入》第十二条的规定。

进项税额

219. 进项税额抵扣凭证有哪些？

天津市国税局：建筑业营改增政策问答（2016年3月31日）

8. 建筑业纳税人增值税进项税额抵扣凭证包括哪些？

答：纳税人取得的增值税扣税凭证不符合法律、行政法规或者国家税务总局有关规定的，其进项税额不得从销项税额中抵扣。

增值税扣税凭证，是指增值税专用发票、海关进口增值税专用缴款书、农产品收购发票、农产品销售发票和完税凭证。

纳税人凭完税凭证抵扣进项税额的，应当具备书面合同、付款证明和境外单位的对账单或者发票。资料不全的，其进项税额不得从销项税额中抵扣。

福建省国税局：福建省国税局建筑业营改增执行口径——建筑企业营改增试点问题解答（2016年5月27日）

12. 建安企业代扣代缴增值税取得完税凭证，可否进项税额抵扣？

答：建安企业取得的2016年5月1日之后的完税凭证属于合法有效抵扣凭证范围，但能否实际抵扣应依照具体业务情形进行判定。

说明：

1. 天津市口径对增值税抵扣凭证的内容给出了回答，是对《关于全面推开营业税改征增值税试点的通知》（财税［2016］36号）附件1《营业税改征增值税试点实施办法》第二十六条的落实。

2. 福建省口径对于建安企业代扣代缴获得的增值税完税凭证能否抵扣问题给出了具体的回答，是对《财政部 国家税务总局关于全面推开营业税改征增值税试点的通知》（财税［2016］36号）附件1《营业税改征增值税试点实施办法》第二十六条的落实。

220. 可抵扣的进项税额有哪些？

天津市国税局：建筑业营改增政策问答（2016年3月31日）

9. 建筑业纳税人准予从销项税额中抵扣的进项税额包括哪些？

答：（一）从销售方取得的增值税专用发票（含税控机动车销售统一发票，下同）上注明的增值税额。

（二）从海关取得的海关进口增值税专用缴款书上注明的增值税额。

（三）购进农产品，除取得增值税专用发票或者海关进口增值税专用缴款书外，按照农产品收购发票或者销售发票上注明的农产品买价和13%的扣除率计算的进项税额。计算公式为：

进项税额 = 买价 × 扣除率

买价，是指纳税人购进农产品在农产品收购发票或者销售发票上注明的价款和按照规定缴纳的烟叶税。

购进农产品，按照《农产品增值税进项税额核定扣除试点实施办法》抵扣进项税额的除外。

（四）从境外单位或者个人购进服务、无形资产或者不动产，自税务机关或者扣缴义务人取得的解缴税款的完税凭证上注明的增值税额。

云南省国税局：云南省国税局建筑业营改增执行口径

九、进项税额指什么？是不是所有购进的货物、劳务都可以抵扣进项税额？

答：进项税额，是指纳税人购进货物、加工修理修配劳务、服务、无形资产或者不动产，支付或者负担的增值税额。

下列进项税额准予从销项税额中抵扣：

（一）从销售方取得的增值税专用发票（含税控机动车销售统一发票）上注明的增值税额。

（二）从海关取得的海关进口增值税专用缴款书上注明的增值税额。

（三）购进农产品，除取得增值税专用发票或者海关进口增值税专用缴款书外，按照农产品收购发票或者销售发票上注明的农产品买价和13%的扣除率计算的进项税额。

（四）从境外单位或者个人购进服务、无形资产或者不动产，自税务机关或者扣缴义务人取得的解缴税款的完税凭证上注明的增值税额。

新疆维吾尔自治区国税局：新疆维吾尔自治区国税局5月28日再次明确营改增实务中的29个问题——营改增政策答疑（十一）（2016年5月28日）

五、营改增后提供建筑服务的一般纳税人按照建委要求为施工人员购买团体意外保险，取得保险费增值税专用发票能否作为进项税额抵扣?

答:可以作为进项税额抵扣。

河北省国税局:河北省国家税务局关于全面推开营改增有关政策问题的解答(之六)(2016年6月2日)

三、2016年5月1日后,纳税人购进货物用于不动产在建工程增值税进项税额抵扣问题

纳税人2016年5月1日后购进货物和设计服务、建筑服务,用于新建不动产,或者用于改建、扩建、修缮、装饰不动产并增加不动产原值超过50%的,其进项税额分两年从销项税额中抵扣。第一年抵扣比例为60%,第二年抵扣比例为40%。上述分2年从销项税额中抵扣的购进货物,是指构成不动产实体的材料和设备,包括建筑装饰材料和给排水、采暖、卫生、通风、照明、通讯、煤气、消防、中央空调、电梯、电气、智能化楼宇设备及配套设施。

纳税人购入的货物用途不明的,可在购入当期按规定直接抵扣进项税额。领用已抵扣进项税额的货物用于不动产在建工程时,应将领用货物对应的已抵扣进项税额40%的部分,在货物领用当期转出为待抵扣进项税额,并于转出当月起第13个月再行抵扣。

说明:

1. 天津、云南两省对可以抵扣的进项税额的回答一致,是对《关于全面推开营业税改征增值税试点的通知》(财税[2016]36号)附件1《营业税改征增值税试点实施办法》第二十四条的落实。

2. 新疆维吾尔自治区对建筑业为施工人员购买保险取得的增值税专用发票能否抵扣的问题给出了回答,也是对《关于全面推开营业税改征增值税试点的通知》(财税[2016]36号)附件1《营业税改征增值税试点实施办法》第二十四条的落实。

3. 河北对营改增后纳税人购进货物用于不动产在建工程进项抵扣问题做出了回答,依据是《国家税务总局关于发布〈不动产进项税额分期抵扣暂行办法〉的公告》(国家税务总局公告2016年第15号)第三条。

221. 不可抵扣的进项税额有哪些?

天津市国税局:建筑业营改增政策问答(2016年3月31日)

10. 建筑业纳税人不得从销项税额中抵扣的进项税额包括哪些?

答:(一)用于简易计税方法计税项目、免征增值税项目、集体福利或者个人消费的购进货物、加工修理修配劳务、服务、无形资产和不动产。其中涉及的固定资产、无形资产、不动产,仅指专用于上述项目的固定资产、无形资产(不包括其他权益性无形资产)、不动产。

纳税人的交际应酬消费属于个人消费。

(二)非正常损失的购进货物,以及相关的加工修理修配劳务和交通运输服务。

(三)非正常损失的在产品、产成品所耗用的购进货物(不包括固定资产)、加工修理

修配劳务和交通运输服务。

（四）非正常损失的不动产，以及该不动产所耗用的购进货物、设计服务和建筑服务。

（五）非正常损失的不动产在建工程所耗用的购进货物、设计服务和建筑服务。

纳税人新建、改建、扩建、修缮、装饰不动产，均属于不动产在建工程。

（六）购进的旅客运输服务、贷款服务、餐饮服务、居民日常服务和娱乐服务。

（七）财政部和国家税务总局规定的其他情形。

本条第（四）项、第（五）项所称货物，是指构成不动产实体的材料和设备，包括建筑装饰材料和给排水、采暖、卫生、通风、照明、通信、煤气、消防、中央空调、电梯、电气、智能化楼宇设备及配套设施。

只有登记为增值税一般纳税人的建筑服务单位才涉及增值税进项税额抵扣。

福建省国税局：福建省国税局建筑业营改增执行口径——建筑企业营改增试点问题解答（2016 年 5 月 27 日）

五、其他建议

1. 对于今后 PPP 工程项目和垫款量大、垫款周期长的建筑业项目，由于利息进项不能抵扣，施工企业背负资金压力的同时，垫款利息成本的销项应按 11% 全额征税，增加税收负担。既然金融行业可以开具增值税专用发票，建议建筑业企业贷款利息能计入抵扣。

答：根据现有文件规定，所有增值税纳税人的贷款服务所含进项税额均不允许抵扣。

山东省国税局：2016 年 5 月 23 日 12366 营改增热点问题

3. 建筑业一般纳税人咨询，计算税款时选择一般计税方法抵扣进项税额，计算销售额时是否可以扣除支付的分包款？

答：根据《财政部 国家税务总局关于全面推开营业税改征增值税试点的通知》（财税［2016］36 号）附件 2《营业税改征增值税试点有关事项的规定》规定，一般纳税人跨县（市）提供建筑服务，适用一般计税方法计税的，应以取得的全部价款和价外费用为销售额计算应纳税额。因此，不可以扣除分包款。

说明：

1. 天津对建筑业不能抵扣的进项税额给出了回答，是对《关于全面推开营业税改征增值税试点的通知》（财税［2016］36 号）附件 1《营业税改征增值税试点实施办法》第二十七条的落实。

2. 福建则具体回答了建筑企业贷款服务所含进项税额不能抵扣的问题，是对《关于全面推开营业税改征增值税试点的通知》（财税［2016］36 号）附件 1《营业税改征增值税试点实施办法》第二十七条和附件 2《营业税改征增值税试点有关事项的规定》第二条第（一）项的落实。

3. 山东对建筑业采取一般计税方法时分包款不得扣除做出了回答，依据是《财政部 国家税务总局关于全面推开营业税改征增值税试点的通知》（财税［2016］36 号）附件 2《营业税改征增值税试点有关事项的规定》第一条第（七）项。

222. 已抵扣的临时建筑拆除后，进项税额是否转出？

河南省国税局：河南国税局营改增问题执行口径——营改增问题快速处理机制专期十

问题九建筑公司在工地搭建的临时建筑在工程完工后会被拆除，原已抵扣的进项税额是否需要转出？

答复：建筑企业搭建的临时建筑，虽然形态上属于不动产，但施工结束后即被拆除，其性质上更接近于生产过程中的中间投入物，可以进行抵扣。根据财税［2016］36号文件规定，非正常损失，是指因管理不善造成货物被盗、丢失、霉烂变质，以及因违反法律法规造成货物或者不动产被依法没收、销毁、拆除的情形。建筑工地的临时建筑在工程结束时被拆除，显然不属于非正常损失的不动产，其进项税额是不需要转出。

说明：

河南对建筑公司的临时建筑拆除后已抵扣的进项税额是否要转出的问题给出了回答，是对《关于全面推开营业税改征增值税试点的通知》（财税［2016］36号）附件1《营业税改征增值税试点实施办法》第二十七条和附件2《营业税改征增值税试点有关事项的规定》第二条第（一）项的落实。

223. 不同计税方法并存的项目进项税怎么划分？

福建省国税局：福建省国税局建筑业营改增执行口径——建筑企业营改增试点问题解答（2016年5月27日）

一、增值税的计税方法问题

1. 同一纳税人在简易计税办法与一般计税办法并存情况下，进项税怎么划分是否套用《实施办法》29条计算办法，即：不得抵扣的进项税额 = 当期无法划分的全部进项税额 ×（当期简易计税方法计税项目销售额 + 免征增值税项目销售额）/ 当期全部销售额。

答：一般纳税人的进项税额既用于一般计税方法的项目又用于简易计税方法的项目存在无法划分的情况下，适用办法《试点实施办法》第29条计算。如果能准确判定进项税额专用于一般计税方法项目或简易计税方法的项目，则该进项税额要么全部抵扣要么不予抵扣，不需要划分。纳税人购入固定资产、无形资产（不包括其他权益性无形资产）、不动产的进项税额如果既用于一般计税方法的项目又用于简易计税方法的项目，不需要划分，全部准予抵扣。

福建省国税局：福建省国税局建筑业营改增执行口径——建筑企业营改增试点问题解答（2016年5月27日）

3. 建筑企业一般存在简易计税方法和一般计税方法并存，总机构或后勤管理部门的进项税额怎么抵扣？

答：可以区分具体进项税额类型进行处理，如固定资产、无形资产、不动产，仅指专用于上述项目的固定资产、无形资产（不包括其他权益性无形资产）、不动产，因此购入的上述资产如有用于一般计税项目，允许全额抵扣。对于专用于不同计税方法项目的购进货物或服务，应根据项目具体区分；对区间费用项目支出的进项税额无法区分的，则按办法29条处理。

福建省国税局：建筑企业营改增试点问题解答（2016年5月27日）

四、新旧工程衔接问题

2. 纳税人对老项目选择适用简易征收，按征收率3%计税，其进项不能抵扣，财务上如何界定“可以准确划分可抵扣和不可抵扣的进项税”？不可抵扣的进项税票是否照常进项认证？对于选择简易征收的老项目，其采购仅开具普通发票可以吗？税局将会如何处理？

答：可以区分具体进项税额类型进行处理，如固定资产、无形资产、不动产，仅指专用于上述项目的固定资产、无形资产（不包括其他权益性无形资产）、不动产，因此购入的上述资产如有用于一般计税项目，允许全额抵扣。对于专用于不同计税方法项目的购进货物或服务，应根据项目具体区分；对区间费用项目支出的进项税额无法区分的，则按《实施办法》第29条处理。纳税人购买用于不可抵扣项目取得的专用发票，可认证可不认证。纳税人购买用于选择简易计税方法的项目，可以只取得普通发票。

福建省国税局：福建省国税局建筑业营改增执行口径——建筑企业营改增试点问题解答（2016年5月27日）

2. 国税部门在什么情况下，可以按简易征收增值税＋一般计税增值税无法划分的进项税额进行计税？

答：纳税人根据《试点实施办法》第29条的规定，及时准确做好会计核算和纳税申报。纳税人违反上述规定，税务机关检查中发现将对该进项税额予以调整或全部转出。

说明：

福建对进项税额用于不同计税方法的项目时抵扣如何计算给出了回答，是对《关于全面推开营业税改征增值税试点的通知》（财税［2016］36号）附件1《营业税改征增值税试点实施办法》第二十九条的落实。

224. 一般纳税人采购小规模纳税人按简易计税法出售的材料可否作为施工企业的进项税额进行抵扣？

福建省国税局：福建省国税局建筑业营改增执行口径——建筑企业营改增试点问题解答（2016年5月27日）

6. 施工企业作为一般纳税人，采购小规模纳税人按简易计税法出售的材料，该材料可否作为施工企业的进项税额进行抵扣？

答：小规模纳税人不能自行开具增值税专用发票，但是可以到国税部门申请代开3%的增值税专用发票。施工企业取得代开的增值税专用发票，用于采用一般计税方法应税项目，允许抵扣。

说明：

福建对采购以简易计税方法计税的材料所获得的发票能否抵扣的问题给出了回答，是对《财政部 国家税务总局关于全面推开营业税改征增值税试点的通知》(财税 [2016] 36 号) 附件 1《营业税改征增值税试点实施办法》第二十五条的落实。

225. 总公司为分公司的建筑项目付款造成付款单位与发票上的购货单位不一致的，能否抵扣增值税进项税额？

湖北省国税局：湖北营改增政策执行口径第二辑之建筑业（2016 年 5 月 23 日）

46. 纳税人提供建筑服务，总公司为所属分公司的建筑项目购买货物、服务支付货款或银行承兑，造成购进货物的实际付款单位与取得增值税专用发票上注明的购货单位名称不一致的，能否抵扣增值税进项税额的问题？

答：国税函［2006］1211 号规定，对分公司购买货物从供应商取得的增值税专用发票，由总公司统一支付货款，造成购进货物的实际付款单位与发票上注明的购货单位名称不一致的，不属于《国家税务总局关于加强增值税征收管理若干问题的通知》（国税发［1995］192 号）第一条第（三）款有关规定的情形，允许抵扣增值税进项税额。

因此，分公司购买货物从供应商取得的增值税专用发票，由总公司统一支付货款，造成购进货物的实际付款单位与发票上注明的购货单位名称不一致的，允许抵扣增值税进项税额。

说明：

湖北对总公司为分公司付款造成的实际付款人与发票上购贷单位不一致的，取得的发票能否抵扣的问题做出了回答，依据是国税函 [2006] 1211 号和《国家税务总局关于加强增值税征收管理若干问题的通知》(国税发 [1995] 192 号) 第一条。

有关预缴的问题

226. 纳税人取得的全部价款和价外费用扣除支付的分包款后的余额为负数的，可结转下次预缴税款时继续扣除时是否必须为同一项目？

新疆维吾尔自治区国税局：营改增政策答疑（十二）（2016 年 5 月 28 日）

七、根据《国家税务总局关于发布〈纳税人跨县（市、区）提供建筑服务增值税征收管理暂行办法〉的公告》（国家税务总局公告 2016 年第 17 号）第五条规定："纳税人取得的全部价款和价外费用扣除支付的分包款后的余额为负数的，可结转下次预缴税款时继续扣除。"那么扣除时是否必须为同一项目？

答：根据《国家税务总局关于发布〈纳税人跨县（市、区）提供建筑服务增值税征收管理暂行办法〉的公告》（国家税务总局公告 2016 年第 17 号）的规定，纳税人应按照工程项目分别计算应预缴税款，分别预缴。

对跨县（市、区）提供的建筑服务，纳税人应自行建立预缴税款台账，区分不同县（市、区）和项目逐笔登记全部收入、支付的分包款、已扣除的分包款、扣除分包款的发票号码、已预缴税款以及预缴税款的完税凭证号码等相关内容，留存备查。

说明：

新疆维吾尔自治区对工程项目预缴税款扣除问题给出了回答，是对《国家税务总局关于发布〈纳税人跨县（市、区）提供建筑服务增值税征收管理暂行办法〉的公告》（国家税务总局公告 2016 年第 17 号）第五条和第十条的落实。

227. 建筑工程采用不同计税方法的，营改增后竣工的结余的工程物资如何计税？

湖北省国税局：湖北营改增政策执行口径第二辑之建筑业（2016 年 5 月 23 日）

47. 建筑工程项目采用不同计税方法的，在 2016 年 5 月 1 日后竣工的，处置结余的工程物资如何计税的问题？

答：（1）采取简易计税方法的建筑工程老项目，在 2016 年 5 月 1 日后竣工的，处置结余的 4 月 30 日前购入的工程物资，所取得的收入可以按照简易计税方法计算缴纳增值税。

（2）对采取简易计税方法的建筑工程老项目，在 5 月 1 日后购进的工程材料，发生转让、变卖和处置等应税行为的，要按照货物的适用税率计算缴纳增值税。

（3）在实际操作上，纳税人取得增值税专用发票先行申报增值税进项税额，后期按照简易计税方法建筑工程项目的工程材料实际投入使用的数量和金额，在当期做进项税额转出。竣工结算后，处置结余的工程物资取得的收入按照货物的适用税率计算缴纳增值税。

说明：

湖北对采用不同计税方法的建筑企业在营改增后竣工的结余物资如何计税的问题做出了回答，依据是《财政部 国家税务总局关于全面推开营业税改征增值税试点的通知》（财税［2016］36 号）附件 2《营业税改征增值税试点有关事项的规定》第一条第六项和第七项。

PPP、BT、BOT在营改增后如何纳税？

228. PPP项目在营改增后如何纳税？

江西省国税局：江西省国税局明确营改增实务中的81个问题——营改增问题解答（四）

十六、PPP项目（政府与社会资本合作）先期由市政工程集团建设后由政府回购如何缴税？

答：PPP项目的纳税问题在原先营业税时期就比较复杂，同时由于项目运营与交接方式存在多样性，目前难以笼统概述其营改增后的纳税问题，需根据各个项目的具体情况确定。

说明：

江西对PPP项目如何纳税的问题并未作出明确回答，但是指出PPP项目营改增后的纳税问题应根据各个项目情况确定。

229. BT项目如何计算增值税？

湖北省国税局：湖北营改增政策执行口径第二辑之建筑业（2016年5月23日）

第三部分 建筑业

44.BT项目如何计算缴纳增值税的问题？

答：BT即“建设—移交”，主要指政府利用非政府资金来进行基础非经营性设施建设项目的一种融资模式。

（1）以投融资人的名义立项建设（B），工程完工后转让给业主（T）的，在项目的不同阶段，分别按以下方法计税：

在建设阶段，投融资人建设期间发生的支出为取得该项目（一般为不动产）所有权的成本，所取得的进项税额可以抵扣。投融资人将建筑工程承包给其他施工企业的，该施工企业为建筑业增值税纳税人，按“建筑业”税目征收增值税，其销售额为工程承包总额。

在转让阶段，就所取得收入按照“销售不动产”征收增值税，其销售额为取得的全部回购价款（包括工程建设费用、融资费用、管理费用和合理回报等收入，下同）。

（2）以项目业主的名义立项建设（B），工程完工后交付（T）业主的，在项目的各个阶段，按以下方法计税：

在建设阶段，投融资人建设期间发生的支出工程建设成本，所取得的进项税额可以按规定抵扣。投融资人将建筑工程承包给其他施工企业的，该施工企业为建筑业增值税纳税人，按“建筑业”税目征收增值税，其销售额为工程承包总额。

在交付阶段，就所取得收入按照“提供建筑服务”征收增值税，其销售额为取得的全部回购价款。

按 BT 方式建设的项目，建设方（或投资方）纳税义务发生时间为按 BT 合同确定的分次付款时间。合同未明确付款日期的，其纳税义务发生时间为建设方（或投资方）收讫款项或者取得索取款项凭据以及应税行为完成的当天。

说明：

湖北对 BT 项目在营改增后如何纳税的问题作出了回答，依据是《关于全面推开营业税改征增值税试点的通知》（财税［2016］36 号）附件 1《营业税改征增值税试点实施办法》第二十四条和第三十七条。

230. BOT 项目如何计算增值税？

湖北省国税局：湖北营改增政策执行口径第二辑之建筑业（2016 年 5 月 23 日）

45. BOT 项目如何计算缴纳增值税的问题？

答：BOT 即建设－经营－转让。主要指私营企业参与基础设施建设，向社会提供公共服务的一种方式。

我国一般称之为"特许权"，是指政府部门就某个基础设施项目与私人企业（项目公司）签订特许权协议，授予签约方的私人企业（包括外国企业）来承担该项目的投资、融资、建设和维护，在协议规定的特许期限内，许可其融资建设和经营特定的公用基础设施，并准许其通过向用户收取费用或出售产品以清偿贷款，回收投资并赚取利润。政府对这一基础设施有监督权，调控权，特许期满，签约方的私人企业将该基础设施无偿或有偿移交给政府部门。

（1）以投融资人的名义立项建设（B），工程完工后经营（O）一段时间，再转让业主（T）的，在项目的各个阶段，按以下方法计税：

在建设阶段，投融资人建设期间发生的支出为取得该项目（一般为不动产）所有权的成本，所取得的进项税额可以抵扣。投融资人将建筑工程承包给其他施工企业的，该施工企业为建筑业增值税纳税人，按"建筑业"税目征收增值税，其销售额为工程承包总额。

在经营阶段，投融资人对所取得的收入按照其销售的货物、服务适用的税率计税。

在转让阶段，就所取得收入按照"销售不动产"税目征收增值税，其销售额为实际取得的全部回购价款（包括工程建设费用、融资费用、管理费用和合理回报等收入）。

（2）以项目业主的名义立项建设（B），工程完工后经营（O）一段时间，再交付业主（T）的，在项目的各个阶段，按以下方法计税：

在建设阶段，投融资人建设期间发生的支出为取得该项目（一般为不动产）经营权的成本，作为"其他权益性无形资产—基础设施资产经营权"核算，所取得的进项税额可以抵扣。投融资人将建筑工程承包给其他施工企业的，该施工企业为建筑业增值税纳税人，按"建筑业"税目征收增值税，其销售额为工程承包总额。

在经营阶段，投融资人对所取得的收入按照其销售的货物、服务适用的税率计税。

在交付阶段，就所取得收入按照"销售无形资产"税目征收增值税，其销售额为实际取得的全部回购价款。

说明：

湖北对BOT项目在营改增后如何计税给出了回答，依据是《关于全面推开营业税改征增值税试点的通知》（财税［2016］36号）附件1《营业税改征增值税试点实施办法》第二十四条和第三十七条。

第十九章　建筑业“营改增”的其他问题

231. 建筑业能享有优惠减免政策的有哪些?

江苏省国税局：江苏国税局营改增执行口径——江苏国税 12366 营改增热点问题解答（三）——分行业热点问题

十、境内的单位或个人跨境提供建筑服务是否有优惠?

答：根据《财政部 国家税务总局关于全面推开营业税改征增值税试点的通知》（财税［2016］36 号）的规定：中华人民共和国境内的单位和个人销售的工程项目在境外的建筑服务免征增值税。

浙江省国税局：浙江省国税局建筑业营改增执行口径

143. 境内的单位和个人提供的跨境服务中，境内的单位和个人提供的哪些与工程项目有关的服务可以享受免征增值税政策?

答：根据《财政部 国家税务总局关于全面推开营业税改征增值税试点的通知》（财税［2016］36 号）附件 4《跨境应税行为适用增值税零税率和免税政策的规定》第二条规定，下列服务适用免征增值税政策，但财政部和国家税务总局规定适用增值税零税率的除外：1. 工程项目在境外的建筑服务；2. 工程项目在境外的工程监理服务；3. 工程、矿产资源在境外的工程勘察勘探服务。

新疆维吾尔自治区国税局：营改增政策答疑（十二）（2016 年 5 月 28 日）

二、某建筑安装公司与中铁外服签署《尼日尔某安装维护合同》，合同工程标的在尼日尔，是工程劳务合同，该合同是中铁外服承接的尼日尔工程劳务再分包给该单位一部分工程。现该建筑安装公司需向中铁外服开具发票结账，企业提出能否享受跨境应税行为适用增值税零税率和免税政策，对中铁外服开具零税率增值税发票?如果可以享受，需提交哪些资料作备案?

答：根据《关于全面推开营业税改征增值税试点的通知》（财税［2016］36 号）和《国家税务总局关于发布〈营业税改征增值税跨境应税行为增值税免税管理办法（试行）〉的公告》（国家税务总局公告 2016 年第 29 号）规定，境内的单位和个人提供的工程项目在境外的建筑服务免征增值税。

工程总承包方和工程分包方为施工地点在境外的工程项目提供的建筑服务，均属于工程项目在境外的建筑服务。施工地点在境外的工程项目，工程分包方应提供工程项目在境外的证明、与发包方签订的建筑合同原件及复印件等资料，作为跨境销售服务书面合同。

纳税人提供的工程项目在境外的建筑服务，应在首次享受免税的纳税申报期内或在各省、自治区、直辖市和计划单列市国家税务局规定的申报征期后的其他期限内，到主管税务机关办理跨境应税行为免税备案手续，同时提交以下备案材料：

（一）《跨境应税行为免税备案表》；

（二）提供工程项目在境外的证明、与发包方签订的建筑合同原件及复印件；

（三）应提交服务地点在境外的证明材料原件及复印件；

（四）国家税务总局规定的其他资料。

说明：

1．江苏、浙江、新疆维吾尔自治区对建筑业享有税收优惠范围的问题回答一致，是对《财政部 国家税务总局关于全面推开营业税改征增值税试点的通知》（财税[2016] 36 号）附件 4《跨境应税行为适用增值税零税率和免税政策的规定》第二条的落实。

2．新疆维吾尔自治区还对跨境应税行为免税备案手续需提供的材料做出了回答，是对《国家税务总局关于发布〈营业税改征增值税跨境应税行为增值税免税管理办法（试行）〉的公告》（国家税务总局公告 2016 年第 29 号）的落实。

232. 国家给予了哪些税收扶持政策？

新疆维吾尔自治区国税局：“营改增”难点问题解答汇编（二）

五、其他

1. 营业税的相关减免税政策在实施营改增后，是否全部延续执行？

答：增值税减免税政策应按《关于全面推开营业税改征增值税试点的通知》（财税［2016］36 号）规定执行，无相关文件规定的不予执行。

安徽省国税局：安徽省国税局建筑业营改增执行口径

一、为确保建筑行业营改增后税负只减不增，国家给予了哪些税收扶持政策？

答：对于建筑企业，国家在营改增后给予了以下税收扶持政策：一是建筑工程老项目可选择简易计税方法。考虑到建筑工程老项目已经开工，部分成本无法纳入进项抵扣，因此对建筑工程老项目，建筑企业可选择适用简易计税方法按照 3% 的征收率计算缴纳增值税。

二是清包工可选择简易计税方法。建筑企业以清包工方式提供建筑服务，不采购工程所需的材料或只采购辅料，可选择适用简易计税方法按照 3% 的征收率计算缴纳增值税。

三是甲供工程可选择简易计税方法。建筑企业为甲供工程提供的建筑服务，也可以选择适用简易计税方法按照 3% 的征收率计算缴纳增值税。同时，对于甲供工程中甲供材的比例没有限制，给予了建筑企业很大的选择空间。

四是甲供材金额不纳入建筑企业的计税销售额，有效解决了营改增之前建筑企业的重复征税问题。

五是建筑企业提供建筑服务适用简易计税方法的，以取得的全部价款和价外费用扣除支付的分包款后的余额为销售额。

六是建筑企业在施工现场修建的临时建筑物、构筑物，可以一次性抵扣进项税，不适用不动产分2年抵扣进项税的规定。

七是不同建筑项目可选择适用不同计税方法。建筑企业提供建筑服务，还可以对不同的建筑项目分别选择适用一般计税方法和简易计税方法，这也是本次营改增试点为建筑业量身订造的贴心政策。

八是适用一般计税方法的一般纳税人建筑企业购入的各种货物、劳务、服务和无形资产，除旅客运输服务、贷款服务、餐饮服务、居民日常服务和娱乐服务，以及接受贷款服务向贷款方支付的与该笔贷款直接相关的费用，都可以凭增值税专用发票、海关进口增值税专用缴款书等扣税凭证抵扣进项税。

九是建筑企业混用的固定资产、无形资产、不动产可以全额抵扣。纳税人提供建筑服务，既有一般计税项目又有简易计税项目的，简易计税项目对应的货物（不含固定资产）、劳务、服务不得抵扣进项税额，但是混用的固定资产、无形资产、不动产仍然可以全额抵扣进项税额。

说明：

新疆维吾尔自治区、安徽对建筑业其他税收减免、扶持政策的具体执行问题给出了回答，是对《关于全面推开营业税改征增值税试点的通知》（财税［2016］36号）附件1《营业税改征增值税试点实施办法》第四章和附件4《跨境应税行为适用增值税零税率和免税政策的规定》第二条的落实。

233. 建筑企业营改增后以前的企业所得税、印花税等相关税种是否还需缴纳？

天津市国税局：建筑企业营改增后以前的企业所得税、印花税等相关税种是否还需缴纳；如果缴纳外地进津企业怎样缴纳？（2016年5月5日）

14. 问：建筑企业营改增后以前的企业所得税、印花税等相关税种是否还需缴纳？如果缴纳外地进津企业怎样缴纳？

答：您好：您在我们网站上提交的纳税咨询问题收悉，现回复如下：

此次营改增试点只涉及营业税改征增值税，企业所得税、印花税等相关税种依旧在原征收机关缴纳。

天津市国税局：天津国税局营改增执行口径（5月13日）

11. 问：建筑企业营改增后以前的企业所得税、印花税等相关税种是否还需缴纳；如果缴纳外地进津企业怎样缴纳？

答：此次营改增试点只涉及营业税改征增值税，企业所得税、印花税等相关税种依旧在原征收机关缴纳。

说明：

天津对建筑企业营改增前的其他税种缴纳问题给出的回答前后一致，是对《关于全面推开营业税改征增值税试点的通知》（财税［2016］36号）附件1《营业税改征增值税试点实施办法》第一条的落实。

234. 每个建筑项目是否都要购买一套税控设备问题？

内蒙古自治区国税局：内蒙古国税明确营改增实务中的48个问题——内蒙古自治区国家税务局全面推开营改增政策问题解答一（建筑服务部分）（2016年5月30日）

十一、每个建筑项目是否都要购买一套税控设备问题？

答：对于自治区内跨县（市、区）提供建筑服务的，以公司为纳税主体，由公司统一开具增值税发票，所以建筑工程项目部不需要开具发票，不必购买安装税控设备。

湖北省国税局：湖北营改增政策执行口径第一辑（2016年4月25日）

40. 每个建筑项目是否都要购买一套税控设备？

对于省内跨县（市、区）提供建筑服务的，以公司为纳税主体，由公司统一开具增值税发票，所以建筑工程项目部不需要开具发票，不必购买安装税控设备。

说明：

内蒙古、湖北对是否每个建筑项目都需要购买税控设备给出的回答一致，依据是《中华人民共和国营业税暂行条例实施细则》（财政部　国家税务总局第52号令）第十条。

235. 老项目跨区（市、县）缴税与总分机构汇总核算有何关系？

福建省国税局：福建省国税局建筑业营改增执行口径建筑企业营改增试点问题解答（2016年5月27日）

四、新旧工程衔接问题

4. 老项目遍布各省，在服务销售地预缴、回机构地申报缴纳、同时抵扣预缴税款，这种方式是否属于总分机构汇总缴纳，如此，是否需要省级国税局或国税总局批准？

答：老项目在建筑服务发生地预缴税款和回机构所在地纳税申报并抵减预缴税款的规定与总分支机构汇总核算方式不同，不需要审批。

说明：

福建认为老项目在服务地预缴、回机构地申报纳税与总分支机构汇总核算的方式不同。总分支机构汇总核算需要经国务院财政、税务主管部门或者其授权的财政、税务机关批准，依据是《中华人民共和国增值税暂行条例》第二十二条第一项。

附录　各省、市国税局“营改增”口径

1. 安徽省

安徽省国税局：营改增税收征管事项相关问答（2016年4月22日）

营改增政策问答

营改增纳税人已缴营业税收入补开增值税普通发票问题的政策口径和操作方法

2. 北京市

北京市国税局：营改增执行口径（更新到5月13日）

热点问题（4月8日）

热点问题（4月14日）

热点问题（5月1日）

热点问题（5月3日）

热点问题（5月6日）

热点问题（5月11日）

热点问题（5月13日）

热点问题（5月16日）

热点问题（5月19日）

热点问题（5月25日）

热点问题（6月1日）

3. 重庆市

重庆市国税局：最新营改增政策热点问题解答（一）（2016年6月11日）

最新营改增政策热点问题解答（二）（2016年6月11日）

你问我答营改增之一（2016年5月30日）

你问我答营改增之二（2016年5月30日）

4. 福建省

福建省国税局：12366营改增咨询热点（3月28日）

12366营改增热点问题（3月29日）

12366营改增热点咨询（3月30日）

12366营改增热点咨询（3月31日）

12366营改增热点咨询（4月5日）

12366 营改增热点咨询（4 月 7 日）
12366 营改增热点问答（4 月 12 日）
12366 营改增热点问答（4 月 19 日）
12366 营改增热点问题解答（4 月 20 日）
12366 营改增热点问答（4 月 25 日）
建筑企业营改增试点问题解答（2016 年 5 月 27 日）

5. 广东省

广东省国税局：广东省国税局建筑业营改增执行口径——建筑服务申报指引（2016 年 5 月 3 日）

6. 广西省

广西省国税局：2016 年营改增一次性业务办税指引（适用于一般纳税人）（2016 年 4 月 21 日）
2016 年营改增一次性业务办税指引（适用于小规模纳税人）（2016 年 4 月 21 日）

7. 甘肃省

甘肃省国税局：全面推开营改增试点一般规定 12366 热点问题解答（2016 年 5 月 13 日）

8. 贵州省

贵州省国税局：全面推开营改增试点一般规定 12366 热点问题解答（2016 年 4 月 28 日）

9. 河南省

河南省国税局：营改增问题快速处理机制专期一（2016 年 4 月 15 日）
营改增问题快速处理机制专期二（2016 年 4 月 19 日）
营改增问题快速处理机制专期三（2016 年 4 月 26 日）
营改增问题快速处理机制专期四（2016 年 4 月 28 日）
营改增问题快速处理机制专期五（2016 年 4 月 28 日）
营改增问题快速处理机制专期六（2016 年 5 月 6 日）
营改增问题快速处理机制专期七（2016 年 5 月 6 日）
营改增问题快速处理机制专期八（2016 年 5 月 10）
营改增问题快速处理机制专期九（2016 年 5 月 12 日）
营改增问题快速处理机制专期十（2016 年 5 月 19 日）
营改增问题快速处理机制专期十一（2016 年 5 月 27 日）
营改增问题快速处理机制专期十二（2016 年 6 月 2 日）

10. 河北省

河北省国税局：河北省国税局关于全面推开营改增有关政策问题的解答（之一）（2016年4月30日）
河北省国税局关于全面推开营改增有关政策问题的解答（之二）（2016年4月30日）
河北省国家税务局关于全面推开营改增有关政策问题的解答（之三）（2016年5月6日）
河北省国家税务局关于全面推开营改增有关政策问题的解答（之四）（2016年5月13日）
河北省国家税务局关于全面推开营改增有关政策问题的解答（之六）（2016年6月2日）
12366营改增热点问题问答（一）——建筑业（2016年5月11日）

11. 湖南省

湖南省国税局：湖南省国税局建筑业营改增执行口径

12. 湖北省

湖北省国税局：营改增政策执行口径第一辑（2016年4月25日）
营改增政策执行口径第二辑之建筑业（2016年5月23日）

13. 黑龙江省

黑龙江省国税局：无

14. 海南省

海南省国税局：全面推开营改增政策指引——重点关注问题解答（一）（2016年4月29日）
全面推开营改增政策指引——重点关注问题解答（二）（2016年4月29日）
全面推开营改增政策指引——重点关注问题解答（三）（2016年4月30日）
全面推开营改增试点问答（十五）（2016年5月30日）
全面推开营改增试点问答（十六）（2016年6月7日）

15. 江苏省

江苏省国税局：江苏国税12366营改增热点问题解答（一）（2016年4月21日）
江苏国税12366营改增热点问题解答（二）（2016年4月21日）
江苏国税12366营改增热点问题解答（三）（2016年4月21日）
江苏国税12366营改增热点问题解答（四）（2016年4月21日）
江苏国税12366营改增热点问题解答（五）（2016年4月21日）

江苏国税 12366 营改增热点问题解答（六）——分行业热点问题（2016 年 4 月 21 日）
江苏国税 12366 营改增热点问题解答（2016 第九期）（2016 年 5 月 27 日）
江苏国税 12366 营改增热点问题解答（十二）——申报类问题（2016 年 5 月 27 日）
江苏国税 12366 营改增热点问题解答（十三）——征管类热点问题（2016 年 5 月 27 日）

16. 江西省
江西省国税局：江西省国税局明确营改增实务中的 81 个问题——全面推开营改增试点问题解答（一）（2016 年 4 月 17 日）
江西省国税局明确营改增实务中的 81 个问题——全面推开营改增问题解答（四）（2016 年 4 月 23 日）
江西省国税局明确营改增实务中的 81 个问题——全面推开营改增问题解答（五）（2016 年 4 月 25 日）

17. 吉林省
吉林省国税局：12366 营改增热点问题答复口径（2016 年 5 月 13 日）
营改增相关业务问题（一）（2016 年 4 月 19 日）
营改增热点问题（2016 年 5 月 15 日）
吉林国税局营改增执行口径

18. 辽宁省
辽宁省国税局：辽宁省问答汇总（2016 年 4 月 26 日）

19. 宁夏回族自治区
宁夏回族自治区国税局：营改增热点难点问题专题 5 月 26 日
营改增热点难点问题专题 5 月 27 日
营改增热点难点问题专题 5 月 30 日
营改增热点难点问题专题 5 月 31 日
全面推开营改增政策指引（一）（2016 年 5 月 18 日）
全面推开营改增政策指引（二）（2016 年 5 月 19 日）

20. 内蒙古自治区
内蒙古自治区国税局：全面推开营改增政策问题解答一（建筑服务部分）（2016 年 5 月 30 日）
内蒙古自治区国家税务局全面推开营改增政策问题解答三（生活服务业部分）（2016 年 5 月 30 日）
内蒙古自治区国家税务局全面推开营改增政策问题解答四（金

融服务部分）（2016 年 5 月 30 日）
内蒙古自治区国家税务局营改增期间增值税发票相关问题解答（2016 年 5 月 30 日）
内蒙古自治区国家税务局纳税人跨旗县（市、区）提供建筑服务增值税征收管理操作指引（2016 年 5 月 30 日）

21. 青海省

青海省国税局：营改增纳税人办税指南之——房地产篇政策组发言材料（4 月 20 日）
营改增纳税人办税指南之——房地产篇政策组发言材料（4 月 21 日）
政策组发言材料（4 月 27 日）
政策组发言材料（4 月 26 日）
营改增纳税人办税指南之——建筑业篇（2016 年 4 月 17 日）

22. 山东省

山东省国税局：全面推开营改增试点政策指引（二）（2016 年 4 月 20 日）
全面推开营改增试点政策指引（四）（2016 年 4 月 23 日）
全面推开营改增试点政策指引（五）（2016 年 4 月 26 日）
全面推开营改增试点政策指引（六）（2016 年 5 月 6 日）
全面推开营改增试点政策指引（七）（2016 年 5 月 24 日）
全面推开营改增试点政策指引（八）（2016 年 5 月 24 日）
全面推开营改增试点政策指引（九）（2016 年 6 月 3 日）
2016 年 5 月 14 日 12366 营改增热点问题
2016 年 5 月 15 日 12366 营改增热点问题
2016 年 5 月 16 日 12366 营改增热点问题
2016 年 5 月 17 日 12366 营改增热点问题
2016 年 5 月 18 日 12366 营改增热点问题
2016 年 5 月 19 日 12366 营改增热点问题
2016 年 5 月 21 日 12366 营改增热点问题
2016 年 5 月 22 日 12366 营改增热点问题
2016 年 5 月 23 日 12366 营改增热点问题
2016 年 5 月 24 日 12366 营改增热点问题
2016 年 5 月 25 日 12366 营改增热点问题
2016 年 5 月 26 日 12366 营改增热点问题
2016 年 5 月 27 日 12366 营改增热点问题
2016 年 5 月 28 日 12366 营改增热点问题
2016 年 5 月 30 日 12366 营改增热点问题
2016 年 5 月 31 日 12366 营改增热点问题
2016 年 6 月 2 日 12366 营改增热点问题

23. 山西省

山西省国税局：营改增系列知识问答（二）营改增纳税人（2016 年 4 月 2 日）
营改增系列知识问答（三）营改增征税范围之一（2016 年 4 月 3 日）
营改增系列知识问答（四）营改增征税范围之二（2016 年 4 月 4 日）
山西营改增政策指南之一般规定（2016 年 3 月 31 日）
营改增政策指南之建筑业（2016 年 4 月 1 日）

24. 四川省

四川省国税局：纳税人咨询的营改增十个热点问题（4 月 22 日）
纳税人咨询的营改增十个热点问题（4 月 25 日）
纳税人咨询的营改增十个热点问题（4 月 27 日）
纳税人咨询的营改增十个热点问题（4 月 28 日）
纳税人咨询的营改增十个热点问题（4 月 29 日）
纳税人咨询的营改增十个热点问题（5 月 3 日）
纳税人咨询的营改增十个热点问题（5 月 4 日）
纳税人咨询的营改增十个热点问题（5 月 5 日）
纳税人咨询的营改增十个热点问题（5 月 6 日）
纳税人咨询的营改增十个热点问题（5 月 9 日）
纳税人咨询的营改增十个热点问题（5 月 11 日）
纳税人咨询的营改增十个热点问题（5 月第 3 周）
营改增纳税人：你必须要知晓的 14 个增值税发票问题（2016 年 5 月 23 日）
全面推开营改增试点问题答疑（第一期）（2016 年 4 月 14 日）
全面推开营改增试点问题答疑（第二期）（2016 年 4 月 15 日）
全面推开营改增试点问题答疑（第三期）（2016 年 4 月 19 日）
全面推开营改增试点问题答疑（第四期）（2016 年 4 月 19 日）
全面推开营改增试点问题答疑（第五期）（2016 年 4 月 20 日）
全面推开营改增试点问题答疑（第六期）（2016 年 4 月 20 日）
全面推开营改增试点问题答疑（第七期）（2016 年 4 月 22 日）
全面推开营改增试点问题答疑（第八期）（2016 年 4 月 25 日）
全面推开营改增试点问题答疑（第九期）（2016 年 4 月 26 日）
全面推开营改增试点问题答疑（第十期）（2016 年 4 月 27 日）
全面推开营改增试点问题答疑（第十一期）（2016 年 4 月 28 日）
全面推开营改增试点问题答疑（第十二期）（2016 年 4 月 29 日）
全面推开营改增试点问题答疑（第十三期）（2016 年 4 月 30 日）
四川省国税局营改增执行口径（网络资源——来源于非国税局网站）

25. 陕西省

陕西省国税局：营改增试点答疑（一）（2016 年 4 月 11 日）

营改增试点答疑（二）（2016 年 4 月 13 日）
营改增试点答疑（三）（2016 年 4 月 13 日）
营改增试点答疑（四）（2016 年 4 月 14 日）
营改增试点答疑（七）（2016 年 4 月 20 日）
营改增试点答疑（八）（2016 年 4 月 20 日）
营改增试点答疑（九）（2016 年 4 月 21 日）
营改增试点答疑（十）（2016 年 4 月 24 日）

26. 上海市

上海市国税局：上海最新营改增政策热点问题解答（一）（2016 年 3 月 25 日）
上海最新营改增政策热点问题解答（二）（2016 年 3 月 30 日）
上海最新营改增政策热点问题解答（三）
建筑业营改增单篇解读（2016 年 4 月 18）

27. 深圳市

深圳市国税局：深圳市全面推开“营改增”试点工作指引（之一）（2016 年 5 月 10 日）
深圳市全面推开“营改增”试点工作指引（之二）（2016 年 5 月 03 日）
全面推开营改增试点之建筑服务税收政策问答（2016 年 5 月 12 日）

28. 天津市

天津市国税局：建筑业总分包方选择简易计税方式问题（2016 年 5 月 4 日）
天津国税局营改增执行口径（2016 年 3 月 30 日）
天津国税局营改增执行口径（2016 年 3 月 31 日）
天津国税局营改增执行口径（2016 年 5 月 5 日）
天津国税局营改增执行口径（2016 年 5 月 9 日）
外地进津的建筑企业增值税票是否还在外管站开具（2016 年 5 月 10 日）
天津国税局营改增执行口径（2016 年 5 月 13 日）
开发区国税局营改增热点问题解答（第一期）（2016 年 4 月 25 日）
开发区国税局营改增热点问题解答（第二期）（2016 年 5 月 11 日）
建筑业营改增政策问答（2016 年 3 月 31 日）
外地施工企业代开发票问题（2016 年 6 月 1 日）

29. 西藏自治区

西藏自治区国税局：无

30. 新疆维吾尔自治区

新疆维吾尔自治区国税局：营改增政策答疑（一）（2016 年 4 月 22 日）
营改增政策答疑（二）（2016 年 4 月 23 日）

营改增政策答疑（三）（2016 年 4 月 24 日）
营改增政策答疑（四）（2016 年 4 月 26 日）
营改增政策答疑（五）（2016 年 5 月 3 日）
营改增政策答疑（六）（2016 年 5 月 13 日）
营改增政策答疑（八）（2016 年 5 月 23 日）
营改增政策答疑（十）（2016 年 5 月 23 日）
营改增政策答疑（十一）（2016 年 5 月 28 日）
营改增政策答疑（十二）（2016 年 5 月 28 日）
营改增政策答疑（十三）（2016 年 5 月 28 日）
“营改增”热点问答（一）（2016 年 5 月 25 日）
“营改增”难点问题解答汇编（二）（2016 年 6 月 2 日）
“营改增”难点问题解答汇编（三）（2016 年 5 月 25 日）
“营改增”难点问题解答汇编（五）（2016 年 5 月 25 日）

31. 云南省
云南省国税局：云南省国税局建筑业营改增执行口径（2016 年 4 月 26 日）

32. 浙江省
浙江省国税局：浙江省国税局营改增执行口径（来源于浙江国税局网站）

上海建领城达律师事务所
建筑业“营改增”专项法律服务团队简介

周吉高　主任、首席合伙人

同济大学工学学士、中国科学院工学硕士和复旦大学法律硕士，具有律师、注册会计师、造价工程师、英国皇家特许建造师等专业资格。已连续八年担任上海市律师协会建设工程与基础设施业务研究委员会主任，还兼任上海市建筑施工行业协会副会长、上海市工商业联合会房地产商会法律分会会长、中国国际经济贸易仲裁委员会仲裁员、上海仲裁委员会仲裁员、上海市建设工程造价管理专家。

俞光洪　合伙人

安徽财经大学法学学士、华东政法大学法学硕士。兼任上海市律师协会房地产业务研究委员会委员、上海市工商业联合会房地产商会法律分会会员、上海市建设工程造价管理专家。

王凌俊　合伙人

华东政法大学法律硕士。常年担任上海市建设工程安全质量监督总站法律顾问，兼任上海市律师协会建设工程与基础设施业务研究委员会干事、上海市长宁区法律服务业协会理事。

王　敏　合伙人

北方工业大学法学学士，兼任上海市律师协会建设工程与基础设施业务研究委员会委员。

阚　蓉　合伙人

南京航空航天大学法学学士，兼任上海市律师协会信托业务研究委员会委员、长宁区青年律师联合会秘书长。

萧　亮　律师
范升强　律师
李瑞婷　律师助理
奚　丁　律师助理
徐赟琪　律师助理

上海建领城达律师事务所
建筑业“营改增”专项法律服务产品

为帮助广大施工企业更好地应对“营改增”政策，上海建领城达律师事务所设计了如下服务产品，并已经为多家大型施工单位提供营改增专项法律服务，欢迎垂询。

1. “营改增”合同文本专项法律服务

包括对施工企业的总包合同、分包合同、采购合同、租赁合同以及内部承包等合司的修改、完善、说明、辅导等。

2. “营改增”日常专项法律顾问服务

包括对施工企业或某大型施工项目提供“营改增”日常专项法律顾问服务等。

3. 协助施工企业制定或完善《营改增管理手册》服务

4. “营改增”索赔、纠纷处理专项法律服务

包括对施工企业面临的“营改增”索赔、纠纷提供非诉讼或诉讼专项法律服务。

5. 其他定制服务

包括税收筹划、培训等。

谢 辞

特别感谢王子达、刘静云、张伟、耿超，是你们的付出为本书的出版打下了坚实的基础。

还要感谢建领城达所的各位同仁在本书编著中提出的建议，今后，我们将继续坚持“专注、专业、忠诚和共同发展”的办所理念，脚踏实地，一步一个脚印，努力实现建领城达成为中国建筑房地产专业法律服务的领跑者的愿景。